新工科·普通高等教育汽车类系列教材

汽车电工电子技术

(下册 电子技术)

姚建红 高琳琳 刘继承 编

机械工业出版社

本套书分为上、下两册,上册为汽车电工技术基础,本书是下册,为汽车电子技术。本书主要内容包括:半导体及二极管、晶体管及其放大电路、集成运算放大器、电子电路中的反馈、门电路和组合逻辑电路、触发器和时序逻辑电路、模拟量和数字量的转换及电子技术基础实验。本书共为8章,前7章中先对基本电子电路理论进行了详细讲解,然后将该电路应用在汽车典型电路中,并对其进行分析;每章课后配有习题,用于巩固本章的学习内容。第8章中编写了汽车电子技术所对应的基础实验。

本书可作为高等院校汽车类各专业的教材,也可作为汽车维修行业的工程技术人员、汽车电子爱好者的参考书。

本书配有PPT课件和部分习题参考答案,免费赠送给采用本书作为教材的教师,可登录www.cmpedu.com注册下载,或联系编辑(tian.lee9913@163.com)索取;本书还配有在线视频课程和部分演示动画,读者可扫书中二维码进行观看。

图书在版编目(CIP)数据

汽车电工电子技术. 下册, 电子技术/姚建红, 高琳琳, 刘继承编. —北京: 机械工业出版社, 2022.1(2025.2重印)

新工科·普通高等教育汽车类系列教材

ISBN 978-7-111-69745-9

Ⅰ.①汽… Ⅱ.①姚…②高…③刘… Ⅲ.①汽车-电工技术-高等学校-教材②汽车-电子技术-高等学校-教材 Ⅳ.①U463.6

中国版本图书馆CIP数据核字(2021)第245120号

机械工业出版社(北京市百万庄大街22号 邮政编码100037)
策划编辑:宋学敏 责任编辑:宋学敏 王 荣
责任校对:陈 越 王 延 封面设计:张 静
责任印制:单爱军
北京虎彩文化传播有限公司印刷
2025年2月第1版第2次印刷
184mm×260mm·16印张·395千字
标准书号:ISBN 978-7-111-69745-9
定价:48.00元

电话服务 网络服务
客服电话:010-88361066 机 工 官 网:www.cmpbook.com
　　　　　010-88379833 机 工 官 博:weibo.com/cmp1952
　　　　　010-68326294 金 书 网:www.golden-book.com
封底无防伪标均为盗版 机工教育服务网:www.cmpedu.com

前　言

随着汽车电子技术的发展，汽车上采用的电子设备越来越多，汽车电子也成为当今一个十分热门的技术领域。本书以电工电子基础理论知识与实践相结合为出发点，着重学生的能力培养，帮助学生学习和掌握汽车电工电子技术的基础知识和基本技能，并为进一步学习汽车电子控制技术、读懂相关汽车电子控制技术资料、掌握现代汽车电子控制系统打下良好的基础。

本书共8章，针对汽车及相关专业的要求，对电子技术基础的基本概念、原理及应用进行了详细的讲解，同时列举了汽车电子电路实例，理论结合实际，通俗易懂，实用性强。第1~7章附有习题，便于读者复习巩固。

本书配有在线视频课程，在传统教材编写方案的基础上，满足应用型高等学校"学中做、做中学"的要求，表现形式新颖、活泼及生动。本书还运用关联技术和手段，帮助学生将纸质教材的内容与对应的数字资源联系起来，方便快捷地将在线视频课程与纸质教材对应学习。

本书由常熟理工学院姚建红、高琳琳、刘继承编写。其中，第1~3章由姚建红编写；第6~8章由高琳琳编写；第4、5章由刘继承编写；全书由姚建红统稿。本书的编写得到了许多专家和老师，以及Flying电子设计室同学的帮助，在此谨向为本书编写和出版付出辛勤劳动的同志们表示衷心的感谢。

由于编者水平有限，书中难免存在疏漏及不足之处，恳切希望广大读者批评指正。

编　者

目 录

前言
第1章 半导体及二极管 … 1
1.1 半导体的基础知识 … 1
1.1.1 本征半导体 … 1
1.1.2 N 型半导体和 P 型半导体 … 2
1.1.3 PN 结及其单向导电性 … 2
1.2 二极管 … 4
1.2.1 基本结构 … 4
1.2.2 伏安特性 … 4
1.2.3 主要参数 … 5
1.3 特殊类型二极管 … 7
1.3.1 稳压二极管 … 7
1.3.2 发光二极管 … 9
1.3.3 光电二极管 … 9
1.4 直流稳压电源 … 10
1.4.1 直流稳压电源的组成 … 10
1.4.2 整流电路 … 11
1.4.3 滤波电路 … 15
1.4.4 稳压电源 … 18
1.5 二极管在汽车电路中的应用 … 20
1.5.1 特殊二极管在汽车上的应用 … 20
1.5.2 汽车车用发电机整流器 … 21
习题 … 22

第2章 晶体管及其放大电路 … 29
2.1 双极型晶体管 … 29
2.1.1 基本结构 … 29
2.1.2 电流分配和放大原理 … 30
2.1.3 特性曲线 … 33
2.1.4 主要参数 … 35
2.2 共发射极放大电路 … 37
2.2.1 共射放大电路的组成 … 37
2.2.2 直流通路和交流通路 … 38
2.2.3 放大电路的静态分析 … 39
2.2.4 放大电路的动态分析 … 40

2.3 静态工作点的稳定 … 47
2.4 共集电极放大电路 … 49
2.4.1 静态分析 … 49
2.4.2 动态分析 … 50
2.5 差分放大电路 … 52
2.5.1 放大电路的耦合方式 … 52
2.5.2 直接耦合放大电路的零点漂移 … 54
2.5.3 差分放大电路静态分析 … 55
2.5.4 差分放大电路动态分析 … 57
2.5.5 共模抑制比 … 59
2.6 互补对称功率放大电路 … 59
2.6.1 功率放大电路概述 … 59
2.6.2 互补对称放大电路 … 61
2.7 放大电路在汽车电路中的应用 … 61
2.7.1 汽车电子点火系统 … 61
2.7.2 汽车搭铁检测器 … 64
习题 … 64

第3章 集成运算放大器 … 72
3.1 集成运算放大器的概述 … 72
3.1.1 集成运算放大器的特点 … 72
3.1.2 集成运算放大器的组成及作用 … 73
3.1.3 集成运算放大器的引脚及功能 … 73
3.1.4 集成运算放大器的主要参数 … 74
3.1.5 理想运算放大器及其分析依据 … 75
3.2 集成运算放大器在信号运算方面的应用 … 76
3.2.1 比例运算 … 76
3.2.2 加法运算 … 78
3.2.3 减法运算 … 80
3.2.4 微分运算 … 81
3.2.5 积分运算 … 82
3.3 集成运算放大器在信号处理方面的应用 … 84
3.3.1 有源滤波器 … 84

3.3.2　电压比较器 …………………… 87
3.4　集成运算放大器在汽车电路中的
　　　应用 …………………………………… 91
　　3.4.1　压阻式进气压力测量电路 ……… 91
　　3.4.2　蓄电池电压过低报警电路 ……… 91
　　3.4.3　电子控制燃油喷射装置 ………… 92
习题 …………………………………………… 92

第4章　电子电路中的反馈 ………… 100
4.1　反馈的基本概念 …………………… 100
　　4.1.1　反馈的定义 ……………………… 100
　　4.1.2　反馈的判断 ……………………… 101
4.2　放大电路中的负反馈 ……………… 103
　　4.2.1　负反馈的类型 …………………… 103
　　4.2.2　负反馈对放大电路工作性能的
　　　　　影响 ………………………………… 109
　　4.2.3　放大电路中引入负反馈的一般
　　　　　原则 ………………………………… 111
4.3　反馈在汽车电路中的应用 ………… 113
　　4.3.1　电桥信号放大电路 ……………… 113
　　4.3.2　光电测量电路 …………………… 114
习题 ………………………………………… 114

第5章　门电路和组合逻辑电路 …… 120
5.1　数制和码制 ………………………… 120
　　5.1.1　数制 ……………………………… 120
　　5.1.2　数制转换 ………………………… 121
　　5.1.3　码制 ……………………………… 124
　　5.1.4　脉冲信号 ………………………… 125
5.2　基本逻辑门电路 …………………… 126
　　5.2.1　逻辑门电路的基本概念 ………… 126
　　5.2.2　分立元器件构成的基本逻辑门
　　　　　电路 ………………………………… 127
　　5.2.3　基本逻辑门电路的组合 ………… 129
5.3　TTL 门电路 ………………………… 131
　　5.3.1　晶体管的开关特性 ……………… 131
　　5.3.2　TTL 与非门电路 ………………… 131
　　5.3.3　TTL 三态输出的与非门电路 …… 134
5.4　逻辑代数 …………………………… 135
　　5.4.1　逻辑代数运算法则 ……………… 135
　　5.4.2　逻辑函数的表示方法 …………… 138
　　5.4.3　逻辑函数的化简 ………………… 141
5.5　组合逻辑电路的分析和设计 ……… 146

　　5.5.1　组合逻辑电路的分析 …………… 146
　　5.5.2　组合逻辑电路的设计 …………… 148
5.6　加法器 ……………………………… 150
　　5.6.1　半加器 …………………………… 150
　　5.6.2　全加器 …………………………… 151
5.7　编码器 ……………………………… 152
　　5.7.1　二进制编码器 …………………… 152
　　5.7.2　二-十进制编码器 ………………… 153
5.8　译码器和数字显示 ………………… 155
　　5.8.1　二进制译码器 …………………… 155
　　5.8.2　二-十进制显示译码器 …………… 158
5.9　组合逻辑电路在汽车上的应用 …… 160
　　5.9.1　汽车散热器水位过低报警电路 … 160
　　5.9.2　汽车门锁控制电路 ……………… 161
　　5.9.3　制动灯故障检测器 ……………… 161
习题 ………………………………………… 162

第6章　触发器和时序逻辑电路 …… 171
6.1　触发器 ……………………………… 171
　　6.1.1　基本 RS 触发器 ………………… 171
　　6.1.2　可控 RS 触发器 ………………… 174
　　6.1.3　JK 触发器 ………………………… 176
　　6.1.4　D 触发器 ………………………… 178
　　6.1.5　触发器逻辑功能的转换 ………… 179
6.2　寄存器和移位寄存器 ……………… 180
　　6.2.1　寄存器 …………………………… 180
　　6.2.2　移位寄存器 ……………………… 181
6.3　计数器 ……………………………… 183
　　6.3.1　二进制计数器 …………………… 183
　　6.3.2　十进制计数器 …………………… 186
　　6.3.3　任意进制计数器 ………………… 190
　　6.3.4　时序逻辑电路的分析 …………… 193
6.4　555 定时器及其应用 ……………… 196
　　6.4.1　555 定时器 ……………………… 196
　　6.4.2　555 定时器构成的单稳态
　　　　　触发器 ……………………………… 197
　　6.4.3　555 定时器构成的多谐振荡器 … 199
6.5　时序逻辑电路在汽车上的应用 …… 200
　　6.5.1　数字转速表 ……………………… 200
　　6.5.2　转向灯控制电路 ………………… 201
　　6.5.3　汽车刮水器间歇控制电路 ……… 202
习题 ………………………………………… 202

第7章 模拟量和数字量的转换 ………… 211
7.1 D/A 转换器 ……………………… 211
- 7.1.1 倒 T 形电阻网络 D/A 转换器 … 212
- 7.1.2 权电流型 D/A 转换器 ………… 213
- 7.1.3 D/A 转换器的主要技术指标 … 214

7.2 A/D 转换器 ……………………… 214
- 7.2.1 A/D 转换的一般工作过程 …… 215
- 7.2.2 并行比较型 A/D 转换器 ……… 217
- 7.2.3 逐次比较型 A/D 转换器 ……… 219
- 7.2.4 A/D 转换器的转换精度与转换速度 …………………………… 220

7.3 D/A 和 A/D 转换器在汽车电路中的应用 …………………………… 221
- 7.3.1 汽车电子仪表显示系统 ……… 221
- 7.3.2 发动机电子控制单元 ………… 222

习题 …………………………………… 223

第8章 电子技术基础实验 …………… 225
8.1 晶体管共射极单管放大器 ……… 225
- 8.1.1 实验目的 ……………………… 225
- 8.1.2 实验内容 ……………………… 225
- 8.1.3 实验步骤 ……………………… 225
- 8.1.4 实验结果记录 ………………… 228

8.2 射极输出器 ……………………… 228
- 8.2.1 实验目的 ……………………… 228
- 8.2.2 实验内容 ……………………… 229
- 8.2.3 实验步骤 ……………………… 229
- 8.2.4 实验结果记录 ………………… 232

8.3 直流稳压电源 …………………… 232
- 8.3.1 实验目的 ……………………… 232
- 8.3.2 实验内容 ……………………… 233
- 8.3.3 实验步骤 ……………………… 233
- 8.3.4 实验结果记录 ………………… 234

8.4 集成运算放大器的基本应用 …… 235
- 8.4.1 实验目的 ……………………… 235
- 8.4.2 实验内容 ……………………… 235
- 8.4.3 实验步骤 ……………………… 235
- 8.4.4 实验结果记录 ………………… 237

8.5 基本门电路测试 ………………… 238
- 8.5.1 实验目的 ……………………… 238
- 8.5.2 实验内容 ……………………… 238
- 8.5.3 实验步骤 ……………………… 238
- 8.5.4 实验结果记录 ………………… 240

8.6 多数表决电路和不一致电路 …… 241
- 8.6.1 实验目的 ……………………… 241
- 8.6.2 实验内容 ……………………… 241
- 8.6.3 实验步骤 ……………………… 241
- 8.6.4 实验结果记录 ………………… 243

8.7 译码器及其应用 ………………… 244
- 8.7.1 实验目的 ……………………… 244
- 8.7.2 实验内容 ……………………… 244
- 8.7.3 实验步骤 ……………………… 245
- 8.7.4 实验结果记录 ………………… 246

8.8 计数器及其应用 ………………… 247
- 8.8.1 实验目的 ……………………… 247
- 8.8.2 实验内容 ……………………… 247
- 8.8.3 实验步骤 ……………………… 247
- 8.8.4 实验结果记录 ………………… 247

参考文献 ……………………………… 249

第1章

半导体及二极管

第1章 授课视频

1.1 半导体的基础知识

半导体是指导电能力介于导体和绝缘体之间的物体。硅、锗、硒以及大多数金属氧化物和硫化物都是半导体。很多半导体的导电能力在不同条件下有很大的差别。例如，有些半导体（如钴、锰、镍等的氧化物）对温度的反应特别灵敏，环境温度增高时，它们的导电能力要增强很多。利用这种特性就做成了各种热敏电阻。又如，有些半导体（如镉、铅等的硫化物与硒化物）受到光照时，它们的导电能力变得很强；当无光照时，又变得像绝缘体那样不导电。利用这种特性就做成了各种光敏电阻。

如果在纯净的半导体中掺入微量的某种杂质后，它的导电能力就可增加几十万乃至几百万倍。利用这种特性就做成了各种不同用途的半导体器件，如二极管、双极型晶体管、场效应晶体管及晶闸管等。

1.1.1 本征半导体

本征半导体就是完全纯净的、具有晶体结构的半导体。

用得最多的半导体是硅和锗。将硅或锗材料提纯并形成单晶体后，所有原子便基本上排列整齐，其平面示意图如图 1-1 所示。它们都是四价元素，原子外层有 4 个价电子。每一个原子与相邻的 4 个原子结合，每个原子的一个价电子与另一原子的一个价电子组成共价键结构。在获得一定能量（热、光等）后，少量价电子即可挣脱原子核的束缚而成为自由电子，温度越高，晶体中产生的自由电子就越多。同时在共价键中就留下一个空位，称为空穴。一般情况下，原子是电中性的。当电子挣脱共价键的束缚成为自由电子后，原子的电中性就被破坏，而显出带正电。

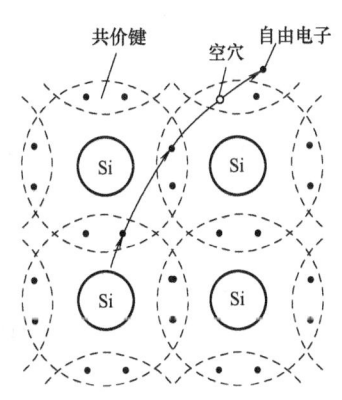

图 1-1 本征半导体中自由电子和空穴的形成

在外电场的作用下，自由电子做定向移动，形成电子电流。有空穴的原子可以吸引相邻原子中的价电子，填补这个空穴。同时，在失去了一个价电子的相邻原子的共价键中出现另一个空穴，它也可以由相邻原子中的价电子来递补，而在该原子中又出现一个空穴。如此继续下去，就好像空穴在运动。而空穴运动的方向与价电子运动的方向相反,因此空穴运动相当于正电荷的运动。

因此,当半导体两端加上外电压时,半导体中将出现两部分电流:一是自由电子做定向运动所形成的电子电流,二是仍被原子核束缚的价电子(注意,不是自由电子)递补空穴所形成的空穴电流。在半导体中,同时存在着电子导电和空穴导电,这是半导体导电方式的最大特点,也是半导体和金属在导电原理上的本质差别。

自由电子和空穴都称为载流子。在本征半导体中自由电子和空穴总是成对出现,同时又不断复合。

1.1.2　N型半导体和P型半导体

本征半导体虽然有自由电子和空穴两种载流子,但由于数量极少,导电能力仍然很低。如果在其中掺入微量的杂质(某种元素),这将使掺杂后的半导体(杂质半导体)的导电能力大大增强。根据掺杂入杂质的不同,可将杂质半导体分为N型半导体和P型半导体。

例如在硅晶体中掺入五价元素磷,由于掺入硅晶体的磷原子数比硅原子少得多,因此整个晶体结构基本上不变。当一个硅原子被磷原子取代时,磷原子的5个价电子中只有4个用于组成共价键,多余的一个很容易挣脱磷原子核的束缚而成为自由电子,如图1-2所示。由于自由电子大量增加,电子导电成为这种半导体的主要导电方式,故称它为N型半导体。N型半导体中自由电子是多数载流子,而空穴则是少数载流子。

又如在硅晶体中掺入三价元素硼,每个硼原子只有3个价电子,故在组成共价键时将因缺少一个电子而产生一个空位。相邻硅原子的价电子就有可能填补这个空位,而在该原子中便产生一个空穴,如图1-3所示。每个硼原子都能提供一个空穴,于是空穴大量增加,空穴导电成为这种半导体的主要导电方式,故称它为P型半导体。P型半导体中空穴是多数载流子,自由电子是少数载流子。

无论是N型半导体还是P型半导体,虽然它们都有一种载流子占多数,但是整个晶体是不带电的。

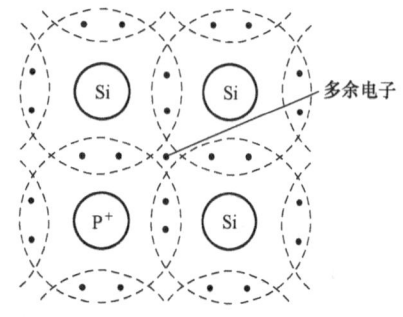

图1-2　硅晶体中掺磷出现自由电子

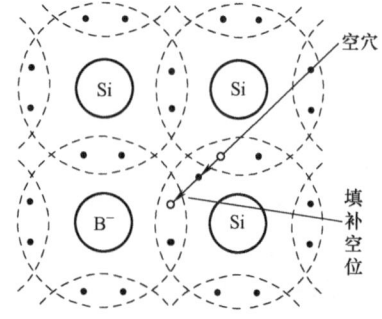

图1-3　硅晶体中掺硼出现空穴

1.1.3　PN结及其单向导电性

1. PN结的形成

在同一块半导体基体上掺入不同的杂质,可在两边分别形成P型和N型半导体,在它们的交界区域会形成空间电荷区，这个空间电荷区就称为 PN 结。

在 N 型半导体中，多数载流子是自由电子，即自由电子浓度较大；而在 P 型半导体中，空穴浓度较大。根据物理学知识，浓度的差异会引起物质从浓度大的地方向浓度小的地方移动，因此，空穴将由高浓度的 P 区向低浓度的 N 区扩散，自由电子则由 N 区向 P 区扩散，扩散情况如图 1-4a 所示。扩散的电子和空穴会在中间的交界区复合消失，与此同时，在 P 区和 N 区分别留下不可移动的负电荷离子和正电荷离子。于是，在交界区域形成了空间电荷区，正负离子会形成一个电场，该电场称作内电场，电场方向由 N 区指向 P 区，如图 1-4b 所示。

PN 结及其
单向导电性

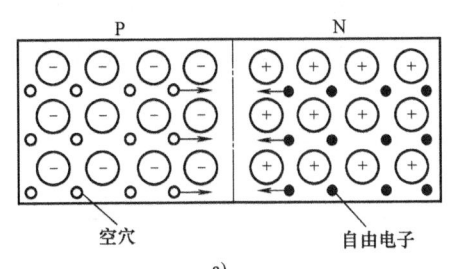 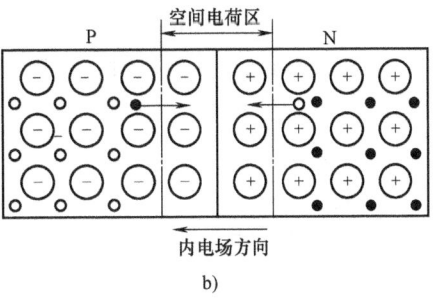

图 1-4 PN 结的形成
a）扩散示意图 b）扩散结果示意图

内电场对多数载流子（P 区的空穴和 N 区的自由电子）的扩散运动有阻碍作用，但却能够推动少数载流子（P 区的自由电子和 N 区的空穴）越过 PN 结，进入对方区域。这种在内电场作用下少数载流子有规则的运动，称作漂移运动。扩散运动和漂移运动同时发生但又相互影响，扩散运动可使空间电荷区变宽，即内电场变强，内电场推动下的漂移运动也会变频繁，而漂移运动会使空间电荷区变窄。当扩散运动与漂移运动在某种条件下（如光照、温度）达到动态平衡时，空间电荷区的宽度基本就稳定了，即形成了 PN 结，PN 结对外不显电性。

2. PN 结的单向导电性

PN 结在无外加电压下不显电性。如果给 PN 结加外部电压，有两种方式：加正向电压和反向电压。如果电源的正极接 P 区，负极接 N 区，称为加正向电压，简称为正偏；反之，如果 PN 结 P 区接电源负极，N 区接电源正极，称为加反向电压，简称为反偏。

在 PN 结上加正向电压，PN 结正偏如图 1-5 所示。外加的正向电场方向与 PN 结内电场方向相反，削弱了内电场的作用。于是，PN 结内电场对多数载流子扩散运动的阻碍减弱，扩散电流加大。在外电场作用下，N 区的电子和 P 区的空穴载流子都向交界面运动，与原空间电荷区的正负离子中和，使空间电荷区变窄。此时，扩散电流远大于漂移电流，可忽略漂移电流的影响，PN 结呈现低电阻性，电路导通，有电流 I 流过。

在 PN 结上加反向电压，PN 结反偏如图 1-6 所示。外加的正向电场方向与 PN 结内电场方向相同，增强了内电场的作用。于是，PN 结内、外电场增强了少数载流子（P 区的电子载流子和 N 区的空穴载流子）的漂移运动，推动它们越过 PN 结，进入对方区域，从而使空间电荷区变宽。此时，漂移电流大于扩散电流，可忽略扩散电流，但因为少数载流子很少，所以形成的电流也很小，接近于 0。所以，PN 结呈高电阻性，可近似认为电路不能导通。

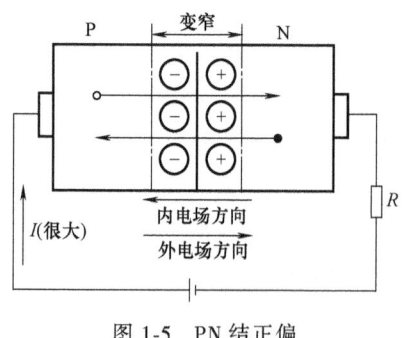

图 1-5　PN 结正偏　　　　　　　　图 1-6　PN 结反偏

由上述分析可知,当 PN 结加正向电压时,呈现低电阻,具有较大的正向电流,此时 PN 结导通;当 PN 结加反向电压时,呈现高电阻,具有很小的反向电流,此时 PN 结截止。这就是 PN 结的单向导电性。

1.2　二极管

1.2.1　基本结构

在单个 PN 结两端加上引出线并封装,就成为一个二极管。P 区的引出线称为正极或阳极,N 区的引出线称为负极或阴极。半导体二极管按其结构的不同可分为点接触型、面接触型和平面型三类。

点接触型二极管如图 1-7a 所示,其 PN 结面积小,结电容小,不能承受高的反向电压和大的电流,但高频性能好,往往用于小电流整流、高频检波及数字电路中的开关管。面接触型二极管如图 1-7b 所示,其 PN 结面积大,允许流过较大的电流,但工作频率较低,一般用于工频大电流整流电路。平面型二极管如图 1-7c 所示,可用作大功率整流管和数字电路中的开关管。二极管的图形符号如图 1-7d 所示。

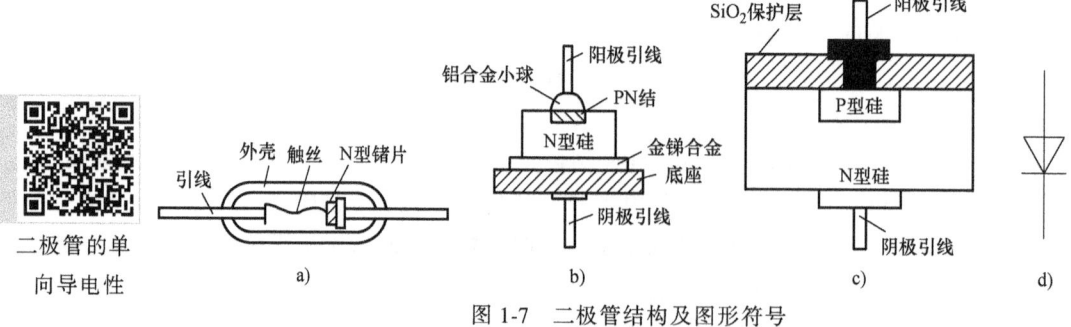

图 1-7　二极管结构及图形符号

a) 点接触型　b) 面接触型　c) 平面型　d) 图形符号

1.2.2　伏安特性

二极管是由 PN 结构成的,因此也具有单向导电性。二极管的伏安特性曲线如图 1-8 所示，其表示二极管两端的电压与通过的电流之间关系的曲线。由图可知，曲线可分为 3 个部分。

1. 正向特性

正向特性表现为图 1-8 中的①段。当正向电压较小时，正向电流几乎为零。此工作区域称为死区。U_{th} 称为死区电压（该电压硅管约为 0.5V，锗管为 0.1V）。当正向电压大于 U_{th} 时，内电场削弱，电流因而迅速增长，呈现出很小的正向电阻。

二极管伏安特性

2. 反向特性

反向特性表现为图 1-8 中的②段。由于是少数载流子漂移形成的反向饱和电流，所以其数值很小。但温度对它影响很大，当温度升高时，少数载流子数目增多，反向电流将随之增加。

3. 反向击穿特性

反向击穿特性对应于图 1-8 中的③段，当反向电压增加到一定值时，反向电流急剧增加，二极管被反向击穿。二极管的反向击穿，可分为热击穿和电击穿两种。电击穿后，当加在二极管两端的反向电压降低后，二极管仍可恢复到原来的状态；热击穿则会使二极管发生永久损坏。普通二极管被击穿后，一般不能恢复原有性能，因此在使用二极管时，所加反向电压一定要小于反向击穿电压。

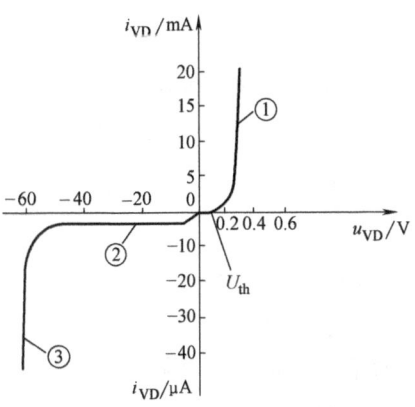

图 1-8 二极管的伏安特性曲线

1.2.3 主要参数

器件的参数是对其特性的描述，也是人们正确使用和合理选择器件的依据。半导体二极管主要参数有：

1. 最大整流电流 I_F

最大整流电流 I_F 指二极管长期运行时允许通过的最大正向平均电流，它是由 PN 结的结面积和外界散热条件决定的。实际应用时，二极管的平均电流不能超过此值，并要满足散热条件，否则会烧坏二极管。

2. 最大反向工作电压 U_R

最大反向工作电压 U_R 指二极管使用时所允许加的最大反向电压，超过此值，二极管就有发生反向击穿的危险。为了安全，实际工作中，通常取反向击穿电压的 1/2 或 2/3 作为 U_R。

3. 反向电流 I_R

反向电流 I_R 指二极管未被反向击穿时的反向电流值。此值越小，二极管的单向导电性越好。此值与温度有密切关系，在高温运行时要特别注意。

4. 正向压降

正向压降指在规定的正向电流下，二极管的正向电压降。硅管的正向压降为 0.6~0.7V，锗管为 0.2~0.3V。

理想二极管是指当二极管加正向电压时，二极管的管压降为 0；加反向电压时，二极管截止，此时称二极管具有开关作用。

二极管的类型和参数可查阅厂家提供的产品手册。由于制造工艺的限制，即使是同一型号的二极管，参数的分散性也很大，手册上往往给出参数的范围。

例 1-1 电路如图 1-9 所示，二极管 VD 为理想二极管，求 A、B 两点间的电压 U_{AB}。

解：取 B 点作参考点，断开二极管，分析二极管阳极和阴极的电位。

$$V_{阳} = -6V, \quad V_{阴} = -12V$$

由于 $V_{阳} > V_{阴}$，所以二极管导通，二极管 VD 为理想二极管，导通时，正向管压降为 0，故

$$U_{AB} = -6V$$

此时，二极管起钳位作用。

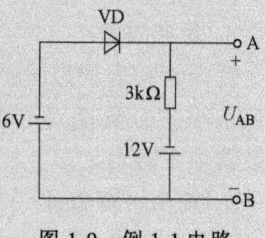

图 1-9　例 1-1 电路

例 1-2 电路如图 1-10 所示，二极管为理想二极管，求 A、B 两点间的电压 U_{AB}。

解：两个二极管的阴极接在一起，取 B 点作参考点，断开二极管，分析二极管阳极和阴极的电位。

二极管 VD_1：$V_{阳} = -6V$，$V_{阴} = -12V$，则 $U_{VD1} = 6V$。

二极管 VD_2：$V_{阳} = 0V$，$V_{阴} = -12V$，则 $U_{VD2} = 12V$。

因为 $U_{VD2} > U_{VD1}$，所以二极管 VD_2 优先导通，VD_2 导通后 A 点电位为 0V，VD_1 承受反向电压截止。

VD_2 为理想二极管，则

$$U_{AB} = 0V$$

VD_1 承受反向电压为 -6V，此时，VD_2 起钳位作用，将 A 点的电位钳位在 0V；VD_1 起隔离作用，把输入端和输出端隔离开来。

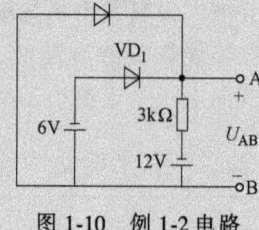

图 1-10　例 1-2 电路

例 1-3 电路如图 1-11 所示，已知输入端 A 的电位 $V_A = +3V$，B 点的电位 $V_B = 0V$，电阻 R 接电压为 -15V 的电源，VD_1 和 VD_2 的导通管压降为 0.7V，求输出端 F 的电位 V_F，并判断 VD_1 和 VD_2 的导通情况。

解：因为 VD_1 和 VD_2 为共阴极连接，A、B 两端为它们的阳极，因此 V_A、V_B 中的高电位对应的二极管将会优先导通。

由 $V_A > V_B$ 可知，VD_1 将会优先导通，则此时 $V_F = 3V - 0.7V = 2.3V$。当 VD_1 导通后，VD_2 因承受反向电压而截止。

此时，VD_1 起钳位作用，将 F 点的电位钳位在 2.3V；VD_2 起隔离作用，把输入端 B 和输出端 F 隔离开来。

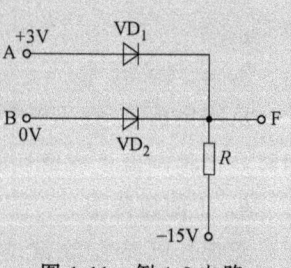

图 1-11　例 1-3 电路

1.3 特殊类型二极管

1.3.1 稳压二极管

1. 稳压二极管

稳压二极管是一种特殊的面接触型半导体硅二极管。由于它在电路中与适当数值的电阻配合后能起稳定电压的作用，故称为稳压二极管。稳压二极管被反向击穿时，在一定的电流范围内（或者说在一定的功率损耗范围内），端电压几乎不变，表现出稳压特性，因而广泛用于稳压电源与限幅电路中。其图形符号和外形如图 1-12 所示。

稳压二极管的伏安特性曲线与普通二极管的类似，如图 1-13 所示，其差异是稳压二极管的反向特性曲线比较陡。稳压二极管加正向电压时，当正向电压大于开启电压时，稳压二极管处于导通状态。稳压二极管加反向电压时，从反向特性曲线上可以看出，反向电压在一定范围内变化时，反向电流很小。当反向电压增高到击穿电压时，反向电流突然剧增，稳压二极管反向击穿。此后，电流虽然在很大范围内变化，但稳压二极管两端的电压变化很小。利用这一特性，稳压二极管在电路中能起稳压作用。稳压二极管与一般二极管不一样，它的反向击穿是可逆的。当去掉反向电压之后，稳压二极管又恢复正常。但是，如果反向电流超过允许范围，稳压二极管将会发生热击穿而损坏。

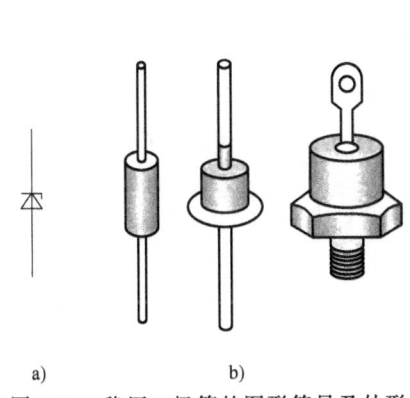

图 1-12 稳压二极管的图形符号及外形
a) 图形符号 b) 外形

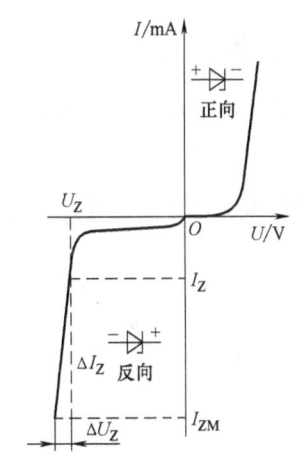

图 1-13 稳压二极管的伏安特性曲线

2. 稳压二极管的主要参数

（1）**稳定电压** U_Z U_Z 是在规定电流下稳压二极管的反向击穿电压。产品手册中所列的都是在一定条件（工作电流、温度）下的数值，即使是同一型号的稳压二极管，由于工艺方面和其他原因，稳压值也有一定的分散性。

（2）**稳定电流** I_Z 稳定电流是指工作电压等于 U_Z 时的工作电流，常常将 I_Z 记作 I_{Zmin}，电流低于此值时稳压效果不好。

（3）**最大稳定电流** I_{ZM} 稳压二极管的最大允许工作电流，在使用时实际电流不能超过此值。

(4) 电压温度系数 α_u 这是说明稳压值受温度变化影响的系数。一般来说，低于 6V 的稳压二极管，其电压温度系数是负的；高于 6V 的稳压二极管，电压温度系数是正的；而在 6V 左右的稳压二极管，稳压值受温度的影响就比较小。因此，选用稳定电压为 6V 左右的稳压二极管，可得到较好的温度稳定性。

(5) 动态电阻 r_Z 动态电阻是指稳压二极管端电压的变化量与相应的电流变化量的比值，稳压二极管的反向伏安特性曲线越陡，则动态电阻越小，稳压性能越好。

$$r_Z = \frac{\Delta U_Z}{\Delta I_Z} \tag{1-1}$$

(6) 额定功率 P_{ZM} P_{ZM} 等于稳压二极管的稳定电压 U_Z 与最大稳定电流 I_{ZM} 的乘积。稳压二极管的功耗超过此值时，会因结温升高而损坏。

$$P_{ZM} = U_Z I_{ZM} \tag{1-2}$$

例 1-4 电路如图 1-14 所示。已知电路中稳压二极管的稳定电压 $U_Z = 6V$，最小稳定电流 $I_{Zmin} = 5mA$，最大稳定电流 $I_{ZM} = 25mA$。

1) 分别计算 U_I 为 15V、35V 两种情况下输出电压 U_O 的值。

2) 若 $U_I = 35V$ 时负载开路，则会出现什么现象？为什么？

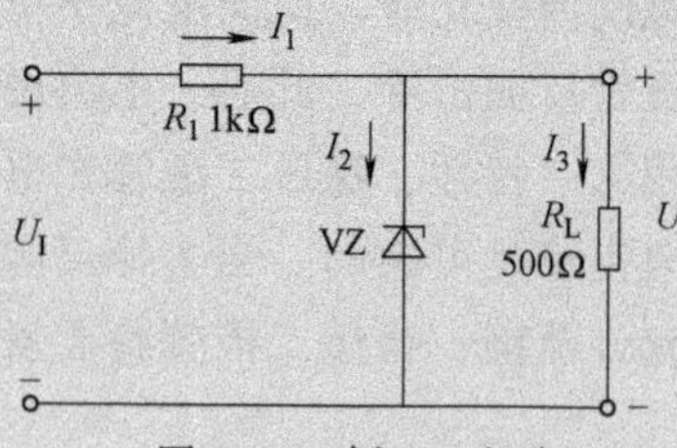

解： 1) 当 $U_I = 15V$ 时，此时给稳压二极管 VZ 加反向电压，若反向电压大于稳压值 U_Z，则稳压二极管工作在反向击穿区；若反向电压小于稳压值 U_Z，则稳压二极管工作在截止区。

图 1-14 例 1-4 电路

假设稳压二极管工作在反向击穿区，则 $U_O = U_Z = 6V$，R_1 中的电流为

$$I_1 = \frac{U_I - U_O}{R_1} = \frac{15V - 6V}{1000\Omega} = 0.009A = 9mA$$

R_L 中的电流为

$$I_3 = \frac{U_O}{R_L} = \frac{6V}{500\Omega} = 0.012A = 12mA$$

则稳压二极管中的电流为

$$I_2 = I_1 - I_3 = 0.009A - 0.012A = -0.003A = -3mA$$

电流小于其最小稳定电流，所以稳压二极管未击穿，应工作在截止区。故

$$U_O = \frac{R_L}{R_1 + R_L} U_I = \frac{500\Omega}{1000\Omega + 500\Omega} \times 15V = 5V$$

当 $U_I = 35V$ 时，假设稳压二极管工作在反向击穿区，则 $U_O = U_Z = 6V$，R_1 中的电流为

$$I_1 = \frac{U_I - U_O}{R_1} = \frac{35V - 6V}{1000\Omega} = 0.029A = 29mA$$

R_L 中的电流为

$$I_3 = \frac{U_O}{R_L} = \frac{6V}{500\Omega} = 0.012A = 12mA$$

则稳压二极管中的电流为

$$I_2 = I_1 - I_3 = 0.029A - 0.012A = 0.017A = 17mA$$

稳压二极管中的电流大于最小稳定电流 I_{Zmin}，小于最大稳定电流 I_{ZM}，所以

$$U_O = U_Z = 6V$$

2) 若 $U_I = 35V$ 时负载开路，假设稳压二极管工作在反向击穿区，则稳压二极管中流过的电流为29mA，29mA>I_{ZM}=25mA，稳压二极管将因功耗过大而损坏。

1.3.2 发光二极管

发光二极管（Light-Emitting Diode，LED）由含镓（Ga）、砷（As）、磷（P）及氮（N）等的化合物制成。

发光二极管与普通二极管一样是由一个PN结组成，也具有单向导电性。当给发光二极管加上正向电压后，从P区注入N区的空穴和由N区注入P区的电子复合，产生自发辐射的荧光。不同的半导体材料中电子和空穴所处的能量状态不同，发光颜色也不同：砷化镓二极管发红光，磷化镓二极管发绿光，碳化硅二极管发黄光，氮化镓二极管发蓝光。发光二极管能发出从紫外到红外不同颜色的光线，光的强弱与通过发光二极管的电流有关。图1-15为常见发光二极管的外形图、结构和图形符号。

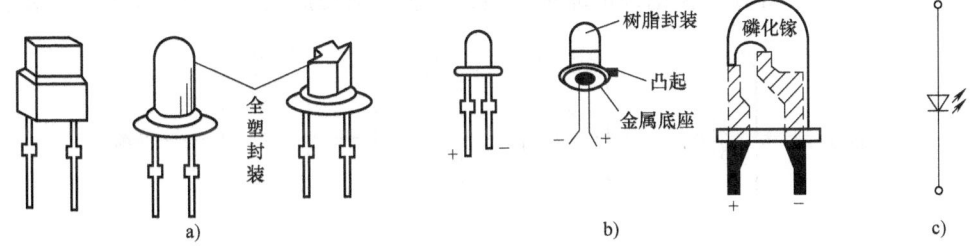

图1-15 常见发光二极管外形图、结构和图形符号
a) 外形 b) 结构 c) 图形符号

发光二极管的反向击穿电压大于5V。它的正向伏安特性曲线很陡，使用时必须串联限流电阻以控制通过发光二极管的电流。

LED的优点：电光转化效率高（接近60%）、绿色环保、寿命长（可达10万h）、工作电压低（3V左右）、反复开关无损寿命、体积小、发热少、亮度高、整固耐用、易于调光、色彩多样、光束集中稳定及启动无延时等。

LED的缺点：起始成本高、显色性差、大功率LED效率低、恒流驱动（需专用驱动电路）。

1.3.3 光电二极管

普通二极管在反向电压作用时处于截止状态，只能流过微弱的反向电流，光电二极管在

设计和制作时尽量使 PN 结的面积相对较大，以便接收入射光。图 1-16 为光电二极管外形、图形符号及伏安特性曲线。光电二极管是在反向电压作用下工作的，没有光照时，反向电流极其微弱，称为暗电流；有光照时，反向电流迅速增大到几十微安，称为光电流。光照强度 E 越大，反向电流也越大，如图 1-16c 所示。光的变化引起光电二极管电流变化，这就可以把光信号转换成电信号，因此也称为光电传感器件。

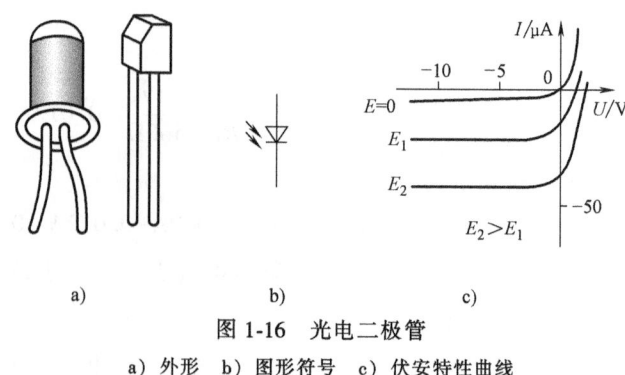

图 1-16 光电二极管

a) 外形　b) 图形符号　c) 伏安特性曲线

1.4 直流稳压电源

1.4.1 直流稳压电源的组成

在工农业生产和科学实验中，主要采用交流电，但是在某些场合，如电解、电镀、蓄电池的充电、直流电动机等，都需要用直流电源供电。此外，在电子线路和自动控制装置中还需要用电压非常稳定的直流电源。为了得到直流电，除了用直流发电机外，目前广泛采用的是各种半导体直流电源。

图 1-17 所示是半导体直流电源的原理框图，它表示把交流电变换为直流电的过程。

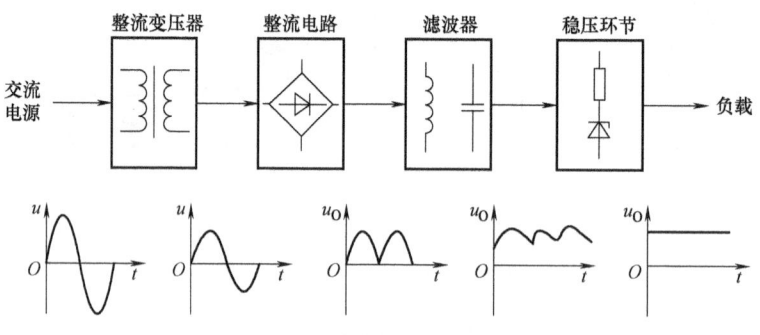

图 1-17　半导体直流电源的原理框图

图 1-17 中各环节的功能如下。

1) 整流变压器：将交流电源电压变换为符合整流需要的电压。

2) 整流电路：将交流电压变换为单向脉动电压。其中的整流器件（二极管或晶闸管）之所以能整流，是因为它们都具有单向导电的共同特性。

3) 滤波器：减小整流电压的脉动程度，以适合负载的需要。

4) 稳压环节：在交流电源电压波动或负载变动时，使直流输出电压稳定。在对直流电压的稳定程度要求较低的电路中，也可以不要稳压环节。

1.4.2 整流电路

1. 单相半波整流电路

整流电路是将交流电路变换成直流电路,整流电路分为单相半波整流电路、单相桥式电路、三相全波整流电路。

图1-18所示为单相半波整流电路。由整流变压器、整流器件及负载电阻组成。设变压器二次侧的电压为

$$u = \sqrt{2}U\sin\omega t$$

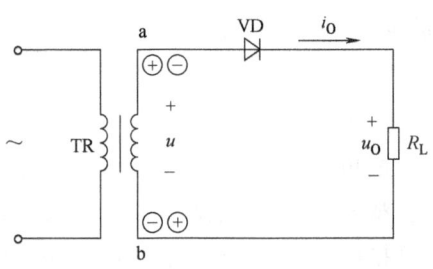

图1-18 单相半波整流电路

由于二极管具有单向导电性,因此只有它的阳极电位高于阴极电位时才能导通。在变压器二次电压的正半周时,其极性为上正下负,二极管因承受正向电压而导通。这时负载电阻上的电压为 $u_O = u$,通过的电流为 i_O。在电压的负半周时,二极管因承受反向电压而截止,负载电阻上的电压为零。因此,在负载电阻上得到的是半波电压。二极管导通时正向压降很小,可以忽略不计,因此,可以认为这个半波电压和变压器二次电压的正半波是相同的,如图1-19所示。单相半波整流电路的输出电压为

$$u_O = \sqrt{2}U\sin\omega t \quad (0 \leqslant \omega t \leqslant \pi) \quad (1\text{-}3)$$

负载电阻上得到的整流电压 u_O 是大小变化的单向脉动直流电压,u_O 的大小常用一个周期的平均值来表示,单相半波整流电压的平均值为

$$U_O = \frac{1}{2\pi}\int_0^\pi \sqrt{2}U\sin\omega t\, d(\omega t) = \frac{\sqrt{2}}{\pi}U = 0.45U \quad (1\text{-}4)$$

流过二极管的平均电流为

$$I_O = \frac{U_O}{R_L} = \frac{0.45U}{R_L} \quad (1\text{-}5)$$

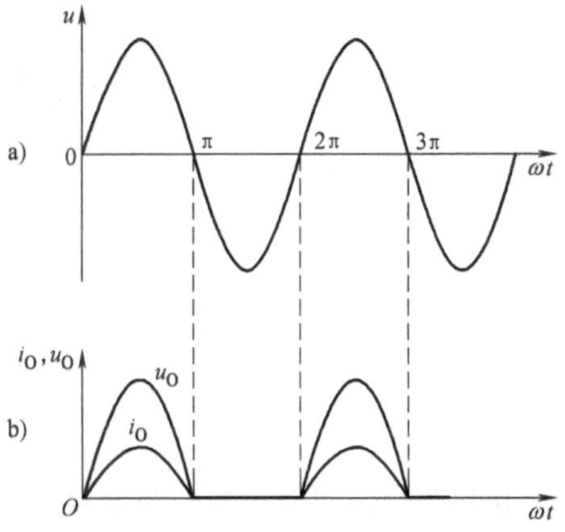

图1-19 单相半波整流电路电压与电流的波形

在二极管不导通期间,二极管承受反向电压的最大值就是变压器二次电压的最大值,即

$$U_{RM} = \sqrt{2}U \quad (1\text{-}6)$$

这样,根据 U_O、I_O 和 U_{RM} 就可以选择合适的整流器件。

单相半波整流电路的特点是结构简单,使用的元器件少,但电路只利用了电源的半个周期,所以电源利用率低,输出的直流成分比较低;输出波形的脉动大,变压器电流含有直流成分,容易饱和。故半波整流只用在要求不高,输出电流较小的场合。

例 1-5 有一单相半波整流电路,已知负载电阻 $R_L = 750\Omega$,变压器二次电压 $U = 20\text{V}$,试求 U_O、I_O 和 U_{RM},并选择二极管。

解:
$$U_O = 0.45U = 0.45 \times 20\text{V} = 9\text{V}$$

$$I_O = \frac{U_O}{R_L} = \frac{9\text{V}}{750\Omega} = 0.012\text{A} = 12\text{mA}$$

$$U_{RM} = \sqrt{2}\,U = \sqrt{2} \times 20\text{V} = 28.3\text{V}$$

查找相关的产品手册，二极管可以选用 2AP4（16mA，50V）。为安全起见，二极管的反向峰值电压要选得比 U_{RM} 大一倍左右。

2. 单相桥式整流电路

单相半波整流电路使用元器件少，电路简单，它的缺点是只利用了电源电压的半个周期，整流输出电压的脉动较大，为了克服这些缺点，多采用单相桥式整流电路。它由 4 个二极管接成电桥形式构成，如图 1-20a 所示。图 1-20b 是其简化画法。在图 1-20a 所示电路中，当变压器二次电压 u 为上正下负时，二极管 VD_1 和 VD_3 导通，VD_2 和 VD_4 截止，电流 i_1 的通路为 a→VD_1→R_L→VD_3→b，这时负载电阻 R_L 上得到一个正弦半波电压如图 1-21 中的 0~π 段所示。当变压器二次电压 u 为上负下正时，二极管 VD_1 和 VD_3 反向截止，VD_2 和 VD_4 导通，电流 i_2 的通路为 b→VD_2→R_L→VD_4→a，同样，在负载电阻上得到一个正弦半波电压，如图 1-21 中的 π~2π 段所示。

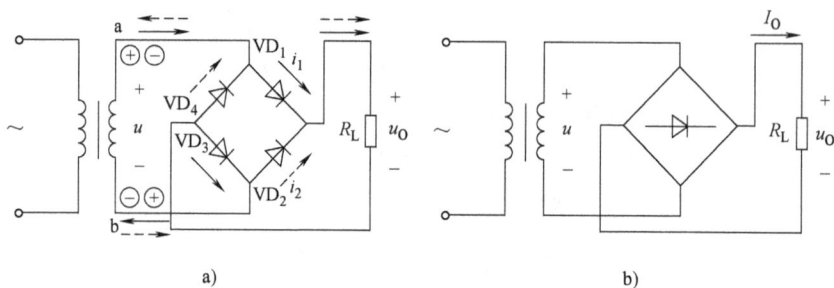

图 1-20 单相桥式整流电路

由以上分析可知，桥式整流电路的整流电压平均值 U_O 比半波整流时增加一倍，即

$$U_O = 2 \times 0.45U = 0.9U \tag{1-7}$$

桥式整流电路通过负载电阻的直流电流也增加一倍，即

$$I_O = \frac{U_O}{R_L} = 0.9\frac{U}{R_L} \tag{1-8}$$

由于每两个二极管串联轮换导通半个周期，所以，每个二极管中流过的平均电流只有负载电流的一半，即

$$I_{VD} = \frac{1}{2}I_O = 0.45\frac{U}{R_L} \tag{1-9}$$

当 VD_1 和 VD_3 导通时，如果忽略二极管正向压

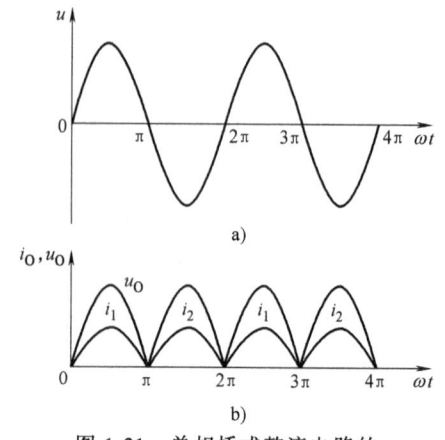

图 1-21 单相桥式整流电路的
电压和电流波形

降，此时，VD_2 和 VD_4 的阴极接近于 a 点电位，阳极接近于 b 点电位，二极管承受的最高反向电压为电源电压的最大值，即

$$U_{RM} = \sqrt{2}\,U \tag{1-10}$$

由以上分析可知，单相桥式整流电路在变压器二次电压相同的情况下，输出电压平均值高、脉动小，电源变压器得到充分利用，二极管承受的反向电压和半波整流电路一样。虽然二极管用了 4 个，但小功率二极管体积小，价格低廉，因此全波桥式整流电路得到了广泛的应用。

例 1-6 单相桥式整流电路中，已知交流电网电压为 220V，负载电阻 $R_L = 50\Omega$，负载电压 $U_O = 100V$，选择二极管并求变压器的电压比。

解：变压器二次电压有效值

$$U = \frac{U_O}{0.9} = \frac{100}{0.9}\text{V} = 111\text{V}$$

考虑到变压器二次绕组及二极管上的压降，变压器二次电压一般应高出 5%~10%，即取

$$U = 1.1 \times 111\text{V} = 122\text{V}$$

每只二极管承受的最高反向电压

$$U_{RM} = \sqrt{2}\,U = \sqrt{2} \times 122\text{V} = 173\text{V}$$

整流电流的平均值

$$I_O = \frac{U_O}{R_L} = \frac{100\text{V}}{50\Omega} = 2\text{A}$$

流过每只二极管的电流平均值

$$I_{VD} = \frac{1}{2}I_O = \frac{1}{2} \times 2\text{A} = 1\text{A}$$

根据二极管的电流平均值和承受的最高反向电压，查手册，选取 2CZ55E 二极管，其最大整流电流为 1A，反向工作峰值电压为 300V。

变压器的电压比

$$K = \frac{220\text{V}}{122\text{V}} = 1.8$$

例 1-7 桥式整流电路如图 1-20a 所示。
1) 当二极管 VD_2 或 VD_4 断开时，试分析负载电压的波形。
2) 如果 VD_2 或 VD_4 接反，后果如何？
3) 如果 VD_2 或 VD_4 因击穿或烧坏而短路，后果又如何？

解：1) 当 VD_2 或 VD_4 断开后，电路为单相半波整流电路。正半周时，VD_1 和 VD_3 导通，负载中有电流通过，负载电压 $u_O = u$；负半周时，VD_1 和 VD_3 截止，负载中无电流通过，负载两端无电压，$u_O = 0$。

2）如果 VD_2 或 VD_4 接反，则正半周时，二极管 VD_1、VD_2 或 VD_4、VD_3 导通，电流经 VD_1、VD_2 或 VD_4、VD_3 而造成电源短路，电流很大，因此变压器及 VD_1、VD_2 或 VD_4、VD_3 将被烧坏。

3）如果 VD_2 或 VD_4 因击穿烧坏而短路，则正半周时，情况与 VD_2 或 VD_4 接反类似，电源及 VD_1、VD_2 或 VD_4、VD_3 也将因电流过大而烧坏。

3. 三相桥式整流电路

前述两种单相整流电路的输出功率较小，一般应用于电子仪器及家用电器中。如在大功率电路采用单相整流电路，将会造成三相供电线路负载不对称，且输出电压脉动也较大，影响供电质量。因此可采用三相半波和三相桥式整流电路。下面介绍常用的三相桥式整流电路。

(1) 工作原理　图1-22为三相桥式整流电路的原理图。整流用的变压器 TR 的一次侧接成三角形，二次侧接成星形。

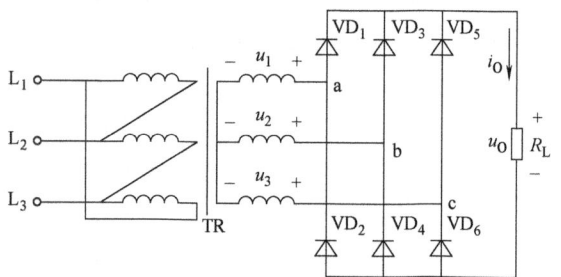

图1-22　三相桥式整流电路原理图

用六个整流二极管，其中 VD_1、VD_3、VD_5 的阴极连在一起成为一组，而 VD_2、VD_4、VD_6 的阳极连在一起成为另一组。负载电阻 R_L 接在二极管阴极连接点与阳极连接点之间。

三相桥式整流电路变压器二次电压 u 是一组相位差为120°的对称正弦交流电压，如图1-23a所示。在 u 作用下，整流二极管导通应遵守的规律是：在共阴极的一组二极管中，哪个二极管阳极电位最高，哪个二极管导通；在共阳极的一组二极管中，哪个二极管的阴极电位最低，哪个二极管导通。根据这个规律便可分析出二极管的导通次序及电路的输出电压 u_0 的波形，如图1-23b所示。

在 $0 \sim t_1$ 这段时间内，三相电压中相电压 u_3 最高，u_2 最低，即c点电位最高，b点电位最低，使 VD_5 和 VD_4 导通。VD_5、VD_4 导通后，使 VD_1、VD_2、VD_3、VD_6 承受反向电压而截止。如果忽略二极管的正向压降，此时，加到负载 R_L 上的电压 u_0 就是线电压 u_{32}。电流的通路是 c→VD_5→R_L→VD_4→b。

在 $t_1 \sim t_2$ 这段时间内，三相电压中相电压 u_1 最高，u_2 最低，即a点电位最高，b点电位最低，使 VD_1 和 VD_4 导通。VD_1 和 VD_4 导通后，使 VD_2、VD_3、VD_5、VD_6 承受反向电压而截止。如

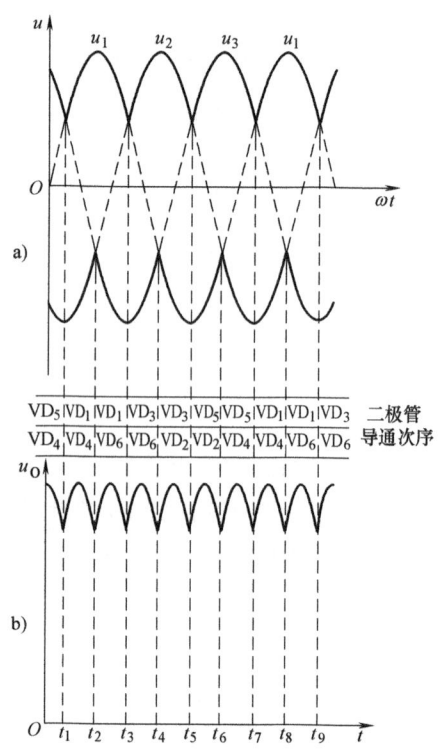

图1-23　三相桥式整流电路电压波形图

果忽略二极管的正向压降，此时，加到负载 R_L 上的电压 u_O 就是线电压 u_{12}。电流的通路是 a→VD_1→R_L→VD_4→b。

$t_2 \sim t_3$ 在这段时间内，相电压 u_1 仍然最高，u_3 最低，即 VD_1、VD_6 导通。这时电流的通路是 a→VD_1→R_L→VD_6→c，输出电压 u_O 近似为 u_{13}。

在 $t_3 \sim t_4$ 这段时间内，VD_3、VD_6 导通，电流的通路为 b→VD_3→R_L→VD_6→c，输出电压 u_O 近似为 u_{23}。以此类推，便可获得输出电压 u_O 的波形，如图 1-23b 所示。

三相桥式整流电路输出的脉动直流电压，比单相桥式整流输出电压的波形要平滑得多，其脉动程度大大减小。

(2) 整流电压和电流平均值的计算 由数学推导可知，负载 R_L 上电压平均值 U_O 与三相变压器二次绕组相电压有效值 U 的关系为

$$U_O = 2.34U \tag{1-11}$$

整流电流平均值为

$$I_O = \frac{U_O}{R_L} = \frac{2.34U}{R_L} \tag{1-12}$$

由于每个二极管在一个周期内只有 1/3 周期导通，故通过二极管的电流平均值 I_{VD} 为

$$I_{VD} = \frac{1}{3}I_O = 0.78\frac{U}{R_L} \tag{1-13}$$

各个二极管所承受的最大反向电压 U_{RM} 是变压器二次线电压的最大值，即

$$U_{RM} = \sqrt{3}\,U_m = \sqrt{3} \times \sqrt{2}\,U = 2.45U \tag{1-14}$$

1.4.3 滤波电路

整流电路输出的单向脉动电压含有交流分量，不能适应各种要求直流电压平稳的电子设备、电气装置正常工作的需要。解决办法是在整流电路之后再加接滤波电路，以改善直流电压的脉动程度。

根据电容有隔直通交的作用，而电感则有直流电阻很小，交流电阻大的特点。将电容、电感和电阻适当地组合起来，便可得到各种形式的滤波电路。

1. 电容滤波电路

在整流电路负载电阻 R_L 的两端并联一个容量较大的电容器，即构成电容滤波电路，如图 1-24a 所示。

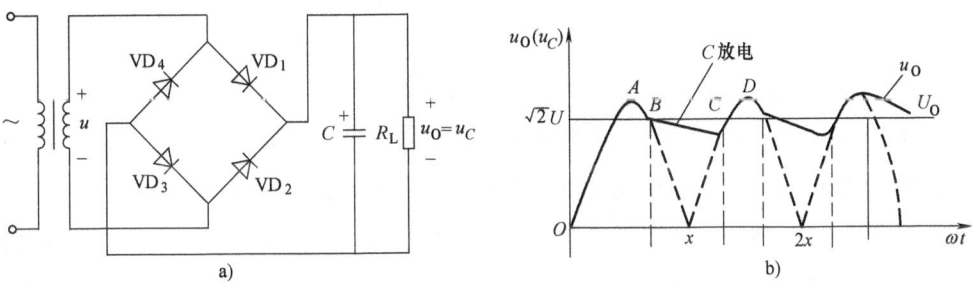

图 1-24 电容滤波电路

设当 $\omega t=0$ 时，电源电压 u 的初相为零，电容上的初始电压等于零。电路与电源接通，在 u 正半周开始后，二极管 VD_1、VD_3 导通，电源给负载 R_L 供电的同时也给电容器 C 充电，若忽略二极管的正向压降，则负载两端电压 u_0、电容器两端电压 u_C 及变压器二次绕组输出电压 u 三者相等，$u_0(u_C)$ 将跟随 u 按正弦规律上升到 u 的最大值 $\sqrt{2}U$，如图 1-24b 中的 OA 段波形所示。在上升到最大值 A 点以后，u 开始下降，电容器 C 也开始对负载电阻 R_L 放电，$u_0(u_C)$ 也相应地下降。但在 AB 段，u 按正弦规律下降，由于电容放电电流较小，二极管 VD_1、VD_3 仍然受正向电压作用而继续导通，$u_0(u_C)$ 也被迫跟着 u 一起按正弦规律下降。到 B 点后，u 的下降速率加快，$u<u_C$，整流二极管截止，负载电流完全由电容 C 放电来维持，这时，$u_0(u_C)$ 按指数规律下降，其下降速率由放电时间常数 $\tau(\tau=R_L C)$ 来决定，如图 1-24b 中的 BC 段所示。此后 u 的负半周使二极管 VD_2、VD_4 导通，电容 C 又被充电，如 CD 段所示。如此周期性地重复上述过程，负载 R_L 上便可得到较为平直的输出电压 u_0。

电容滤波电路结构简单，整流输出电压的波形比较平直，输出平均电压 U_0 较高，且随负载 R_L 的大小而变化。当负载电阻 R_L 的阻值很大时，放电时间常数 $\tau(\tau=R_L C)$ 大，电容放电慢，故 u_0 的波形更为平直，U_0 也随之增大。若电路空载，即 $R_L=\infty$，电容被充电到电源电压幅值 $\sqrt{2}U$ 后，不能放电，故 $U_0=\sqrt{2}U$。若 R_L 的阻值减小，则负载电流增大。此时放电时间常数 τ 减小，电容放电快，因而输出电压 u_0 的波形变差，其平均值 U_0 降低。因此电容滤波电路一般只适用于输出电压较高，负载电流较小，即负载 R_L 较大的场合。

输出平均电压 U_0 根据下面的经验公式计算：

$$U_0 = U（半波整流）\tag{1-15}$$

$$U_0 = 1.2U（全波整流）\tag{1-16}$$

例 1-8 带滤波器的桥式整流电路如图 1-25 所示，$U_2=20\text{V}$，现在用直流电压表测量 R_L 端电压 U_0，出现下列几种情况，试分析哪些是合理的，哪些发生了故障，并指明原因。

1) $U_0=28\text{V}$；2) $U_0=18\text{V}$；3) $U_0=24\text{V}$；4) $U_0=9\text{V}$。

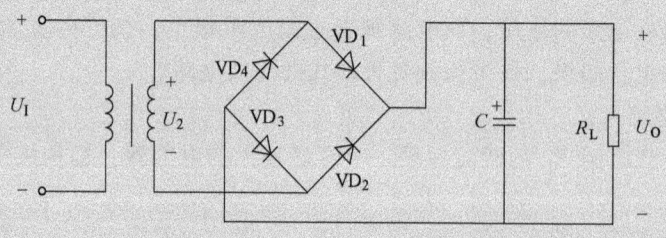

图 1-25 例 1-8 电路

解： 1) 因为 $28\text{V}=\sqrt{2}U_2$，可以判定 R_L 开路。

2) 因为 $18\text{V}=0.9U_2$，为桥式整流电路，所以滤波电容开路。

3) 因为 $24\text{V}=1.2U_2$，为桥式整流滤波电路，所以 $U_0=24\text{V}$ 是合理的。

4) 因为 $9\text{V}=0.45U_2$，所以可以判定 VD_1、VD_2、VD_3、VD_4 中有一个二极管开路和滤波电容开路，为半波整流电路。

2. 电感电容滤波电路

为减小输出电压的脉动程度,在滤波电容之前串接一个铁心电感线圈 L,这样就组成了电感电容滤波电路(LC 滤波器),如图1-26所示。

由于通过电感线圈的电流发生变化时,线圈中要产生自感电动势阻碍电流的变化,因而使负载电流和负载电压的脉动大为减小。频率越高,电感越大,滤波效果越好。

电感线圈之所以能滤波也可以这样来理解:因为电感线圈对整流电流的交流分量具有阻抗,谐波频率越高,阻抗越大,所以它

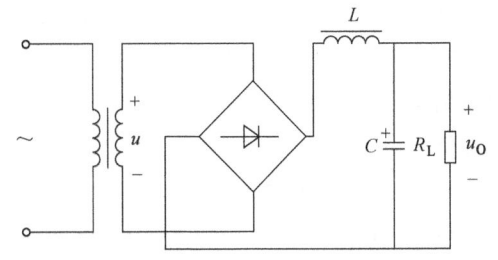

图 1-26 电感电容滤波电路

可以减弱整流电压中的交流分量,ωL 比 R_L 大得越多,则滤波效果越好,而后又经过电容滤波器滤波,再一次滤掉交流分量。这样,便可以得到比较平直的直流输出电压。但是,由于电感线圈的电感较大(一般在几亨到几十亨的范围内),其匝数较多,电阻也较大,因而其上也有一定的直流电压降,造成输出电压的下降。

具有 LC 滤波器的整流电路适用于电流较大、要求输出电压脉动很小的场合,用于高频时更为适合。在电流较大、负载变动较大,并对输出电压的脉动程度要求不太高的场合下(如晶闸管电源),也可将电容器除去,而采用电感滤波器(L 滤波器)。

3. 复式 π 形滤波电路

如果要求输出电压脉动更小,常采用由 L、C 和 R 组成的复式 π 形滤波电路。

图 1-27 为 π 形 LC 滤波电路,此电路由电容 C_1 和 C_2 及电感 L 组成。C_1 先对整流输出电压进行电容滤波,C_2 与负载电阻 R_L 并联,再与 L 串联。电感线圈 L 对输出电压的交流分量有较大的感抗($X_C = 2\pi f L$),而电容 C_2 对交流分量的容抗很小 $\left(X_C = \dfrac{1}{2\pi f C}\right)$,具有较强的旁路分流作用,从而可使负载 R_L 上的交流分量很小,输出电压的平直程度大大增加。为了减小设备的体积和重量,常用电阻 R 代替 L,即成为 π 形 RC 滤波电路,如图1-28所示。电阻对于交、直流电流都具有同样的降压作用,但是当它与电容 C_2 配合之后,可以使经 C_1 滤波后的整流电压中残存的交流分量较多地降落在电阻 R 的两端,而较少地分配到电容 C_2 上(因 C_2 的交流阻抗很小)。从而使负载 R_L 两端的输出电压更为平直,起到更好的滤波作用。R 和 C_2 越大,滤波效果越好。但 R 太大,将使 R 上的直流压降增加,所以这种滤波电路主

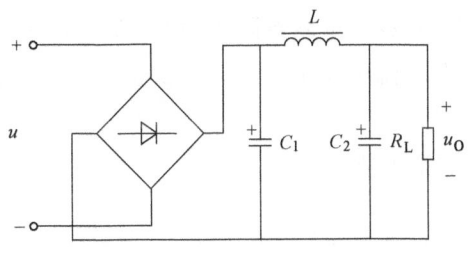

图 1-27 π 形 LC 滤波电路

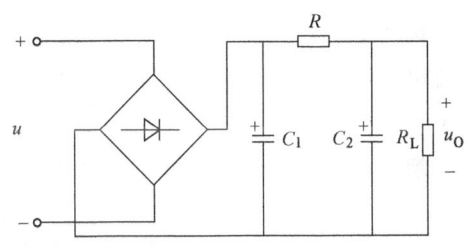

图 1-28 π 形 RC 滤波电路

要适用于负载电流较小而又要求输出电压脉动很小的场合。

1.4.4 稳压电源

经整流和滤波后的电压往往会随交流电源电压的波动和负载的变化而变化。电压的不稳定有时会产生测量和计算的误差，引起控制装置的工作不稳定，甚至根本无法正常工作。特别是精密电子测量仪器、自动控制、计算装置及晶闸管的触发电路等都要求有很稳定的直流电源供电。

1. 稳压二极管稳压电路

最简单的直流稳压电源是采用稳压二极管来稳定电压的，如图 1-29 所示。经过桥式整流电路整流和电容滤波器滤波得到直流电压 U_I，再经过限流电阻 R 和稳压二极管 VZ 组成的稳压电路接到负载电阻 R_L 上。这样，负载上得到的就是一个比较稳定的电压。

引起电压不稳定的原因是交流电源电压的波动和负载电流的变化。下面分析在这两种情况下稳压电路的作用。例如，当交流电源电压增加而使整流输出电压 U_I 随着增加时，负载电压 U_O 也要增加，U_O 即为稳压二极管两端的反向电压。当负载电压 U_O 稍有增加时，稳压二极管的电流 I_Z 就显著增加，因此电阻 R 上的电压降增加，以抵偿 U_I 的增加，从而使

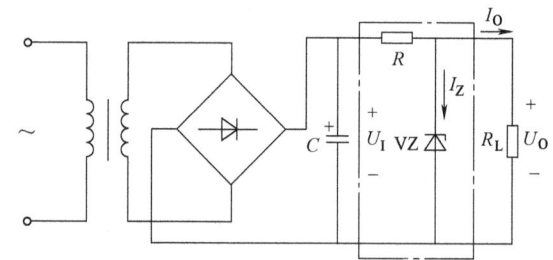

图 1-29 稳压二极管构成的稳压电路

负载电压 U_O 保持近似不变。相反，如果交流电源电压减低而使 U_I 减低时，负载电压 U_O 也要减低，因而稳压二极管电流 I_Z 显著减小，电阻 R 上的电压降也减小，仍然保持负载电压近似不变。同理，如果当电源电压保持不变而是负载电流变化引起负载电流改变时，上述稳压电路仍能起到稳压的作用。例如，当负载电流增大时，R 上的电压降增大，负载电压 U_O 因而下降。只要 U_O 下降一点，稳压二极管电流就显著减小，通过电阻 R 的电流和电阻上的电压降保持近似不变，因此电压 U_O 也就近似稳定不变。当负载电流减小时，稳压过程相反。

选择稳压二极管时，一般取

$$\left.\begin{array}{r} U_Z = U_O \\ U_I = (2\sim3)U_O \\ I_{ZM} = (1.5\sim3)I_{OM} \end{array}\right\} \quad (1\text{-}17)$$

例 1-9 有一稳压二极管稳压电路，如图 1-29 所示。负载电阻 R_L 由开路变到 $3k\Omega$，交流电压经整流滤波后得出 $U_I = 45V$。今要求输出直流电压 $U_O = 15V$，试选稳压二极管 VZ。

解：根据输出电压 $U_O = 15V$ 的要求，负载电流最大值

$$I_{OM} = \frac{U_O}{R_L} = \frac{15V}{3 \times 10^3 \Omega} = 5 \times 10^{-3} A = 5mA$$

故选择稳压二极管 2CW62，其稳定电压 $U_Z = (13.5 \sim 17)\text{V}$，稳定电流 $I_Z = 3\text{mA}$，最大稳定电流 $I_{ZM} = 14\text{mA}$。

2. 集成稳压电路

当前，各种场合已经广泛应用单片集成稳压电源。它具有体积小、可靠性高、使用灵活、价格低廉等优点。

本节只介绍 W78×× 系列（输出固定正电压）、W79×× 系列（输出固定负电压）和 W117/217/317 系列（输出电压可调）三种集成稳压器。它们有输入（I）、输出（O）和地（GND）或调整（ADJ）三个端子，故称为三端集成稳压器。图 1-30 是 W78×× 系列集成稳压器的封装外形图和接线图，表 1-1 是 W 系列集成稳压器的引脚排列。

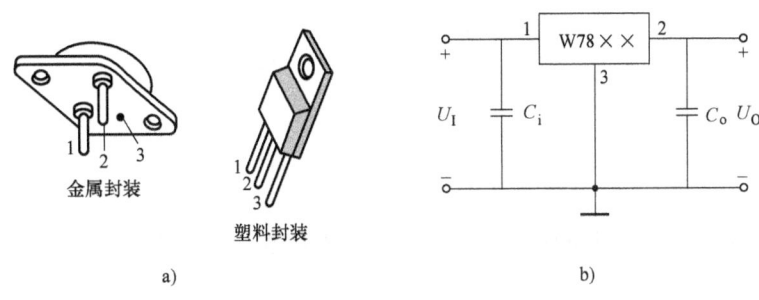

图 1-30　W78×× 系列集成稳压器

a）封装外形　b）接线图

表 1-1　W 系列集成稳压器的引脚排列

引脚编号	金属封装			塑料封装		
	1	2	3	1	2	3
W78××	I	O	GND	I	GND	O
W79××	GND	O	I	GND	I	O
W117/217/317	ADJ	I	O	ADJ	O	I

图 1-30b 是 W78×× 系列（金属封装）三端集成稳压器的接线图，使用时只需在其输入端和输出端与公共端之间各并联一个电容即可。C_i 用以抵消输入端较长接线的电感效应，防止产生自激振荡，接线不长时也可不用。C_o 是为了瞬时增减负载电流时不致引起输出电压有较大的波动。C_i 一般在 $0.1 \sim 1\mu\text{F}$ 之间；C_o 可用 $1\mu\text{F}$。W78×× 系列输出固定的电压有 5V、6V、9V、12V、15V、18V 和 24V 七个等级。电流等级有三个：1.5A（W78××）、0.5A（W78M××）、0.1A（W78L××）。输入和输出电压相差不得小于 2V，一般在 5V 左右。W79×× 系列输出固定负电压，其参数与 W78×× 系列基本相同。下面介绍两个三端集成稳压器的应用电路。

(1) 正、负电压同时输出的电路　图 1-31 所示电路可以同时输出 +15V 和 -15V 的电压。

（2）输出电压可调的电路 输出电压可调的电路如图 1-32 所示。

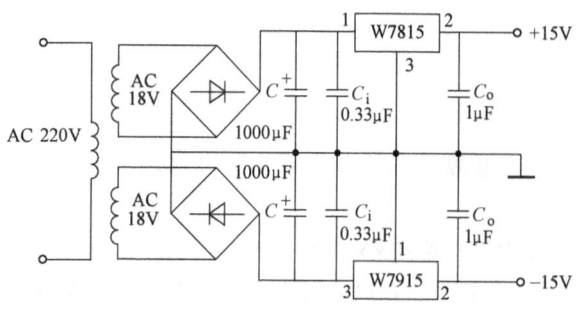

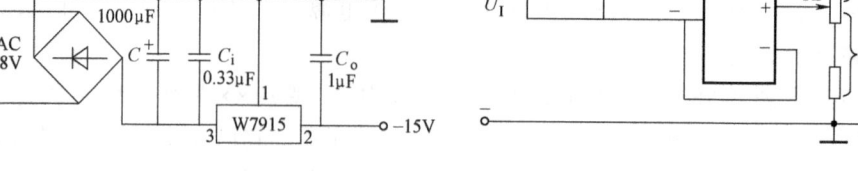

图 1-31 正、负电压同时输出的电路　　　　图 1-32 输出电压可调的电路

在图 1-32 中

$$U_+ = \frac{R_2}{R_1+R_2}U_O \qquad U_- = U_O - U_{\times\times}$$

因 $U_+ = U_-$，于是可得

$$U_O = \left(1+\frac{R_2}{R_1}\right)U_{\times\times} \tag{1-18}$$

可见，用电位器 RP（其电阻值用 R_P 表示）来调整上下两部分电阻 R_2 与 R_1 的比值，便可调输出电压 U_O 的大小。

也可直接选用三端可调集成稳压器 W117/217/317 来调节输出电压，其电路如图 1-33 所示，U_R 为 1.25V 的基准电压，RP 为调节输出电压的电位器，R 一般可取 240Ω。由于调整端的电流可忽略不计，输出电压为

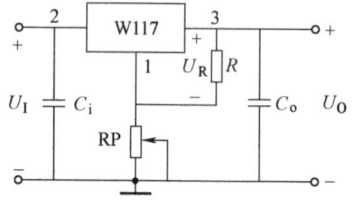

$$U_O = \left(1+\frac{R_P}{R}\right)\times 1.25\text{V} \tag{1-19}$$

图 1-33 输出电压可调的稳压器

如果 $R_P = 6.8\text{k}\Omega$，则 U_O 的可调范围为 1.25~37V。

1.5 二极管在汽车电路中的应用

1.5.1 特殊二极管在汽车上的应用

光电二极管在汽车电路中主要应用在光电传感器上，例如自动空调系统的日照传感器，它可将车辆不同部位受到的日照情况转换成电信号送给控制单元（ECU），使之自动调节车内的温度。图 1-34 为雷克萨斯自动空调系统日照传感器的结构及电路图。自动前照灯的光照传感器，可以感知车辆周围光线的明暗程度，使控制单元自动控制前照灯的开启和关闭。图 1-35 为红外雨量传感器的结构示意图，自动刮水器的红外雨量传感器，利用光电二极管接收经风窗玻璃反射后的光线，反射光线是由两组特制的发光二极管发射的，由于雨滴的存在，两组反射光投射到光电二极管的角度不同，使得光电二极管产生的电流不同，根据电流

偏差的大小，可判断雨量的大小。图1-36为光电式曲轴与凸轮轴位置传感器，由发光二极管和光电二极管配合，测量发动机转速信号。

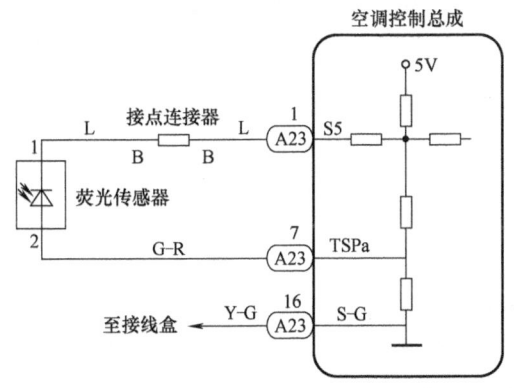

图1-34　雷克萨斯自动空调系统日照传感器的结构及电路图

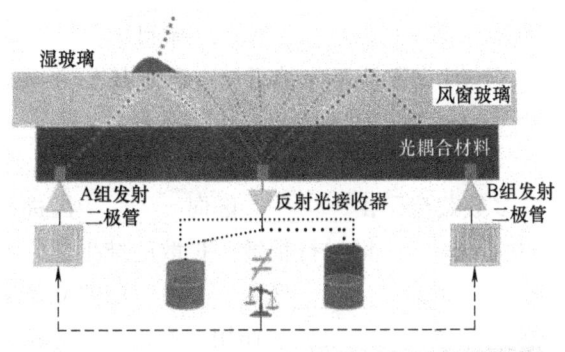

图1-35　红外雨量传感器的结构示意图

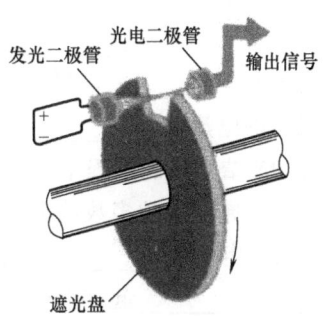

图1-36　光电式曲轴与凸轮轴位置传感器

光电二极管还可作为信号接收器应用于光纤传输中，如汽车MOST总线的控制单元就是利用雪崩光电二极管（一种在受到光照时能产生等同于普通光电二极管30~100倍的电流信号的光电二极管）来接收光纤导线传来的光信号，将光信号转换成电信号送给微处理器。

1.5.2　汽车车用发电机整流器

图1-37为汽车交流发电机整流器，整流器安装在正、负整流板上，作用是利用二极管

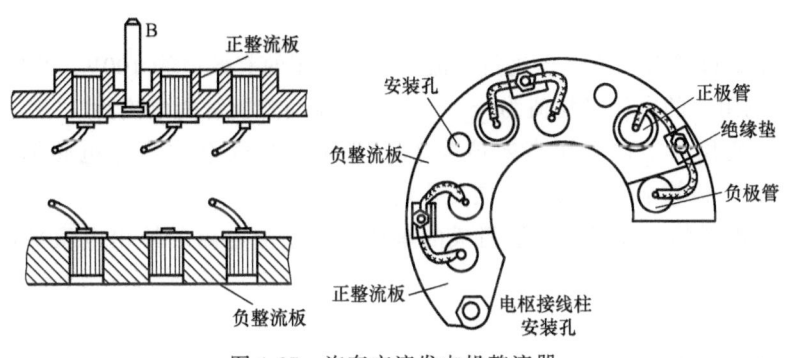

图1-37　汽车交流发电机整流器

将发电机发出的三相交流电整流为直流电。在整流器上安装了正极管（红色标记）和负极管（黑色标记），在负极搭铁的硅整流发电机中，三个正极管的外壳压装在散热板的三个座孔内，共同组成发电机的正极，由一个与发电机后端盖绝缘的整流板固定螺栓通至机壳外，作为发电机的输出接线柱"B"。三个正极管和三个负极管构成的整流电路称为三相桥式整流电路，将发电机的交流电变为12V的直流电。

习　　题

一、填空题

1. N型半导体是在本征半导体中掺入极微量的_____价元素组成的。这种半导体内的多数载流子为_____，少数载流子为_____，不能移动的杂质离子带_____电。

2. P型半导体是在本征半导体中掺入极微量的_____价元素组成的。这种半导体内的多数载流子为_____，少数载流子为_____，不能移动的杂质离子带_____电。

3. PN结正向偏置时，外电场的方向与内电场的方向_____，有利于_____的_____运动，而不利于_____的_____运动；PN结反向偏置时，外电场的方向与内电场的方向_____，有利于_____的_____运动，而不利于_____的_____，这种情况下的电流称为_____电流。

4. PN结形成的过程中，P型半导体中的多数载流子由_____区向_____区进行扩散，N型半导体中的多数载流子由_____区向_____区进行扩散。扩散的结果使它们的交界处建立起一个_____，其方向由_____区指向_____区。_____的建立，对多数载流子的_____起削弱作用，对少数载流子的_____起增强作用，当这两种运动达到动态平衡时，_____形成。

5. 加在二极管上的正向电压大于死区电压时，二极管_____；加反向电压时，二极管_____。

6. 二极管最重要的特性是_____。

7. 稳压二极管是一种特殊物质制造的_____接触型_____二极管，正常工作应在特性曲线的_____区。

8. 稳压二极管一般要串联_____进行工作的。

9. 发光二极管可以直接将电能转换为_____能。当发光二极管加_____电压时发光。

10. 用一个二极管对交流电压进行整流，输入电压的有效值为100V，其后接入100Ω的电阻负载，则电阻上的电压平均值为_____V，流经二极管的电流为_____A。

11. 若整流变压器二次电压有效值为U_2，则单相桥式全波整流电路输出的平均电压$U_0 =$_____，二极管承受的最高反向工作电压$U_{RM} =$_____。

12. 不加滤波器的由理想二极管组成的单相桥式整流电路的输出电压平均值为9V，则输入正弦电压有效值应为_____。

二、选择题

1. PN结加正向电压时，其正向电流是（　　　）。

A. 多数载流子扩散而成　　　　　　B. 少数载流子扩散而成
C. 少数载流子漂移而成　　　　　　D. 多数载流子漂移而成

2. 当温度升高时，二极管的反向饱和电流将（　　）。
A. 增加　　　　B. 减小　　　　C. 不变　　　　D. 不确定

3. 用万用表 $R\times 1k$ 的电阻档检测某一个二极管时，发现其正、反电阻均约等于 $1k\Omega$，这说明该二极管处于（　　）。
A. 短路状态　　B. 完好状态　　C. 极性错误　　D. 断路状态

4. 若用万用表测二极管的正、反向电阻的方法来判断二极管的好坏，好的二极管应为（　　）。
A. 正、反向电阻相等　　　　　　B. 正向电阻大，反向电阻小
C. 反向电阻很大，正向电阻很小　　D. 正、反向电阻都等于无穷大

5. 电路如图 1-38 所示，所有二极管均为理想器件，则二极管 VD_1、VD_2 的工作状态为（　　）。
A. VD_1、VD_2 均截止　　　　B. VD_1、VD_2 均导通
C. VD_1 导通，VD_2 截止　　　D. VD_1 截止，VD_2 导通

6. 电路如图 1-39 所示，二极管为理想器件，则电压 U_{AB} 为（　　）。
A. 6V　　　　B. 3V　　　　C. 9V　　　　D. 不确定

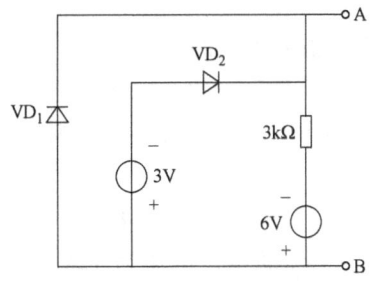

图 1-38　选择题 5 电路

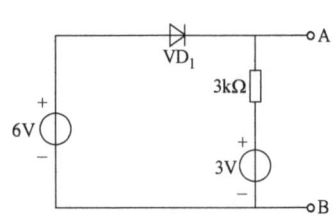

图 1-39　选择题 6 电路

7. 电路如图 1-40 所示，二极管为同一型号的理想器件，电阻 $R=4k\Omega$，电位 $V_A=1V$，$V_B=3V$，则电位 V_F 等于（　　）。
A. 1V　　　　B. 3V　　　　C. 12V　　　　D. -3V

8. 电路如图 1-41 所示，输入信号 $u_i = 6\sin\omega t \text{V}$ 时，二极管 VD 承受的最高反向电压为（　　）。
A. 6V　　　　B. 3V　　　　C. 9V　　　　D. 0V

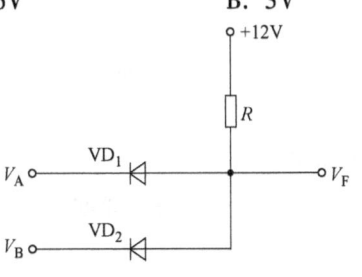

图 1-40　选择题 7 电路

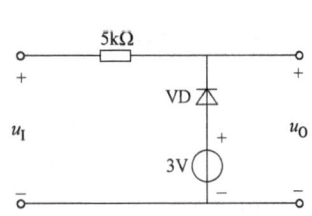

图 1-41　选择题 8 电路

9. 电路如图1-42所示，若忽略两个二极管的正向压降和正向电阻，则输出电压 U_O 为（　　）。

　　A. 12V　　　　　B. 6V　　　　　C. 2V　　　　　D. 10V

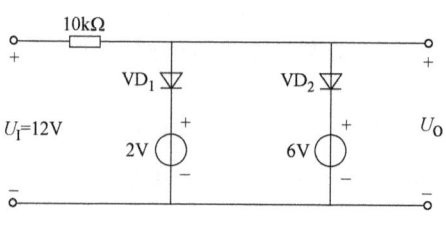

图1-42　选择题9电路

10. 衡量稳压二极管稳压性能好坏最主要的一个参数是（　　）。

　　A. 动态电阻 r_Z　　B. 电压温度系数 α_U　C. 稳定电压 U_Z　　D. 稳定电流 I_Z

11. 稳压二极管反向击穿后，其结果为（　　）。

　　A. 永久性损坏

　　B. 只要流过稳压二极管的电流不超过规定值允许范围，二极管无损

　　C. 由于击穿而导致性能下降

　　D. 由于击穿而导致短路

12. 温度稳定性最好的稳压二极管是（　　）。

　　A. 具有正温度系数的二极管　　　　B. 具有负温度系数的二极管

　　C. 温度稳定系数大的二极管　　　　D. 温度稳定系数小的二极管

13. 电路如图1-43所示，稳压二极管的稳定电压 $U_Z=6V$，电源 $U_S=4V$，则负载 R_L 两端电压 U_O 为（　　）。（稳压二极管正向压降视为0V）

　　A. 10V　　　　　B. 6V　　　　　C. 0V　　　　　D. -4V

14. 电路如图1-44所示，设 VZ_1 的稳定电压为6V，VZ_2 的稳定电压为12V，设稳压二极管的正向压降为0.7V，则输出电压 U_O 等于（　　）。

　　A. 18V　　　　　B. 6.7V　　　　C. 6V　　　　　D. 12.7V

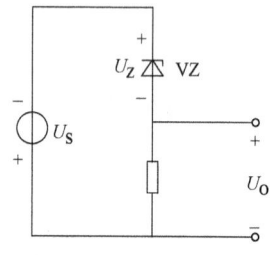

图1-43　选择题13电路

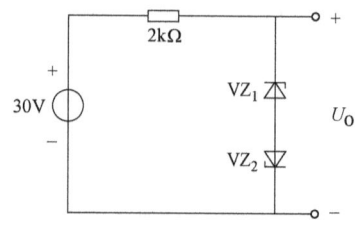

图1-44　选择题14电路

15. 以下（　　）环节不包含在直流稳压电源的电路组成中。

　　A. 变压　　　　B. 限幅　　　　C. 整流　　　　D. 滤波

16. 滤波电路的作用是（　　）。

　　A. 减小直流电的脉动　　　　　　　B. 输出稳定电压

C. 整流 D. 变压

17. 单相半波整流电路中，负载为 500Ω 电阻，变压器的二次电压有效值为 12V，则负载上电压平均值和二极管所承受的最高反向电压分别为（   ）。

A. 5.4V、12V B. 5.4V、17V
C. 9V、12V D. 9V、17V

18. 在整流电路中，整流电流平均值等于流过每只二极管的电流平均值的电路是（   ）。

A. 单相半波整流电路 B. 单相桥式整流电路
C. 单相全波整流电路 D. 三相桥式整流电路

19. 单相半波整流、电容滤波电路中，设变压器二次电压有效值为 U_2，则通常取输出电压平均值 U_O 等于（   ）。

A. $\sqrt{2}U_2$ B. $1.2U_2$ C. U_2 D. $0.9U_2$

20. 单相桥式或全波整流电路中，设变压器二次电压有效值为 U_2，电容滤波后，负载电阻 R_L 平均电压等于（   ）。

A. $0.9U_2$ B. $1.4U_2$ C. $0.45U_2$ D. $1.2U_2$

三、计算与画图题

1. 如图 1-45 所示电路中，已知 $u_I = 8\sin\omega t \mathrm{V}$，画出 u_O 波形，其中二极管设为理想二极管。

2. 如图 1-46 所示电路中，已知 $u_I = 8\sin\omega t \mathrm{V}$，画出 u_O 波形，其中二极管设为理想二极管。

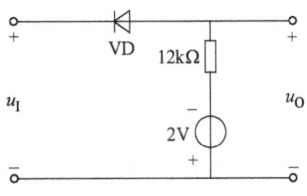

图 1-45 计算与画图题 1 电路

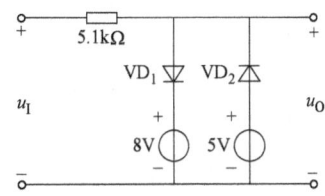

图 1-46 计算与画图题 2 电路

3. 图 1-47a 是输入电压 u_I 的波形，试画出图 1-47b 所示电路中，对应于 u_I 的输出电压 u_O、电阻 R 上电压 u_R 和二极管 VD 上电压 u_{VD} 的波形。二极管的正向管压降可忽略不计。

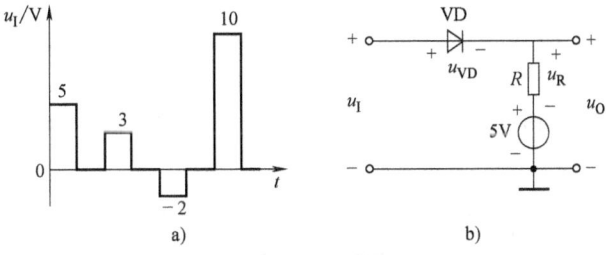

图 1-47 计算与画图题 3 电路

4. 写出图 1-48 所示各电路的输出电压值，设二极管导通电压 $U_{VD} = 0.7\mathrm{V}$。

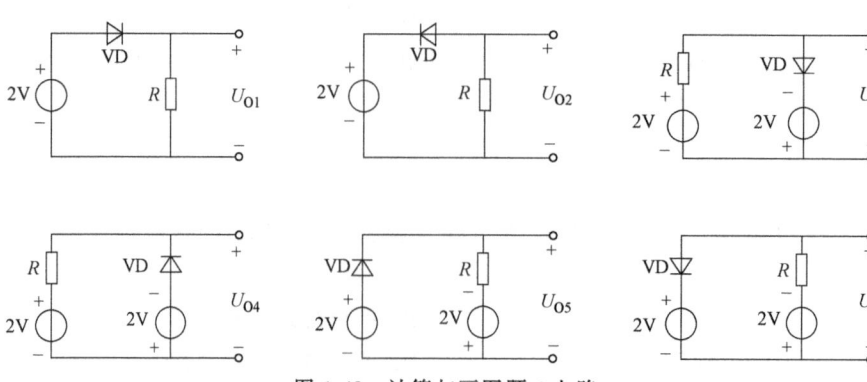

图 1-48 计算与画图题 4 电路

5. 如图 1-49 所示电路中,试求下列几种情况下输出端的电位以及各元器件中通过的电流,并说明二极管是导通还是截止的。设二极管的正向电阻为零,反向电阻为无穷大。

1) $V_A = 10V$,$V_B = 0V$;2) $V_A = 6V$,$V_B = 5.8V$;3) $V_A = V_B = 5V$。

6. 有两只稳压二极管 VZ_1、VZ_2,其稳定电压分别为 8.5V 和 6.5V,其正向压降均为 0.5V,输入电压足够大。现欲获得 7V、15V 和 9V 的稳定输出电压 U_O,试画出相应的稳压电路。

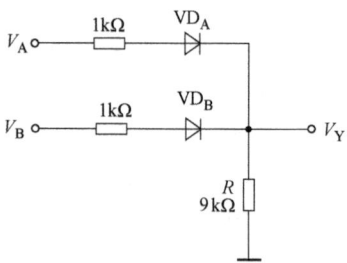

图 1-49 计算与画图题 5 电路

7. 如图 1-50 所示稳压二极管电路中,已知稳压二极管的稳压值 $U_Z = 6V$,稳定电流 $I_Z = 10mA$,额定功耗 $P_{ZM} = 200mW$,限流电阻 $R = 500\Omega$,试求:

1) 当 $U_I = 18V$,$R_L = 1k\Omega$ 时,求输出电压 U_O 及稳压二极管中流过的电流 I_Z。

2) 当 $U_I = 18V$,$R_L = 100\Omega$ 时,求输出电压 U_O 及稳压二极管中流过的电流 I_Z。

8. 在图 1-51 中,$U = 20V$,$R_1 = 900\Omega$,$R_2 = 1100\Omega$,稳压二极管 VZ 的稳定电压 $U_Z = 10V$,最大稳定电流 $I_{ZM} = 8mA$,试求稳压二极管中通过的电流 I_Z。是否超过了 I_{ZM},如果超过怎么办?

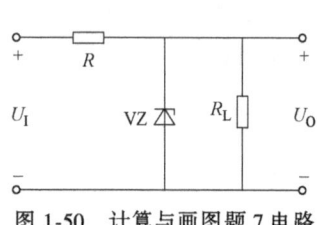

图 1-50 计算与画图题 7 电路　　　图 1-51 计算与画图题 8 电路

9. 在图 1-52 中,已知 $R_L = 80\Omega$,直流电压表 Ⓥ 的读数为 110V,试求:

1) 直流电流表 Ⓐ 的读数;2) 整流电流的最大值;3) 交流电压表 Ⓥ₁ 的读数。二极管的正向管压降忽略不计。

10. 电路如图 1-53 所示,变压器二次电压有效值为 $2U_2$。

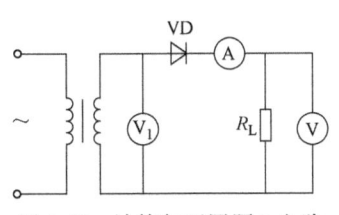

图 1-52 计算与画图题 9 电路

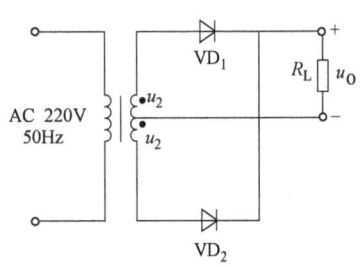

图 1-53 计算与画图题 10 电路

1) 画出 u_2、u_{VD1} 和 u_0 的波形。

2) 求出输出电压平均值 U_O 和输出电流平均值 I_O 的表达式。

3) 二极管的平均电流 I_{VD} 和所承受的最大反向电压 U_{RM} 的表达式。

11. 有一整流电路如图 1-54 所示。

1) 试求负载电阻 R_{L1} 和 R_{L2} 上整流电压的平均值 U_{O1} 和 U_{O2},并标出实际极性。

2) 试求二极管 VD_1、VD_2 和 VD_3 中的平均电流 I_{VD1}、I_{VD2}、I_{VD3} 以及各二极管承受的最高反向电压。

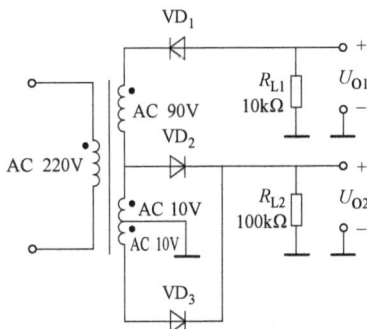

图 1-54 计算与画图题 11 电路

12. 如图 1-55 所示的单相桥式整流电路中,已知变压器二次电压有效值 $U_2 = 10V$。

1) 计算输出电压的平均值 U_O。

2) 如果二极管 VD_1 虚焊,将会出现什么问题?

3) 如果二极管 VD_1 接反,又可能出现什么问题?

4) 如果四个二极管全部接反,还能达到全波整流的目的吗?与原来的整流电路有什么不同?

13. 在图 1-56 中,已知变压器二次电压有效值 $U_2 = 10V$,在以下几种情况下测量输出电压平均值 U_O 的数值,试问 U_O 分别约为多少?

1) 正常情况。

2) 电容虚焊。

3) 负载电阻开路时。

4) 一只整流二极管和滤波电容同时开路时。

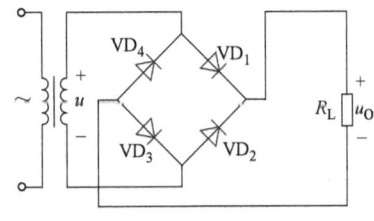

图 1-55 计算与画图题 12 电路

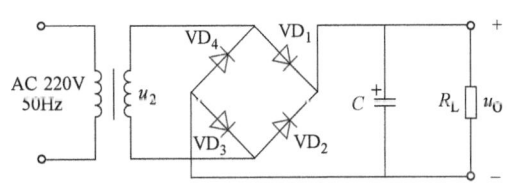

图 1-56 计算与画图题 13 电路

14. 如图 1-57 所示的整流电路中,已知变压器二次电压的有效值 $U = 20V$,负载电阻 $R_L = 50\Omega$。试分别计算开关 $S_1 \sim S_4$ 在不同合断情况下,负载两端电压 U_O、电流 I_O、每个二

极管中流过的电流 I_{VD} 和承受的最高反向电压 U_{RM}。设 $R=20\Omega$。

1) S_1 和 S_2 合上,其他断开。

2) S_1 合上,其他断开。

3) $S_1 \sim S_4$ 均合上。

4) S_1、S_3、S_4 合上,S_2 断开。

5) $S_1 \sim S_4$ 均断开。

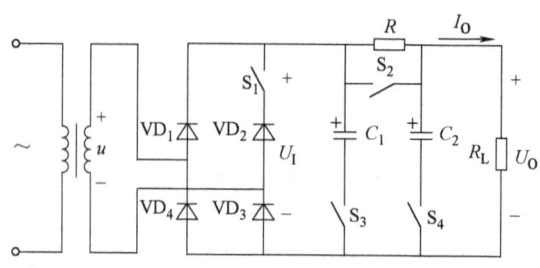

图 1-57　计算与画图题 14 电路

15. 稳压二极管稳压电路如图 1-58 所示,已知 $u = 28.2\sin\omega t \text{V}$,稳压二极管的稳压值 $U_Z = 6\text{V}$,$R_L = 2\text{k}\Omega$,$R = 1.2\text{k}\Omega$。试求:

1) S_1 断开、S_2 合上时的 I_O、I_R 和 I_Z。

2) S_1 和 S_2 均合上时的 I_O、I_R 和 I_Z,并说明 $R=0$ 和 VZ 接反两种情况下电路能否起到稳压作用。

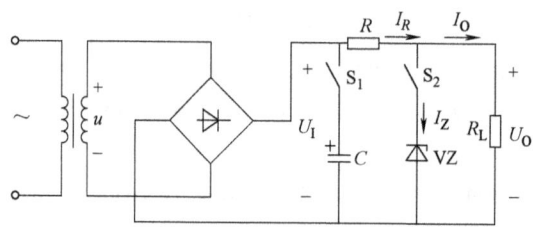

图 1-58　计算与画图题 15 电路

第2章

晶体管及其放大电路

第 2 章 授课视频

2.1 双极型晶体管

双极型晶体管通常简称为晶体管,是一种重要的半导体器件。它的放大作用和开关作用促使电子技术飞跃发展。

2.1.1 基本结构

目前最常见的晶体管结构有平面型和合金型两类,如图 2-1 所示。硅管主要是平面型,锗管都是合金型。常见晶体管的外形如图 2-2 所示。

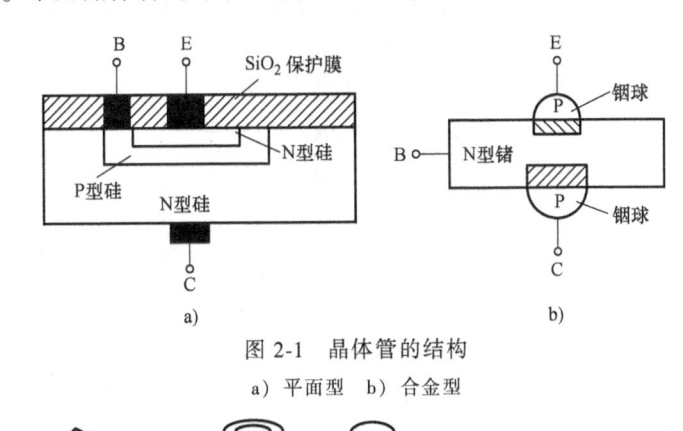

图 2-1 晶体管的结构
a) 平面型 b) 合金型

晶体管类型

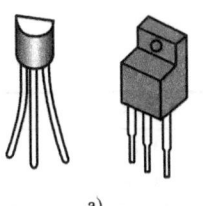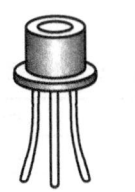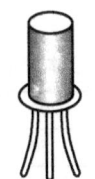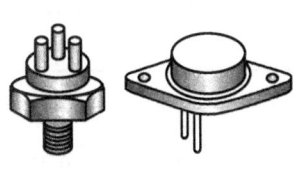

图 2-2 常见晶体管的外形图
a) 硅酮塑料封装 b) 金属封装小功率管 c) 金属封装大功率管

不论平面型或合金型,都分成 NPN 或 PNP 三层,因此又把晶体管分为 NPN 型和 PNP 型两类,其结构示意图和图形符号如图 2-3 所示。

每一类都分成基区、发射区和集电区,分别引出基极 B、发射极 E 和集电极 C。每一类

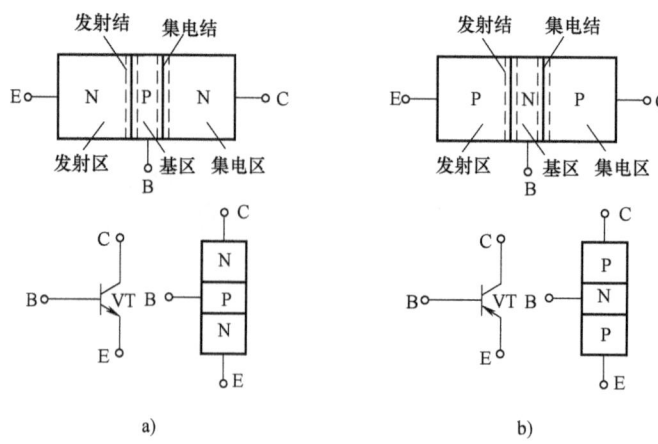

图 2-3 晶体管的结构示意图和图形符号
a) NPN 型晶体管　b) PNP 型晶体管

都有两个 PN 结。基区和发射区之间的结称为发射结,基区和集电区之间的结称为集电结。

NPN 型和 PNP 型晶体管工作原理类似,仅在使用时电源极性连接不同。下面以 NPN 型晶体管为例来分析讨论。

2.1.2 电流分配和放大原理

为了了解晶体管的放大原理和其中电流的分配,可以通过实验来说明,实验电路如图 2-4 所示。把晶体管接成两个电路:基极电路和集电极电路。发射极是公共端,因此这种接法称为晶体管的共发射极接法。如果用的是 NPN 型硅管,电源 U_{BB} 和 U_{CC} 的极性必须按照图 2-4 中那样接法,使发射结上加正向电压(正向偏置),同时使 $U_{CC} > U_{BB}$,集电结加的是反向电压(反向偏置),晶体管才能起到放大作用。

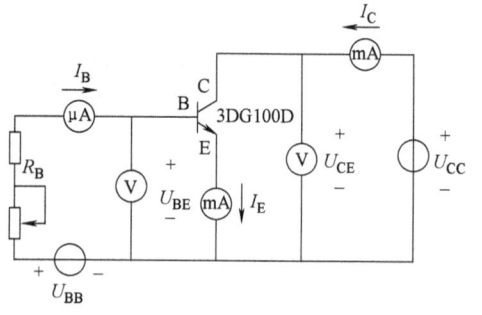

设 $U_{CC} = 6V$,改变可变电阻 R_B,则基极电流 I_B、集电极电流 I_C 和发射极电流 I_E 都发生变化。电流方向如图 2-4 所示,测量结果见表 2-1。

图 2-4 晶体管电流放大的实验电路

表 2-1 晶体管电流测量数据

I_B/mA	0	0.02	0.04	0.06	0.08	0.10
I_C/mA	<0.001	0.70	1.50	2.30	3.10	3.95
I_E/mA	<0.001	0.72	1.54	2.36	3.18	4.05

由此实验及测量结果可得出如下结论:

1) 观察实验数据中的每一列,可得

$$I_E = I_C + I_B$$

此结果符合基尔霍夫电流定律。

2) I_C 和 I_E 比 I_B 大得多。从第三列和第四列数据可知,I_C 和 I_B 的比值分别为

$$\bar{\beta}=\frac{I_C}{I_B}=\frac{1.50}{0.04}=37.5, \quad \bar{\beta}=\frac{I_C}{I_B}=\frac{2.30}{0.06}=38.3$$

这就是晶体管的电流放大作用。$\bar{\beta}$ 称为共发射极静态电流（直流）放大系数。电流放大作用还体现在基极电流的少量变化（用 ΔI_B 表示）可以引起集电极电流较大的变化（用 ΔI_C 表示）。还是比较第三列和第四列数据，可得出

$$\beta=\frac{\Delta I_C}{\Delta I_B}=\frac{2.30-1.50}{0.06-0.04}=\frac{0.80}{0.02}=40$$

式中，β 称为动态电流（交流）放大系数。

3）当 $I_B=0$（将基极开路）时，$I_C=I_{CEO}$，表 2-1 中，$I_{CEO}<0.001\text{mA}=1\mu\text{A}$。

4）要使晶体管起放大作用，发射结必须正向偏置，发射区才可向基区发射电子；而集电结必须反向偏置，集电区才可收集从发射区发射过来的电子。

下面用载流子在晶体管内部的运动规律来解释上述结论。

(1) **发射区向基区扩散电子** 如图 2-5a 所示，对 NPN 型晶体管而言，因为发射区自由电子（多数载流子）的浓度大，而基区自由电子（少数载流子）的浓度小，所以自由电子要从浓度大的发射区（N 型）向浓度小的基区（P 型）扩散。由于发射结处于正向偏置，发射区自由电子的扩散运动加强，不断扩散到基区，并不断从电源补充进电子，形成发射极电流 I_E。基区的多数载流子（空穴）也要向发射区扩散，但由于基区的空穴浓度比发射区的自由电子的浓度小得多，因此空穴电流很小，可以忽略不计（在图 2-5 中未画出）。

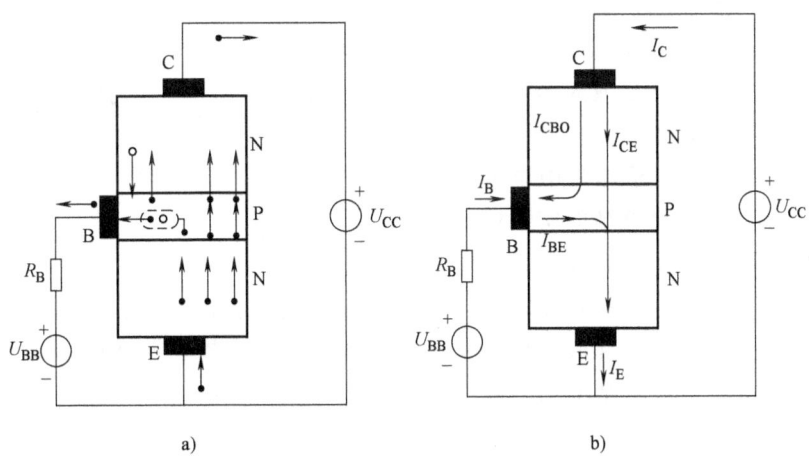

图 2-5 晶体管中的电流
a) 载流子的运动 b) 电流分配

(2) **电子在基区扩散和复合** 从发射区扩散到基区的自由电子起初都聚集在发射结附近，靠近集电结的自由电子很少，形成了浓度上的差别，因而自由电子将向集电结方向继续扩散。在扩散过程中，自由电子不断与空穴（P 型基区中的多数载流子）相遇而复合。由于基区接电源 U_{BB} 的正极，基区中受激发的价电子不断被电源拉走，这相当于不断补充基区中被复合掉的空穴，形成电流 I_{BE}，它基本上等于基极电流 I_B，如图 2-5b 所示。

在中途被复合掉的电子越多,扩散到集电结的电子就越少,这不利于晶体管的放大作用。为此,基区就要做得很薄,基区掺杂浓度要很小(这是放大的内部条件),这样才可以大大减少电子与基区空穴复合的机会,使绝大部分自由电子都能扩散到集电结边缘。

(3) 集电区收集从发射区扩散过来的电子　由于集电结反向偏置,它阻挡集电区(N型)的自由电子向基区扩散,但可将从发射区扩散到基区并到达集电区边缘的自由电子拉入集电区,从而形成电流I_{CE},它基本上等于集电极电流I_C。

除此以外,由于集电结反向偏置,集电区的少数载流子(空穴)和基区的少数载流子(电子)将向对方运动,形成电流I_{CBO}。此电流数值很小,它构成集电极电流I_C和基极电流I_B的一小部分,但受温度影响很大,并与外加电压的大小关系不大。

上述的晶体管中的载流子运动和电流分配如图2-5所示。

如上所述,从发射区扩散到基区的电子中只有很小一部分在基区复合,绝大部分到达集电区。也就是构成发射极电流I_E的两部分中,I_{BE}部分是很小的,而I_{CE}部分所占的百分比是较大的。这个比值用$\bar{\beta}$表示,即

$$\bar{\beta} = \frac{I_{CE}}{I_{BE}} = \frac{I_C - I_{CBO}}{I_B + I_{CBO}} \approx \frac{I_C}{I_B}$$

从前面的电流放大实验还知道,在晶体管中,不仅I_C比I_B大得多,而且当调节可变电阻R_B使I_B有一个微小的变化时,将会引起I_C大得多的变化。

此外,从晶体管内部载流子的运动规律,也就理解了要使晶体管起电流放大作用,为什么发射结必须正向偏置,集电结必须反向偏置(这是放大的外部条件)。图2-6为晶体管起放大作用时NPN型晶体管和PNP型晶体管中电流的实际方向和发射结与集电结的实际极性(图2-4中如换用PNP型晶体管,则电源U_{CC}和U_{BB}要反接)。发射结上加的是正向电压,要使晶体管起放大作用时,$|U_{CE}| > |U_{BE}|$,集电结上加的就

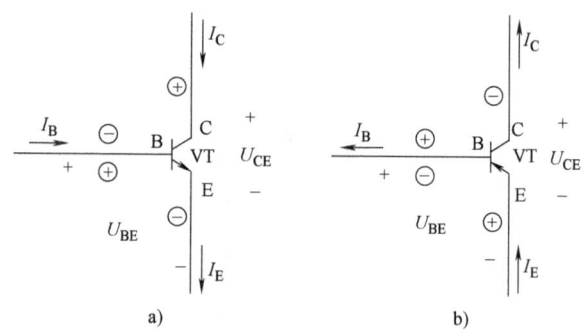

图2-6　电流方向和发射结与集电结的极性
a) NPN型晶体管　b) PNP型晶体管

是反向电压。此外还可看到:对NPN型晶体管而言,U_{CE}和U_{BE}都是正值;而对PNP型晶体管而言,它们都是负值。

晶体管有四种类型:PNP型锗管(3A系列)、NPN型锗管(3B系列)、PNP型硅管(3C系列)和NPN型硅管(3D系列)。可从电极电位的正负和高低、电极电流的实际方向、基极-发射极电压U_{BE}的正负和大小来判别它们。

有两个晶体管分别接在放大电路中,如图2-6所示。今测得它们三个管脚的电位(对"地"),并由此判别:①晶体管的三个电极(B、E、C)。②晶体管是NPN型还是PNP型。③晶体管是硅管还是锗管。判别结果见表2-2和表2-3。

表 2-2 晶体管 Ⅰ

管脚	1	2	3
电位/V	4	3.4	9
电极	B	E	C
类型	NPN 型		
材料	硅管		

表 2-3 晶体管 Ⅱ

管脚	1	2	3
电位/V	−6	−2.3	−2
电极	C	B	E
类型	PNP 型		
材料	锗管		

由表 2-2 和表 2-3 还可以看出：

NPN 型：集电极电位最高，发射极电位最低；PNP 型：发射极电位最高，集电极电位最低。

NPN 型硅管：基极电位比发射极电位高 0.6~0.7V；PNP 型锗管：基极电位比发射极电位低 0.2~0.3V。

2.1.3 特性曲线

晶体管的特性曲线能反映晶体管的性能，是分析放大电路的重要依据。最常用的是共发射极接法时的输入特性曲线（图 2-4）和输出特性曲线。它们可以通过图 2-4 的实验电路进行测绘。实验电路中，用的是 NPN 型硅管。

1. 输入特性曲线

输入特性曲线是指当集电极-发射极电压 U_{CE} 为常数时，输入电路（基极电路）中基极电流 I_B 与基极-发射极电压 U_{BE} 之间的关系曲线 $I_B = f(U_{BE})$，如图 2-7 所示。

对硅管而言，当 $U_{CE} \geq 1V$ 时，集电结已反向偏置，可以把从发射区发射到基区的电子中的绝大部分拉入集电区。此后，U_{CE} 对 I_B 就不再有明显的影响。就是说 $U_{CE} \geq 1V$ 后的输入特性曲线基本上是重合的。所以，通常只画出 $U_C \geq 1V$ 的一条输入特性曲线。

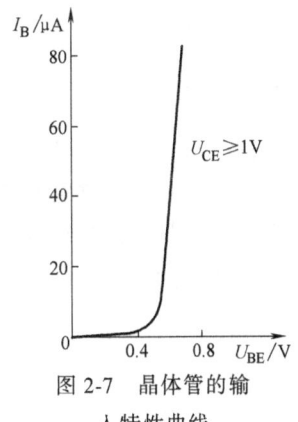

图 2-7 晶体管的输入特性曲线

由图 2-7 可见，和二极管的伏安特性一样，晶体管输入特性也有一段死区。只有在发射结外加电压大于死区电压时，晶体管才会出现 I_B。硅管的死区电压约为 0.5V，锗管的死区电压约为 0.1V。在正常工作情况下，NPN 型硅管的发射结电压 $U_{BE} = (0.6~0.7)V$，PNP 型锗管的 $U_{BE} = (−0.3~−0.2)V$。

2. 输出特性曲线

输出特性曲线是指当基极电流 I_B 为常数时，输出电路（集电极电路）中集电极电流 I_C 与集电极-发射极电压 U_{CE} 之间的关系曲线 $I_C = f(U_{CE})$。在不同的 I_B 下，可得出不同的曲线，所以晶体管的输出特性曲线是一组曲线，如图 2-8 所示。

通常把晶体管的输出特性曲线组分为三个工作区，就是晶体管有三种工作状态。现结合图 2-9 所示电路来分析（集电极电路中接有电阻 R_C）。

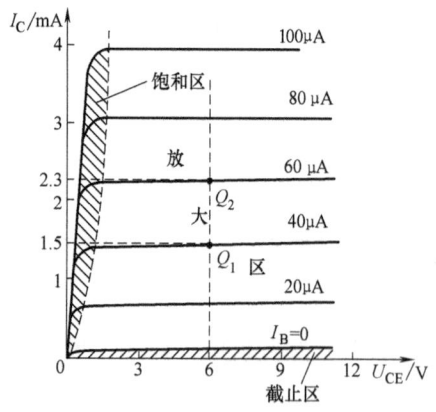

图 2-8 晶体管的输出特性曲线

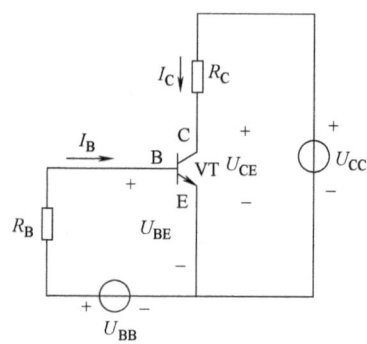

图 2-9 共发射极电路

(1) **放大区** 输出特性曲线的近于水平部分是放大区。在放大区，$I_C \approx \bar{\beta} I_B$。放大区电路也称为线性区，因为 I_B 和 I_C 约成正比的关系。如前所述，晶体管工作于放大状态时，发射结处于正向偏置，集电结处于反向偏置，即对 NPN 型晶体管而言，应使 $U_{BE} > 0$，$U_{BC} < 0$。此时，$U_{CE} > U_{BE}$。

(2) **截止区** $I_B = 0$ 的曲线以下的区域称为截止区。$I_B = 0$ 时，$I_C = I_{CEO}$（在表 2-1 中，$I_{CEO} < 0.001\text{mA}$）。对 NPN 型硅管而言，当 $U_{BE} < 0.5\text{V}$ 时，即已开始截止，但是为了截止可靠，常使 $U_{BE} \leq 0$。截止时集电结也处于反向偏置（$U_{BC} < 0$）。此时，$I_C \approx 0$，$U_{CE} \approx U_{CC}$。

(3) **饱和区** 当 $U_{CE} < U_{BE}$ 时，集电结处于正向偏置（$U_{BC} > 0$），晶体管工作于饱和状态。在饱和区，I_B 的变化对 I_C 的影响较小，两者不成正比，放大区的 $\bar{\beta}$ 不能适用于饱和区。饱和时，发射结也处于正向偏置。此时，$U_{CE} \approx 0\text{V}$，$I_C \approx \dfrac{U_{CC}}{R_C}$。

由上可知，当晶体管饱和时，$U_{CE} \approx 0$，发射极与集电极之间如同一个开关的接通，其间电阻很小；当晶体管截止时，$I_C \approx 0$，发射极与集电极之间如同一个开关的断开，其间电阻很大。可见，晶体管除了有放大作用外，还有开关作用。

晶体管的三种工作状态如图 2-10 所示。

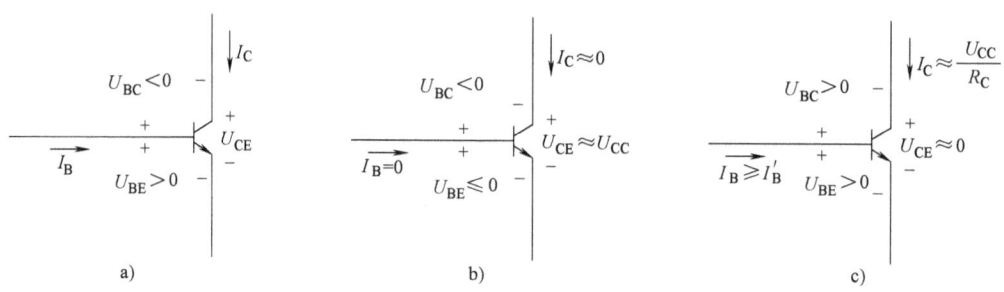

图 2-10 晶体管三种工作状态的电压和电流
a) 放大　b) 截止　c) 饱和

晶体管三种工作状态结电压的典型值见表 2-4。

表 2-4 晶体管结电压的典型数据

管型	工作状态				
	饱和		放大	截止	
				U_{BE}/V	
	U_{BE}/V	U_{CE}/V	U_{BE}/V	开始截止	可靠截止
硅管（NPN 型）	0.7	0.3	0.6~0.7	0.5	≤0
锗管（PNP 型）	-0.3	-0.1	-0.2~-0.3	-0.1	0.1

例 2-1 在图 2-11 的电路中，$U_{CC}=12V$，$R_C=3k\Omega$，$R_B=20k\Omega$，$\bar{\beta}=100$。当输入电压 U_I 分别为 3V、1V 和 -1V 时，试问晶体管处于何种工作状态？

解：由图 2-10c 可知，晶体管饱和时集电极电流近似为

$$I_C \approx \frac{U_{CC}}{R_C} = \frac{12V}{3\times 10^3 \Omega} = 4\times 10^{-3}A = 4mA$$

晶体管刚饱和时的基极电流为

$$I'_B = \frac{I_C}{\bar{\beta}} = \frac{4mA}{100} = 0.04mA = 40\mu A$$

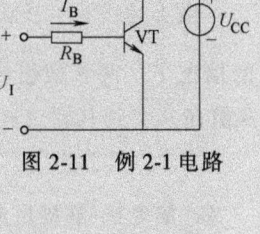

图 2-11 例 2-1 电路

1) 当 $U_I=3V$ 时

$$I_B = \frac{U_I - U_{BE}}{R_B} = \frac{3V - 0.7V}{20\times 10^3 \Omega} = 115\times 10^{-6}A = 115\mu A > I'_B$$

晶体管已处于深度饱和状态。

2) 当 $U_I=1V$ 时

$$I_B = \frac{U_I - U_{BE}}{R_B} = \frac{1V - 0.7V}{20\times 10^3 \Omega} = 15\times 10^{-6}A = 15\mu A < I'_B$$

晶体管处于放大状态。

3) 当 $U_I=-1V$ 时，晶体管可靠截止。

2.1.4 主要参数

晶体管的特性除用特性曲线表示外，还可用一些数据来说明，这些数据就是晶体管的参数。晶体管的参数也是设计电路、选用晶体管的依据。主要参数有下面几个。

1. 电流放大系数 $\bar{\beta}$、β

如上所述，当晶体管接成共发射极电路时，在静态（无输入信号）时集电极电流 I_C 与基极电流 I_B 的比值称为共发射极静态电流（直流）放大系数

$$\bar{\beta} = \frac{I_C}{I_B}$$

当晶体管工作在动态（有输入信号）时，基极电流的变化量为 ΔI_B，它引起集电极电流

的变化量为 ΔI_C。ΔI_C 与 ΔI_B 的比值称为动态电流（交流）放大系数

$$\beta = \frac{\Delta I_C}{\Delta I_B}$$

例 2-2　从图 2-8 所给出的晶体管的输出特性曲线上：1）计算 Q_1 点处的 $\bar{\beta}$；2）由 Q_1 和 Q_2 两点，计算 β。

解：1）在 Q_1 点处，$U_{CE}=6\text{V}$，$I_B=40\mu\text{A}=0.04\text{mA}$，$I_C=1.5\text{mA}$，故

$$\bar{\beta}=\frac{I_C}{I_B}=\frac{1.5}{0.04}=37.5$$

2）由 Q_1 和 Q_2 两点（$U_{CE}=6\text{V}$）得

$$\beta=\frac{\Delta I_C}{\Delta I_B}=\frac{2.3-1.5}{0.06-0.04}=\frac{0.8}{0.02}=40$$

由上述可见，$\bar{\beta}$ 和 β 的含义是不同的，但在输出特性曲线近于平行等距并且 I_{CEO} 较小的情况下，两者数值较为接近。今后在估算时，常用 $\bar{\beta} \approx \beta$ 这个近似关系。常用晶体管的 β 值在几十到几百之间。

2. 集电极-基极反向截止电流 I_{CBO}

I_{CBO} 是当发射极开路时流经集电结的反向电流，其值很小。在室温下，小功率锗管的 I_{CBO} 为几微安到几十微安，小功率硅管在 $1\mu\text{A}$ 以下。I_{CBO} 越小越好。硅管在温度稳定性方面胜于锗管。

3. 集电极-发射极反向截止电流 I_{CEO}

I_{CEO} 是当基极开路（$I_B=0$）时的集电极电流，也称为穿透电流。硅管的 I_{CEO} 为几微安，锗管的为几十微安，其值越小越好。

4. 集电极最大允许电流 I_{CM}

集电极电流 I_C 超过一定值时，晶体管的 β 值要下降。当 β 值下降到正常数值的 2/3 时的集电极电流，称为集电极最大允许电流 I_{CM}。因此在使用晶体管时，I_C 超过 I_{CM} 并不一定会使晶体管损坏，但以降低 β 值为代价。

5. 集电极-发射极反向击穿电压 $U_{(BR)CEO}$

基极开路时，加在集电极和发射极之间的最大允许电压，称为集电极-发射极反向击穿电压 $U_{(BR)CEO}$。当电压 $U_{CE}>U_{(BR)CEO}$ 时，I_{CEO} 突然大幅度上升，说明晶体管已被击穿。为了防止击穿使电路工作可靠，应取集电极电源电压 $U_{CC} \leq \left(\frac{1}{2} \sim \frac{2}{3}\right) U_{(BR)CEO}$。

6. 集电极最大允许耗散功率 P_{CM}

由于集电极电流在流经集电结时将产生热量，使结温升高，从而会引起晶体管参数变化。当晶体管因受热而引起的参数变化不超过允许值时，集电极所消耗的最大功率，称为集电极最大允许耗散功率 P_{CM}。

由 I_{CM}、$U_{(BR)CEO}$、P_{CM} 三者共同确定晶体管的安全工作区,如图 2-12 所示。

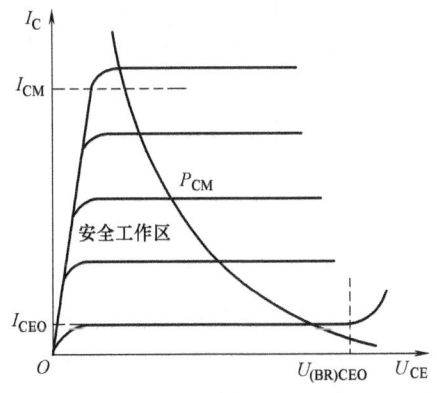

图 2-12 晶体管的安全工作区

以上所讨论的几个参数,其中 β、I_{CBO} 和 I_{CEO} 是表明晶体管优劣的主要指标;I_{CM}、$U_{(BR)CEO}$ 和 P_{CM} 都是极限参数,用来说明晶体管的使用限制。

2.2 共发射极放大电路

2.2.1 共射放大电路的组成

图 2-13 是共发射极接法的基本交流放大电路。输入端接交流信号源(通常用电动势 e_S 与电阻 R_S 串联的电压源表示),输入电压为 u_I,输出端接负载电阻 R_L,输出电压为 u_O。电路中各个元器件分别起如下作用。

晶体管 VT:晶体管是放大器件,利用它的电流放大作用,在集电极电路获得放大了的电流 i_C,该电流受输入信号的控制。能量较小的输入信号通过晶体管的控制作用,去控制电源 U_{CC} 所供给的能量,以在输出端获得一个能量较大的信号。

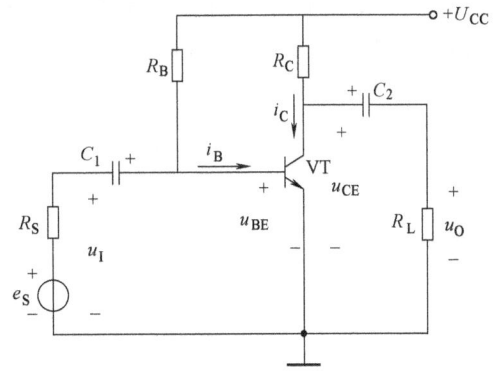

图 2-13 共发射极基本交流放大电路

集电极电源电压 U_{CC}:电源电压 U_{CC} 除为输出信号提供能量外,它还保证集电结处于反向偏置,以使晶体管起到放大作用。U_{CC} 一般为几伏到几十伏。

集电极负载电阻 R_C:集电极负载电阻简称集电极电阻,它主要是将集电极电流的变化变换为电压的变化,以实现电压放大。R_C 的阻值一般为几千欧到几十千欧。

偏置电阻 R_B:它的作用是提供大小适当的基极电流 i_B,以使放大电路获得合适的工作点,并使发射结处于正向偏置。R_B 的阻值一般为几十千欧到几百千欧。

耦合电容 C_1 和 C_2:它们一方面起到隔直作用,C_1 用来隔断放大电路与信号源之间的直流通路,而 C_2 则用来隔断放大电路与负载之间的直流通路,使三者之间无直流联系,互不影响。另一方面又起到交流耦合作用,保证交流信号畅通无阻地经过放大电路,沟通信号源、放大电路和负载三者之间的交流通路。通常要求耦合电容上的交流压降小到可以忽略不计,即对交流信号可视作短路。因此电容值要取得较大,对交流信号频率其容抗近似为零。C_1 和 C_2 的电容值一般为几微法到几十微法,用的是极性电容器,连接时要注意其极性。

2.2.2 直流通路和交流通路

通常,在放大电路中,直流电源的作用和交流信号的作用总是共存的,即静态电流、电压与动态电流、电压总是共存的。但是由于电容、电感等电抗元件的存在,直流量所流经的通路与交流信号所流经的通路不完全相同。因此,为了研究问题方便,常把直流电源对电路的作用和输入信号对电路的作用区分开来,分成直流通路和交流通路。

直流通路是在直流电源作用下直流电流流经的通路,也就是静态电流流经的通路,用于研究静态工作点。对于直流通路:①电容视为开路;②电感线圈视为短路(即忽略线圈电阻);③信号源视为短路,但应保留其内阻。

交流通路是输入信号作用下交流信号流经的通路,用于研究动态参数。对于交流通路:①容量大的电容(如耦合电容)视为短路;②无内阻的直流电源(如+U_{CC})视为短路。

根据上述原则,在如图 2-13 所示的基本共射放大电路中,对于直流量,C_1、C_2 开路,所以直流通路如图 2-14a 所示。从直流通路可以看出,由于 C_1、C_2 的"隔直"作用,静态工作点与信号源内阻和负载电阻无关。对于交流信号,C_1、C_2 相当于短路,直流电源 U_{CC} 短路,因而输入电压 $\dot{U}_I$ 加在晶体管基极与发射极之间,基极电阻 R_B 并联在输入端;集电极电阻 R_C 与负载电阻 R_L 并联在集电极与发射极之间,即并联在输出端。因此,交流通路如图 2-14b 所示。

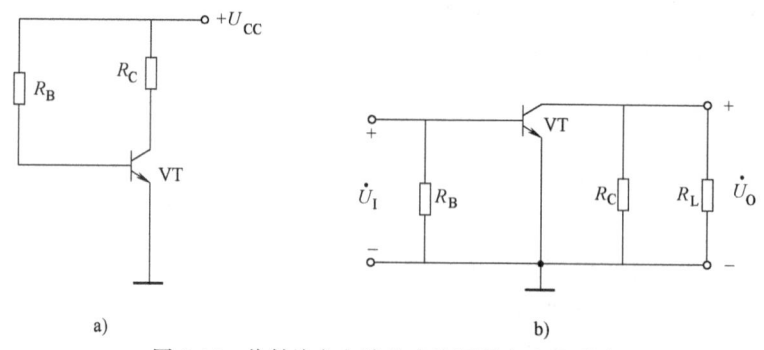

图 2-14 共射放大电路的直流通路和交流通路
a) 直流通路　b) 交流通路

在分析放大电路时,应遵循"先静态,后动态"的原则,求解静态工作点时应利用直流通路,求解动态参数时应利用交流通路,两种通路切不可混淆。静态工作点合适,动态分析才有意义。

由于放大电路中电压和电流的名称较多,直流量和交流量的符号不同,见表 2-5。

表 2-5 放大电路中电压和电流的符号

名称	静态值	交流分量		总电压或总电流		直流电源	
		瞬时值	有效值	瞬时值	平均值	电动势	电压
基极电流	I_B	i_b	I_b	i_B	$I_{B(AV)}$		
集电极电流	I_C	i_c	I_c	i_C	$I_{C(AV)}$		
发射极电流	I_E	i_e	I_e	i_E	$I_{E(AV)}$		
集电极-发射极电压	U_{CE}	u_{ce}	U_{ce}	u_{CE}	$U_{CE(AV)}$		
基极-发射极电压	U_{BE}	u_{be}	U_{be}	u_{BE}	$U_{BE(AV)}$		
集电极电源						E_C	U_{CC}
基极电源						E_B	U_{BB}
发射极电源						E_E	U_{EE}

2.2.3 放大电路的静态分析

静态是当放大电路没有输入信号时的工作状态，这时放大电路中的电流和电压为直流分量，静态分析就是确定放大电路的静态值 I_B、I_C（或 I_E）和 U_{CE}，放大电路的质量与其静态值的关系很大。

1. 直流通路确定静态值

在图 2-13 所示放大电路的直流通路（见图 2-15）中，确定静态值 I_B、I_C 和 U_{CE}。

静态时的基极电流为

$$I_B = \frac{U_{CC} - U_{BE}}{R_B} \approx \frac{U_{CC}}{R_B} \quad (2\text{-}1)$$

由于 U_{BE}（硅管约为 0.6V）比 U_{CC} 小得多，故可忽略不计。

由 I_B 可得出静态时的集电极电流

$$I_C \approx \bar{\beta} I_B \quad (2\text{-}2)$$

静态时的集电极-发射极电压则为

$$U_{CE} = U_{CC} - R_C I_C \quad (2\text{-}3)$$

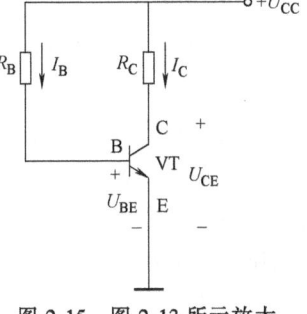

图 2-15 图 2-13 所示放大电路的直流通路

例 2-3 在图 2-13 中，已知 $U_{CC} = 12\text{V}$，$R_C = 4\text{k}\Omega$，$R_B = 300\text{k}\Omega$，$\bar{\beta} = 37.5$，试求放大电路的静态值。

解：图 2-13 所示放大电路的直流通路如图 2-15 所示。

$$I_B = \frac{U_{CC} - U_{BE}}{R_B} \approx \frac{U_{CC}}{R_B} = \frac{12\text{V}}{300 \times 10^3 \Omega} = 0.04\text{mA} = 40\mu\text{A}$$

$$I_C \approx \bar{\beta} I_B = 37.5 \times 0.04\text{mA} = 1.5\text{mA}$$

$$U_{CE} = U_{CC} - R_C I_C = 12\text{V} - 4 \times 10^3 \Omega \times 1.5 \times 10^{-3}\text{A} = 6\text{V}$$

2. 图解法确定静态值

图解法是非线性电路的一种分析方法。

根据式（2-3）

$$U_{CE} = U_{CC} - R_C I_C$$

可得出

放大电路的静态工作点

$$当 I_C = 0 时，\quad U_{CE} = U_{CC}$$

$$当 U_{CE} = 0 时，\quad I_C = \frac{U_{CC}}{R_C}$$

便可在图 2-16 的晶体管输出特性曲线组上作出一直线，它称为直流负载线。直流负载线与晶体管的某条（由 I_B 确定）输出特性曲线的交点 Q，称为放大电路的静态工作点，由它确定放大电路的静态值 I_C 和 U_{CE}。

由图 2-16 可见，基极电流 I_B 的大小不同，静态工作点在负载线上的位置也就不同。根据对晶体管工作状态的要求不同，要有一个相应不同的合适的工作点，这可通过改变 I_B 的大小来获得。因此，I_B 很重要，它确定晶体管的工作状态，通常称它为偏置电流，简称偏流。产生偏流的电路，称为偏置电路。在图 2-13 中，其路径为 $U_{CC} \rightarrow R_B \rightarrow$ 发射结 $\rightarrow$ "地"。通常是改变偏置电阻 R_B 的阻值来调整偏流 I_B 的大小。

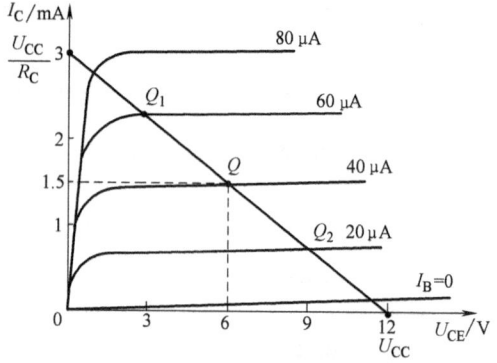

图 2-16 用图解法确定放大电路的静态工作点

2.2.4 放大电路的动态分析

当放大电路有输入信号时，晶体管的各个电流和电压都含有直流分量和交流分量。直流分量一般即为静态值，由上面所述的静态分析来确定。动态分析是在静态值确定后分析信号的传输情况，考虑的只是电流和电压的交流分量（信号分量）。动态分析是要确定放大电路的电压放大倍数 A_u、输入电阻 r_I 和输出电阻 r_O。微变等效电路法和图解法是动态分析的两种基本方法。

1. 微变等效电路法

所谓放大电路的微变等效电路，就是把非线性器件晶体管所组成的放大电路等效为一个线性电路，也就是把晶体管线性化，等效为一个线性器件。

（1）晶体管的微变等效电路　图 2-17a 是晶体管的输入特性曲线，是非线性的。但当输入信号很小时，在静态工作点 Q 附近的工作段可认为是直线。当 U_{CE} 为常数时，ΔU_{BE} 与 ΔI_B 之比

$$r_{be} = \frac{\Delta U_{BE}}{\Delta I_B}\bigg|_{U_{CE}} \tag{2-4}$$

称为晶体管的输入电阻。在小信号放大区，r_{be} 是一常数。对交流分量则可写成 $r_{be} = \dfrac{u_{be}}{i_b}$。因此，晶体管的基极与发射极之间可用 r_{be} 等效代替（见图 2-18）。

低频小功率晶体管的输入电阻常用下式估算：

$$r_{be} \approx 200\Omega + (\beta+1)\frac{26\text{mV}}{I_E} \tag{2-5}$$

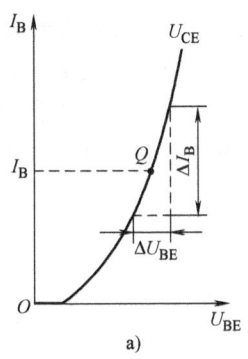 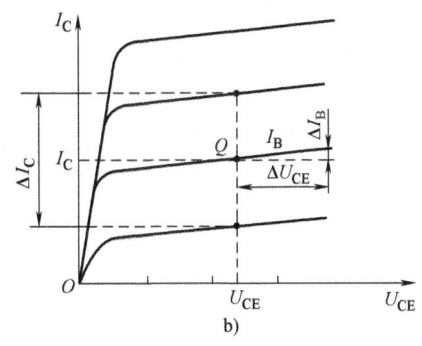

图 2-17 从晶体管的特性曲线求 r_{be} 和 β

a) 输入特性曲线　b) 输出特性曲线

它一般为几百欧到几千欧。r_{be} 是对交流而言的一个动态电阻。

图 2-17b 是晶体管的输出特性曲线,在放大区是一组近似与横轴平行的直线。当 U_{CE} 为常数时,ΔI_C 与 ΔI_B 之比

$$\beta = \frac{\Delta I_C}{\Delta I_B}\bigg|_{U_{CE}} = \frac{i_c}{i_b}\bigg|_{U_{CE}} \tag{2-6}$$

即为晶体管的电流放大系数。在小信号放大区,β 是一常数。对交流分量则可写成 $i_c = \beta i_b$,此式表示 i_c 受 i_b 的控制关系。因此,晶体管的集电极与发射极之间可用一等效电流源代替(见图 2-18),因其电流 i_c 受电流 i_b 控制,故称为电流控制电流源,或简称受控电流源,并用菱形符号表示,以便与独立电源的圆形符号相区别。

此外,从图 2-17b 中还可以看到,晶体管的输出特性曲线不完全与横轴平行,当 I_B 为常数时,ΔU_{CE} 与 ΔI_C 之比

$$r_{ce} = \frac{\Delta U_{CE}}{\Delta I_C}\bigg|_{I_B} = \frac{u_{ce}}{i_c}\bigg|_{I_B} \tag{2-7}$$

称为晶体管的输出电阻。如果将晶体管的输出电路看作电流源,r_{ce} 也就是电流源的内阻,故在等效电路中与受控电流源 βi_b 并联,由于 r_{ce} 的阻值很高,为几十千欧到几百千欧,所以在后面的等效电路中忽略不计,看成开路。

图 2-18b 就是得出的晶体管微变等效电路,图 2-18c 是化简后的晶体管微变等效电路。

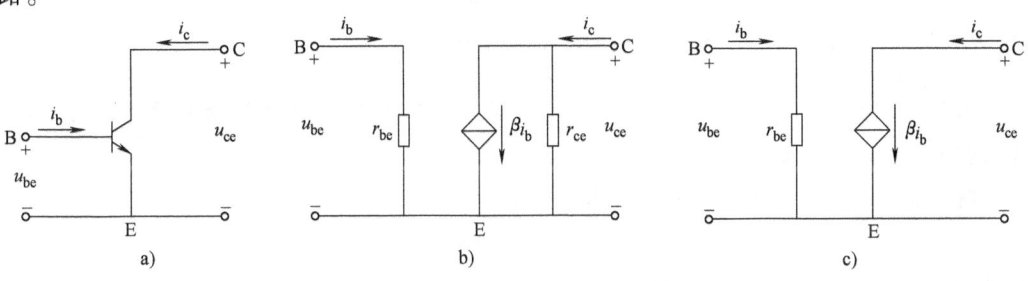

图 2-18　晶体管及其微变等效电路

（2）放大电路的微变等效电路　由晶体管的微变等效电路和放大电路的交流通路可得出放大电路的微变等效电路。如上所述，静态值可由直流通路确定，而交流分量则由相应的交流通路来分析计算。图 2-19a 是图 2-13 所示交流放大电路的交流通路，再把交流通路中的晶体管用它的微变等效电路代替，即为放大电路的微变等效电路，如图 2-19b 所示。电路中的电压和电流都是交流分量，标出的是参考方向。

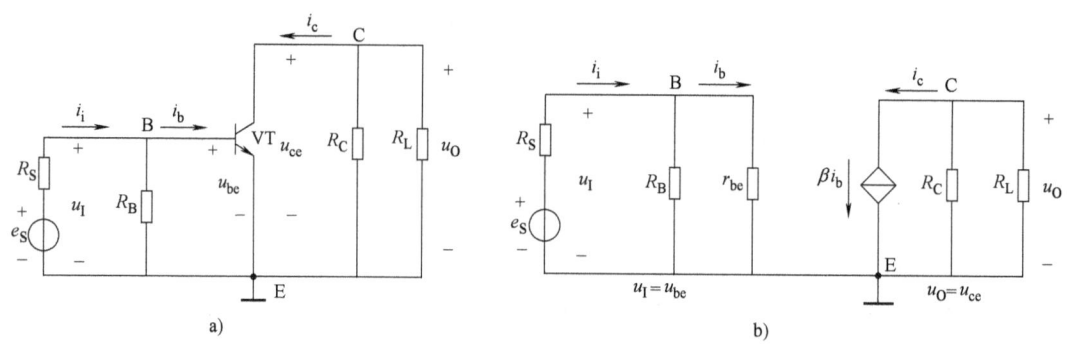

图 2-19　交流放大电路
a）交流电路　b）微变等效电路

（3）电压放大倍数的计算　设输入的是正弦信号，图 2-19b 中的电压和电流都可用相量表示，如图 2-20 所示。

由图 2-20 可列出

$$\dot{U}_I = r_{be} \dot{I}_b$$

$$\dot{U}_O = -R'_L \dot{I}_c = -\beta R'_L \dot{I}_b$$

式中

$$R'_L = R_C // R_L$$

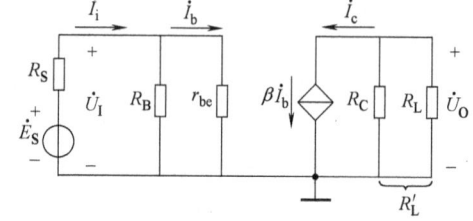

图 2-20　微变等效电路

故放大电路的电压放大倍数

$$A_u = \frac{\dot{U}_O}{\dot{U}_I} = -\beta \frac{R'_L}{r_{be}} \qquad (2-8)$$

式（2-8）中的负号表示输出电压 $\dot{U}_O$ 与输入电压 $\dot{U}_I$ 的相位相反。

当放大电路输出端开路（未接 R_L）时，

$$A_u = -\beta \frac{R_C}{r_{be}} \qquad (2-9)$$

比接 R_L 时高。可见，R_L 越小，则电压放大倍数越低。

例 2-4　在图 2-13 中，已知 $U_{CC} = 12V$，$R_C = 4k\Omega$，$R_B = 300k\Omega$，$\beta = 37.5$，$R_L = 4k\Omega$，试求放大电路的电压放大倍数。

解：在例 2-3 中求得集电极电流为

$$I_C = 1.5mA \approx I_E$$

由式（2-5），晶体管的输入电阻为

$$r_{be} \approx 200\Omega + (\beta+1)\frac{26\text{mV}}{I_E} = 200\Omega + (37.5+1)\frac{26\text{mV}}{1.5\text{mA}} = 0.867\text{k}\Omega$$

故电压放大倍数为
$$R'_L = R_C // R_L = \frac{4\text{k}\Omega \times 4\text{k}\Omega}{4\text{k}\Omega + 4\text{k}\Omega} = 2\text{k}\Omega$$

$$A_u = \frac{\dot{U}_O}{\dot{U}_I} = -\beta\frac{R'_L}{r_{be}} = -37.5 \times \frac{2\text{k}\Omega}{0.867\text{k}\Omega} = -86.5$$

(4) 放大电路输入电阻的计算 放大电路对信号源（或对前级放大电路）来说，是一个负载，可用一个电阻来等效代替。这个电阻是信号源的负载电阻，也就是放大电路的输入电阻 r_I，如图 2-21 所示，即

$$r_I = \frac{\dot{U}_I}{\dot{I}_I} \tag{2-10}$$

它是对交流信号而言的一个动态电阻。

如果放大电路的输入电阻较小：第一，将从信号源取用较大的电流，从而增加信号源的负担；第二，经过信号源内阻 R_S 和 r_I 的分压，使实际加到放大电路的输入电压 U_I 减小，从而减小输出电压；第三，后级放大电路的输入电阻，就是前级放大电路的负载电阻，从而将会降低前级放大电路的电压放大倍数。因此，通常希望放大电路的输入电阻能高一些。

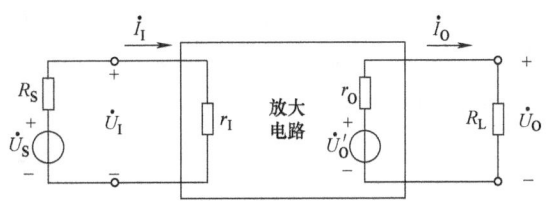

图 2-21 放大电路示意图

以图 2-13 所示放大电路为例，其输入电阻可从它的微变等效电路（见图 2-20）计算：

$$r_I = R_B // r_{be} \approx r \tag{2-11}$$

实际上，R_B 的阻值比 r_{be} 大得多，因此，共发射极放大电路的输入电阻基本上等于晶体管的输入电阻，是不高的。

注意：r_I 和 r_{be} 意义不同，r_I 是放大电路的输入电阻，r_{be} 是晶体管的输入电阻，不能混淆。在计算电压放大倍数 A_u 的式 (2-9) 中，是 r_{be}，不是 r_I。

(5) 放大电路输出电阻的计算 放大电路对负载（或对后级放大电路）来说，是一个信号源，其内阻即为放大电路的输出电阻 r_O，它也是一个动态电阻（见图 2-21）。U'_O 为空载时输出电压的有效值，U_O 为带负载后输出电压的有效值，因此

$$U_O = \frac{R_L}{R_O + R_L} U'_O$$

输出电阻

$$R_O = \left(\frac{U'_O}{U_O} - 1\right) R_L \tag{2-12}$$

如果放大电路的输出电阻较大（相当于信号源的内阻较大），当负载变化时，输出电压的变化较大，也就是放大电路带负载的能力较差。因此，通常希望放大电路输出级的输出电阻低一些。

放大电路的输出电阻也可在信号源短路（$\dot{U}_I = 0$）和输出端开路的条件下求得。现以图 2-13 所示放大电路为例，从它的微变等效电路看出，当 $\dot{U}_I = 0$，$\dot{I}_b = 0$ 时，$\dot{I}_c = \beta \dot{I}_b = 0$，电流源相当于开路，故

$$r_O \approx R_C$$

R_C 一般为几千欧，因此，共发射极放大电路的输出电阻较高。

例 2-5 电路如图 2-22 所示，晶体管的 $\beta = 60$，$U_{BE} = 0.7V$。1）求静态工作点 Q；2）画出微变等效电路，求 A_u、r_I 和 r_O；3）若 C_3 开路，则静态值和动态值是否发生变化，如何变化的？

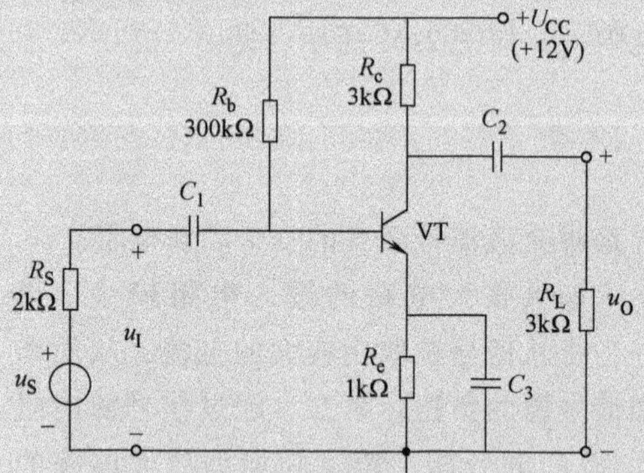

解：1）图 2-22 放大电路的直流通路如图 2-23a 所示，则静态工作点 Q 为

$$I_B = \frac{U_{CC} - U_{BE}}{R_b + (1+\beta)R_e} = \frac{12V - 0.7V}{300 \times 10^3 \Omega + (1+60) \times 1 \times 10^3 \Omega} \approx 31\mu A$$

$$I_C = \beta I_B = 60 \times 31 \times 10^{-6} A = 1.86 \times 10^{-3} A = 1.86 mA$$

$$U_{CE} \approx U_{CC} - I_C(R_c + R_e) = 12V - 1.86 \times 10^{-3} A \times (3 \times 10^3 + 1 \times 10^3)\Omega = 4.56V$$

图 2-22 例 2-5 电路

2）图 2-22 中，当 C_3 未开路时的微变等效电路如图 2-23b 所示，则

$$r_{be} = 200\Omega + (1+\beta)\frac{26mV}{I_E} \approx 200\Omega + (1+60) \times \frac{26mV}{1.86mA} \approx 1053\Omega$$

$$A_u = -\frac{\beta(R_c // R_L)}{r_{be}} = -\frac{60 \times 1.5 \times 10^3 \Omega}{1053\Omega} \approx -85.5$$

$$r_I = R_b // r_{be} \approx r_{be} = 1053\Omega$$

$$r_O \approx R_c = 3k\Omega$$

3）若 C_3 开路，放大电路的直流通路未发生变化，故静态值不变。但其微变等效电路发生变化，如图 2-23c 所示，A_u 和 r_I 发生变化，A_u 减小，r_I 增大，r_O 未发生变化。

$$A_u = -\frac{\beta(R_c // R_L)}{r_{be} + (1+\beta)R_e} = -\frac{60 \times 1.5 \times 10^3 \Omega}{1053\Omega + (1+60) \times 1 \times 10^3 \Omega} \approx -1.45$$

$$r_I = R_b // [r_{be} + (1+\beta)R_e] = (300 \times 10^3 \Omega) // [1053\Omega + (1+60) \times 1 \times 10^3 \Omega] \approx 51.4k\Omega$$

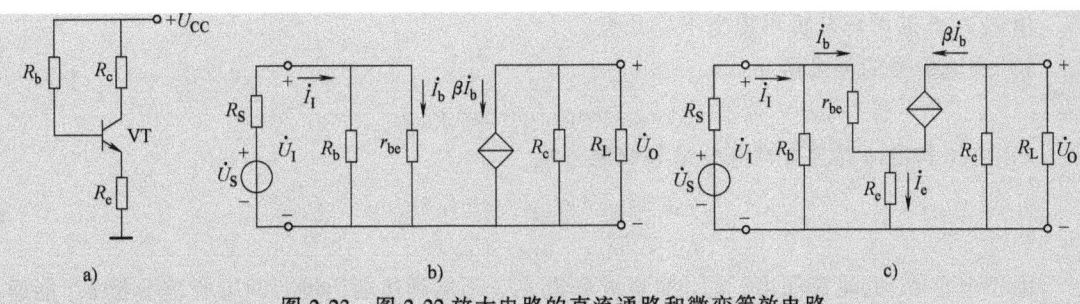

图 2-23 图 2-22 放大电路的直流通路和微变等效电路
a) 直流通路   b) C_3 未开路时的微变等效电路   c) C_3 开路时的微变等效电路

2. 图解法

对放大电路的动态分析也可以应用图解法,就是利用晶体管的特性曲线在静态分析的基础上,用作图的方法来分析各个电压和电流交流分量之间的传输情况和相互关系。

(1) 交流负载线   直流负载线反映静态时电流 I_C 和电压 U_{CE} 的变化关系,由于耦合电容 C_2 的隔直作用,负载电阻 R_L 不加考虑,故其斜率为 $-\dfrac{1}{R_C}$。交流负载线反映动态时电流 i_C 和电压 u_{CE} 的变化关系,由于对交流信号 C_2 可视为短路,R_L 与 R_C 并联,故其斜率为 $-\dfrac{1}{R_L'}$。因为 $R_L' < R_C$,所以交流负载线比直流负载线要陡些。当输入信号为零时,放大电路仍应工作在静态工作点 Q,可见交流负载线也要通过 Q 点。根据上述两点,可作出例 2-4 的放大电路的交流负载线,如图 2-24 所示。

(2) 图解分析   交流放大电路有输入信号时的图解分析如图 2-25 所示。

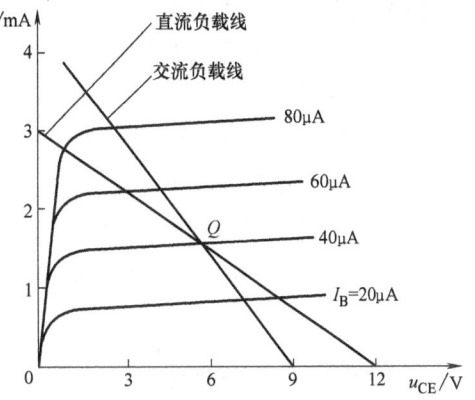

图 2-24 直流负载线和交流负载线

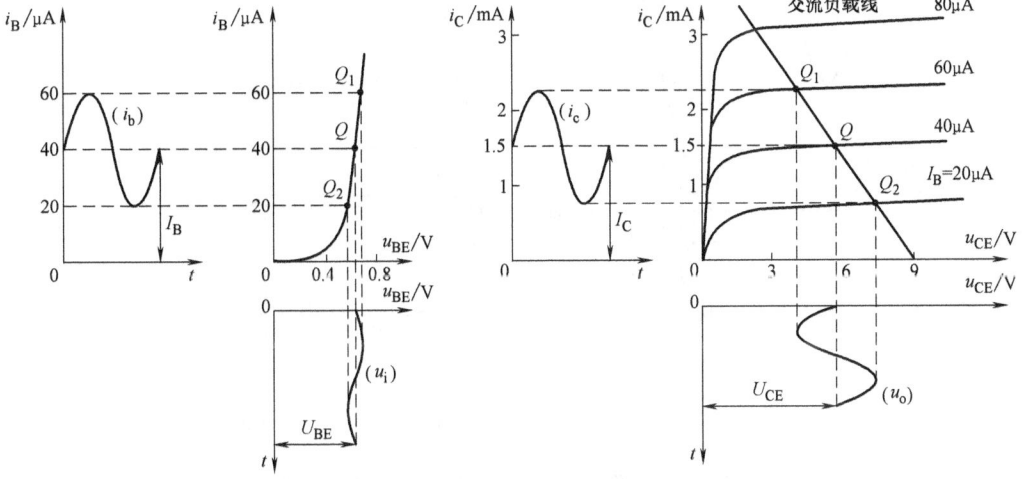

图 2-25 交流放大电路有输入信号时的图解分析

由图 2-25 的图解分析可得出下列几点。

1）交流信号的传输情况：

$$u_I(u_{be}) \to i_b \to i_c \to u_O(u_{ce})$$

2）电压和电流都含有直流分量和交流分量，即

$$u_{BE} = U_{BE} + u_{be}, \quad i_B = I_B + i_b$$
$$i_C = I_C + i_c, \quad u_{CE} = U_{CE} + u_{ce}$$

由于电容 C_2 的隔直作用，u_{CE} 的直流分量 U_{CE} 不能到达输出端，只有交流分量 u_{ce} 能通过 C_2 构成输出电压 u_O。

3）输入信号电压 u_I 和输出电压 u_O 相位相反。若设公共端发射极的电位为零，那么，基极的电位升高为正数值时，集电极的电位降低为负数值；基极的电位降低为负数值时，集电极的电位升高为正数值。一高一低，一正一负，两者变化相反。

4）从图上也可估算电压放大倍数，它等于输出正弦电压的幅值与输入正弦电压的幅值之比。R_L 的阻值越小，交流负载线越陡，电压放大倍数下降得也越多。

（3）非线性失真 放大电路有一基本要求，就是输出信号尽可能不失真。所谓失真，是指输出信号的波形不像输入信号的波形。引起失真的原因有多种，其中最基本的一种就是由于静态工作点不合适或者信号太大，使放大电路的工作范围超出了晶体管特性曲线上的线性范围。这种失真通常称为非线性失真。

在图 2-26 中，静态工作点 Q_2 的位置太低，即使输入的是正弦电压 u_I，但在它的负半周，晶体管进入截止区工作，输出电压 u_O 的正半周被削平，严重失真。这是由于晶体管的截止而引起的，故称为截止失真。

在图 2-26 中，静态工作点 Q_1 太高，在输入电压的正半周，晶体管进入饱和区工作，这时 i_b 可以不失真，但是 u_O 严重失真了。这是由于晶体管的饱和而引起的，故称为饱和失真。

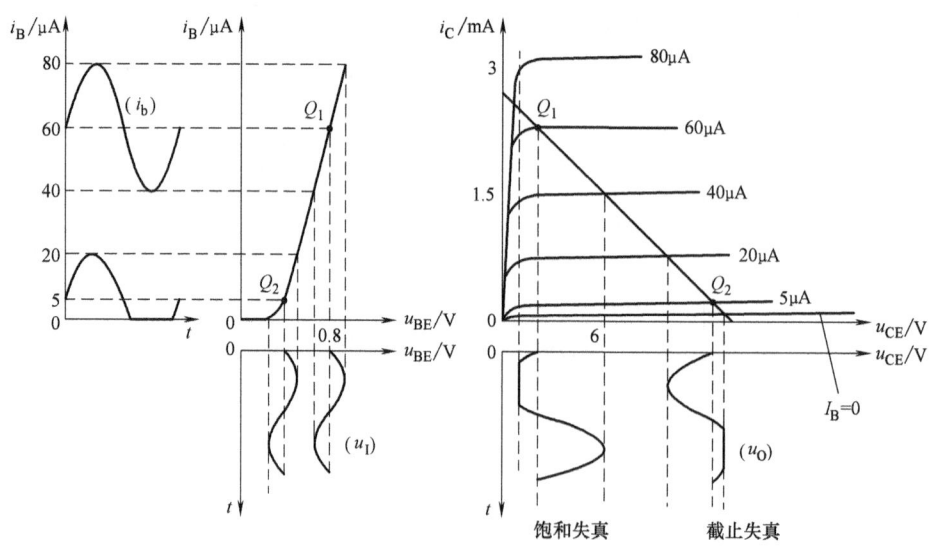

图 2-26 工作点不合适引起输出电压波形失真

因此，若要放大电路不产生非线性失真，必须要有一个合适的静态工作点，工作点 Q 应大致选在交流负载线的中点。此外，输入信号 u_i 的幅值不能太大，以避免放大电路的工作范围超过特性曲线的线性范围。在小信号放大电路中，此条件一般都能满足。

图解法的主要优点是直观、形象，便于对放大电路工作原理的理解，但不适用于较为复杂的电路（如多级放大电路和带有反馈的放大电路），并且作图过程麻烦，容易产生误差。

2.3 静态工作点的稳定

放大电路应有合适的静态工作点，以保证有较好的放大效果，并且不引起非线性失真。但由于某些原因，例如温度的变化，将使集电极电流的静态值 I_C 发生变化，从而影响静态工作点的稳定性。如果当温度升高后偏置电流 I_B 能自动减小以限制 I_C 的增大，静态工作点就能基本稳定。

在图 2-13 所示放大电路中，偏置电流

$$I_B = \frac{U_{CC} - U_{BE}}{R_B} \approx \frac{U_{CC}}{R_B}$$

当 R_B 一经选定后，I_B 也就固定不变。这种称为固定偏置放大电路，它不能稳定静态工作点。

为此，常采用图 2-27a 所示的分压式偏置放大电路，其中 R_{B1} 和 R_{B2} 构成偏置电路。由图 2-27b 所示的直流通路可列出

$$I_1 = I_2 + I_B$$

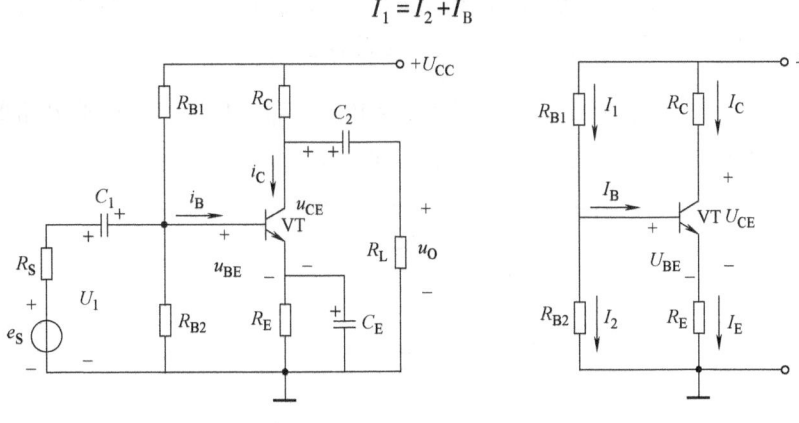

分压偏置共射
放大电路稳定
静态工作点

图 2-27 分压式偏置放大电路
a）放大电路　b）直流通路

若使

$$I_2 \gg I_B \tag{2-13}$$

则

$$I_1 \approx I_2 \approx \frac{U_{CC}}{R_{B1} + R_{B2}}$$

基极电位

$$V_B = R_{B2}I_2 \approx \frac{R_{B2}}{R_{B1}+R_{B2}}U_{CC} \tag{2-14}$$

可认为 V_B 与晶体管的参数无关，不受温度影响，而仅为 R_{B1} 和 R_{B2} 的分压电路所固定。

引入发射极电阻 R_E 后，由图 2-27b 可列出

$$U_{BE} = V_B - V_E = V_B - R_E I_E \tag{2-15}$$

若使

$$V_B \gg U_{BE} \tag{2-16}$$

则

$$I_C \approx I_E = \frac{V_B - U_{BE}}{R_E} \approx \frac{V_B}{R_E} \tag{2-17}$$

也可认为 I_C 不受温度影响。

因此，只要满足式（2-13）和式（2-16）两个条件，V_B 和 I_E 或 I_C 就与晶体管的参数几乎无关，不受温度变化的影响，从而静态工作点能得以基本稳定。对硅管而言，在估算时一般可选取 $I_2 = (5 \sim 10)I_B$ 和 $V_B = (5 \sim 10)U_{BE}$。

这种电路能稳定工作点的实质是：例如因温度增高而引起 I_C（或 I_E）增大时，由式（2-15）可知，V_B 几乎不受温度变化的影响，数值不变，则发射极电阻 R_E 上的电压降就会使 U_{BE} 减小，从而使 I_B 减小以限制 I_C 的增大，工作点得以稳定。

此外，当发射极电流的交流分量 i_e 流过 R_E 时，也会产生交流电压降，使 u_{be} 减小，从而降低电压放大倍数。为此，可在 R_E 两端并联一个电容值较大的电容 C_E，使交流旁路。C_E 称为交流旁路电容，其值一般为几十微法到几百微法。

例 2-6 电路如图 2-28 所示，晶体管的 $\beta = 100$，$U_{BE} = 0.7V$。1）求电路的静态值；2）画出微变等效电路；3）计算电路的 A_u、r_I 和 r_O。

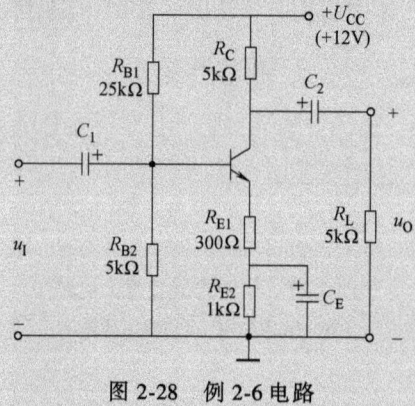

图 2-28 例 2-6 电路

解：1）图 2-28 放大电路的直流通路如图 2-29a 所示，则静态分析如下：

$$V_B \approx \frac{R_{B2}}{R_{B1}+R_{B2}}U_{CC} = \frac{5k\Omega}{25k\Omega+5k\Omega} \times 12V = 2V$$

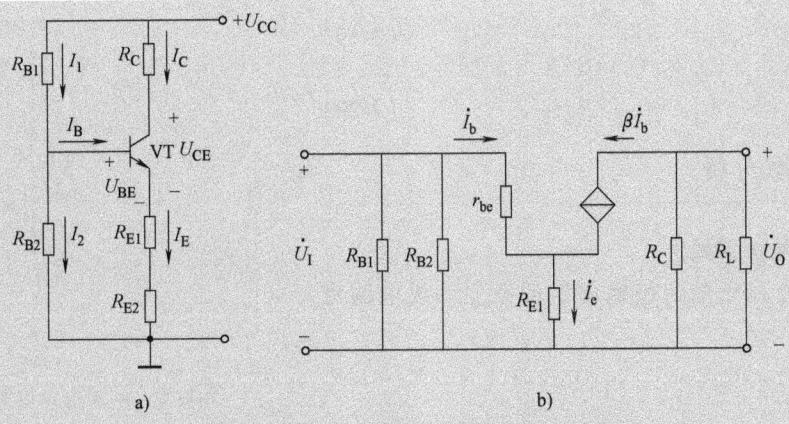

图 2-29 图 2-28 的直流通路和微变等效电路

$$I_C \approx I_E = \frac{V_B - U_{BE}}{R_{E1} + R_{E2}} = \frac{2V - 0.7V}{300\Omega + 1\times10^3\Omega} = 1\times10^{-3}A = 1mA$$

$$I_B = \frac{I_C}{\beta} = \frac{1\times10^{-3}A}{100} = 1\times10^{-5}A = 10\mu A$$

$$U_{CE} \approx U_{CC} - I_C(R_C + R_{E1} + R_{E2}) = 12V - 1\times10^{-3}\times(5\times10^3 + 300 + 1\times10^3)V = 5.7V$$

2) 微变等效电路如图 2-29b 所示。

3) 动态分析如下:

$$r_{be} = 200\Omega + (1+\beta)\frac{26mV}{I_E} = 200\Omega + (1+100)\times\frac{26mV}{1mA} \approx 2.83k\Omega$$

$$A_u = -\frac{\beta(R_c /\!/ R_L)}{r_{be} + (1+\beta)R_{E1}} = -\frac{100\times 2.5\times 10^3\Omega}{2.83\times 10^3\Omega + (1+100)\times 300\Omega} \approx -7.5$$

$$r_I = R_{B1} /\!/ R_{B2} /\!/ [r_{be} + (1+\beta)R_{E1}] = 25k\Omega /\!/ 5k\Omega /\!/ [2.83k\Omega + (1+100)\times 0.3k\Omega] \approx 3.7k\Omega$$

$$r_O \approx R_C = 5k\Omega$$

2.4 共集电极放大电路

共射放大电路是从集电极输出信号,发射极是输入和输出电路的公共端。本节所讲的放大电路是从发射极输出信号,如图 2-30 所示。因为电源 U_{CC} 对交流信号相当于短路,故集电极成为输入与输出电路的公共端,故称为共集电极放大电路,也称为射极输出器。

2.4.1 静态分析

由图 2-31 所示的射极输出器的直流通路可确定静态值。

$$I_E = I_B + I_C = I_B + \overline{\beta}I_B = (1+\overline{\beta})I_B \tag{2-18}$$

$$I_B = \frac{U_{CC}-U_{BE}}{R_B+(1+\beta)R_E} \quad (2\text{-}19)$$

$$U_{CE} = U_{CC} - R_E I_E \quad (2\text{-}20)$$

2.4.2 动态分析

1. 电压放大倍数

由图 2-32 所示的射极输出器的微变等效电路可得出

$$\dot{U}_O = R'_L \dot{I}_e = (1+\beta) R'_L \dot{I}_b$$

式中 $\quad R'_L = R_E /\!/ R_L$

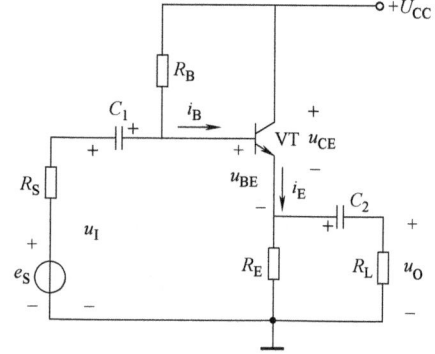

图 2-30 共集电极放大电路

$$\dot{U}_I = r_{be} \dot{I}_b + R'_L \dot{I}_e = r_{be} \dot{I}_b + (1+\beta) R'_L \dot{I}_b$$

$$A_u = \frac{\dot{U}_O}{\dot{U}_I} = \frac{(1+\beta) R'_L \dot{I}_b}{r_{be} \dot{I}_b + (1+\beta) R'_L \dot{I}_b} = \frac{(1+\beta) R'_L}{r_{be}+(1+\beta) R'_L} \quad (2\text{-}21)$$

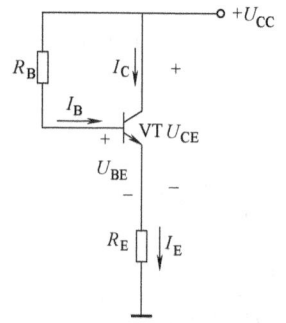

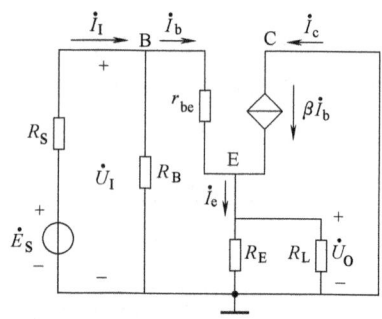

图 2-31 射极输出器的直流通路　　　图 2-32 射极输出器的微变等效电路

因 $r_{be} \ll (1+\beta) R'_L$，故 $\dot{U}_O \approx \dot{U}_I$，两者同相，大小近似相等，但 U_O 略小于 U_I，即 $|A_u|$ 接近 1，但恒小于 1。射极输出器没有电压放大作用，但具有一定的电流放大和功率放大作用。

由于 $\dot{U}_O \approx \dot{U}_I$，输出电压跟随输入电压的变化而变化，具有跟随作用，故射极输出器又称为射极跟随器。

2. 输入电阻

射极输出器的输入电阻 r_I 也可从图 2-32 所示的微变等效电路经过计算得出，即

$$r_I = R_B /\!/ [r_{be}+(1+\beta) R'_L] \quad (2\text{-}22)$$

通常 R_B 的阻值很大，为几十千欧到几百千欧，$[r_{be}+(1+\beta) R'_L]$ 也比共射放大电路的输入电阻（$r_I = r_{be}$）大得多。因此，设计输出器的输入电阻很高，可达几十千欧到几百千欧。

3. 输出电阻

射极输出器的输出电阻 r_O 可由图 2-33 的电路求得。将信号源短路，保留其内阻，$R'_S =$

$R_B // R_S$,在输出端将负载 R_L 开路,加一交流电压 $\dot U_O$,产生电流 $\dot I_O$。

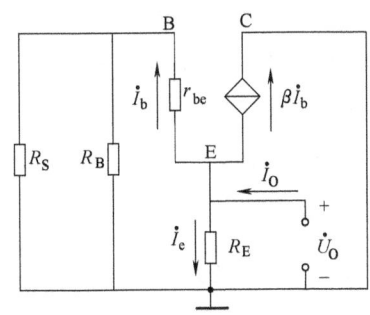

图 2-33 计算 r_O 的等效电路

$$\dot I_O = \dot I_b + \beta \dot I_b + \dot I_e = \frac{\dot U_O}{r_{be}+R'_S} + \beta \frac{\dot U_O}{r_{be}+R'_S} + \frac{\dot U_O}{R_E}$$

$$r_O = \frac{\dot U_O}{\dot I_O} = \frac{1}{\dfrac{1+\beta}{r_{be}+R'_S}+\dfrac{1}{R_E}} = \frac{R_E(r_{be}+R'_S)}{(1+\beta)R_E+(r_{be}+R'_S)} = R_E // \frac{r_{be}+R'_S}{1+\beta}$$

通常

$$(1+\beta)R_E \gg r_{be}+R'_S \quad \beta \gg 1$$

故

$$r_O \approx \frac{r_{be}+R'_S}{\beta} \tag{2-23}$$

可见射极输出器的输出电阻很低,一般只有几十欧。这说明射极输出器具有恒压输出特性。

综上所述,射极输出器的主要特点是:电压放大倍数接近 1;输入电阻高,输出电阻低,没有电压放大作用,但具有一定的电流放大和功率放大作用。因此,它常被用作多级放大电路的输入级或输出级。

例 2-7 电路如图 2-34 所示,晶体管的 $\beta=80$,$U_{BE}=0.7\text{V}$。1)求出 Q 点;2)分别求出 $R_L=\infty$ 和 $R_L=3\text{k}\Omega$ 时电路的 A_u 和 r_I;3)求出 r_O。

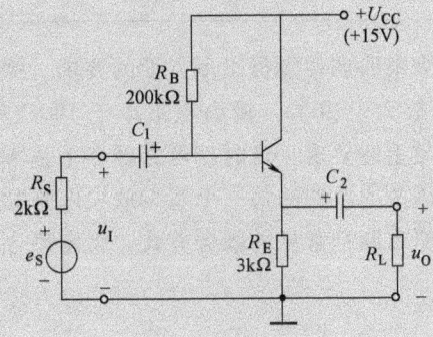

图 2-34 例 2-7 电路

解：1）求解 Q 点：

$$I_B = \frac{U_{CC} - U_{BE}}{R_B + (1+\beta)R_E} = \frac{15V - 0.7V}{200 \times 10^3 \Omega + (1+80) \times 3 \times 10^3 \Omega} \approx 32.3 \times 10^{-6} A = 32.3 \mu A$$

$$I_E = (1+\beta)I_B = (1+80) \times 32.3 \times 10^{-6} A \approx 2.6 \times 10^{-3} A = 2.6 mA$$

$$U_{CE} = U_{CC} - I_E R_E = 15V - 2.6 \times 10^{-3} A \times 3 \times 10^3 \Omega = 7.2V$$

2）求解输入电阻和电压放大倍数：

$$r_{be} = 200\Omega + (1+\beta)\frac{26mV}{I_E} = 200\Omega + (1+80) \times \frac{26mV}{2.6mA} = 1010\Omega$$

当 $R_L = \infty$ 时

$$r_I = R_B // [r_{be} + (1+\beta)R_E] = (200 \times 10^3 \Omega) // [1010\Omega + (1+80) \times 3 \times 10^3 \Omega] \approx 110 \times 10^3 \Omega = 110 k\Omega$$

$$A_u = \frac{(1+\beta)R_E}{r_{be} + (1+\beta)R_E} = \frac{(1+80) \times 3 \times 10^3 \Omega}{1010\Omega + (1+80) \times 3 \times 10^3 \Omega} \approx 0.996$$

当 $R_L = 3k\Omega$ 时

$$r_I = R_B // [r_{be} + (1+\beta)(R_E // R_L)] = (200 \times 10^3 \Omega) // [1010\Omega + (1+80) \times 1.5 \times 10^3 \Omega] \approx 76 \times 10^3 \Omega = 76 k\Omega$$

$$A_u = \frac{(1+\beta)(R_E // R_L)}{r_{be} + (1+\beta)(R_E // R_L)} = \frac{(1+80) \times 1.5 \times 10^3 \Omega}{1010\Omega + (1+80) \times 1.5 \times 10^3 \Omega} \approx 0.992$$

3）求解输出电阻：

$$r_O = R_E // \frac{R_S // R_B + r_{be}}{1+\beta} \approx \frac{R_S + r_{be}}{1+\beta} = \frac{2 \times 10^3 \Omega + 1010\Omega}{1+80} \approx 37\Omega$$

2.5 差分放大电路

2.5.1 放大电路的耦合方式

在实际应用中，常对放大电路的性能提出多方面的要求。例如，要求一个放大电路输入电阻大于 $2M\Omega$，电压放大倍数大于 2000，输出电阻小于 100Ω 等。仅靠前面所讲的任何一种放大电路都不可能同时满足上述要求，这时就可选择多个基本放大电路，将它们合理连接构成多级放大电路。组成多级放大电路的每一个基本放大电路称为一级，级与级之间的连接称为级间耦合。多级放大电路有四种常见的耦合方式：阻容耦合、直接耦合、变压器耦合和光电耦合。

1. 阻容耦合

将放大电路的前级输出端通过电容接到后级输入端，称为阻容耦合方式，图 2-35 所示为两级阻容耦合放大电路，第一级为共射放大电路，第二级为共集放大电路。

由于电容对直流量的电抗为无穷大，因而阻容耦合放大电路各级之间的直流通路各不相通，各级的静态工作点相互独立，在求解或实际调试 Q 点时可按单级处理，所以电路的分析、设计和调试简单易行。而且，只要输入信号频率较高，耦合电容容量较大，前级的输出信号就可以几乎没有衰减地传递到后级的输入端，因此，在分立元器件电路中阻容耦合方式得到非常广泛的应用。阻容耦合放大电路的低频特性差，不能放大变化缓慢的信号。这是因

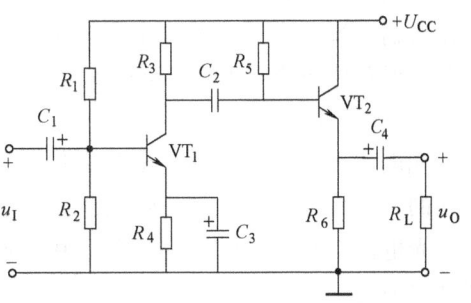

图 2-35　两级阻容耦合放大电路

为电容对这类信号呈现出很大的容抗，信号的一部分甚至全部都衰减在耦合电容上，而根本不向后级传递。此外，在集成电路中制造大容量电容很困难，甚至不可能，所以这种耦合方式不便于集成化。通常，只有在信号频率很高、输出功率很大等特殊情况下，才采用阻容耦合方式的分立元器件放大电路。

2. 直接耦合

将前一级的输出端直接连接到后一级的输入端，称为直接耦合，如图 2-36 所示。图中所示电路省去了第二级的基极电阻，使 R_{C1} 既作为第一级的集电极电阻，又作为第二级的基极电阻，只要 R_{C1} 取值合适，就可以为 VT_2 提供合适的基极电流。

直接耦合多级放大电路，静态工作点相互影响，这样就给电路的分析、设计和调试带来一定的困难。在求解静态工作点时，应写出直流通路中各个回路的方程，然后求解多元一次方程。实际应用时，则应采用各种计算机软件辅助分析。

直接耦合放大电路的突出优点是具有良好的低频特性，可以放大变化缓慢的信号；并且由于电路中没有大容量电容，所以易于将全部电路集成在一片硅片上，构成集成放大电路。由于电子工业的飞速发展，

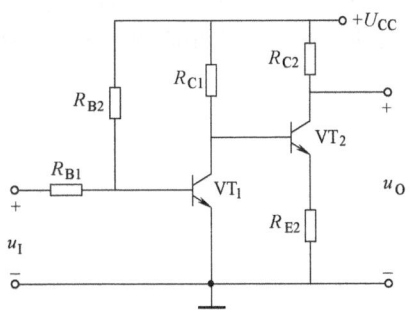

图 2-36　两级直接耦合放大电路

集成放大电路的性能越来越好，种类越来越多，价格也越来越便宜，所以凡能用集成放大电路的场合，均不再使用分立元器件放大电路。

3. 变压器耦合

将放大电路前级的输出信号通过变压器接到后级的输入端或负载电阻上，称为变压器耦合。图 2-37 所示为变压器耦合共射放大电路，R_L 既可以是实际的负载电阻，也可以代表后级放大电路。

由于变压器耦合电路的前后级靠磁路耦合，所以与阻容耦合电路一样，它的各级放大电路的静态工作点相互独立，便于分析、设计和调试。而它的低频特性差，不能放大变化缓慢的信号，且笨重，更不能集成化。与前两种耦合方式相比，其最大特点是可以实现阻抗变换，因而在分立元器件功率放大电路中得到广泛应用。

在集成功率放大电路产生之前，几乎所有的功率放大电路都采用变压器耦合的形式。而

目前，只有在集成功率放大电路无法满足需要的情况下，如需要输出特大功率，或实现高频功率放大时，才考虑用分立元器件构成变压器耦合放大电路。

4. 光电耦合

光电耦合是以光信号为媒介来实现电信号的耦合和传递的，因其抗干扰能力强而得到越来越广泛的应用。

光电耦合器是实现光电耦合的基本器件，它将发光器件（发光二极管）与光敏器件（光电晶体管）相互绝缘地组合在一起，如图 2-38 所示。发光器件为输入回路，它将电能转换成光能；光敏器件为输出回路，它将光能再转换成电能，实现了两部分电路的电气隔离，从而可有效地抑制电干扰。在输出回路常采用复合管（也称达林顿结构）形式以增大放大倍数。

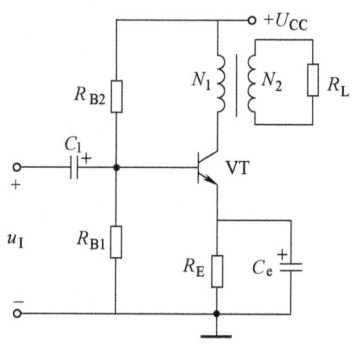

图 2-37 变压器耦合共射放大电路

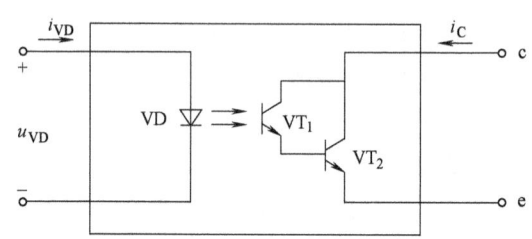

图 2-38 光电耦合器

图 2-39 所示为光电耦合放大电路，信号源部分可以是真实的信号源，也可以是前级放大电路。当动态信号为 0 时，输入回路有静态电流 I_{VD}，输出回路有静态电流 I_C，从而确定出静态管压降 U_{CE}。有动态信号时，随着 i_{VD} 的变化，i_C 将产生线性变化。当然，u_{CE} 也将产生相应的变化。目前已有集成光电耦合放大电路，具有较强的放大能力。

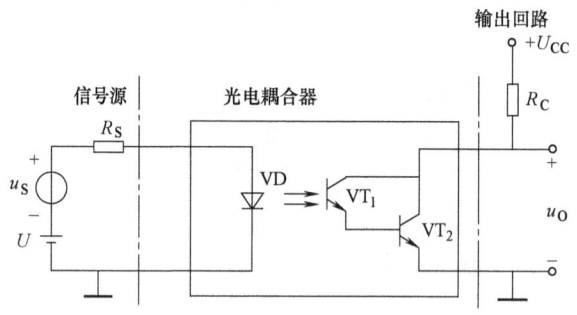

图 2-39 光电耦合放大电路

2.5.2 直接耦合放大电路的零点漂移

阻容耦合放大电路只能用于放大交流信号。在工业控制中还常遇到另外一些信号，例如用热电偶测量炉温，由于炉温变化很慢，所以热电偶给出的就是一个缓慢变化的电压信号。这种缓慢变化的信号不能采用阻容耦合，只能用直接耦合的多级放大电路来放大。

直接耦合放大电路的最大问题是零点漂移。一个理想的直接耦合放大电路，当输入信号为零时，其输出电压应保持不变（不一定是零）。但实际上，把一个多级直接耦合放大电路的输入端短接（$u_I=0$），测其输出端电压时，却如图 2-40 中记录仪所显示的那样，它并不保持恒值，而在缓慢地、无规则地变化着，这种现象就称为零点漂移。

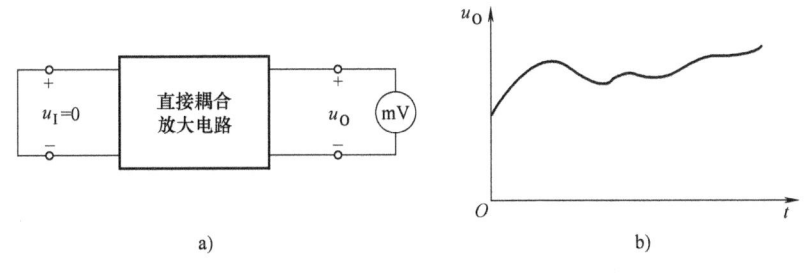

图 2-40 零点漂移现象
a) 测试电路　b) 测试结果

零点漂移

当放大电路输入信号后，这种漂移就伴随着信号共存于放大电路中，两者都在缓慢地变动着，而且逐级放大，以至于有时在输出端很难区分什么是有用信号，什么是漂移信号，放大电路不能正常工作。因此，必须查明产生漂移的原因，并采取相应的抑制漂移的措施。

引起零点漂移的原因很多，如晶体管参数（I_{CBO}、U_{BE}、β）随温度的变化、电源电压的波动、电路元器件参数的变化等，其中温度的影响是最严重的，因而零点漂移也称为温度漂移（温漂）。在多级放大电路的各级的漂移当中，又以第一级的漂移影响最为严重。由于直接耦合，第一级的漂移被逐级放大，以致影响整个放大电路的工作。所以，抑制漂移要着重于第一级。

在直接耦合放大电路中抑制零点漂移最有效的电路结构是差分放大电路。因此，要求较高的多级直接耦合放大电路的第一级广泛采用差分放大电路。

2.5.3　差分放大电路静态分析

图 2-41 所示是用两个晶体管组成的双端输入-双端输出差分放大电路。信号电压 u_{I1} 和 u_{I2} 由两晶体管基极输入，输出电压 u_O 则取自两晶体管的集电极之间。电路结构对称，在理想的情况下，两晶体管的特性及对应电阻元件的参数值都相同，因而它们的静态工作点也必然相同。

1. 零点漂移的抑制

在静态时，$u_{I1} = u_{I2} = 0$，即在图 2-41 中将两边输入端短路，由于电路的对称性，两边的集电极电流相等，集电极电位也相等，即

$$I_{C1} = I_{C2} \qquad V_{C1} = V_{C2}$$

故输出电压

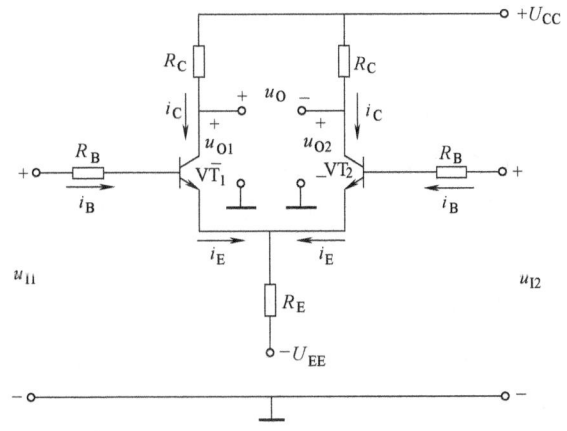

图 2-41　差分放大电路

差分放大电路的组成

$$u_O = V_{C1} - V_{C2} = 0$$

当温度升高时,两晶体管的集电极电流都增大了,集电极电位都下降了,并且两边的变化量相等,即

$$\Delta I_{C1} = \Delta I_{C2}, \quad \Delta V_{C1} = \Delta V_{C2}$$

虽然每个晶体管都产生了零点漂移,但是,由于两集电极电位的变化是相同的,所以输出电压依然为零,即

$$u_O = V_{C1} + \Delta V_{C1} - (V_{C2} + \Delta V_{C2}) = 0$$

零点漂移完全被抑制了。对称差分放大电路对两晶体管所产生的同向漂移(不管是什么原因引起的)都具有抑制作用,这是它的突出优点。

差分放大电路之所以能抑制零点漂移,是由于电路的对称性。实际上,完全对称的理想情况并不存在,所以单靠提高电路的对称性来抑制零点漂移是有限度的。另外,上述差分电路的每个晶体管的集电极电位的漂移并未受到抑制,如果采用单端输出(输出电压从一个晶体管的集电极与"地"之间取出),漂移根本无法抑制。为此,在这个电路中引入了发射极电阻 R_E 和负电源 $-U_{EE}$。

R_E 的主要作用是限制每个晶体管的漂移范围,进一步减小零点漂移,稳定电路的静态工作点。例如当温度升高使 I_{C1} 和 I_{C2} 均增加时,则有如下的抑制漂移的过程:

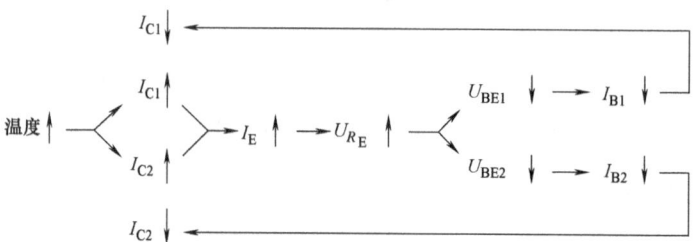

可见,由于 R_E 上电压 U_{R_E} 的增高,使每个晶体管的漂移得到抑制。虽然 R_E 越大,抑制作用越显著;但是,在 $+U_{CC}$ 一定时,过大的 R_E 会使集电极电流过小,要影响静态工作点和电压放大倍数。为此,接入负电源 $-U_{EE}$ 来抵偿 R_E 两端的直流电压降,从而获得合适的静态工作点。

2. 静态值的计算

由于电路对称,计算一个晶体管的静态值即可。图 2-42 是图 2-41 所示电路的单管直流通路。

在静态时,设 $I_{B1} = I_{B2} = I_B$,$I_{C1} = I_{C2} = I_C$,则由基极电路可列出

$$R_B I_B + U_{BE} + 2R_E I_E = U_{EE}$$

上式中前两项一般较第三项小得多,故可略去,则每个晶体管的集电极电流

$$I_C \approx I_E \approx \frac{U_{EE}}{2R_E} \quad (2\text{-}24)$$

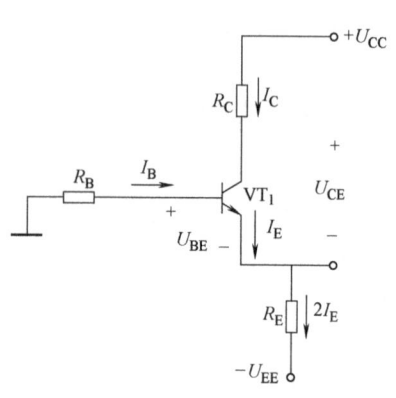

图 2-42 单管直流通路

并由此可知发射极电位 $V_E \approx 0$。

每个晶体管的基极电流

$$I_B \approx \frac{I_C}{\beta} \approx \frac{U_{EE}}{2\beta R_E} \quad (2\text{-}25)$$

每个晶体管的集电极-发射极电压

$$U_{CE} \approx U_{CC} - R_C I_C \approx U_{CC} - \frac{U_{EE} R_C}{2 R_E} \quad (2\text{-}26)$$

2.5.4 差分放大电路动态分析

当有信号输入时，对称差分放大电路的工作情况可以分为下列几种输入方式来分析。

1. 共模输入

两个输入信号电压的大小相等，极性相同，即 $u_{I1} = u_{I2}$，这样的输入称为共模输入。

在共模输入信号的作用下，对于完全对称的差分放大电路来说，显然两晶体管的集电极电位变化相同，因而输出电压等于零，所以它对共模信号没有放大能力，亦即放大倍数为零。

2. 差模输入

两个输入电压的大小相等，而极性相反，即 $u_{I1} = -u_{I2}$，这样的输入称为差模输入。设 $u_{I1} > 0$，$u_{I2} < 0$，则 u_{I1} 使 VT_1 的集电极电流增大了，ΔI_{C1} 为正值，VT_1 的集电极电位因而减低了，ΔV_{C1} 为负值；而 u_{I2} 却使 VT_2 的集电极电流减小了，ΔI_{C2} 为负值，VT_2 的集电极电位因而增高了，ΔV_{C2} 为正值。故

$$u_O = \Delta V_{C1} - \Delta V_{C2}$$

例如，$\Delta V_{C1} = -1\text{V}$，$\Delta V_{C2} = +1\text{V}$，则 $u_O = (-1-1)\text{V} = -2\text{V}$。可见，在差模输入时，差分放大电路的输出电压为两晶体管各自输出电压变化量的两倍。

图 2-43 所示是单管差模信号通路。由于差模信号使两晶体管的集电极电流一增一减，其变化量相等，通过 R_E 中的电流就近于不变，故 R_E 对差模信号不起作用。由图 2-43 可得出单管差模电压放大倍数

$$A_{ud1} = \frac{u_{O1}}{u_{I1}} = \frac{-\beta i_B R_C}{i_B (R_B + r_{be})} = -\frac{\beta R_C}{R_B + r_{be}} \quad (2\text{-}27)$$

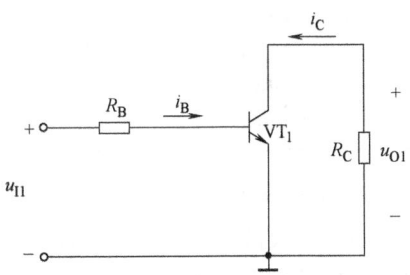

图 2-43 单管差模信号通路

同理可得

$$A_{ud2} = \frac{u_{O2}}{u_{I2}} = -\frac{\beta R_C}{R_B + r_{be}} = A_{ud1} \quad (2\text{-}28)$$

双端输出电压为

$$u_O = u_{O1} - u_{O2} = A_{ud1} u_{I1} - A_{ud2} u_{I2} = A_{ud1} (u_{I1} - u_{I2})$$

双端输入-双端输出差分放大电路的差模电压放大倍数为

$$A_{ud} = \frac{u_O}{u_{I1} - u_{I2}} = A_{ud1} = -\frac{\beta R_C}{R_B + r_{be}} \quad (2\text{-}29)$$

与单管放大电路的电压放大倍数相等。可见，接成差分放大电路是为了能抑制零点漂移。

当在两管的集电极之间接入负载电阻 R_L 时

$$A_{ud} = -\frac{\beta R'_L}{R_B + r_{be}} \quad (2\text{-}30)$$

式中，$R'_L = R_C // \frac{1}{2}R_L$。因为当输入差模信号时，一晶体管的集电极电位降低，另一晶体管增高，在 R_L 的中点相当于交流接"地"，所以每个晶体管各带一半负载电阻。

两输入端之间的差模输入电阻为

$$r_I = 2(R_{B1} + r_{be}) \quad (2\text{-}31)$$

两集电极之间的差模输出电阻为

$$r_O = 2R_C \quad (2\text{-}32)$$

如果在图 2-41 中从 VT_1 集电极或 VT_2 集电极单端输出，则电压放大倍数分别为

$$\left.\begin{array}{l} A_{ud} = \dfrac{u_{O1}}{u_{I1} - u_{I2}} = \dfrac{u_{O1}}{2u_{I1}} = -\dfrac{1}{2}\dfrac{\beta R_C}{R_B + r_{be}} \text{（反相输出）} \\[2ex] A_{ud} = \dfrac{u_{O2}}{u_{I1} - u_{I2}} = -\dfrac{u_{O2}}{2u_{I1}} = \dfrac{1}{2}\dfrac{\beta R_C}{R_B + r_{be}} \text{（同相输出）} \end{array}\right\} \quad (2\text{-}33)$$

可见，单端输出差分放大电路的电压放大倍数只有双端输出差分放大电路的一半。

双端输入分双端输出和单端输出两种。此外，还有单端输入的，即将 VT_1 输入端或 VT_2 输入端接"地"，而另一端接输入信号 u_I，同样，单端输入也分双端输出和单端输出两种。四种差分放大电路的比较见表 2-6。

表 2-6 四种差分放大电路

输入方式	双端		单端	
输出方式	双端	单端	双端	单端
差模放大系数 A_{ud}	$-\dfrac{\beta R_C}{R_B + r_{be}}$	$\pm\dfrac{\beta R_C}{2(R_B + r_{be})}$	$-\dfrac{\beta R_C}{R_B + r_{be}}$	$\pm\dfrac{\beta R_C}{2(R_B + r_{be})}$
差模输入电阻 r_i	$2(R_B + r_{be})$		$2(R_B + r_{be})$	
差模输出电阻 r_o	$2R_C$	R_C	$2R_C$	R_C

3. 比较输入

两个输入信号电压既非共模，又非差模，它们的大小和相对极性是任意的，这种输入常作为比较放大来运用，在自动控制系统中是常见的。

例如，u_{I1} 是给定信号电压（或称基准电压），u_{I2} 是一个缓慢变化的信号（如反映炉温的变化）或是一个反馈信号，两者在放大电路的输入端进行比较后，得出偏差值（$u_{I1} - u_{I2}$），差值电压经放大后，输出电压为

$$u_O = A_u(u_{I1} - u_{I2}) \quad (2\text{-}34)$$

其值仅与偏差值有关，而不需要反映两个信号本身的大小。不仅输出电压的大小与偏差值有关，而且它的极性与偏差值也有关系。在图 2-41 中，如果 u_{I2} 和 u_{I1} 极性相同，并设 u_O 的参考方向如图 2-41 中所示，当 $u_{I2} > u_{I1}$ 时，则 $u_O > 0$；当 $u_{I2} = u_{I1}$（共模）时，则 $u_O = 0$；而当

$u_{I2} < u_{I1}$ 时，则 $u_O < 0$，即其极性改变。

比较信号可分解为共模分量和差模分量。例如，设 $u_{I1} = 10\text{mV}$，$u_{I2} = 6\text{mV}$，则

$$u_{I1} = 8\text{mV} + 2\text{mV}$$
$$u_{I2} = 8\text{mV} - 2\text{mV}$$

这样，就可认为 $u_{Ic1} = u_{Ic2} = 8\text{mV}$ 是输入信号中的共模分量，而 $u_{Id1} = 2\text{mV}$，$u_{Id2} = -2\text{mV}$ 是差模分量。

2.5.5 共模抑制比

实际的差分放大电路很难做到完全对称，对共模分量仍有一定放大能力。共模分量往往是干扰、噪声、温漂等无用信号，而差模分量才是有用的。为了全面衡量差分放大电路放大差模信号和抑制共模信号的能力，通常引用共模抑制比 K_{CMRR} 来表征。其定义为放大电路对差模信号的放大倍数 A_{ud} 和对共模信号的放大倍数 A_{uc} 之比，即

$$K_{CMRR} = \frac{A_{ud}}{A_{uc}} \tag{2-35}$$

共模抑制比越大，差分放大电路分辨所需要的差模信号的能力越强，而受共模信号的影响越小。对于双端输出差分放大电路，若电路完全对称，则 $A_{uc} = 0$，$K_{CMRR} \rightarrow \infty$，这是理想情况。而实际情况是，电路完全对称并不存在，共模抑制比也不可能趋于无穷大。

提高双端输出差分放大电路共模抑制比的途径是：一方面要使电路参数尽量对称，另一方面则应尽可能地加大共模抑制电阻 R_E。对于单端输出的差分放大电路来说，主要的手段只能是加强共模抑制电阻 R_E 的作用。

2.6 互补对称功率放大电路

2.6.1 功率放大电路概述

在实用电路中，往往要求放大电路的末级（即输出级）输出一定的功率，以驱动负载。能够向负载提供足够信号功率的放大电路称为功率放大电路，简称功放。从能量控制和转换的角度看，功率放大电路与其他放大电路在本质上没有根本的区别；只是功放既不是单纯追求输出高电压，也不是单纯追求输出大电流，而是追求在电源电压确定的情况下，输出尽可能大的功率。因此，从功放电路的组成和分析方法，到其元器件的选择，都与小信号放大电路有着明显的区别。

1. 功率放大电路的主要技术指标

（1）**最大输出功率 P_{Om}** 功率放大电路提供给负载的信号功率称为输出功率。在输入为正弦波且输出基本不失真条件下，输出功率是交流功率，表达式为 $P_O = I_O U_O$，式中，I_O 和 U_O 均为交流有效值。最大输出功率 P_{Om} 是在电路参数确定的情况下负载上可能获得的最大交流功率。

（2）**转换效率 η** 功率放大电路的最大输出功率与电源所提供的功率之比称为转换效

率。电源提供的功率是直流功率,其值等于电源输出电流平均值及其电压之积。

通常功放输出功率大,电源消耗的直流功率也就多。因此,在一定的输出功率下,减小直流电源的功耗,就可以提高电路的效率。

2. 功率放大电路中的晶体管

在功率放大电路中,为使输出功率尽可能大,要求晶体管工作在尽限应用状态,即晶体管集电极电流最大时接近 I_{CM},管压降最大时接近 $U_{(BR)CEO}$,耗散功率最大时接近 P_{CM}。I_{CM}、$U_{(BR)CEO}$ 和 P_{CM} 分别是晶体管的极限参数,即最大集电极电流、集电极-发射极间能承受的最大管压降和集电极最大耗散功率。因此,在选择功放管时,要特别注意极限参数的选择,以保证功放管安全工作。

3. 功率放大电路的分析方法

因为功率放大电路的输出电压和输出电流幅值均很大,功放管特性的非线性不可忽略,所以在分析功放电路时,不能采用仅适用于小信号的交流等效电路法,而应采用图解法。此外,由于功放的输入信号较大,输出波形容易产生非线性失真,电路中应采用适当方法改善输出波形,如引入交流负反馈。

4. 放大电路的三种工作状态

放大电路有三种工作状态,如图 2-44 所示。在图 2-44a 中,静态工作点 Q 大致在负载线的中点,这种称为甲类工作状态。上面所讲的电压放大电路就是工作在这种状态。在甲类工作状态,不论有无输入信号,电源供给的功率 $P_E = U_{CC}I_C$ 总是不变的。当无信号输入时,电源功率全部消耗在功放管和电阻上,以功放管的集电极损耗为主。当有信号输入时,其中一部分转换为有用的输出功率 P_o,信号越大,输出功率也越大。

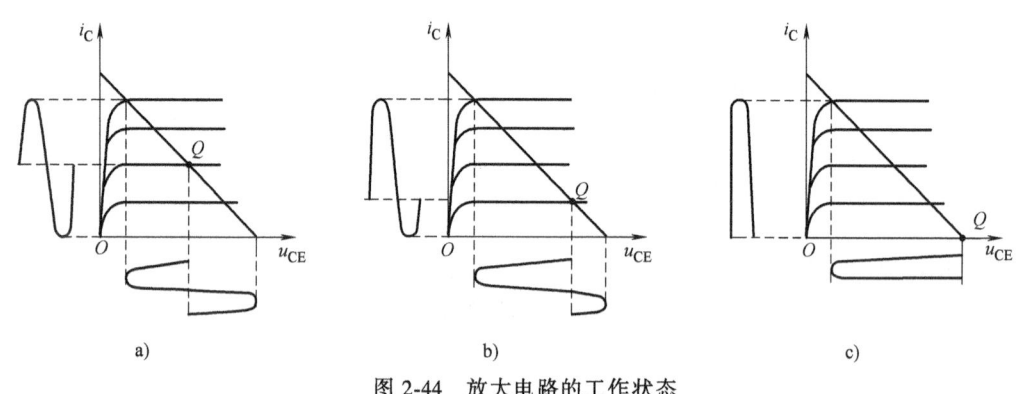

图 2-44 放大电路的工作状态
a) 甲类 b) 甲乙类 c) 乙类

欲提高效率,一是用增加放大电路的动态工作范围来增加输出功率;二是减小电源供给的功率。而后者要在 U_{CC} 一定的条件下使静态电流 I_C 减小,即将静态工作点 Q 沿负载线下移,如图 2-44b 所示,这种称为甲乙类工作状态。若将静态工作点下移到 $I_C \approx 0$ 处,则管耗更小,这种称为乙类工作状态,如图 2-44c 所示。

由图 2-44 可见,在甲乙类和乙类状态下工作时,虽然提高了效率,但产生了严重的失真。为此,下面介绍工作于甲乙类或乙类状态的互补对称放大电路。它既能提高效率,又能减小信号波形的失真。

2.6.2 互补对称放大电路

1. 无输出变压器（OTL）的互补对称放大电路

图 2-45 所示是无输出变压器互补对称放大电路的原理图，VT_1（NPN 型）和 VT_2（PNP 型）是两个不同类型的晶体管，两晶体管特性基本上相同。

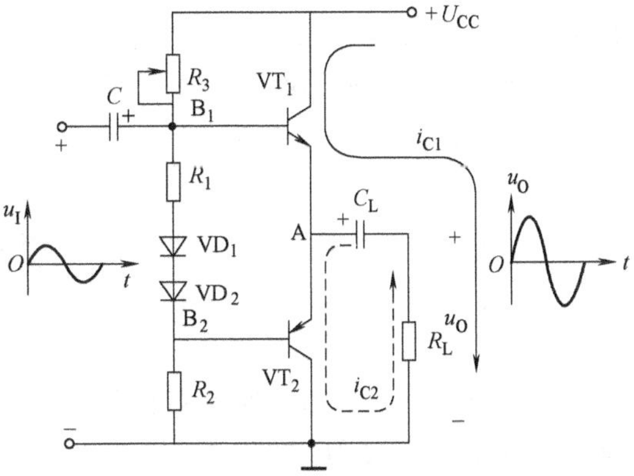

在静态时，调节 R_3 使 A 点的电位为 $\frac{1}{2}U_{CC}$，输出耦合电容 C_L 上的电压即为 A 点和"地"之间的电位差，也等于 $\frac{1}{2}U_{CC}$；并获得合适的 U_{B1B2}（R_1 和 VD_1、VD_2 串联电路上的电压），使 VT_1、VT_2 两管工作于甲乙类状态。

当输入交流信号 u_I 时，在它的正半周，VT_1 导通，VT_2 截止，电流 i_{C1} 的通路如图 2-45 中实线所示；在 u_I 的负半周，VT_1 截止，VT_2 导通，电容 C_L 放电，电流 i_{C2} 的通路如虚线所示。由此可见，在输入信号 u_I 的一个周期内，电流 i_{C1} 和 i_{C2} 以正反方向交替流过负载电阻 R_L，在 R_L 上合成而得出一个交流输出信号电压 u_O。

图 2-45 OTL 互补对称放大电路

为了使输出波形对称，在 C_L 放电过程中，其上电压不能下降过多，因此 C_L 的容量必须足够大。由于静态电流很小，功率损耗也很小，因而提高了效率。

2. 无输出电容（OCL）的互补对称放大电路

上述 OTL 互补对称放大电路中，是采用大容量的极性电容器 C_L 与负载耦合的，因而影响低频性能和无法实现集成化。为此，可将电容 C_L 除去而采用 OCL 电路，如图 2-46 所示。但 OCL 电路需用正负两路电源。

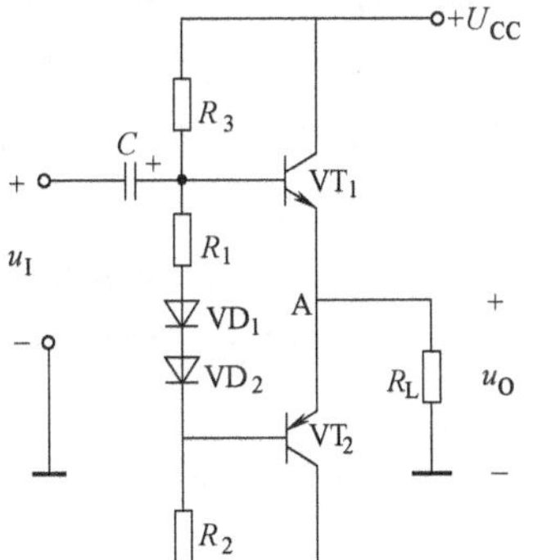

图 2-46 所示电路工作于甲乙类状态。由于电路对称，静态时两晶体管的电流相等，负载电阻 R_L 中无电流通过，两晶体管的发射极电位 $V_A=0$。

图 2-46 OCL 互补对称放大电路

当有信号输入时，两晶体管轮流导通，其工作情况与 OTL 电路基本相同。

2.7 放大电路在汽车电路中的应用

2.7.1 汽车电子点火系统

汽车点火系统是汽油发动机为了正常工作，用于提供点火能量和控制各个气缸点火顺序、点火时刻的装置。汽车点火系统发展至今经历了有触点点火系统（传统点火系统）、晶体管点火系统和微型计算机控制点火系统。

晶体管点火系统是在传统点火系统的基础上发展而来的，按有无触点可分为有触点式和无触点式；按储能形式可分为电感式和电容式；无触点式按信号发生器形式，可分为磁感应系统、霍尔系统、光电系统和电磁振荡系统。

晶体管点火系统与传统点火系统最大的区别在于它的点火电子组件。点火电子组件由半导体器件（如晶体管、晶闸管等）组成电子开关电路，根据点火信号发生器产生的点火脉冲信号或触点开合接通和断开点火线圈一次电路，起着传统点火系统中断电器触点的作用。

1. 有触点式晶体管点火电路

有触点式晶体管点火电路如图 2-47 所示。图 2-47 中，S 为点火开关，S_1 为断电器触点，N_1、N_2 分别为点火线圈的一次绕组和二次绕组。电子点火组件由两级直接耦合式晶体管开关电路构成，小功率晶体管 VT_1 的工作受点火开关 S 控制，大功率晶体管 VT_2 的工作受 VT_1 控制来接通或切断低压回路。

当接通点火开关 S 后，断电器在凸轮轴驱动下旋转，使触点 S_1 闭合，此时 VT_1 因基极搭铁而截止，偏置电阻 R_1、R_2 构成的分压电路使得 VT_2 在电源电压下导通，点火线圈一次绕组 N_1 有电流流过，即一次电路导通。

当断电器触点 S_1 断开时，VT_1 基极有电流流过，获得正向偏置而导通，VT_2 失去正向偏置电压而截止，二极管 VD 的作用是使其可靠截止。此时，点

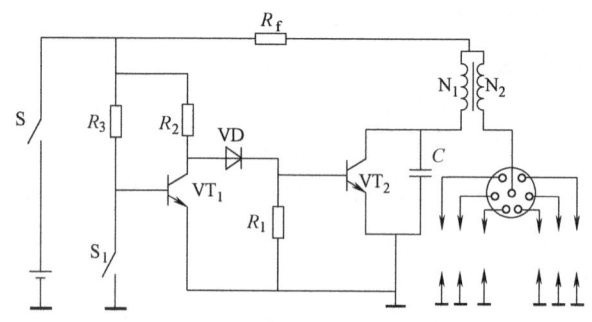

图 2-47 有触点式晶体管点火电路

火线圈一次绕组 N_1 中的电流迅速减小，点火线圈二次绕组 N_2 中感应出高电压，即二次回路导通。

这种晶体管点火系统的优点是断电器触点 S_1 通过的是 VT_1 的基极电流，由于电流较小，延长了触点的使用寿命。并且可适当增加低压电流，使二次电压更大，改善了点火性能。无触点式晶体管点火系统用信号发生器代替了断电器触点 S_1，点火信号发生器可以根据各缸的点火时刻产生相应的点火脉冲信号，来控制点火电子组件接通和断开点火线圈一次电路的具体时刻。

2. 无触点式晶体管点火电路

丰田汽车磁脉冲式无触点电子点火系统如图 2-48 所示。电路中 VT_1 的基极与发射极相连，其发射极被短路，相当于一个二极管，起温度补偿作用。VT_2 为触发管，起信号检测作用。VT_3、VT_4 起放大作用，将 VT_2 的输出放大以驱动 VT_5。VT_5 为大功率管，控制一次电流的通断。$VT_2 \sim VT_5$ 都工作于开关状态，即处于截止或饱和导通两种工作状态。

接通点火开关，电源电压使 VT_1 导通，其直流通路为：蓄电池正极→点火开关 S→电阻 R_3→电阻 R_1→VT_1→点火信号发生器感应线圈→搭铁→蓄电池负极。信号发生器的传感线圈开始产生交变电动势信号。

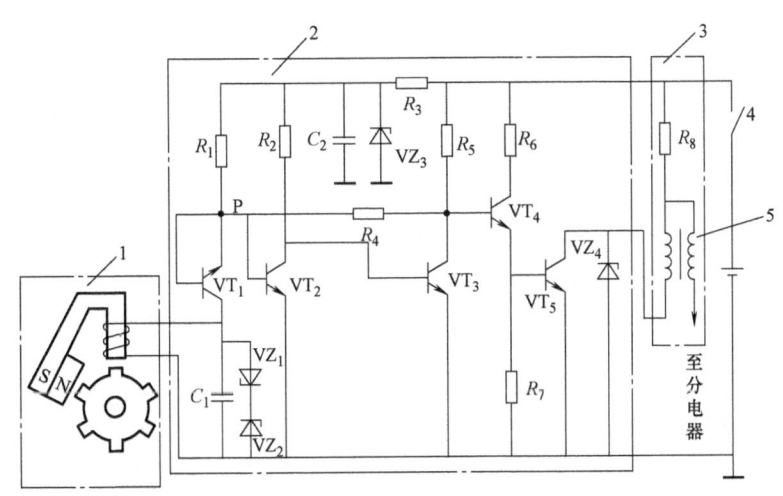

图 2-48　丰田汽车磁脉冲式无触点电子点火系统
1—点火信号发生器　2—点火器　3—分电器　4—火花塞　5—点火线圈

当传感线圈中产生正向信号电压时，信号电压和 VT_1 上的正向电压降给 VT_2 的基极提供了正向导通电压，于是 VT_2 导通。VT_2 导通后，其集电极电位下降，致使 VT_3 的基极电压低于其导通电压，VT_3 截止。VT_3 截止后其集电极电位升高，使 VT_4 的基极电压大于其导通电压，于是 VT_4 导通。VT_4 导通后，由于 R_7 的存在又给 VT_5 提供了导通所需的电压，于是 VT_5 也导通。一次电路导通，其电路是：蓄电池正极→点火开关 S→附加电阻 R_8→点火线圈一次绕组→VT_5（集电极、发射极）→搭铁→蓄电池负极。

当传感线圈中产生负向信号电压时，信号电压使 VT_2 的基极低于其导通电压，VT_2 截止。VT_2 截止后其集电极电位升高，使 VT_3 的基极电压大于其导通电压，于是 VT_3 导通。VT_3 导通后，其集电极电位下降，致使 VT_4 截止。VT_4 截止后，VT_5 失去了基极电流，故也截止，即切断了一次电路，此时点火线圈二次绕组感应产生高压，二次电路导通，火花产生。

电路中其他元器件如 VZ_3 与 R_3 组成稳压电路，以使 VT_2 的触发导通时间不受蓄电池电压波动的影响，这实际上是一个典型的稳压二极管稳压电路。VZ_1、VZ_2 反向串联后与点火信号发生器的传感线圈并联，在高转速时，使传感线圈输出的正向和负向电压稳定在某一数值，保护 VT_2 不受损害。VZ_4 的作用是当 VT_5 截止时，将一次绕组的自感电动势限制在某一值内，保护 VT_5 管。C_1 和 C_2 起滤波作用，防止误点火。R_4 的作用是加速 VT_2 的导通与截止过程。

3. 微型计算机控制点火系统

晶体管点火系统避免了传统点火系统火花能量小、工作可靠性差、点火状况受转速及触点技术状况影响较大等缺点，已能满足汽车点火的基本要求。但随着社会的进步，人们对汽车的动力性、经济性和排放等的要求越来越高，晶体管点火系统对点火时刻的控制已明显不能满足现代汽车的要求。微型计算机控制点火系统能自动修正点火时刻，大大提高了发动机的动力性、燃油经济性，并降低了排气污染。微型计算机控制点火系统一般由各种传感器、电子控制器、点火器及点火线圈等组成，如图 2-49 所示。

微型计算机控制点火系统的工作过程如下：通过一系列传感器如发动机转速传感器、进气管真空度传感器（发动机负荷传感器）、节气门位置传感器、曲轴位置传感器等来判断发动机的工作状态。将这些传感器信号传送给电子控制器，电子控制器从存储单元中查找出对应此工况的点火提前角和点火一次电路导通时间，由这些数据对电子点火器进行精确控制。

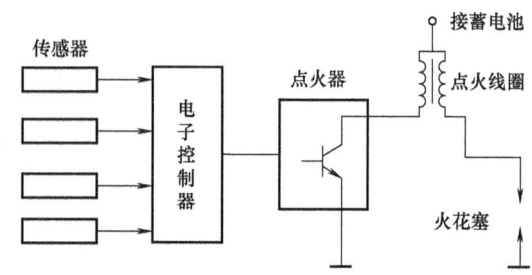

图 2-49 微型计算机控制点火系统组成

2.7.2 汽车搭铁检测器

晶体管最主要的性能是放大。在汽车电子电路中，主要用来对微弱信号进行放大，如图 2-50 所示，就是利用晶体管的放大特性制作的汽车电气线路搭铁（短路）检测器。

汽车在行驶过程中，由于颠簸、振动等原因，电气线束与车体摩擦面损坏其绝缘层，发生搭铁（短路）故障。本检测器就是为了在不拆解导线的情况下，快速查出搭铁故障所发生的部位而设计的。检测器的工作原理如下：当导线搭铁后，在搭铁点就会产生短路电流，短路点就会向周围发出高次谐波信号。这个信号就被由线圈和铁心构成的检测传感器接收到，在传感器中产生交变的电信号。这个信号很微弱，经过晶体管 VT_1 放大后，在 VT_1 的集电极就会得到放大了的交变信号，再送 VT_2 的基极进行放大，使接在 VT_2 集电极的发光二极管闪烁发光，接在 VT_2 发射极的扬声器发出声响。传感器越接近故障点，接收到的信号越强，经过放大后，发光二极管越亮，扬声器发出的声响越强。根据发光二极管的亮度变化和扬声器的声音变化，就能快速找到故障点。

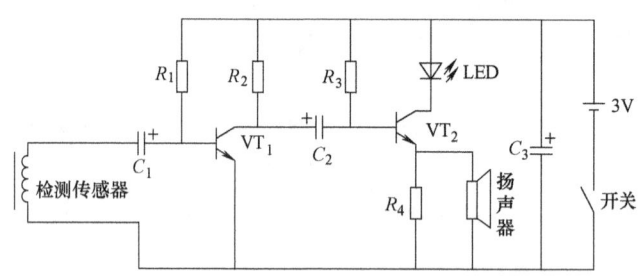

图 2-50 汽车电气线路搭铁检测器电路

习　　题

一、填空题

1. 晶体管按其内部结构分为 _____ 和 _____ 两种类型。
2. 晶体管工作在截止状态时，相当于开关 _____；工作在饱和状态时，相当于开关 _____。

3. 一个 NPN 型晶体管的发射结和集电结都处于正偏，则此晶体管处于_____状态；其发射结和集电结都处于反偏时，此晶体管处于_____状态；当发射结正偏、集电结反偏时，晶体管为_____状态。

4. 基本放大电路的三种组态分别是：_____放大电路、_____放大电路和_____放大电路。

5. 放大电路的静态工作点设置过高时，容易产生_____失真；设置过低时，容易产生_____失真。

6. 放大器输出波形的正半周削顶了，则放大器产生的失真是_____失真，为消除这种失真，应将静态工作点_____。

7. 如果放大电路的静态基极电流太大，会产生_____失真。

8. 放大器的输入电阻越_____，就越能从前级信号源获得较大的电信号；输出电阻越_____，放大器带负载能力就越强。

9. 射极输出器具有_____恒小于 1、接近于 1，_____和_____同相，并具有_____高和_____低的特点。

10. 晶体管由于在长期工作过程中，受外界_____及电网电压不稳定的影响，即使输入信号为零时，放大电路输出端仍有缓慢的信号输出，这种现象叫作_____漂移。克服_____漂移的最有效常用电路是_____放大电路。

11. 差分放大电路的差模信号是两个输入端信号的_____，共模信号是两个输入端信号的_____。

12. 电压放大器中的晶体管通常工作在_____状态下，功率放大器中的晶体管通常工作在_____参数情况下。功放电路不仅要求有足够大的_____，而且要求电路中还要有足够大的_____，以获取足够大的功率。

二、选择题

1. 用万用表直流电压档测得晶体管三个管脚的对地电压分别是 $V_1 = 2V$，$V_2 = 6V$，$V_3 = 2.7V$，由此可判断该晶体管的管型和三个管脚依次为（　　）。
   A. PNP 型、CBE　　B. NPN 型、ECB　　C. NPN 型、CBE　　D. PNP 型、EBC

2. 测得某电路板上 NPN 型晶体管三个电极对地的直流电位分别为 $V_E = 3V$、$V_B = 3.7V$、$V_C = 3.3V$，则该管工作在（　　）。
   A. 放大区　　B. 饱和区　　C. 截止区　　D. 击穿区

3. 晶体管超过（　　）所示极限参数时，必定被损坏。
   A. 集电极最大允许电流 I_{CM}　　B. 集电极-发射极间反向击穿电压 $U_{(BR)CEO}$
   C. 集电极最大允许耗散功率 P_{CM}　　D. 晶体管的电流放大倍数 β

4. 如果改变晶体管基极电压的极性，使发射结由正偏导通改为反偏，则集电极电流（　　）。
   A. 反向　　B. 近似等于零　　C. 不变　　D. 增大

5. 半导体晶体管是一种（　　）。
   A. 电压控制电压的器件　　B. 电压控制电流的器件
   C. 电流控制电流的器件　　D. 电流控制电压的器件

6. 某工作在放大状态的晶体管，当基极电流 I_B 由 60μA 降低到 40μA 时，集电极电流 I_C 由 2.3mA 降低到 1.5mA，则此晶体管的动态电流放大系数 β 为（　　）。

　　A. 37.5　　　　B. 38.3　　　　C. 40　　　　D. 57.5

7. 当温度升高时，晶体管的穿透电流 I_{CEO}（　　）。

　　A. 增大　　　　B. 减小　　　　C. 不变　　　　D. 无法确定

8. 对于晶体管放大作用的实质，下列说法正确的是（　　）。

　　A. 晶体管可以把小能量放大成大能量

　　B. 晶体管可以把小电流放大成大电流

　　C. 晶体管可以把小电压放大成大电压

　　D. 晶体管用较小的电流控制较大的电流

9. 晶体管放大条件是（　　）。

　　A. 发射结要正向偏置　　　　　　　　B. 发射结要正向偏置，集电结要反向偏置

　　C. 集电结要反向偏置　　　　　　　　D. 发射结要反向偏置，集电结要正向偏置

10. 一共射极放大电路的 NPN 型晶体管工作在饱和导通状态，其发射结电压 U_{BE} 和集电结电压 U_{BC} 分别为（　　）。

　　A. $U_{BE}>0$、$U_{BC}<0$　　　　　　　B. $U_{BE}>0$、$U_{BC}>0$

　　C. $U_{BE}<0$、$U_{BC}<0$　　　　　　　D. $U_{BE}<0$、$U_{BC}<0$

11. 在单管固定偏置共射极放大电路中，若测得晶体管的静态管压降 U_{CE} 近似等于电源电压 U_{CC} 时，则该管工作状态为（　　）。

　　A. 饱和　　　　B. 截止　　　　C. 放大　　　　D. 不能确定

12. 设置静态工作点的目的（　　）。

　　A. 使放大电路工作在线性放大区　　　　B. 使放大电路工作在非线性区

　　C. 尽量提高放大电路的放大倍数　　　　D. 尽量提高放大电路稳定性

13. 在放大电路中，集电极负载电阻 R_C 的作用是（　　）。

　　A. 提高放大电路的放大倍数　　　　　　B. 使晶体管工作在放大状态

　　C. 使晶体管工作在饱和状态　　　　　　D. 把晶体管的电流放大作用转化成电压放大作用

14. 影响放大器工作点稳定的主要因素是（　　）。

　　A. β 值　　　　B. 穿透电流　　　　C. 温度　　　　D. 频率

15. 在放大电路中，静态工作点过低，会引起（　　）。

　　A. 相位失真　　　B. 截止失真　　　C. 饱和失真　　　D. 交越失真

16. 在要求放大电路有最大不失真输出信号时，应该把静态工作点设置在（　　）。

　　A. 交流负载线的中点　　　　　　　　B. 交流负载线的上端

　　C. 直流负载线的中点　　　　　　　　D. 直流负载线的上端

17. 在共射交流放大电路中，负载电阻 R_L 越大，则电压放大倍数 A_u（　　）。

　　A. 越大　　　　B. 不变　　　　C. 越小　　　　D. 无法确定

18. 在共射交流放大电路中，信号源内阻越大，则电压放大倍数 A_u（　　）。

　　A. 越大　　　　B. 不变　　　　C. 越小　　　　D. 无法确定

19. 分压式偏置电路中 R_E 的作用是（　　）。
   A. 稳定静态工作点　　　　　　　　B. 增大输出电压 U_o
   C. 减小 β　　　　　　　　　　D. 增大电压放大倍数 A_u

20. 分压式偏置电路中旁路电容 C_E 的作用是（　　）。
   A. 稳定静态工作点，使电压放大倍数下降
   B. 稳定静态工作点，使电压放大倍数不变
   C. 稳定静态工作点，使电压放大倍数增加
   D. 不能稳定静态工作点，但能使电压放大倍数增加

21. 直接耦合放大电路存在两个问题是前后级静态工作点相互影响和（　　）。
   A. 温度升高　　　B. 零点漂移　　　C. 功率输出增大　　　D. 截止失真

22. 典型差分放大电路的 R_E 对（　　）有抑制作用。
   A. 共模信号　　　　　　　　　　　B. 差模信号
   C. 共模信号和差模信号　　　　　　D. 直流信号

23. 直接耦合放大电路存在零点漂移的原因是（　　）。
   A. 电阻阻值有误差　　　　　　　　B. 晶体管参数的分散性
   C. 晶体管参数受温度影响　　　　　D. 电源电压不稳定

24. 功率放大电路的最大输出功率是在输入电压为正弦波时，输出基本不失真情况下，负载上可能获得的最大（　　）。
   A. 交流功率　　　B. 直流功率　　　C. 平均功率　　　D. 瞬时功率

25. 功率放大电路的转换效率是指（　　）。
   A. 输出功率与晶体管所消耗的功率之比
   B. 最大输出功率与电源提供的平均功率之比
   C. 晶体管所消耗的功率与电源提供的平均功率之比
   D. 输出功率与电源提供的平均功率之比

三、计算分析题

1. 测得放大电路中六只晶体管的直流电位如图 2-51 所示。在圆圈中画出晶体管，并分别说明它们是硅管还是锗管。

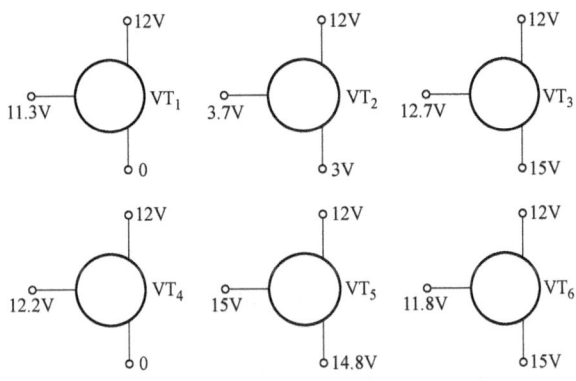

图 2-51　计算分析题 1 电路

2. 一晶体管的极限参数为 $P_{CM}=100\text{mW}$, $I_{CM}=20\text{mA}$, $U_{(BR)CEO}=15\text{V}$, 试问在下列情况下, 哪种是正常工作?

1) $U_{CE}=3\text{V}$, $I_C=10\text{mA}$; 2) $U_{CE}=2\text{V}$, $I_C=40\text{mA}$; 3) $U_{CE}=6\text{V}$, $I_C=20\text{mA}$。

3. 在图 2-52 所示的各个电路中, 试问晶体管工作于何种状态?

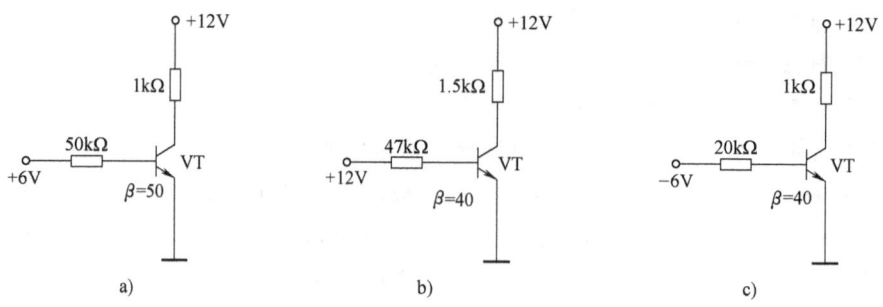

图 2-52 计算分析题 3 电路

4. 电路如图 2-53 所示, 晶体管导通时 $U_{BE}=0.7\text{V}$, $\beta=50$。试分析 U_{BB} 为 0V、1V、1.5V 三种情况下 VT 的工作状态及输出电压 u_O 的值。

5. 电路如图 2-54 所示, 试问 β 大于多少时晶体管饱和?

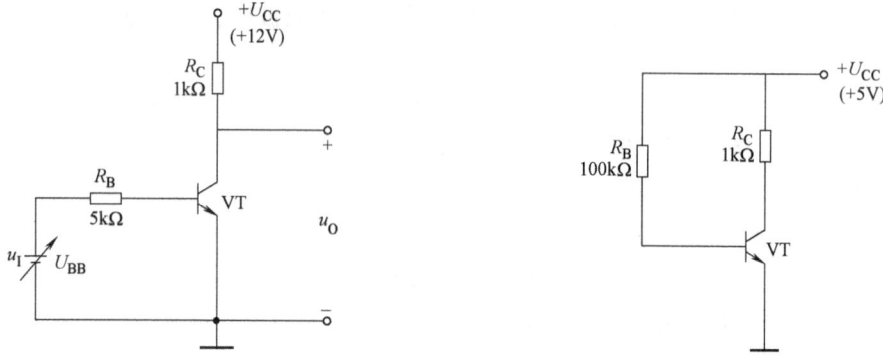

图 2-53 计算分析题 4 电路　　　　图 2-54 计算分析题 5 电路

6. 试判断如图 2-55 所示的各电路能否放大交流电压信号? 为什么?

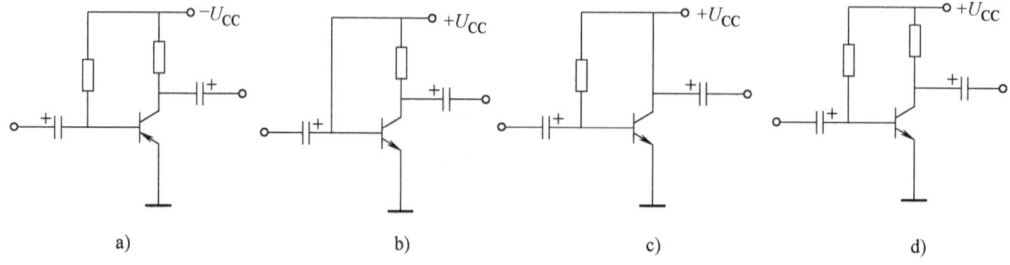

图 2-55 计算分析题 6 电路

7. 分别改正图 2-56 所示各电路中的错误, 使它们有可能放大正弦波信号。要求保留电路原来的共射接法和耦合方式。

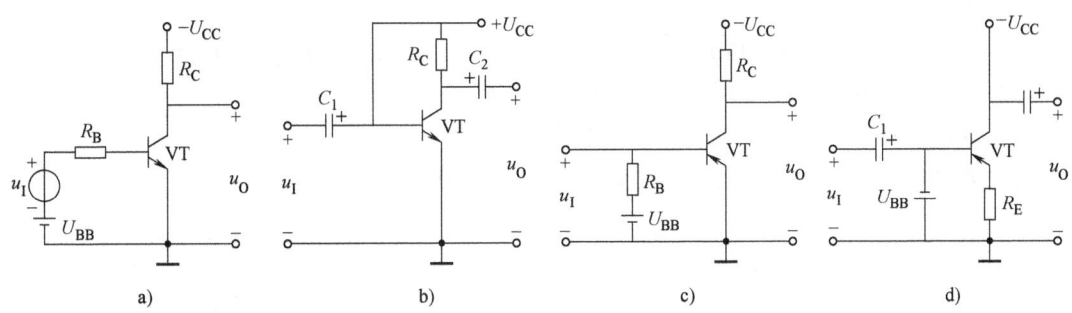

图 2-56 计算分析题 7 电路

8. 实验时，用示波器测得由 NPN 型晶体管组成的共射放大电路的输出波形如图 2-57 所示。

1）说明它们各属于什么性质的失真（饱和、截止）。

2）怎样调节电路参数才能消除失真？

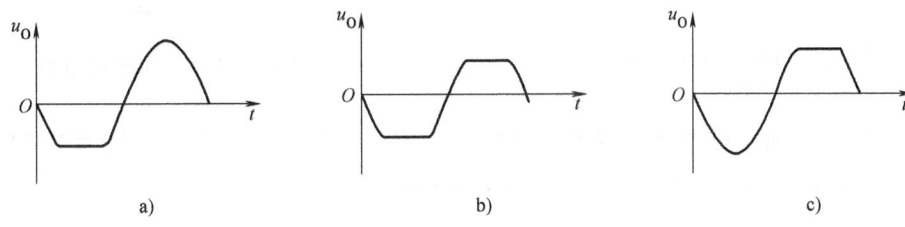

图 2-57 计算分析题 8 波形

9. 电路如图 2-58 所示，已知晶体管 $\beta=50$，在下列情况下，用直流电压表测晶体管的集电极电位，应分别为多少？设 $U_{CC}=12V$、$U_{BE}=0.7V$，晶体管饱和管压降 $U_{CES}=0.5V$。

1）正常情况；2）R_{B1} 短路；3）R_{B1} 开路；4）R_{B2} 开路；5）R_C 短路。

10. 在图 2-59 所示电路中，已知晶体管的 $\beta=40$，$U_{CC}=12V$，$R_B=240k\Omega$，$R_C=4k\Omega$，$R_L=8k\Omega$，$U_{BE}=0.7V$，电容 C_1 和 C_2 足够大，求电压放大倍数、输入电阻和输出电阻。

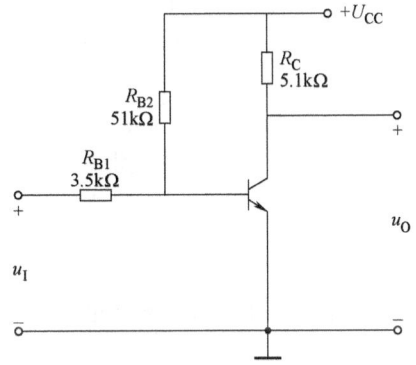

图 2-58 计算分析题 9 电路

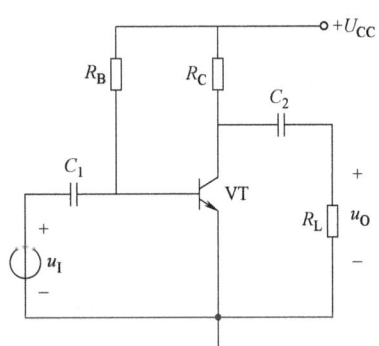

图 2-59 计算分析题 10 电路

11. 电路如图 2-60 所示，晶体管的 $\beta=60$，$U_{BE}=0.7V$。

1)求解 Q 点、A_u、r_I 和 r_O。

2)设 $U_S = 10\text{mV}$(有效值),问 $U_I = ?$ $U_O = ?$ 若 C_3 开路,则 $U_I = ?$ $U_O = ?$

12. 已知图 2-61 所示电路中,晶体管的 $\beta = 100$,$r_{be} = 1\text{k}\Omega$。

1)现已测得静态管压降 $U_{CE} = 6\text{V}$,估算 R_B 的值。

2)若测得 u_I 和 u_O 的有效值分别为 1mV 和 100mV,计算负载电阻 R_L。

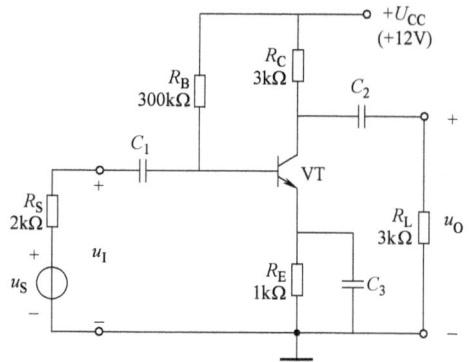

图 2-60 计算分析题 11 电路

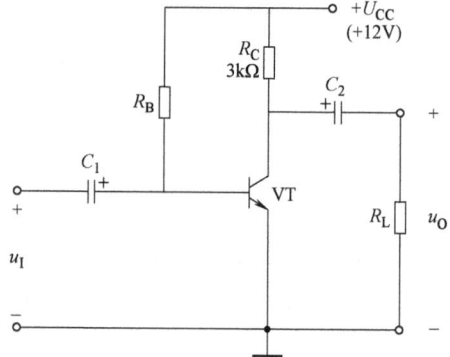

图 2-61 计算分析题 12 电路

13. 如图 2-62 所示电路分压式偏置放大电路中,已知 $R_C = 3.3\text{k}\Omega$,$R_{B1} = 40\text{k}\Omega$,$R_{B2} = 10\text{k}\Omega$,$R_E = 1.5\text{k}\Omega$,$U_{CC} = 25\text{V}$,$U_{BE} = 0.7\text{V}$,$\beta = 70$。求:

1)求静态工作点 I_B、I_C 和 U_{CE}。

2)电路空载时的电压放大倍数、输入电阻和输出电阻。

14. 电路如图 2-63 所示,$R_{B1} = 25\text{k}\Omega$,$R_{B2} = 5\text{k}\Omega$,$R_C = 2.2\text{k}\Omega$,$R_E = 2\text{k}\Omega$,晶体管导通时忽略 U_{BE},$\beta = 40$,$r_{be} = 1.5\text{k}\Omega$,$U_{CC} = 12\text{V}$。交流输入信号的电压有效值 $U_I = 1\text{V}$。求:1)电路的静态工作点;2)画出微变等效电路;3)输入电阻 r_I,输出电阻 r_{O1}、r_{O2};4)输出电压有限值 U_{O1}、U_{O2}。

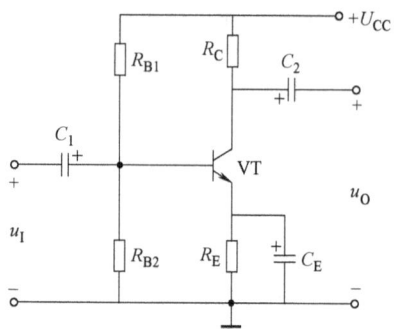

图 2-62 计算分析题 13 电路

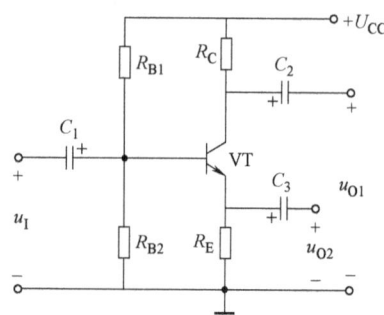

图 2-63 计算分析题 14 电路

15. 设图 2-64 所示电路所加输入电压为正弦波。试求:

1)电压放大倍数 A_{u1}、A_{u2}。

2)画出输入电压和输出电压 u_I、u_{O1}、u_{O2} 的波形。

16. 如图 2-65 所示电路参数理想对称，晶体管的 β 均为 50，$U_{BE}=0.7$。试计算 RP 滑动端在中点时 VT_1 管和 VT_2 管的发射极静态电流 I_E，以及动态参数 A_d 和 r_I。

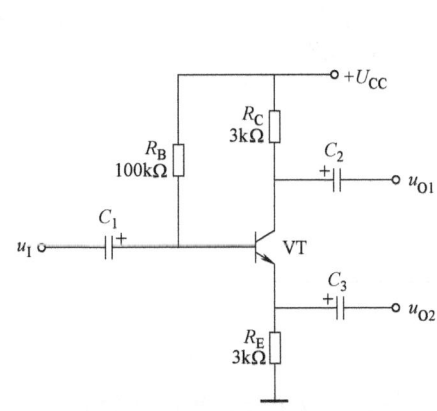

图 2-64　计算分析题 15 电路

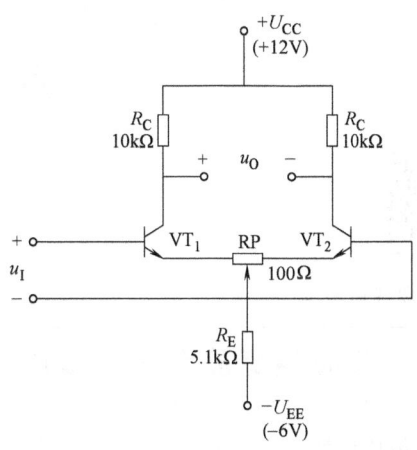

图 2-65　计算分析题 16 电路

第3章 集成运算放大器

第3章 授课视频

3.1 集成运算放大器的概述

集成电路是一种将"管"和"路"紧密结合的器件,它以半导体单晶硅为芯片,采用专门的制造工艺,把晶体管、场效应晶体管、二极管、电阻和电容等元器件及它们之间的连线所组成的完整电路制作在一起,使之具有特定的功能。集成放大电路最初多用于各种模拟信号的运算(如比例、求和、求差、积分、微分等),故被称为运算放大电路,简称集成运放。集成运算放大器广泛用于模拟信号的处理和产生电路之中,因其高性能低价位,在大多数情况下,已经取代了分立元器件放大电路。

3.1.1 集成运算放大器的特点

在集成电路中,相邻元器件的参数具有良好的一致性,纵向晶体管的 β 大,横向晶体管的耐压高,电阻的阻值和电容的容量均有一定的限制,以及便于制造互补式 MOS 电路等特点。这些特点就使得集成放大电路与分立元器件放大电路在结构上有较大的差别。分立元器件的放大电路除放大管外,其余元件多为电阻、电容、电感等;而集成放大电路以晶体管和场效应晶体管为主要器件,电阻与电容的数量很少。归纳起来,集成运算放大器有如下特点:

1) 在集成电路工艺中还难于制造电感元件;制造容量大于 200pF 的电容也比较困难,而且性能很不稳定,所以集成电路中要尽量避免使用电容器。而运放各级之间都采用直接耦合,基本上不采用电容元件,因此适合于集成化的要求。必须使用电容器的场合,也大多采用外接的办法。

2) 集成电路的输入级都采用差分放大电路,它要求两晶体管的性能应该相同。而集成电路中的各个晶体管是通过同一工艺过程制作在同一硅片上的,容易获得特性相近的差分对管。又由于晶体管在同一硅片上,温度性能基本保持一致,因此,容易制成温度漂移很小的运算放大器。

3) 在集成电路中,比较合适的阻值为 $100\Omega \sim 30\mathrm{k}\Omega$。制作高阻值的电阻成本高,占用面积大,且阻值偏差大(10%~20%)。因此,在集成运算放大器中往往用晶体管(或场效应晶体管)恒流源代替电阻。必须用直流高阻值电阻时,也常采用外接方式。

4) 集成电路中的二极管都采用晶体管构成,把发射极、基极、集电极三者适当组配使用。

3.1.2 集成运算放大器的组成及作用

集成运算放大器的电路常可分为输入级、中间级、输出级和偏置电路四个基本组成部分，如图3-1所示。

(1) **输入级** 输入级是提高运算放大器质量的关键部分，要求其输入电阻高，静态电流小，差模放大倍数高，抑制零点漂移和共模干扰信号的能力强。输入级都采用差分放大电路，它有同相和反相两个输入端。

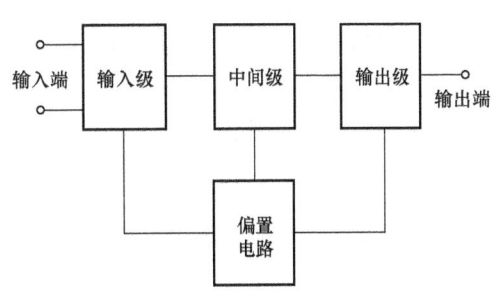

(2) **中间级** 主要进行电压放大，要求它的电压放大倍数高，一般由共发射极放大电路构成，其放大管常采用复合管，以提高电流放大系数；集电极电阻常采用晶体管恒流源代替，以提高电压放大倍数。

图3-1 运算放大器的框图

(3) **输出级** 与负载相接，要求其输出电阻低，带负载能力强，能输出足够大的电压与电流，一般由互补功率放大电路或射极输出器构成。

(4) **偏置电路** 为上述各级电路提供稳定和合适的偏置电流，决定各级的静态工作点，一般由各种恒流源电路构成。

3.1.3 集成运算放大器的引脚及功能

在应用集成运算放大器时，需要知道它的几个引脚的用途以及放大器的主要参数，至于它的内部电路结构如何一般是无关紧要的。集成运算放大器可用图3-2c的符号来表示。图3-2是F007（CF741）集成运算放大器的外形、引脚和图形符号图。它有双列直插式和圆壳式两种封装。这种运算放大器需要与外电路相接的是通过七个引脚引出的。各引脚的功能如下。

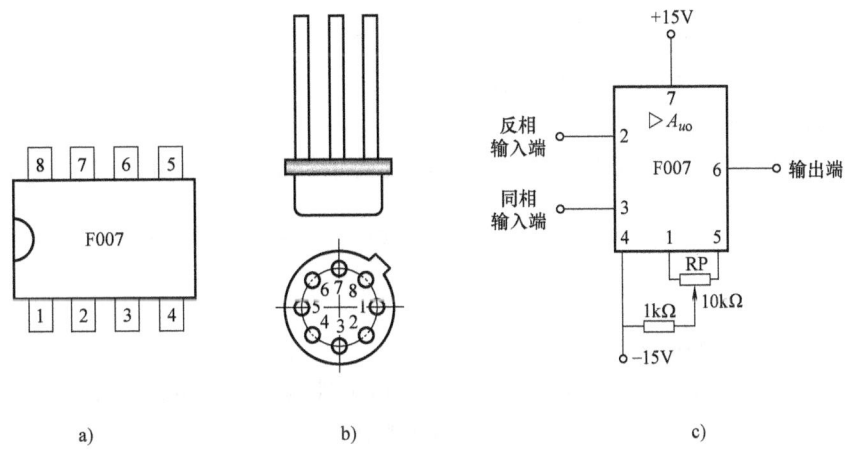

图3-2 F007集成运算放大器的外形、引脚和图形符号

a) 直接式 b) 圆壳式 c) 图形符号

1) 2 脚为反相输入端。由此端接输入信号，则输出信号和输入信号是反相的（或两者极性相反）。

2) 3 脚为同相输入端。由此端接输入信号，则输出信号和输入信号是同相的（或两者极性相同）。

3) 4 脚为负电源端，接 -15V 稳压电源。

4) 7 脚为正电源端，接 +15V 稳压电源。

5) 6 脚为输出端。

6) 1 脚和 5 脚为外接调零电位器（通常为 10kΩ）的两个端子。

7) 8 脚为空脚。

3.1.4 集成运算放大器的主要参数

运算放大器的性能可用一些参数来表示。为了合理地选用和正确地使用运算放大器，必须了解各主要参数的意义。

1. 最大输出电压 U_{OM}

能使输出电压和输入电压保持不失真关系的最大输出电压，称为运算放大器的最大输出电压。F007 集成运算放大器的最大输出电压约为 ±13V。

2. 开环电压放大倍数 A_{uo}

在没有外接反馈电路时所测出的差模电压放大倍数，称为开环电压放大倍数。A_{uo} 越高，所构成的运算电路越稳定，运算精度也越高。A_{uo} 一般为 $10^4 \sim 10^7$，即 80~140dB。

3. 输入失调电压 U_{IO}

对于理想的运算放大器，当输入电压 $u_{I1} = u_{I2} = 0$（即把两输入端同时接地）时，输出电压 $u_O = 0$。但在实际的运算放大器中，由于制造中元器件参数的不对称性等原因，当输入电压为零时，$u_O \neq 0$。反过来说，如果要 $u_O = 0$，必须在输入端加一个很小的补偿电压，它就是输入失调电压。U_{IO} 一般为几毫伏，显然它越小越好。

4. 输入失调电流 I_{IO}

输入失调电流是指输入信号为零时，两个输入端静态基极电流之差，即 $I_{IO} = |I_{B1} - I_{B2}|$。$I_{IO}$ 一般在零点零几到零点几微安级，其值越小越好。

5. 输入偏置电流 I_{IB}

输入信号为零时，两个输入端静态基极电流的平均值，称为输入偏置电流，即 $I_{IB} = \dfrac{I_{B1} + I_{B2}}{2}$。它的大小主要和放大电路中第一级晶体管的性能有关。这个电流也是越小越好，一般在零点几微安级。

6. 最大共模输入电压 U_{ICM}

运算放大器对共模信号具有抑制的性能，但这个性能是在规定的共模电压范围内才具备。如超出这个电压，运算放大器的共模抑制性能就大为下降，甚至造成器件损坏。

总之，集成运算放大器具有开环电压放大倍数高、输入电阻高（几兆欧以上）、输出电阻低（约几百欧）、漂移小、可靠性高、体积小等主要特点，所以它已成为一种通用器件，广泛而灵活地应用于各个技术领域中。在选用集成运算放大器时，就像选用其他电路元器件一样，要根据它们的参数说明，确定适用的型号。

3.1.5 理想运算放大器及其分析依据

在分析运算放大器时，一般可将它看成是一个理想运算放大器。理想化的条件主要是：①开环电压放大倍数 $A_{uo} \to \infty$；②差模输入电阻 $r_{Id} \to \infty$；③开环输出电阻 $r_O \to 0$；④共模抑制比 $K_{CMRR} \to \infty$。

由于实际运算放大器的上述技术指标接近理想化的条件，所以在分析时用理想运算放大器代替实际放大器所引起的误差并不严重，在工程上是允许的，但这样就使分析过程大大简化。

图 3-3 是理想运算放大器的图形符号。它有两个输入端和一个输出端。反相输入端标"−"，同相输入端标"+"。它们对"地"的电压（即各端的电位）分别用 u_-、u_+、u_O 表示。"∞"表示开环电压放大倍数的理想化条件。

表示输出电压与输入电压之间关系的特性曲线称为传输特性，运算放大器的传输特性如图 3-4 所示，可分为线性区和饱和区。运算放大器可工作在线性区，也可工作在饱和区，但分析方法不一样。

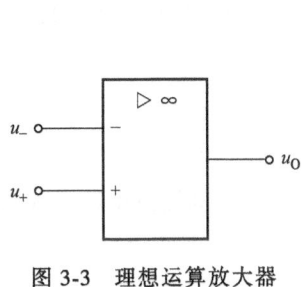

图 3-3 理想运算放大器
的图形符号

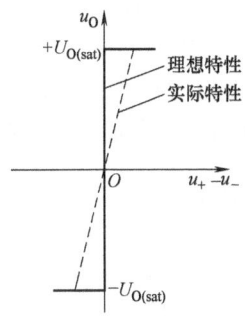

图 3-4 运算放大器
的传输特性

1. 工作在线性区

当运算放大器工作在线性区时，u_O 和 $(u_+ - u_-)$ 是线性关系，即

$$u_O = A_{uo}(u_+ - u_-) \tag{3-1}$$

运算放大器是一个线性放大器件。由于运算放大器的开环电压放大倍数 A_{uo} 很高，即使输入毫伏级以下的信号，也足以使输出电压饱和，其饱和值 $+U_{O(sat)}$ 或 $-U_{O(sat)}$ 达到接近正电源电压或负电源电压值；另外，由于干扰，使工作难于稳定。所以，要使运算放大器工作在线性区，通常引入深度电压负反馈。

运算放大器工作在线性区时，分析依据有两条。

1）由于运算放大器的差模输入电阻 $r_{Id} \to \infty$，故可认为两个输入端的输入电流为零，$i_+ = i_- \approx 0$，此即所谓"虚断"。

2）由于运算放大器的开环电压放大倍数 $A_{uo} \to \infty$，而输出电压是一个有限的数值，故

由式（3-1）可知

$$u_+ - u_- = \frac{u_O}{A_{uo}} \approx 0$$

$$u_+ \approx u_- \tag{3-2}$$

此即所谓"虚短"。

如果反相端有输入时，同相端接"地"，即 $u_+ = 0$，由式（3-2）可见，$u_- \approx 0$。这就是说反相输入端的电位接近于"地"电位，它是一个不接"地"的"地"电位端，通常称为"虚地"。

2. 工作在饱和区

运算放大器工作在饱和区时，式（3-1）不能满足，这时输出电压 u_O 只有两种可能：等于 $+U_{O(sat)}$ 或等于 $-U_{O(sat)}$，而 u_+ 与 u_- 不一定相等：

当 $u_+ > u_-$ 时，$u_O = +U_{O(sat)}$；当 $u_+ < u_-$ 时，$u_O = -U_{O(sat)}$。

此外，运算放大器工作在饱和区时，两个输入端的输入电流也可认为等于零。

3.2 集成运算放大器在信号运算方面的应用

集成运算放大器接入适当的反馈电路就可构成各种运算电路，主要有比例运算电路，加减法运算电路，微分、积分运算电路等。由于集成运算放大器开环增益很高，所以它构成的基本运算电路均为深度负反馈电路，集成运算放大器两输入端之间满足"虚短"和"虚断"，根据这两个特点很容易分析各种运算电路。

3.2.1 比例运算

实现输出信号与输入信号有一定比例关系的运算电路称为比例运算电路。比例运算电路有两种，即反相比例运算电路和同相比例运算电路。

1. 反相比例运算电路

反相比例运算电路如图 3-5 所示。输入信号 u_I 经 R_1 加至集成运算放大器的反相输入端；R_F 为反馈电阻，将输出电压 u_O 反馈至反相输入端，形成深度的电压并联负反馈。电阻 R_2 称为平衡电阻，其作用是使集成运算放大器的两输入端对地直流电阻相等，从而避免运算放大器输入偏置电流在两输入端之间产生附加的差模输入电压，$R_2 = R_1 // R_F$。

由集成运算放大器工作在线性区的两条分析依据"虚断"和"虚短"可得

$$i_- = i_+ \approx 0 \quad u_- \approx u_+ \approx 0$$

由虚断可得关系式

$$i_I \approx i_F$$

将输入、输出电压代入上式，有

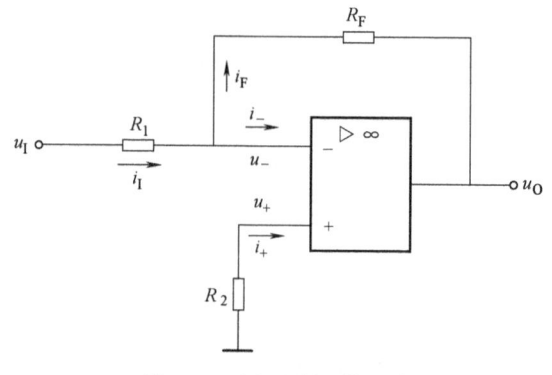

图 3-5 反相比例运算电路

$$\frac{u_I - u_-}{R_1} = \frac{u_- - u_O}{R_F}$$

即

$$\frac{u_I - 0}{R_1} = \frac{0 - u_O}{R_F}$$

故可得输出电压与输入电压的关系式为

$$u_O = -\frac{R_F}{R_1} u_I \tag{3-3}$$

可见,输出电压 u_O 与输入电压 u_I 成比例运算关系,负号表示 u_O 与 u_I 相位相反,其比例关系(即放大倍数)为

$$A_{uf} = \frac{u_O}{u_I} = -\frac{R_F}{R_1} \tag{3-4}$$

式(3-4)表明,放大比例由电阻元件 R_F 和 R_1 的阻值确定,与集成运算放大器的参数无关,改变 R_F 与 R_1 的阻值之比,可使 u_O 与 u_I 获得不同的放大倍数,可以大于1,也可以小于1。

图 3-5 中,当 $R_1 = R_F$,则由式(3-3)和式(3-4)可得

$$u_O = -u_I$$

$$A_{uf} = \frac{u_O}{u_I} = -1 \tag{3-5}$$

这就是反相器。

2. 同相比例运算电路

同相比例运算电路如图 3-6a 所示。输入信号 u_I 经 R_2 加至集成运算放大器的同相输入端;R_F 为反馈电阻,将输出电压 u_O 反馈至反相输入端,形成深度的电压串联负反馈;电阻 R_2 称为平衡电阻,$R_2 = R_1 /\!/ R_F$。

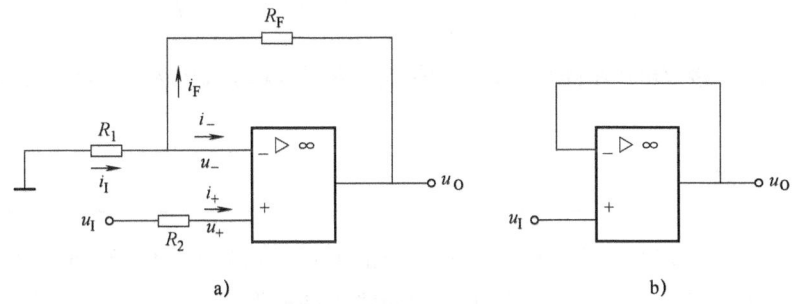

图 3-6 同相比例运算电路

a) 同相比例运算电路 b) 电压跟随器

由输入端"虚断"可得 $i_- \approx 0$,所以有

$$i_I \approx i_F$$

将输入、输出电压代入上式,有

$$\frac{0 - u_-}{R_1} \approx \frac{u_- - u_O}{R_F}$$

由两输入端"虚短"得到 $u_- \approx u_+ \approx u_I$，并代入上式得到 u_O 与 u_I 的关系为

$$u_O = \left(1 + \frac{R_F}{R_1}\right) u_I \tag{3-6}$$

电压放大倍数为

$$A_{uf} = \frac{u_O}{u_I} = 1 + \frac{R_F}{R_1} \tag{3-7}$$

式（3-6）表明，同相比例放大电路输出电压与输入电压同相位，而且放大倍数大于1，如果取 $R_1 = \infty$ 或 $R_F = 0$，则 $A_{uf} = 1$，此时 $u_O = u_I$，这种电路称为电压跟随器，如图 3-6b 所示。

例 3-1 在图 3-7 所示的电路中，已知 $R_F = 2R_1$，$u_I = -2V$。试求输出电压 u_O，并说明运算放大器 A_1 的作用。

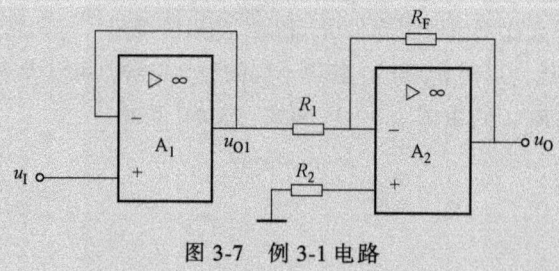

图 3-7 例 3-1 电路

解：集成运算放大器 A_1 为电压跟随器，故

$$u_{O1} = u_I$$

集成运算放大器 A_2 为反相比例运算电路，则

$$u_O = -\frac{R_F}{R_1} u_{O1} = -\frac{R_F}{R_1} u_I = (-2) \times (-2V) = 4V$$

运算放大器 A_1 接成电压跟随器，其作用是使输入阻抗趋于无限大，以减轻信号源负担。

3.2.2 加法运算

加法运算电路是实现几个输入信号求和功能的电路。几个输入信号加到反相输入端就形成了反相加法运算电路，几个输入信号加到同相输入端就形成了同相加法运算电路。

1. 反相输入加法运算电路

图 3-8 为反相输入加法运算电路，输入信号 u_{I1} 和 u_{I2} 分别通过 R_1 和 R_2 加至集成运算放大器的反相输入端。平衡电阻 $R_3 = R_1 /\!/ R_2 /\!/ R_F$。

同相输入端虚地，可得 $u_- \approx u_+ \approx 0$，又由虚断可知

$$i_1 + i_2 \approx i_F$$

$$\frac{u_{I1}}{R_1} + \frac{u_{I2}}{R_2} \approx \frac{-u_O}{R_F}$$

故可求得输出电压为

$$u_O = -\left(\frac{R_F}{R_1}u_{I1} + \frac{R_F}{R_2}u_{I2}\right) \quad (3\text{-}8)$$

式（3-8）表明，电路实现了反相加法运算。如果 $R_1 = R_2 = R_F$，则

$$u_O = -(u_{I1} + u_{I2}) \quad (3\text{-}9)$$

2. 同相加法运算电路

图 3-9 为同相输入加法运算电路，输入信号 u_{I1} 和 u_{I2} 分别通过 R_2 和 R_3 加至集成运放的同相输入端。平衡电阻 $R_2 /\!/ R_3 = R_1 /\!/ R_F$。

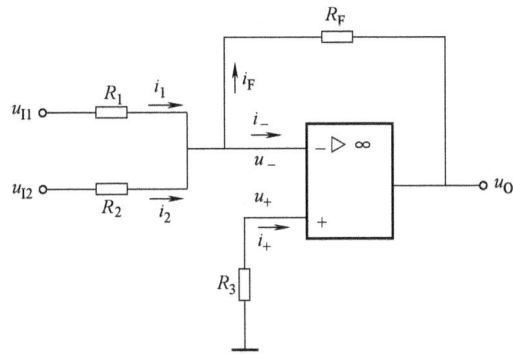

图 3-8　反相输入加法运算电路

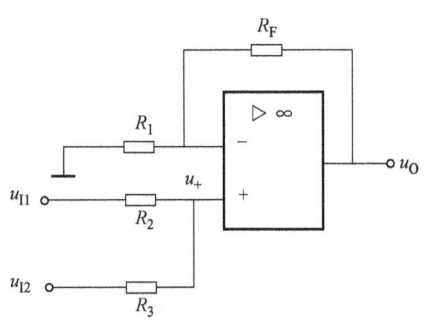

图 3-9　同相输入加法运算电路

应用叠加定理，求得 u_+ 为

$$u_+ = \frac{R_3}{R_2 + R_3}u_{I1} + \frac{R_2}{R_2 + R_3}u_{I2}$$

则

$$u_O = \left(1 + \frac{R_F}{R_1}\right)u_+$$

$$u_O = \left(1 + \frac{R_F}{R_1}\right)\left(\frac{R_3}{R_2 + R_3}u_{I1} + \frac{R_2}{R_2 + R_3}u_{I2}\right) \quad (3\text{-}10)$$

如果 $R_1 = R_2 = R_3 = R_F$，则有

$$u_O = u_{I1} + u_{I2} \quad (3\text{-}11)$$

例 3-2　试求如图 3-10 所示电路中输入信号与输出信号的运算关系。

解：设 R_3、R_4、R_5 的节点为 M，根据"虚短""虚断"分析依据，得

$$i_{R3} = i_{R1} + i_{R2}$$

$$\frac{-u_M}{R_3} = \frac{u_{I1}}{R_1} + \frac{u_{I2}}{R_2}$$

则

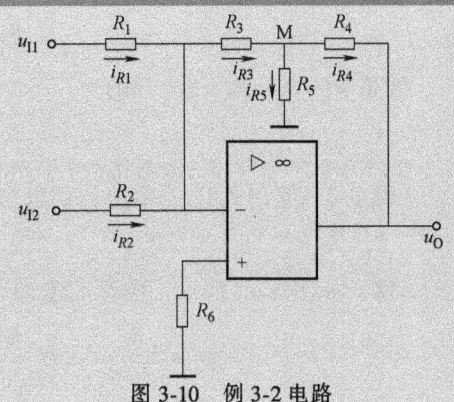

图 3-10　例 3-2 电路

$$u_M = -R_3\left(\frac{u_{I1}}{R_1}+\frac{u_{I2}}{R_2}\right)$$

$$i_{R4} = i_{R3}-i_{R5} = \frac{u_{I1}}{R_1}+\frac{u_{I2}}{R_2}-\frac{u_M}{R_5}$$

$$u_O = u_M - i_{R4}R_4 = -\left(R_3+R_4+\frac{R_3R_4}{R_5}\right)\left(\frac{u_{I1}}{R_1}+\frac{u_{I2}}{R_2}\right)$$

3.2.3 减法运算

减法运算电路如图 3-11 所示。输入信号 u_{I1} 和 u_{I2} 分别加至集成运算放大器的反相输入端和同相输入端,这种形式的电路也称为差分运算电路。

根据叠加定理,可以分别求出 u_{I1} 和 u_{I2} 单独作用时的输出信号,最后将它们单独作用的输出信号相加。

首先让 u_{I1} 单独作用。令 $u_{I2}=0$,此时电路成为反相比例运算电路,其输出电压为

$$u_{O1} = -\frac{R_F}{R_1}u_{I1}$$

再令 $u_{I1}=0$,求 u_{I2} 单独作用时的输出信号。这时的电路变成一同相比例运算电路,其输出电压为

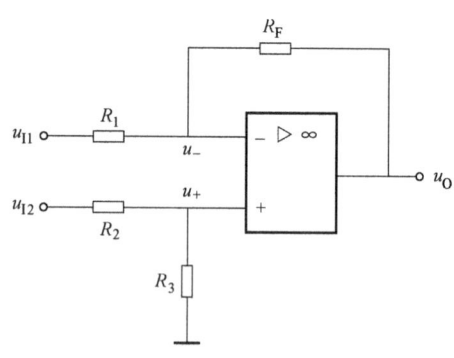

图 3-11 减法运算电路

$$u_{O2} = \left(1+\frac{R_F}{R_1}\right)u_+ = \left(1+\frac{R_F}{R_1}\right)\frac{R_3}{R_2+R_3}u_{I2}$$

由此可求得总输出电压为

$$u_O = u_{O1}+u_{O2} = -\frac{R_F}{R_1}u_{I1}+\left(1+\frac{R_F}{R_1}\right)\frac{R_3}{R_2+R_3}u_{I2} \tag{3-12}$$

如果 $R_1=R_2$、$R_F=R_3$,则有

$$u_O = \frac{R_F}{R_1}(u_{I2}-u_{I1}) \tag{3-13}$$

如果 $R_1=R_2=R_3=R_F$,则有

$$u_O = u_{I2}-u_{I1} \tag{3-14}$$

例 3-3 如图 3-12 所示的运算放大器电路中,已知 $u_{I1}=1V$,$u_{I2}=2V$,$u_{I3}=3V$,$u_{I4}=4V$,$R_1=R_2=2k\Omega$,$R_3=R_4=R_F=1k\Omega$,求 u_O。

解:如图 3-12 所示,由叠加定理可求得

$$u_+ = \frac{R_4}{R_3+R_4}u_{I3}+\frac{R_3}{R_3+R_4}u_{I4} = \frac{1}{1+1}\times 3V+\frac{1}{1+1}\times 4V = 3.5V$$

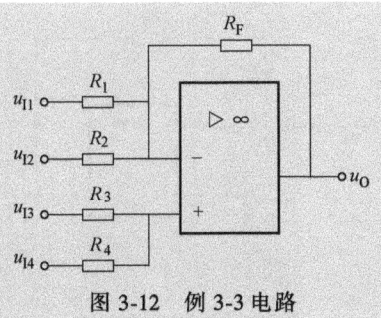

图 3-12 例 3-3 电路

再由叠加定理可得

$$u_O = -\left(\frac{R_F}{R_1}u_{I1} + \frac{R_F}{R_2}u_{I2}\right) + \left(1 + \frac{R_F}{R_1//R_2}\right)u_+ = -\left(\frac{1}{2}\times 1\text{V} + \frac{1}{2}\times 2\text{V}\right) + \left(1+\frac{1}{1}\right)\times 3.5\text{V} = 5.5\text{V}$$

例 3-4 电路如图 3-13 所示，已知 $u_{I1} = 0.5\text{V}$，$u_{I2} = -2\text{V}$，$u_{I3} = 1\text{V}$，试问两个运算放大器构成什么类型的电路，并求 u_O、R_3。

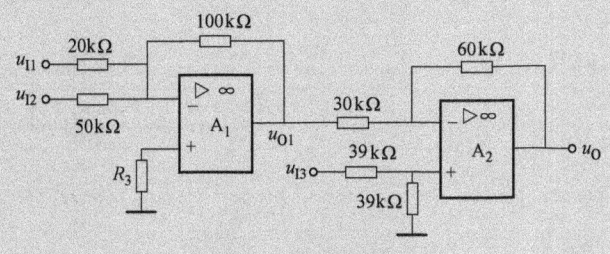

图 3-13 例 3-4 电路

解： A_1 为反相加法器，A_2 为减法电路。

$$u_{O1} = -\left(\frac{100}{20}\times u_{I1} + \frac{100}{50}\times u_{I2}\right) = -\left[\frac{100}{20}\times 0.5 + \frac{100}{50}\times(-2)\right]\text{V} = 1.5\text{V}$$

$$u_O = \left(1+\frac{60}{30}\right)\times \frac{39}{39+39}\times u_{I3} - \frac{60}{30}u_{O1} = \frac{3}{2}\times 1\text{V} - 2\times 1.5\text{V} = -1.5\text{V}$$

$$R_3 = 100\text{k}\Omega // 20\text{k}\Omega // 50\text{k}\Omega = 12.5\text{k}\Omega$$

3.2.4 微分运算

图 3-14 为微分运算电路，输入信号通过电容元件接入运算放大器的反相端，直流平衡电阻 $R_2 = R_F$。

根据运算放大器的同相端虚地，则 $u_- \approx u_+ \approx 0$，可得

$$i_I = C_1\frac{du_I}{dt}, \quad i_F = -\frac{u_O}{R_F}$$

由输入端"虚断"可得 $i_- \approx 0$，则有 $i_I \approx i_F$，输出电压 u_O 为

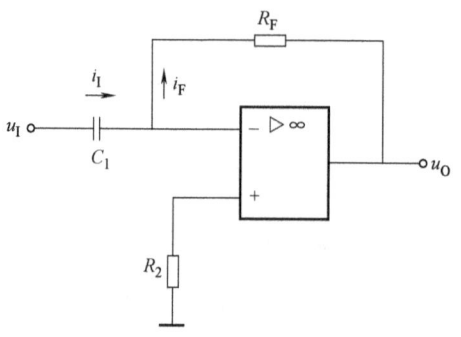

图3-14 微分运算电路

$$u_O = -R_F C_1 \frac{du_I}{dt} \quad (3\text{-}15)$$

式中，$R_F C_1$ 为电路的时间常数。

输出电压与输入电压对时间的微分成正比，实现了微分运算。

例 3-5 试求图 3-15 所示电路中 u_O 和 u_I 的关系式。

解：由图可得

$$u_O = -R_F i_F$$

$$i_F = i_R + i_C = \frac{u_I}{R_1} + C_1 \frac{du_I}{dt}$$

故得

$$u_O = -\left(\frac{R_F}{R_1} u_I + R_F C_1 \frac{du_I}{dt}\right)$$

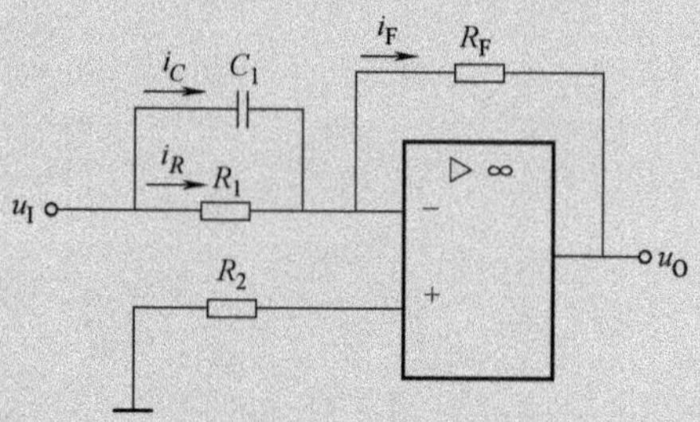

上式表明输出电压与输入电压成比例-微分运算关系。控制系统中，比例-微分调节器在调节过程中起加速作用，使系统有较快的响应速度和工作稳定性。

图3-15 例3-5电路

3.2.5 积分运算

将微分电路中的电阻元件与电容元件互换位置就构成了积分运算电路，如图3-16所示。可得

$$i_I = \frac{u_I}{R_1}, \quad i_F = -C_F \frac{du_O}{dt}$$

由于 $i_I \approx i_F$，因此，输出电压 u_O 为

$$u_O = -\frac{1}{R_1 C_F} \int u_I dt \quad (3\text{-}16)$$

式中，$R_1 C_F$ 为电路的时间常数。

式（3-16）表明，输出电压 u_O 为输入电压 u_I

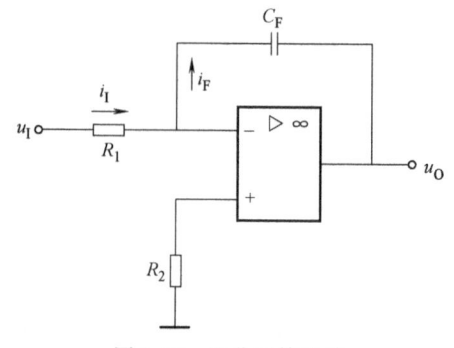

图3-16 积分运算电路

对时间的积分，负号表示它们在相位上是相反的。

当输入信号为阶跃信号时，若 $t=0$ 时刻电容元件上的电压为零，则输出波形如图3-17a所示，为一线性变化的斜坡电压，其最大值受集成运算放大器输出电压 U_{OM} 的限制；当输入信号波形为方波和正弦波时，输出电压波形分别如图3-17b、c所示。

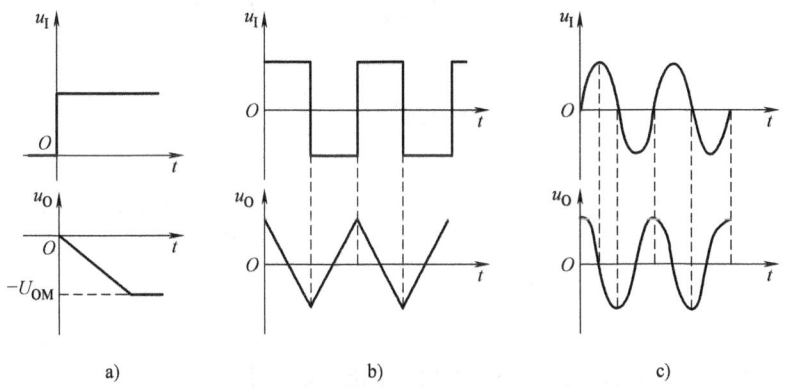

图3-17 积分运算电路在不同输入信号的输出波形

a）输入为阶跃信号　b）输入为方波　c）输入为正弦波

例3-6　试求如图3-18所示电路中 u_O 和 u_I 的关系式。

解： 由图3-18可得

$$u_O - u_- = -(R_F i_F + u_C) = -\left(R_F i_F + \frac{1}{C_F}\int i_F dt\right)$$

$$i_I = \frac{u_I - u_-}{R_1}$$

因 $u_- \approx u_+ \approx 0$，$i_F \approx i_I$，故得

$$u_O = -\left(\frac{R_F}{R_1}u_I + \frac{1}{R_1 C_F}\int u_I dt\right)$$

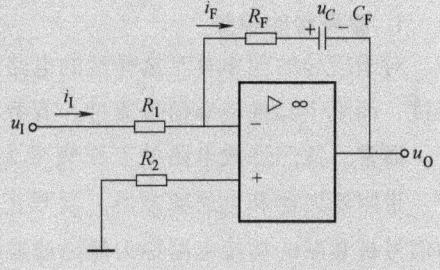

图3-18 例3-6电路

上式表明输出电压与输入电压成比例-积分运算关系。这种运算器常用于控制系统中，以保证自控系统的稳定性和控制精度。

例3-7　在图3-19所示电路中，已知 $R_1 = R_2 = R_F = R = R' = 100\text{k}\Omega$，$C = 1\mu\text{F}$。求 u_O 与 u_I 的运算关系。

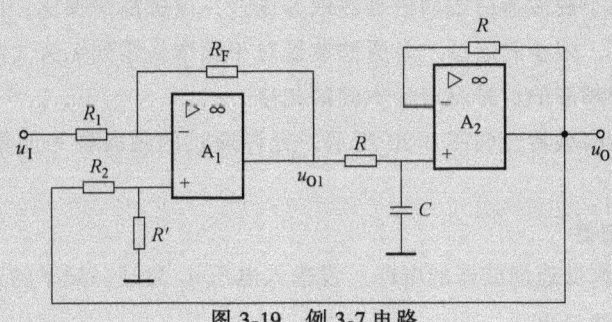

图3-19 例3-7电路

解：集成运算放大器 A_1 为减法运算电路，故

$$u_{O1} = -\frac{R_F}{R_1}u_I + \left(1+\frac{R_F}{R_1}\right)\frac{R'}{R_2+R'}u_O = u_O - u_I$$

集成运算放大器 A_2 中，电容上的电压 $u_C = u_O$，电容的电流为

$$i_C = \frac{u_{O1}-u_O}{R} = -\frac{u_I}{R}$$

因此，输出电压为

$$u_O = \frac{1}{C}\int i_C dt = -\frac{1}{RC}\int u_I dt = -\frac{1}{100\times 10^3\Omega \times 1\times 10^{-6}F}\int u_I dt = -10\int u_I dt$$

3.3 集成运算放大器在信号处理方面的应用

3.3.1 有源滤波器

1. 滤波器的种类

对于信号的频率具有选择性的电路称为滤波电路，它的功能是使特定频率范围内的信号通过，而阻止其他频率信号通过。有源滤波电路是应用广泛的信号处理电路。

通常，按照滤波电路的工作频带为其命名，分为低通滤波器、高通滤波器、带通滤波器、带阻滤波器和全通滤波器。设截止频率为 ω_0，频率低于 ω_0 的信号能够通过，高于 ω_0 的信号被衰减的滤波电路称为低通滤波器；反之，频率高于 ω_0 的信号能够通过，而频率低于 ω_0 的信号被衰减的滤波电路称为高通滤波器。前者可以作为直流电源整流后的滤波电路，以便得到平滑的直流电压；后者可以作为交流放大电路的耦合电路，隔离直流成分，只放大频率高于 ω_0 的信号。

设低频段的截止频率为 ω_{01}，高频段的截止频率为 ω_{02}，频率为 ω_{01} 到 ω_{02} 之间的信号能够通过，低于 ω_{01} 和高于 ω_{02} 的信号被衰减的滤波电路称为带通滤波器；反之，频率低于 ω_{01} 和高于 ω_{02} 的信号能够通过，而频率是 ω_{01} 到 ω_{02} 之间的信号被衰减的滤波电路称为带阻滤波器。前者常用于载波通信或弱信号提取等场合，以提高信噪比；后者用于在已知干扰或噪声频率的情况下，阻止其通过。全通滤波器对于频率从零到无穷大的信号具有同样的比例系数，但对于不同频率的信号将产生不同的相移。

理想滤波电路的幅频特性如图 3-20 所示。允许通过的频段称为通带，将信号衰减到零的频带称为阻带。

2. 有源低通滤波器

设图 3-21a 是有源低通滤波器的电路。设输入电压 u_I 为某一频率的正弦电压，则可用相量表示。先由 RC 电路得出

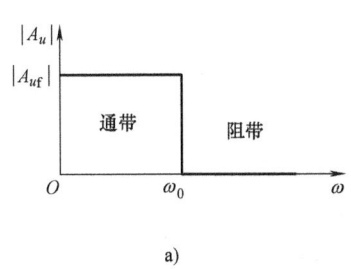
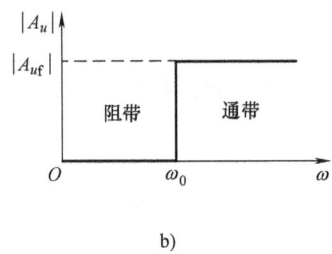

a)　　　　　　　　　　　　　b)

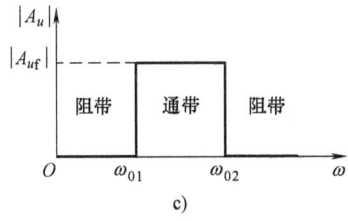
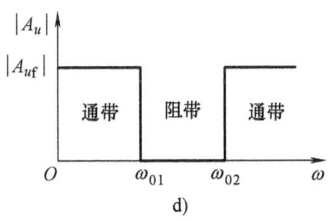

c)　　　　　　　　　　　　　d)

图 3-20　理想滤波电路的幅频特性

a) 低通滤波器的幅频特性　b) 高通滤波器的幅频特性
c) 带通滤波器的幅频特性　d) 带阻滤波器的幅频特性

$$\dot{U}_+ = \dot{U}_C = \frac{-\mathrm{j}\dfrac{1}{\omega C}}{R-\mathrm{j}\dfrac{1}{\omega C}}\dot{U}_\mathrm{I} = \frac{1}{1+\mathrm{j}\omega RC}\dot{U}_\mathrm{I}$$

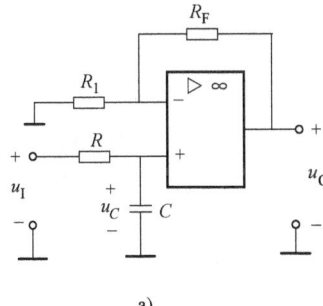
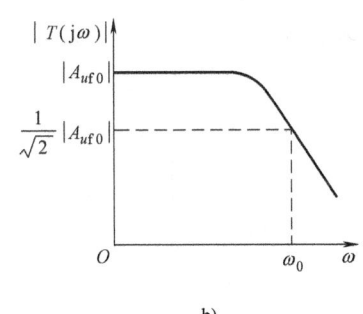

a)　　　　　　　　　　　　　b)

图 3-21　有源低通滤波器

a) 电路　b) 幅频特性

根据同相比例运算式得出

$$\dot{U}_\mathrm{O} = \left(1+\frac{R_\mathrm{F}}{R_1}\right)\dot{U}_+$$

故

$$\frac{\dot{U}_\mathrm{O}}{\dot{U}_\mathrm{I}} = \frac{1+\dfrac{R_\mathrm{F}}{R_1}}{1+\mathrm{j}\omega RC} = \frac{1+\dfrac{R_\mathrm{F}}{R_1}}{1+\mathrm{j}\dfrac{\omega}{\omega_0}}$$

式中,ω_0 为截止频率,$\omega_0 = \dfrac{1}{RC}$。

若 ω 为变量,则该电路的传递函数

$$T(j\omega) = \dfrac{U_O(j\omega)}{U_I(j\omega)} = \dfrac{1+\dfrac{R_F}{R_1}}{1+j\dfrac{\omega}{\omega_0}} = \dfrac{A_{uf0}}{1+j\dfrac{\omega}{\omega_0}}$$

其模为

$$|T(j\omega)| = \dfrac{|A_{uf0}|}{\sqrt{1+\left(\dfrac{\omega}{\omega_0}\right)^2}}$$

辐角为

$$\varphi(\omega) = -\arctan\dfrac{\omega}{\omega_0}$$

当 $\omega = 0$ 时,$|T(j\omega)| = |A_{uf0}|$;当 $\omega = \omega_0$ 时,$|T(j\omega)| = \dfrac{|A_{uf0}|}{\sqrt{2}}$;当 $\omega = \infty$ 时,$|T(j\omega)| = 0$。有源低通滤波器的幅频特性如图 3-21b 所示。当 $\omega > \omega_0$ 时,$|T(j\omega)|$ 衰减很快。显然,电路能使低于 ω_0 的信号顺利通过,衰减很小,而使高于 ω_0 的信号不易通过,衰减很大,故称为一阶有源低通滤波器。

为了改善滤波效果,使 $\omega > \omega_0$ 时信号衰减得更快些,常将两个 RC 滤波环节串接起来,组成二阶有源低通滤波器,如图 3-22 所示。

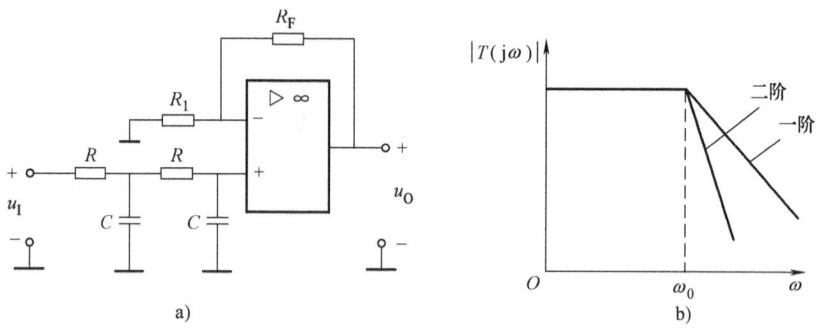

图 3-22 二阶有源低通滤波器

a) 电路　b) 幅频特性

3. 有源高通滤波器

将有源低通滤波器中 RC 电路的 R 和 C 对调,则称为有源高通滤波器,如图 3-23 所示。先由 RC 电路得出

$$\dot{U}_+ = \dfrac{R}{R-j\dfrac{1}{\omega C}}\dot{U}_I = \dfrac{\dot{U}_I}{1+\dfrac{1}{j\omega RC}}$$

根据同相比例运算式得出

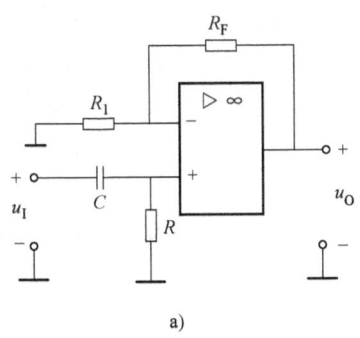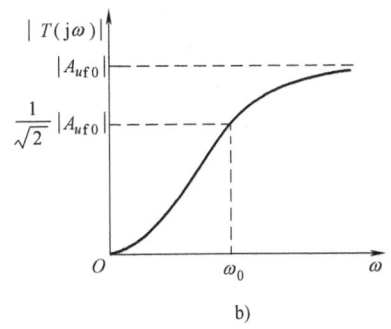

图 3-23 高通滤波器
a) 电路 b) 幅频特性

$$\dot{U}_O = \left(1+\frac{R_F}{R_1}\right)\dot{U}_+$$

故

$$\frac{\dot{U}_O}{\dot{U}_I} = \frac{1+\frac{R_F}{R_1}}{1+\frac{1}{j\omega RC}} = \frac{1+\frac{R_F}{R_1}}{1-j\frac{\omega_0}{\omega}}$$

式中，ω_0 为截止频率，$\omega_0 = \frac{1}{RC}$。

若 ω 为变量，则该电路的传递函数为

$$T(j\omega) = \frac{U_O(j\omega)}{U_I(j\omega)} = \frac{1+\frac{R_F}{R_1}}{1-j\frac{\omega_0}{\omega}} = \frac{A_{uf0}}{1-j\frac{\omega_0}{\omega}}$$

其模为

$$|T(j\omega)| = \frac{|A_{uf0}|}{\sqrt{1+\left(\frac{\omega_0}{\omega}\right)^2}}$$

辐角为

$$\varphi(\omega) = \arctan\frac{\omega}{\omega_0}$$

当 $\omega = 0$ 时，$|T(j\omega)| = 0$；当 $\omega = \omega_0$ 时，$|T(j\omega)| = \frac{|A_{uf0}|}{\sqrt{2}}$；当 $\omega = \infty$ 时，$|T(j\omega)| = |A_{uf0}|$。有源高通滤波器的幅频特性如图 3-23b 所示。显然，电路能使大于 ω_0 的信号顺利通过，而使低于 ω_0 的信号不易通过，故称为一阶有源高通滤波器。

3.3.2 电压比较器

电压比较器的基本功能是对两个输入电压进行比较，并根据比较结果输出高电平或低电

平。电压比较器通常利用集成运算放大器构成,在集成运算放大器的两个输入电压中,一个是基准电压,另一个是被比较的输入电压。当两个电压不相等时,集成运算放大器的输出电压是"$+U_{OM}$"或者"$-U_{OM}$"(这是双电源供电的情形,若是单电源供电,集成运算放大器的输出电压是"$+U_{OM}$"或者"0")。在汽车电路中,电压比较器广泛应用于信号测量、越限报警等电路中。

电压比较器是集成运算放大器非线性应用的典型电路,可分为单限电压比较器、滞回电压比较器及窗口电压比较器。本书只讨论单限电压比较器。

1. 单限电压比较器

最简单的电压比较器为过零比较器。图 3-24a 为反相输入过零比较器,图 3-24a 中同相端电压为零,即参考电压 $U_{REF}=0$,待比较的输入电压 u_i 从集成运算放大器反相端加入。由于集成运算放大器工作在开环状态,电压放大倍数非常大,所以,只要 u_I 不等于零,集成运算放大器就是饱和输出。也就是说,当 $u_I<0$ 时,集成运算放大器输出正的最大值,即高电平输出 U_{OM};当 $u_I>0$ 时,集成运算放大器输出负的最大值,即低电平输出 $-U_{OM}$。由于运算放大器输出状态是在 $u_I=0$ 时刻发生状态翻转的,因此把图 3-20a 所示电路称为过零电压比较器。

如果在集成运算放大器的同相端接一个参考电压源 U_{REF},待比较的输入电压 u_i 就与参考电压 U_{REF} 比较,如图 3-24b 所示。与上述过零比较器的分析一样,当 $u_I<U_{REF}$ 时,运算放大器输出正的最大值 U_{OM};当 $u_i>U_{REF}$ 时,运算放大器输出负的最大值 $-U_{OM}$。由图 3-24b 可见,它的电压传输特性曲线是把过零比较器的电压传输特性曲线向右移动了 U_{REF} 一段距离。通常,把比较器输出电平发生跳变时的输入电压称为门限电压,用 U_T 表示,可见图 3-24b 所示电路的 $U_T=U_{REF}$。由于 u_I 从反相端输入且只有一个门限,故称反相输入单限电压比较器。

如果待比较的输入电压 u_i 接到同相端,参考电压 U_{REF} 接在运算放大器的反相端,即构成同相输入单限电压比较器,图 3-24c 为它的电路图和传输特性。

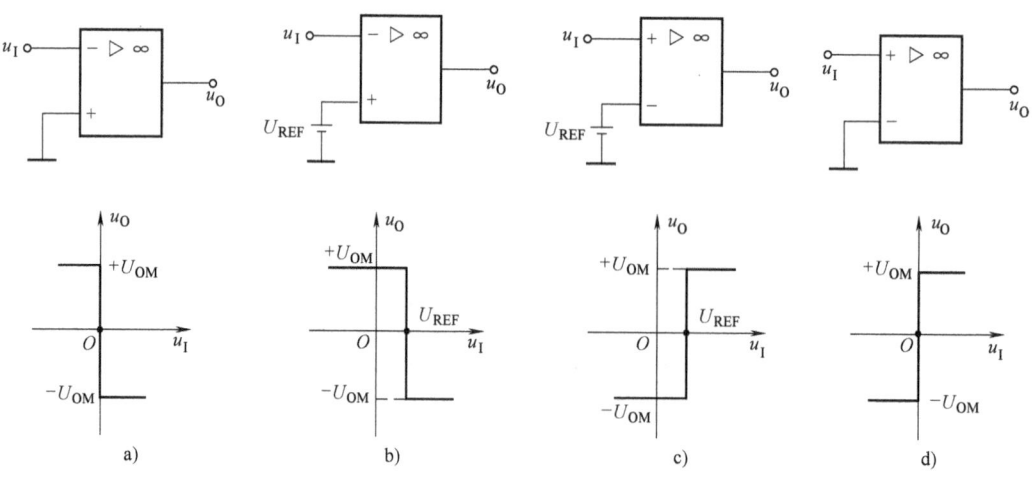

图 3-24 电压比较器及其传输特性

a) 反相输入过零比较器　b) 反相输入单限电压比较器　c) 同相输入单限电压比较器　d) 同相输入过零比较器

图 3-24d 为参考电压 $U_{REF}=0$ 的同相输入比较器，亦称同相输入过零比较器，它的电压传输特性如图 3-24d 所示。

如果电压比较器输出的电压高于实际要求，可以在其输出端接双向稳压管，以限定输出高低电平幅度。图 3-25 为同相输入稳压管限幅输出单限电压比较器，R 为稳压管限流电阻，同时与稳压管配合实现稳压作用，此时输出的最大值即为稳压管的稳压值。

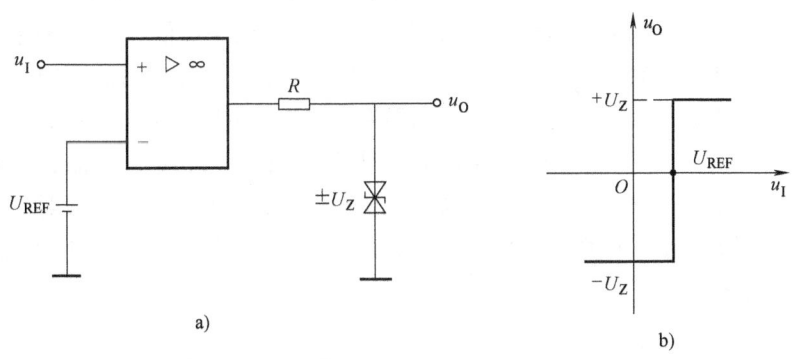

图 3-25 同相输入稳压管限幅输出单限电压比较器
a) 电路 b) 传输特性

例 3-8 单限电压比较器如图 3-26a 所示，双向稳压管的稳定电压 $U_Z=\pm 6V$，其输入电压为图 3-26b 所示三角波，试画出电路输出电压的波形。

解：根据图 3-26a 所示电路可知，当 $u_I<0$ 时，$U_O=+U_Z=6V$；当 $u_I>0$ 时，$U_O=-U_Z=-6V$。其输出电压波形如图 3-26c 所示。

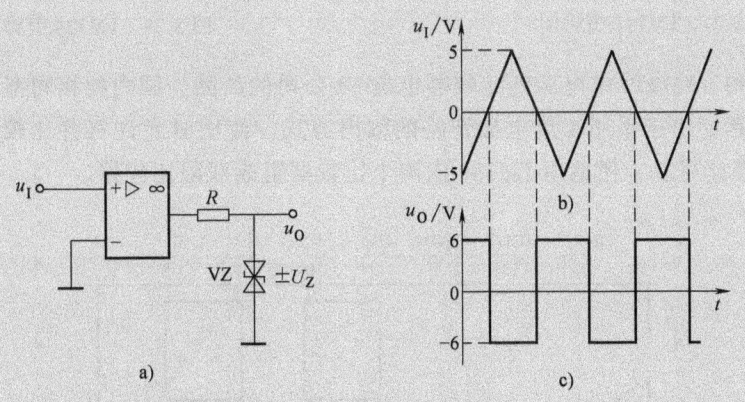

图 3-26 例 3-8 电路

2. 集成电压比较器

电压比较器可将模拟信号转换为二值信号，即只有高电平和低电平两种状态的离散信号，因此，可用电压比较器作为模拟电路和数字电路的接口电路。集成电压比较器比集成运算放大器的开环增益低，失调电压大，共模抑制比小，但是集成电压比较器有响应速度快、传输延迟时间短的优点，因此也得到广泛应用。

电压比较器按一个器件上含有电压比较器的个数，可分为单、双和四电压比较器；按功能可分为通用型、高速型、低功耗型、低电压型和高精度型。还有其他的几种分法。

(1) LM741 LM741 是双电源单集成运算放大器，它是美国国家半导体（NI）公司的产品，国内的相同型号是 F741。引脚如图 3-27 所示。LM741 是双列直插式封装的八引脚器件，可以做放大器，也可以做电压比较器。它的转换速率为 $0.7V/\mu s$，响应时间约为 $30\mu s$。7 脚接正电源，4 脚接负电源，在放大交流信号时接负电位信号，以保证信号的完整性，在汽车电路中做放大器或电压比较器时直接接地。3 脚是同相输入端，2 脚是反相输入端，6 脚是放大器的输出端，1、5 脚是放大交流信号时电路的调零端，在汽车电路中不用。8 脚是空脚。

(2) LM324 LM324 双电源四集成运算放大器也是 NI 公司的产品，国内的相同型号是 F324，引脚如图 3-28 所示。它可以做放大器，也可以做电压比较器。内部是四个独立的运算放大器，可以单独使用。需要注意的是，不管用其中的几个运算放大器，LM324 都要接电源。

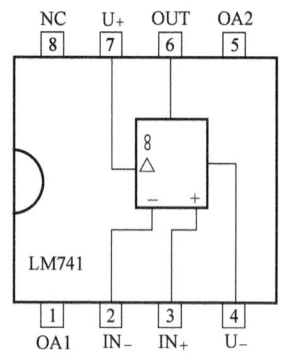

图 3-27　LM741 引脚图

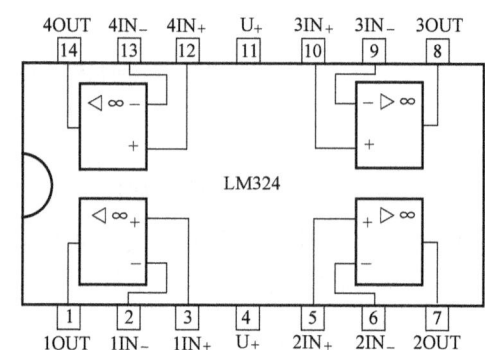

图 3-28　LM324 引脚图

(3) LM339 LM339 单电源四比较器也是 NI 公司的产品，国内的相同型号是 F339。引脚如图 3-29 所示。由于采用了集电极开路的输出方式，使用时允许将各比较器的输出端直接连在一起，因此可以方便地用 LM339 内两个比较器组成双限比较器。

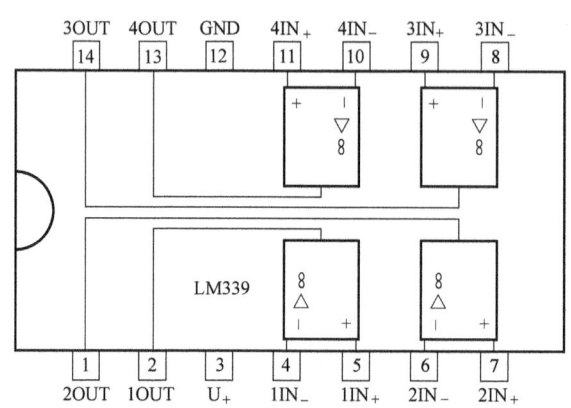

图 3-29　LM339 引脚图

3.4 集成运算放大器在汽车电路中的应用

3.4.1 压阻式进气压力测量电路

在汽车电控燃油喷射发动机中，压阻式进气压力测量电路用来测量进气量的进气压力。测量电路由集成运算放大器和压阻式固态压力传感器制成。这种测量装置被日本丰田汽车公司、美国通用汽车公司等广泛采用，国产桑塔纳 2000GLi 型轿车也采用了该传感器。压敏电阻式进气压力传感器的安装结构和电路示意图如图 3-30 所示。

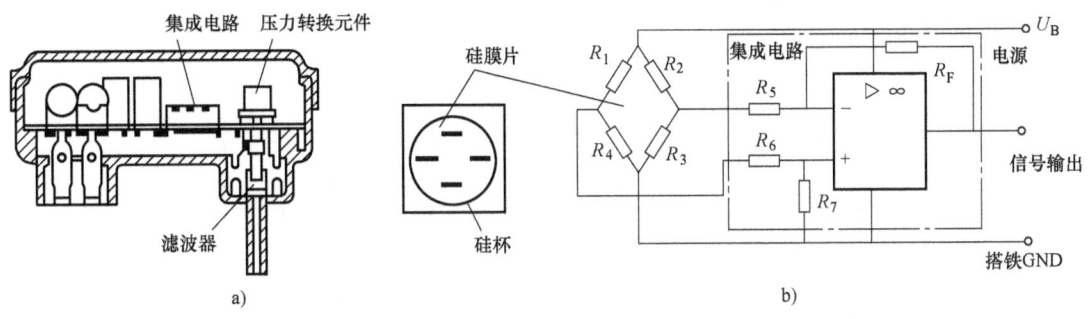

图 3-30 压敏电阻式进气压力传感器的安装结构和电路示意图
a) 安装示意图　b) 电路图

压阻式固态压力传感器是在硅膜片上利用集成电路加工工艺制作了四个阻值相等的电阻，膜片底部被加工成周边厚中间薄的杯形，称为硅杯，如图 3-30a 所示。当硅杯两侧存在压力差时，硅膜片产生变形，四个应变电阻阻值发生变化，电桥失去平衡，输出与膜片两侧压差成正比的电压。由于电桥输出电压一般很小，因此需要经过放大电路进行放大，如图 3-30b 所示。

3.4.2 蓄电池电压过低报警电路

蓄电池电压过低报警电路由集成运算放大器 LM741、稳压二极管、发光二极管及一些电阻组成，如图 3-31 所示。电路中，电阻 R_2 与稳压二极管 VZ 组成电压基准电路，向比较器提供 5V 的基准电压。阻值相等的电阻元件 R_3 和 R_4 组成分压电路，中间点作为电压检测点，此点的电压送往集成运算放大器的同相输入端，与基准电压进行比较。当蓄电池电压高于 10V 时，比较器同相输入端的电位高于反相端的基准电位，比较器输出高电平 12V，发光二极管反偏，因此不发光，指示电压正常；当蓄电池电压低于 10V 时，中间点电压低于 5V，反相端的基准电压高于同相端的检测电压，输出为低电平，发光二极管正偏导通而发光，指示电压过低。

3.4.3 电子控制燃油喷射装置

图 3-32 为集成运算放大器在电子控制燃油喷射装置中的应用。电子控制燃油喷射装置是用计算机控制发动机所需要的燃油量，以保证发动机在各种工况下混合气的空燃比都在规定的范围之内的控制单元。带有氧传感器的电子控制燃油喷射装置能够实现燃油喷射的闭环控制。其中的氧传感器可通过对排气成分中含氧量的检测，确定可燃混合气体的浓度是否偏离理论最佳值，并反馈给控制单元自动修正供油量。在浓混合气体燃烧时（小于空燃比理论最佳值），排气中的氧消耗殆尽，氧传感器几乎不产生电压；在稀混合气体燃烧时（大于空燃比理论最佳值），排气中含有一部分多余的氧气，氧传感器产生大约 1V 的电压；电压比较器将氧传感器产生的电压信号与基准电压进行比较，控制单元根据比较器的输出信号做出判断，确定是否增减喷油量。

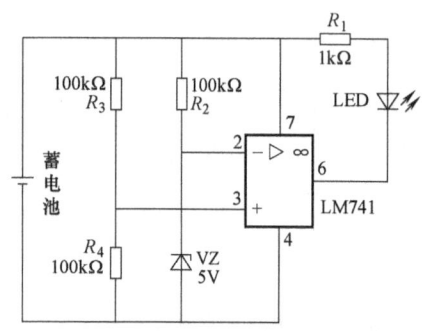
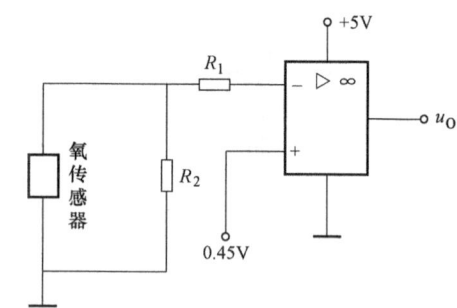

图 3-31　蓄电池电压过低报警电路　　　　图 3-32　电子控制燃油喷射装置

电子控制燃油喷射装置设定基准电压为 0.45V，当氧传感器信号电压大于基准电压时，比较器输出 0V，控制单元认为混合气过稀，增加喷油量；当氧传感器信号电压小于基准电压时，比较器输出 5V，控制单元认为混合气过浓，减小喷油量。这样，通过控制单元的调节，使混合气的比例维持在理论最佳值附近，从而提高排气的净化效果。

习　题

一、填空题

1. 集成运算放大器是一种_____耦合的多级放大器。
2. 若要集成运算放大器工作在线性区，则必须在电路中引入_____反馈；若要集成运算放大器工作在非线性区，则必须在电路中引入_____反馈或者工作在_____状态下。
3. 理想集成运算放大器的 A_{u0} = _____，r_I = _____，r_O = _____，K_{CMRR} = _____。
4. 理想运算放大器工作在线性区时有两个重要特点：一是差模输入电压_____，称为_____；二是输入电流为_____，称为_____。
5. 在运算放大器电路中，集成运算放大器工作在____区，电压比较器工作在____区。
6. 集成运算放大器具有_____和_____两个输入端，相应的输入方式有_____输入、_____输入和_____输入三种。

7. _____运算电路可实现$A_u>1$的放大器。
8. _____运算电路可实现$A_u<0$的放大器。
9. _____运算电路可将三角波电压转换成方波电压。
10. _____运算电路可实现函数$Y=aX_1+bX_2+cX_3$，a、b和c均大于零。
11. _____运算电路可实现函数$Y=aX_1+bX_2+cX_3$，a、b和c均小于零。
12. 为了避免50Hz电网电压的干扰进入放大器，应选用_____滤波电路。
13. 已知输入信号的频率为10~12kHz，为了防止干扰信号的混入，应选用_____滤波电路。
14. 为了获得输入电压中的低频信号，应选用_____滤波电路。
15. 为了使滤波电路的输出电阻足够小，保证负载电阻变化时滤波特性不变，应选用_____滤波电路。

二、选择题

1. 集成运算放大电路采用直接耦合方式是因为（　　）。
   A. 可获得很大的放大倍数　　　　　　B. 可使温漂小
   C. 集成工艺难于制造大容量电容
2. 集成运算放大器制造工艺使得同类半导体管的（　　）。
   A. 指标参数准确　　B. 参数不受温度影响　　C. 参数一致性好
3. 集成运算放大器的输入级采用差分放大电路是因为可以（　　）。
   A. 减小温漂　　　　B. 增大放大倍数　　　　C. 提高输入电阻
4. 为增大电压放大倍数，集成运算放大器的中间级多采用（　　）。
   A. 共射放大电路　　B. 共集放大电路　　　　C. 共基放大电路
5. 由运算放大器组成的电路中，工作在非线性状态的电路是（　　）。
   A. 反相放大器　　　B. 差分放大器　　　　　C. 电压比较器
6. 理想运算放大器的两个重要结论是（　　）。
   A. 虚短与虚地　　　B. 虚断与虚短　　　　　C. 断路与短路
7. 集成运算放大器一般分为两个工作区，它们分别是（　　）。
   A. 正反馈与负反馈　B. 线性与非线性　　　　C. 虚断和虚短
8. 集成运算放大器的线性应用存在（　　）现象，非线性应用存在（　　）现象。
   A. 虚地　　　　　　B. 虚断　　　　　　　　C. 虚断和虚短
9. 基本积分电路中的电容器接在电路的（　　）。
   A. 反相输入端　　　B. 同相输入端　　　　　C. 反相端与输出端之间
10. 分析集成运算放大器的非线性应用电路时，不能使用的概念是（　　）。
    A. 虚地　　　　　　B. 虚短　　　　　　　　C. 虚断
11. 理想运算放大器的两个输入端的输入电流等于零，其原因是（　　）。
    A. 运算放大器的共模抑制比很大
    B. 运算放大器的输入电阻接近无穷大
    C. 运算放大器的开环电压放大倍数接近无穷大
12. 在图3-33所示电路中，若运算放大器的电压为±15V，则输出电压u_0最接近于

( )。

    A. 20V   B. −20V   C. 13V

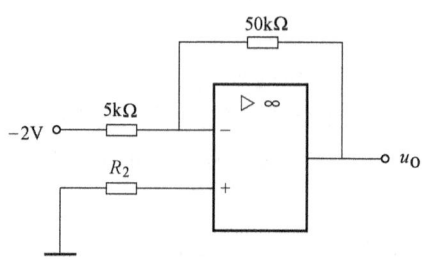

图 3-33 选择题 12 电路

13. 在图 3-34 所示电路中，输出电压 u_O 为 ( )。
    A. u_I B. $-u_I$ C. $-2u_I$

14. 在图 3-35 所示电路中，输出电压 u_O 为 ( )。
    A. $-3u_I$ B. $3u_I$ C. u_I

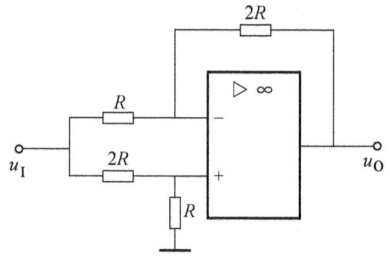 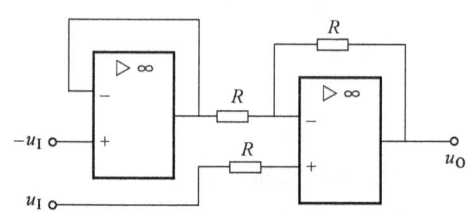

图 3-34 选择题 13 电路   图 3-35 选择题 14 电路

15. 在图 3-36 所示电路中，若 $u_I = 1V$，则输出电压 u_O 为 ( )。
    A. 6V   B. 4V   C. −6V

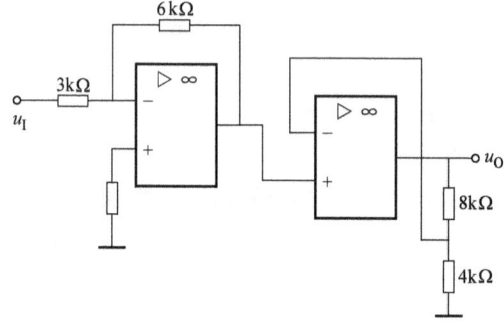

图 3-36 选择题 15 电路

16. 在图 3-37 所示电路中，若 $u_I = -0.5V$，则输出电流 i_O 为 ( )。
    A. 10mA   B. 5mA   C. −5mA

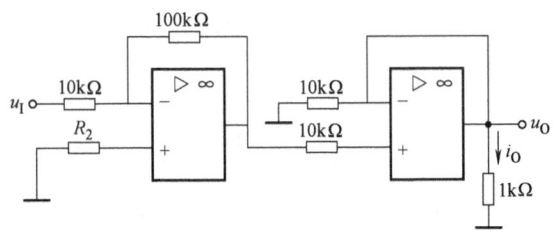

图 3-37 选择题 16 电路

17. 在图 3-38 所示电路中,若 u_I 为正弦电压,则 u_O 为( )。

A. 与 u_I 同相的正弦电压
B. 与 u_I 反相的正弦电压
C. 矩形波电压

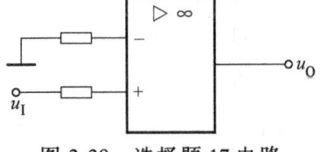

图 3-38 选择题 17 电路

18. 电路如图 3-39a 所示,输入电压的波形如图 3-39b 所示,试问指示灯 H 的亮暗情况为( )。

A. 亮 1s,暗 2s   B. 暗 1s,亮 2s   C. 亮 3s,暗 1s

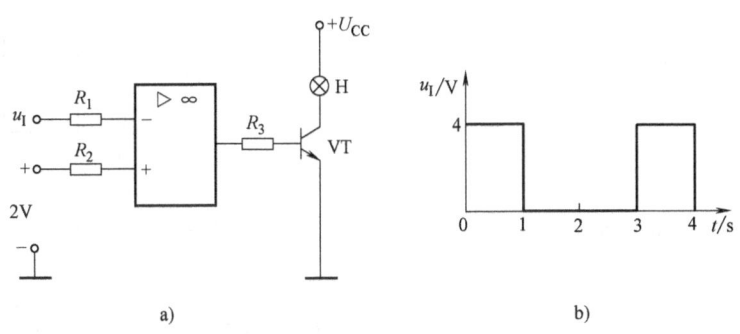

图 3-39 选择题 18 电路

三、计算分析题

1. 图 3-40 所示电路为应用集成运算放大器组成的测量电阻的原理电路,试写出被测电阻 R_x 与电压表电压 U_O 的关系。

2. 图 3-41 所示电路中,已知 $R_1 = 2\text{k}\Omega$,$R_F = 5\text{k}\Omega$,$R_2 = 2\text{k}\Omega$,$R_3 = 18\text{k}\Omega$,$u_I = 1\text{V}$,求输出电压 u_O。

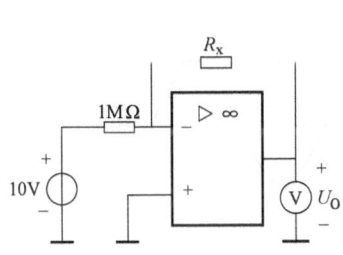

图 3-40 计算分析题 1 电路

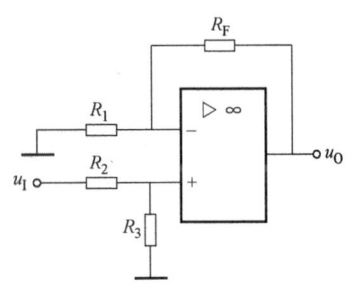

图 3-41 计算分析题 2 电路

3. 为了获得较高的电压放大倍数，而又可避免采用高阻值的电阻 R_F，将反相比例运算电路改为图 3-42 所示的电路，并设 $R_F \gg R_4$，试证：

$$A_{uf} = \frac{u_O}{u_I} = -\frac{R_F}{R_1}\left(1 + \frac{R_3}{R_4}\right)$$

4. 电路如图 3-43 所示，集成运算放大器输出电压的最大幅值为 ±14V，u_I 为 2V 的直流信号，分别求出下列各种情况下的输出电压。

1) R_2 短路；2) R_3 短路；3) R_4 短路；4) R_4 断路。

5. 试求图 3-44 所示各电路输出电压与输入电压的运算关系式。

6. 图 3-45a 为反相输入式电平检测器，它可以用来判断信号电平是大于还是小于某一值。图 3-45a 中的双向稳压管的稳压值 $U_Z = \pm 6V$。已知 u_I 的波形如图 3-45b 所示。试画出与其对应的 u_O 波形。

7. 图 3-46 是一基准电压电路，u_O 可作为基准电压用，试计算 u_O 的调节范围。

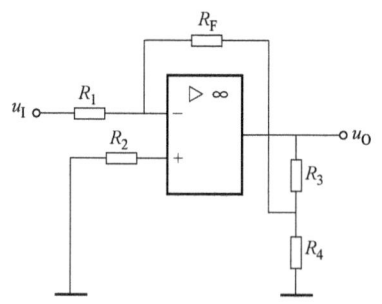

图 3-42 计算分析题 3 电路

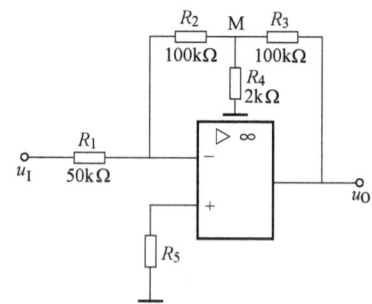

图 3-43 计算分析题 4 电路

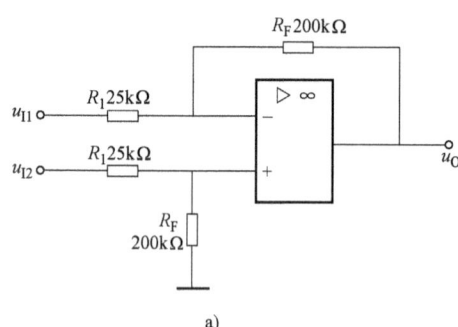

a)

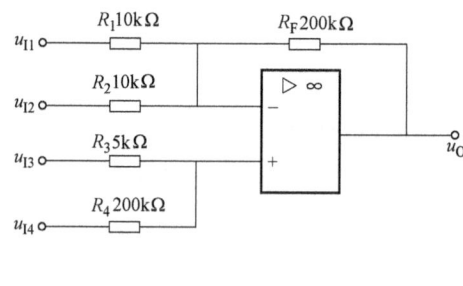

b)

图 3-44 计算分析题 5 电路

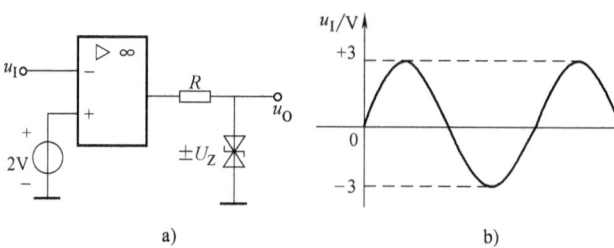

图 3-45 计算分析题 6 电路

8. 图 3-47 是应用运算放大器测量电压的原理电路，共有 0.5V、1V、5V、10V、50V 五种量程，试计算电阻 $R_{11} \sim R_{15}$ 的阻值。输出端接有满量程 5V、500μA 的电压表。

9. 求解图 3-48 所示电路中输入输出信号的运算关系。

10. 求解图 3-49 所示电路中输入信号 u_{I1}、u_{I2} 和输出信号 u_O 的运算关系。

11. 分别求解图 3-50 所示各电路的运算关系。

12. 电路如图 3-51 所示，试证明：$i_L = \dfrac{u_I}{R_L}$。

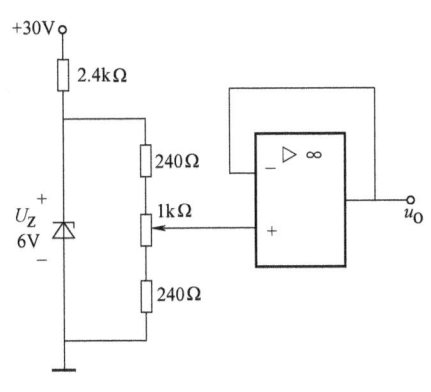

图 3-46　计算分析题 7 电路

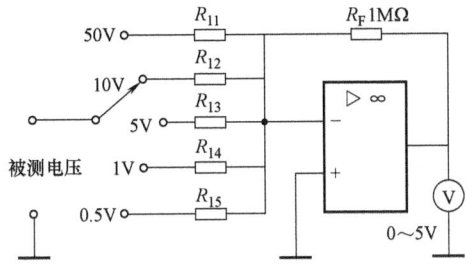

图 3-47　计算分析题 8 电路

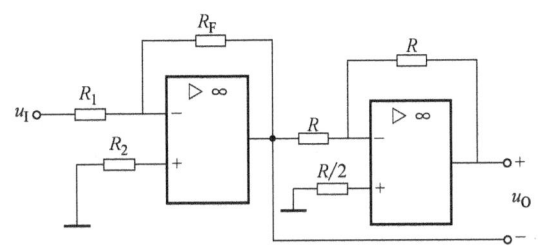

图 3-48　计算分析题 9 电路

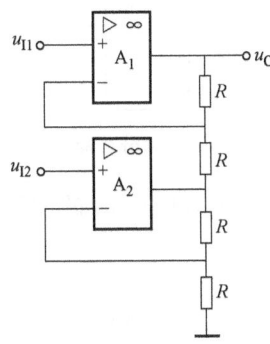

图 3-49　计算分析题 10 电路

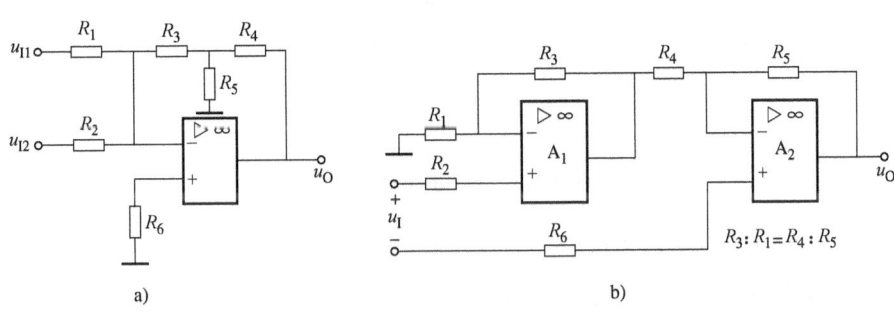

图 3-50　计算分析题 11 电路

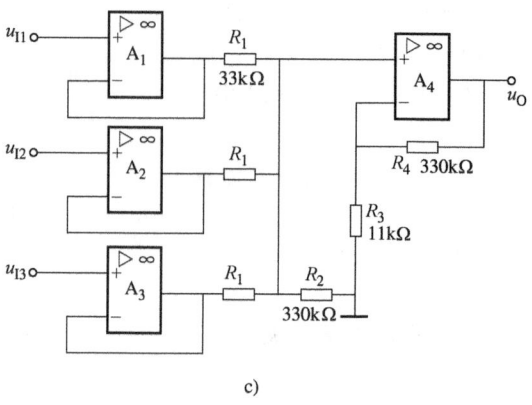

c)

图 3-50 计算分析题 11 电路（续）

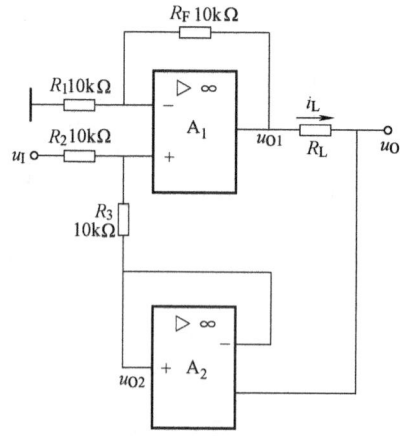

图 3-51 计算分析题 12 电路

13. 在图 3-52a 所示电路中，已知输入电压 u_I 的波形如图 3-52b 所示。当 $t=0$ 时，$u_O=0$。试画出输出电压 u_O 的波形。

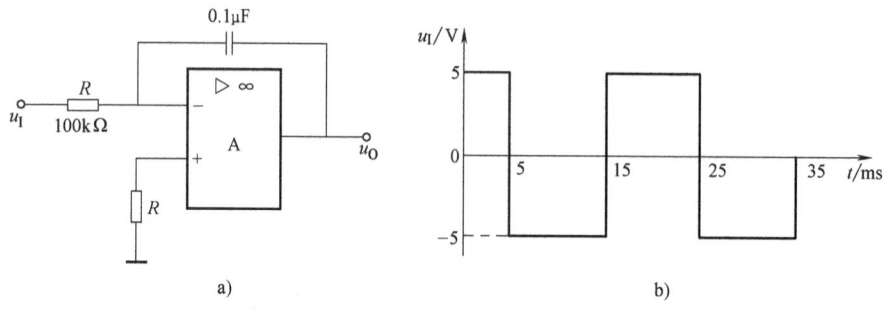

图 3-52 计算分析题 13 电路

14. 试求图 3-53 所示电路中的输入和输出关系。

15. 图 3-54 所示电路中，运算放大器 A_1、A_2 各组成何种电路，写出 u_O、u_{O1} 与 u_{I1}、u_{I2} 的关系表达式，若 $u_{I1}=1V$，$u_{I2}=2V$，运算放大器 $U_{OM}=12V$，定性画出 u_O 的变化曲线。

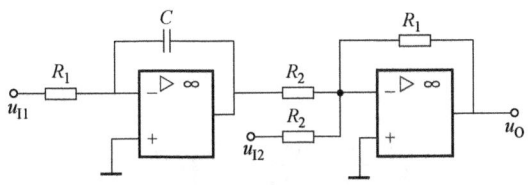

图 3-53　计算分析题 14 电路

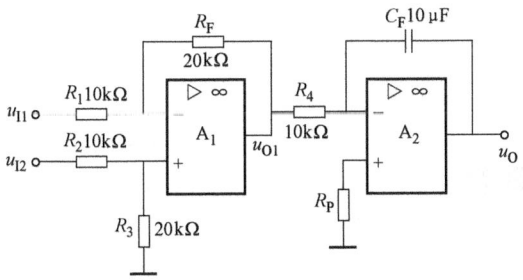

图 3-54　计算分析题 15 电路

16. 试分别求解图 3-55 所示各电路的电压传输特性。

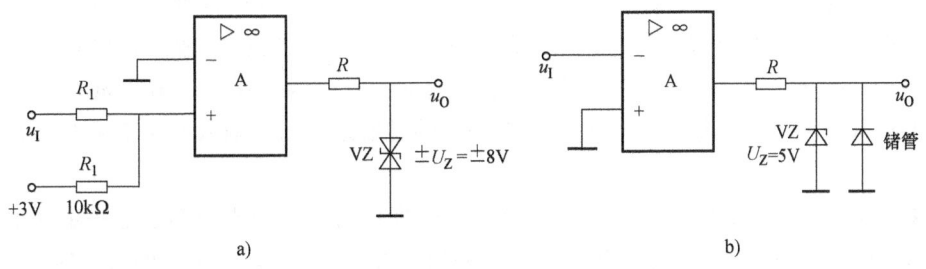

图 3-55　计算分析题 16 电路

17. 已知单限电压比较器的电压传输特性如图 3-56a 所示，其输入电压波形均如图 3-56b 所示，试画出 u_O 的波形。

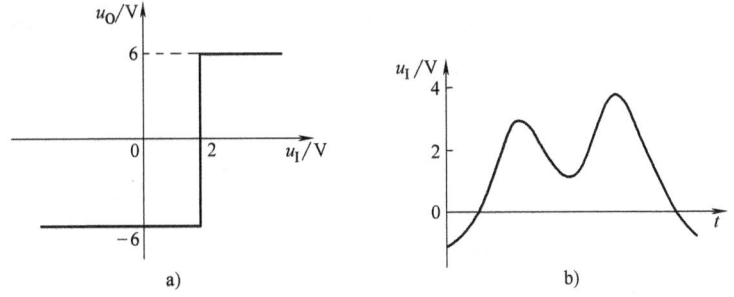

图 3-56　计算分析题 17 电路

第4章

电子电路中的反馈

第4章 授课视频

4.1 反馈的基本概念

4.1.1 反馈的定义

1. 什么是反馈

反馈广泛应用于各个领域。例如，在行政管理中，通过对执行部门工作效果（输出）的调研，以便修订政策（输入）；在商业活动中，通过对商品销售（输出）的调研来调整进货渠道及进货数量（输入）；在控制系统中，通过对执行机构偏移量（输出量）的监测来修正系统的输入量等等。上述例子表明，反馈的目的是通过输出对输入的影响来改善系统的运行状况及控制效果。

在电子电路中，将输出量（输出电压或输出电流）的一部分或全部通过一定的电路形式作用到输入回路，用来影响其输入量（放大电路的输入电压或输入电流）的措施称为反馈。

图 4-1b 是带有反馈的电子电路的框图，它含有两个部分：一个是基本放大电路 A，它可以是单级或多级的；另一个是反馈电路 F，它是联系放大电路的输出和输入电路的环节，多数是由电阻元件组成。

图 4-1 中，用 x 表示信号，它既可表示电压，也可表示电流。信号的传递方向如图 4-1 中箭头所示，x_I、x_O 和 x_F 分别为输入、输出和反馈信号。x_F 和 x_I 在输入端比较（"$\oplus$" 是比较环节的符号），得出净输入信号 x_D。它们可以是直流量，也可以是正弦量，后者可用相量或正弦波（同相或反相）表示。

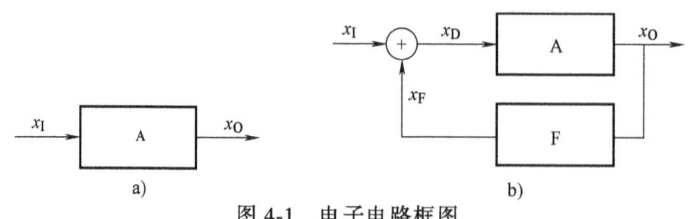

图 4-1 电子电路框图
a）不带反馈 b）带有反馈

2. 正反馈和负反馈

根据反馈的效果可以区分反馈的极性，使放大电路净输入量增大的反馈称为正反馈，使放大电路净输入量减小的反馈称为负反馈。由于反馈的结果影响了净输入量，因而必然影响输出量。所以，根据输出量的变化也可以区分反馈的极性，反馈的结果使输出量的变化增大的为正反馈，使输出量的变化减小的为负反馈。

在图 2-27a 所示的典型工作点稳定电路中，温度的变化引起集电极电流 I_C（输出量）变化，这种变化在发射极电阻 R_E 上产生变化的电压，并影响放大管基极-发射极间的电压（输入量），导致基极电流 I_B 向相反方向变化，从而使 I_C 向相反方向变化。可见，反馈的结果使 $|\triangle I_C|$ 减小，说明电路中引入的是负反馈。

3. 直流反馈和交流反馈

如果反馈量只含有直流量，则称为直流反馈，如图 2-27a 所示电路中 R_E，其上电压为直流电压，因而电路引入的是直流反馈；如果反馈量只含有交流量，则为交流反馈。或者说，仅在直流通路中存在的反馈称为直流反馈；仅在交流通路中存在的反馈称为交流反馈。在很多放大电路中，常常是交、直流反馈兼而有之。如果在图 2-27a 所示电路中去掉旁路电容 C_E，那么电阻 R_E 上的电压就既有直流量又有交流量，因而电路中既引入了直流反馈又引入了交流反馈。

直流负反馈主要用于稳定放大电路的静态工作点，本章的重点是研究交流负反馈。

4.1.2 反馈的判断

1. 有无反馈的判断

若放大电路中存在将输出回路与输入回路相连接的通路，并由此影响放大电路的净输入量，则表明电路引入了反馈；否则电路中便没有反馈。

在图 4-2a 所示电路中，集成运算放大器的输出端与同相输入端、反相输入端均无通路，故电路中没有引入反馈。在图 4-2b 所示电路中，电阻 R_2 将集成运算放大器的输出端与反相输入端相连接，因而集成运算放大器的净输入量不仅取决于输入信号，还与输出信号有关，所以该电路中引入了反馈。在图 4-2c 所示电路中，虽然电阻 R 跨接在集成运算放大器的输出端与同相输入端之间，但是因为同相输入端接地，R 只不过是集成运算放大器的负载，而不会使 u_O 作用于输入回路，所以电路中没有引入反馈。

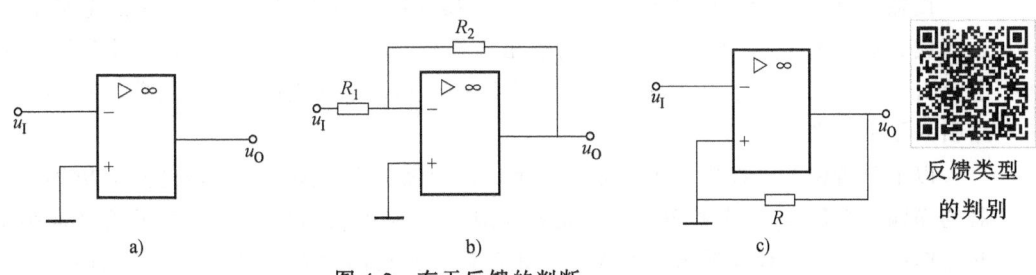

图 4-2 有无反馈的判断

a) 没引入反馈的放大电路　b) 引入反馈的放大电路　c) R 的接入没引入反馈

反馈类型的判别

由以上分析可知，通过寻找电路中有无反馈通路，即可判断出电路是否引入了反馈。

2. 反馈极性的判断

瞬时极性法是判断电路中反馈极性的基本方法。具体做法是：规定电路输入信号在某一时刻对地的极性，并以此为依据，逐级判断电路中各相关点电流的流向和电位的极性，从而得到输出信号的极性；根据输出信号的极性判断出反馈信号的极性；若反馈信号使基本放大电路的净输入信号增大，则说明引入了正反馈；若反馈信号使基本放大电路的净输入信号减小，则说明引入了负反馈。

在图 4-3a 所示电路中，设输入电压 u_I 的瞬时极性对地为正，则输出电压 u_O 对地也为正；u_O 在 R_2 和 R_1 回路产生电流，方向如图 4-3a 中虚线所示，并且该电流在 R_1 上产生极性为上 "+" 下 "-" 的反馈电压 u_F，使反相输入端电位对地为正；由此导致集成运算放大器的净输入电压 $u_D(u_I+u_F)$ 的数值减小，说明电路引入了负反馈。

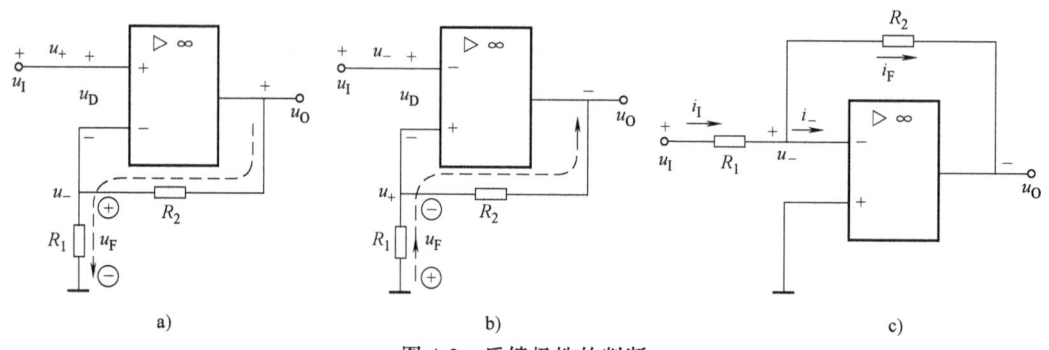

图 4-3 反馈极性的判断

a) 电路引入负反馈　b) 电路引入正反馈　c) 电路引入负反馈

应当特别指出，反馈量是仅仅决定于输出量的物理量，而与输入量无关。例如，在图 4-3a 所示电路中，反馈电压 u_F 不表示 R_1 上的实际电压，而只表示输出电压 u_O 作用的结果。因此，在分析反馈极性时，可将输出量视为作用于反馈网络的独立源。

在图 4-3a 所示电路中，当集成运算放大器的同相输入端和反相输入端互换时，就得到图 4-3b 所示电路。若设 u_I 瞬时极性对地为正，则输出电压 u_O 极性对地为负；u_O 作用于 R_2 和 R_1 回路所产生的电流的方向如图 4-3b 中虚线所示，由此可得 R_1 上所产生的反馈电压 u_F 的极性为上 "-" 下 "+"，即同相输入端电位对地为负；所以必然导致集成运算放大器的净输入电压 $u_D(u_I-u_F)$ 的数值增大，说明电路引入了正反馈。

设输入电流 i_I 瞬时极性如图 4-3c 所示。集成运算放大器反相输入端的电流 i_- 流入集成运算放大器，电位 u_- 对地为正，因而输出电压 u_O 极性对地为负；u_O 作用于电阻 R_2，产生电流 i_F，i_F 对 i_I 分流，导致集成运算放大器的净输入电流 $i_-(i_I-i_F)$ 的数值减小，故说明电路引入了负反馈。

以上分析说明，在集成运算放大器组成的反馈放大电路中，可以通过分析集成运算放大器的净输入电压 u_D，或者净输入电流 i_+（或 i_-）因反馈的引入是增大了还是减小了，来判断反馈的极性。凡使净输入量增大的为正反馈，凡使净输入量减小的为负反馈。

对于分立元器件电路，可以通过判断输入级放大管的净输入电压（基极-发射极间或发射极-基极间电压）或者净输入电流（i_B 或 i_E）因反馈的引入被增大还是被减小，来判断反馈的极性。例如，在图 4-4 所示电路中，设输入电压 u_I 的瞬时极性对地为 "+"，因而 VT_1 的基极电位对地为 "+"；共射电路输出电压与输入电压反相，故 VT_1 的集电极电位对地为 "-"，即 VT_2 的基极电位对地为 "-"；第二级仍为共射电路，故 VT_2 的集电极电位对地为 "+"，即输出电压 u_O 极性为上 "+" 下 "-"；u_O 作用于 R_6 和 R_3 回路，产生电流，如

图 4-4 中虚线所示，从而在 R_3 上得到反馈电压 u_F；根据 u_O 的极性得到 u_F 的极性为上"+"下"−"，如图 4-4 中所标注；u_F 作用的结果使 VT_1 的基极-发射极电压减小，故判定电路引入了负反馈。

3. 直流反馈与交流反馈的判断

根据直流反馈与交流反馈的定义，可以通过反馈存在于放大电路的直流通路之中还是交流通路之中，来判断电路引入的是直流反馈还是交流反馈。在图 4-5a 所示电路中，已知电容 C 对交流信号可

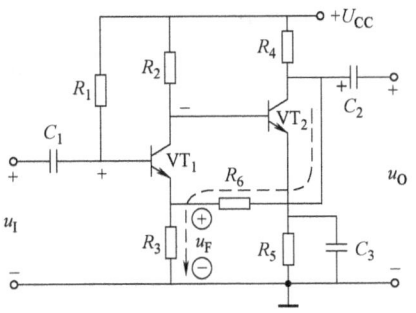

图 4-4 分立元器件放大电路

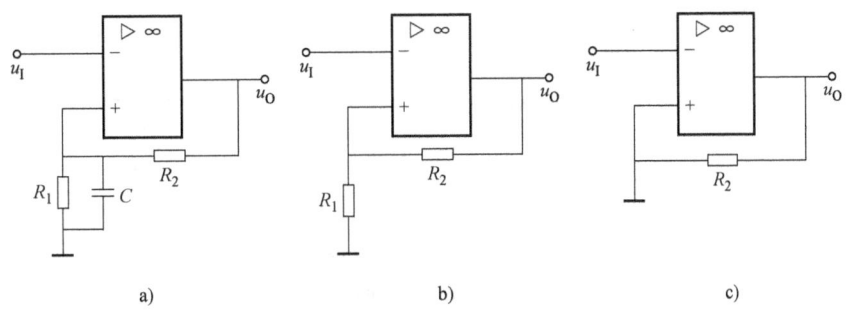

a)　　　　　　　b)　　　　　　　c)

图 4-5 直流反馈与交流反馈判断（一）

a) 电路 b) 直流通路 c) 交流通路

视为短路，因而它的直流通路和交流通路分别如图 4-5b、c 所示。与图 4-5b、c 所示电路比较可知，图 4-5a 所示电路中只引入了直流反馈，而没有引入交流反馈。

在图 4-6 所示电路中，已知电容 C 对交流信号可视为短路。对于直流量，电容 C 相当于开路，即在直流通路中不存在连接输出回路与输入回路的通路，故电路中没有直流反馈。对于交流量，C 相当于短路，R_2 将集成运算放大器的输出端与同相输入端相连接，故电路中引入了交流反馈。

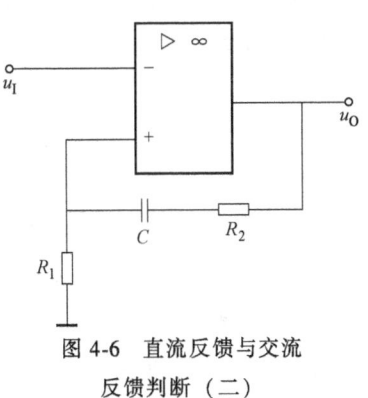

图 4-6 直流反馈与交流反馈判断（二）

4.2 放大电路中的负反馈

4.2.1 负反馈的类型

根据反馈电路与基本放大电路在输入端和输出端连接方式的不同，负反馈可分为下列四种类型，现分述如下。

1. 串联电压负反馈

图 4-7a 是同相比例运算电路。利用瞬时极性法判断，设某一瞬时输入电压 u_I 为正，则同相输入端电位的瞬时极性为"⊕"，输出端电位的瞬时极性也为"⊕"，输出电压 u_O 经

R_F 和 R_1 分压后在 R_1 上得出反馈电压 u_F（根据图 4-7 中的参考方向应是正值），它减小了净输入电压（差值电压）u_D，$u_D = u_I - u_F$，故电路中引入负反馈。

反馈电压

$$u_F = \frac{R_1}{R_F + R_1} u_O$$

取自输出电压 u_O，并与之成正比，故为电压反馈。

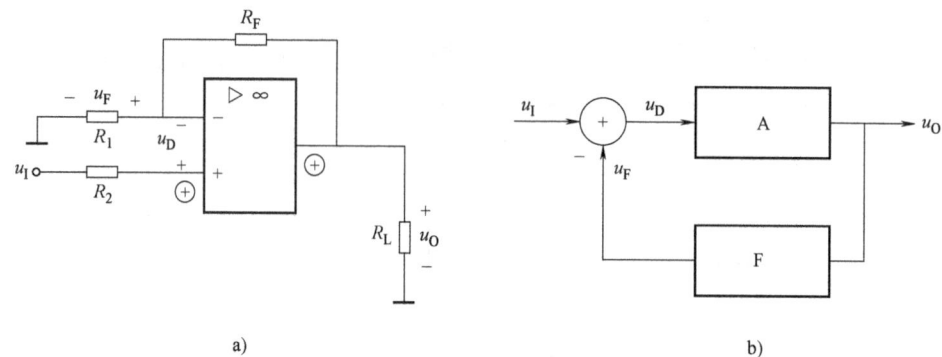

图 4-7　串联电压负反馈电路
a）电路　b）框图

反馈信号与输入信号在输入端以电压的形式做比较，两者串联，故为串联反馈。

因此，图 4-7a 所示电路反馈类型为串联电压负反馈，图 4-7b 是其框图。

2. 并联电压负反馈

图 4-8a 是反相比例运算电路。设某一瞬时输入电压 u_I 为正，则反相输入端电位的瞬时极性为正，输出端电位的瞬时极性为负（用"⊖"表示）。此时反相输入端的电位高于输出端的电位，输入电流 i_I 和反馈电流 i_F 的实际方向如图 4-8 所示。净输入电流（差值电流）$i_D = i_I - i_F$，即 i_F 削弱了净输入电流，故为负反馈。

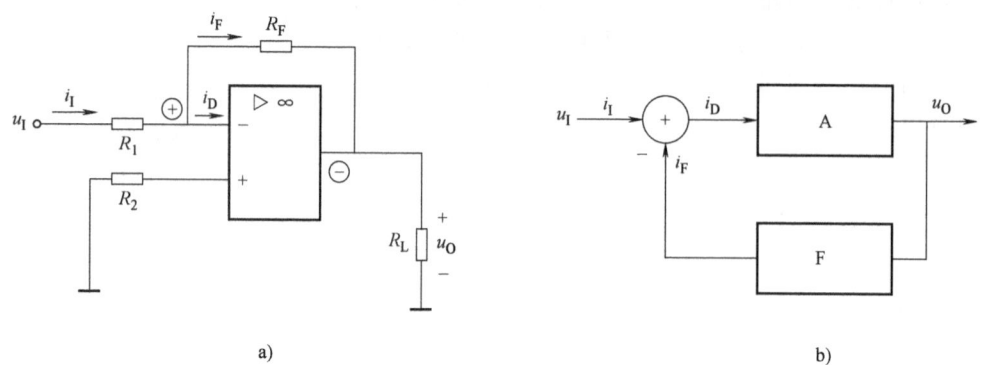

图 4-8　并联电压负反馈电路
a）电路　b）框图

反馈电流

$$i_F = \frac{u_- - u_O}{R_F} = -\frac{u_O}{R_F}$$

取自输出电压 u_O，并与之成正比，故为电压反馈。

反馈信号与输入信号在输入端以电流的形式做比较，i_F 和 i_D "并联"，由 i_I 供电，故为并联反馈。

因此，图 4-8a 所示电路为并联电压负反馈电路，图 4-8b 是其框图。

3. 串联电流负反馈

首先分析图 4-9a 所示电路的功能。利用集成运算放大器分析的依据，可知

$$u_+ \approx u_- \approx u_I$$

$$u_F = u_I = \frac{R}{R+R_L}u_O$$

故

$$u_O = \left(1+\frac{R_L}{R}\right)u_I$$

输出电流

$$i_O = \frac{u_O - u_-}{R_L} \approx \frac{u_O - u_I}{R_L}$$

由上面两式得出

$$i_O \approx \frac{u_I}{R}$$

可见，输出电流 i_O 与负载电阻 R_L 无关，因此图 4-9a 是一同相输入恒流源电路，或称为电压-电流变换电路。改变电阻 R 的阻值，就可以改变 i_O 的大小。

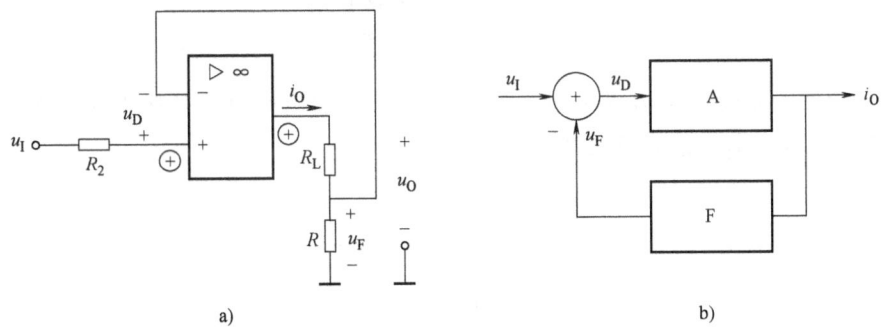

图 4-9 串联电流负反馈电路
a) 电路 b) 框图

其次分析反馈类型。设某一瞬时输入电压 u_I 为正，则输出端电位的瞬时极性为正（用"⊕"表示）。电阻 R 两端电压为反馈电压 u_F，极性如图 4-9 所示，故 $u_D = u_I - u_F$，电路中引入负反馈。

反馈电压

$$u_F = Ri_O$$

取自输出电流（即负载电流）i_O，并与之成正比，故为电流反馈。

反馈信号与输入信号在输入端以电压的形式做比较，两者串联，故为串联反馈。

因此，图 4-9a 所示电路为串联电流负反馈，图 4-9b 是其框图。

4. 并联电流负反馈

首先分析图 4-10a 所示电路的功能。由图可得出

$$i_I = \frac{u_I}{R_1}, \quad i_F = -\frac{u_R}{R_F}$$

由于 $i_I \approx i_F$，则得

$$u_R = -\frac{R_F}{R_1} u_I$$

输出电流

$$i_O = i_R - i_F = \frac{u_R}{R} - \frac{u_I}{R_1} = -\left(\frac{R_F}{R_1 R} + \frac{1}{R_1}\right) u_I = -\frac{1}{R_1}\left(\frac{R_F}{R} + 1\right) u_I$$

可见，输出电流 i_O 与负载电阻 R_L 无关，因此图 4-10a 是一反相输入恒流源电路。改变电阻 R_1 或 R_F 的阻值，就可以改变 i_O 的大小。

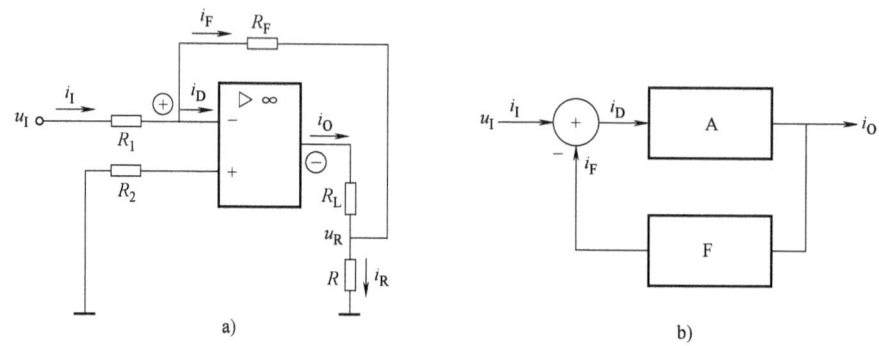

图 4-10 并联电流负反馈电路
a）电路 b）框图

其次分析反馈类型。设 u_I 为正时，反相输入端和输出端电位的瞬时极性如图 4-10 所示，差值电流 $i_D = i_I - i_F$，故为负反馈。

反馈电流

$$i_F \approx i_I = \frac{u_I}{R_1} = -\frac{1}{\dfrac{R_F}{R} + 1} i_O = -\left(\frac{R}{R_F + R}\right) i_O$$

取自输出电流 i_O，并与之成正比，故为电流反馈。

反馈信号与输入信号在输入端以电流的形式做比较，i_F 和 i_D "并联"，由 i_I 供电，故为并联反馈。

因此，图 4-10a 所示电路为并联电流负反馈电路，图 4-10b 是其框图。

总之，从上述四个运算放大器电路可以得出如下结论：

1) 反馈电路直接从输出端引出的，是电压反馈；从负载电阻 R_L 的靠近"地"端引出的，是电流反馈。

2) 输入信号和反馈信号分别加在两个输入端（同相和反相）上的，是串联反馈；加在同一个输入端（同相或反相）上的，是并联反馈。

3) 反馈信号使净输入信号减小的，是负反馈。

例 4-1 试判别图 4-11a、b 所示的两个两级放大电路中从运算放大器 A_2 输出端引至 A_1 输入端的各是何种类型的反馈电路。

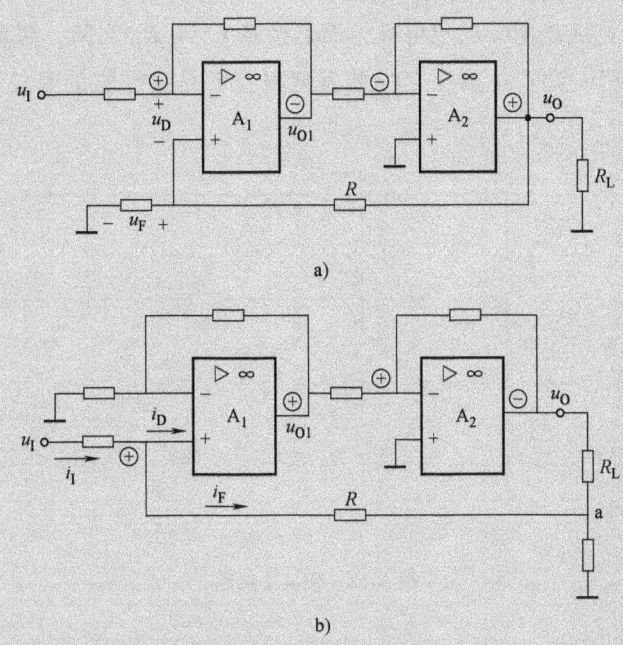

图 4-11 例 4-1 电路

解：图 4-11a 的反馈电路类型分析如下。

1) 设 u_I 瞬时极性为正，则 u_{O1} 为负，u_O 为正。反馈电压 u_F 使净输入电压 $u_D = u_I - u_F$ 减小，故为负反馈。

2) 反馈电压 u_F 和输入电压 u_I 分别加在 A_1 的同相和反相两个输入端，故为串联反馈。

3) 反馈信号从 A_2 的输出端引出，故为电压反馈。

因此，在图 4-11a 中，从运算放大器 A_2 引至 A_1 同相输入端的是串联电压负反馈。

图 4-11b 的反馈电路类型分析如下。

1) 设 u_I 瞬时极性为正，则 u_{O1} 为正，u_O 为负。A_1 同相输入端的电位高于 a 点，反馈电流 i_F 的实际方向如图 4-11b 中所示，它使净输入电流 $i_D = i_I - i_F$ 减小，故为负反馈。

2) 反馈电流 i_F 和输入电流 i_I 加在集成运算放大器 A_1 同一个输入端，故为并联反馈。

3) 反馈信号从 R_L 的靠近"地"端引出，故为电流反馈。

因此，在图 4-11b 中，从负载电阻 R_L 的靠近"地"端引至 A_1 同相输入端的是并联电流负反馈电路。

例 4-2 在图 4-12 所示的两级分立元器件放大电路中：

1) 哪些是直流负反馈？
2) 哪些是交流负反馈？并说明其类型。
3) 如果 R_F 不是接在 VT_2 的集电极，而是接在 C_2 与 R_L 之间，两者有何不同？
4) 如果 R_F 的另一端不是接在 VT_1 的发射极，而是接在它的基极，有何不同，是否会变为正反馈？

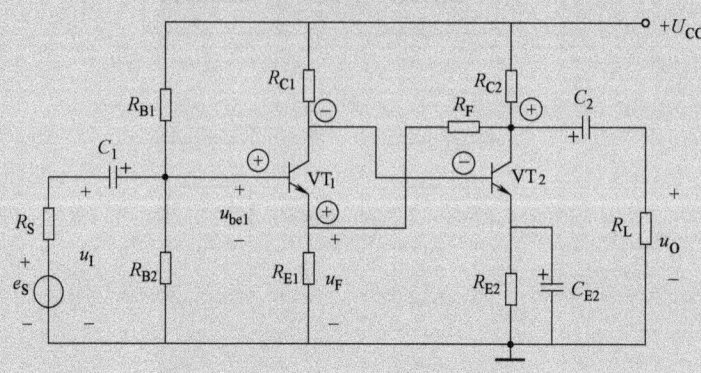

图 4-12 例 4-2 电路

解：1) 在图 4-12 中，R_{E1} 上有两种直流负反馈：一是由本级电流 I_{E1} 产生的；二是由后级集电极直流电压 U_{C2} 经 R_F 和 R_{E1} 分压而产生的。此外，R_{E2} 上有本级电流 I_{E2} 产生的直流负反馈；因 R_{E2} 被 C_{E2} 旁路，故无交流负反馈。

2) R_{E1} 上有两种交流负反馈：一是由本级交流分量 i_{e1} 产生的串联电流负反馈；二是由后级集电极交流电压（即输出电压 u_O）经 R_F 和 R_{E1} 分压而产生的串联电压负反馈。关于第二种负反馈，分析如下：

设在输入电压 u_I 的正半周，晶体管 VT_1 和 VT_2 各极交流电位的瞬时极性如图 4-12 所示，即

$$B_1(\oplus) \rightarrow C_1(\ominus) \rightarrow B_2(\ominus) \rightarrow C_2(\oplus) \rightarrow E_1(\oplus)$$

可见，反馈提高了 E_1 的电位，使 u_{be1} 减小，故为负反馈。

反馈电压 $u_F = \dfrac{R_{E1}}{R_F + R_{E1}} u_O$，取自输出电压，故为电压反馈；$u_F$ 与 u_I 在输入端以电压的形式做比较，$u_{be1} = u_I - u_F$，故为串联反馈。

3) 如果将 R_F 的一端改接在电容器 C_2 与负载电阻 R_L 之间，则因 u_O 中无直流分量，R_{E1} 上就不存在由 R_F、R_{E1} 反馈电路产生的直流负反馈。

4) 如果将 R_F 的另一端改接在 VT_1 的基极 B_1，则反馈提高了 B_1 的电位，使 u_{be1} 增大，变成正反馈了。

4.2.2 负反馈对放大电路工作性能的影响

1. 降低放大倍数

由图 4-1b 所示的带有负反馈的放大电路框图可知,基本放大电路的放大倍数,即未引入负反馈时的放大倍数(也称开环放大倍数)为

$$A = \frac{x_\mathrm{O}}{x_\mathrm{D}} \tag{4-1}$$

反馈信号与输出信号之比称为反馈系数,即

$$F = \frac{x_\mathrm{F}}{x_\mathrm{O}} \tag{4-2}$$

引入负反馈后的净输入信号为

$$x_\mathrm{D} = x_\mathrm{I} - x_\mathrm{F} \tag{4-3}$$

故

$$A = \frac{x_\mathrm{O}}{x_\mathrm{I} - x_\mathrm{F}} \tag{4-4}$$

包括反馈电路在内的整个放大电路的放大倍数,即引入负反馈时的放大倍数(也称闭环放大倍数)为 A_F,由上列各式推导可得

$$A_\mathrm{F} = \frac{x_\mathrm{O}}{x_\mathrm{I}} = \frac{A}{1+AF} \tag{4-5}$$

由式(4-1)和式(4-2)可得

$$AF = \frac{x_\mathrm{F}}{x_\mathrm{D}} \tag{4-6}$$

由 4.2.1 节分析可知,x_F 与 x_D 同是电压或电流,且为正值,故 AF 为正实数。因此,由式(4-5)可知,$|A_\mathrm{F}| < |A|$,引入负反馈后放大倍数降低了。

$1+AF$ 称为反馈深度,其值越大,负反馈作用越强,$|A_\mathrm{F}|$ 也就越小。射极跟随器和同相比例运算跟随器的输出信号全部反馈到输入端,反馈系数为 1,反馈极深,故 $A_{uF} \approx 1$,无电压放大作用。

引入负反馈后,虽然放大倍数降低了,但在很多方面改善了放大电路的工作性能。

2. 提高放大倍数的稳定性

当外界条件变化时(例如环境温度变化、晶体管老化、元器件参数变化、电源电压波动等),即使输入信号一定,仍将引起输出信号的变化,也就是引起放大倍数的变化。如果这种相对变化较小,则说明其稳定性较高。

在式(4-5)中,开环放大倍数 A 为正实数;一般反馈电路是电阻性的,故反馈系数 F 也是正实数。因而对式(4-5)求微分,得

$$\mathrm{d}A_\mathrm{F} = \frac{1}{1+AF}\mathrm{d}A - \frac{AF}{(1+AF)^2}\mathrm{d}A = \frac{\mathrm{d}A}{(1+AF)^2}$$

用上式两边分别除以式(4-5)的两边,得

$$\frac{\mathrm{d}A_F}{A_F} = \frac{1}{1+AF} \cdot \frac{\mathrm{d}A}{A} \qquad (4\text{-}7)$$

即从数量上表示放大倍数的稳定程度。式（4-7）中，$\frac{\mathrm{d}A}{A}$ 是开环放大倍数的相对变化，$\frac{\mathrm{d}A_F}{A_F}$ 是闭环放大倍数的相对变化，它只是前者的 $\frac{1}{1+AF}$。可见引入负反馈后，放大倍数降低了，而放大倍数的稳定性却提高了。

负反馈深度越深，放大电路越稳定。如果 $AF \gg 1$，则根据式（4-5）得

$$A_F \approx \frac{1}{F} \qquad (4\text{-}8)$$

式（4-8）说明，在深度负反馈的情况下，闭环放大倍数仅与反馈电路的参数（如电阻和电容）有关，它们基本上不受外界因素变化的影响。这时放大电路的工作非常稳定。

3. 改善波形失真

前面说过，由于工作点选择不合适，或者输入信号过大，都将引起信号波形的失真，如图 4-13a 所示。但引入负反馈之后，可将输出端的失真信号反送到输入端，使净输入信号发生某种程度的失真，经过放大之后，即可使输出信号的失真得到一定程度的补偿。从本质上说，负反馈是利用失真了的波形来改善波形的失真，因此只能减小失真，不能完全消除失真，如图 4-13b 所示。

由于反馈电路通常由电阻组成，故 u_F 和 u_O 是一样的失真波形。

负反馈改善
波形失真

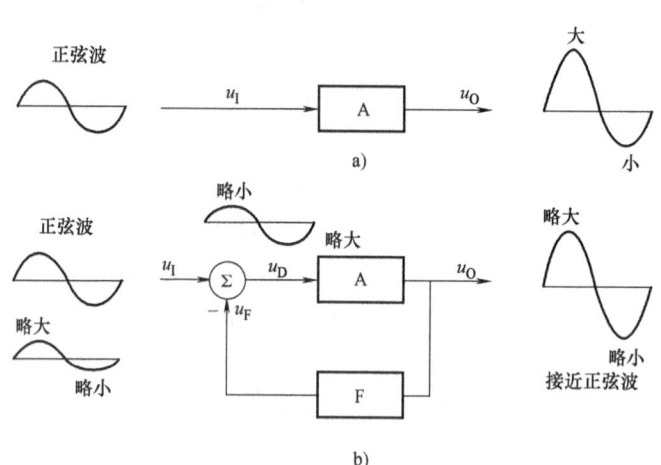

图 4-13 利用负反馈改善波形失真

4. 展宽通频带

集成运算放大器电路都采用直接耦合，无耦合电容，故其低频特性良好，展宽了通频带；引入负反馈后，在高频段通频带又能得到展宽，如图 4-14 所示。为什么负反馈能展宽通频带，可以这样来理解：在中频段，开环放大倍数 $|A|$ 较高，反馈信号也较高，因而使闭环放大倍数 $|A_F|$ 降低得较多；而在高频段，$|A|$ 较低，反馈信号也较低，因而使 $|A_F|$ 降低得较少；这样，就将放大电路的通频带展宽了。

5. 对放大电路输入电阻的影响

放大电路中引入负反馈后能使输入电阻 r_{iF} 增高还是减低，与串联反馈还是并联反馈有关。

在图 4-7 和图 4-9 的串联反馈运算放大电路中，由于 u_F 与 u_I 反相串联，使输入信号电压的一部分被反馈电压抵消，所以信号源 u_I 供给的输入电流 i_I 减小了，这意味着输入电阻 r_{iF} 的增高。而在图 4-8 和图 4-10 的并联反馈运算放大电路中，信号源除供给 i_D 外，还要增加一个分量 i_F，因此 i_I 增大了，这意味着输入电阻的减低。

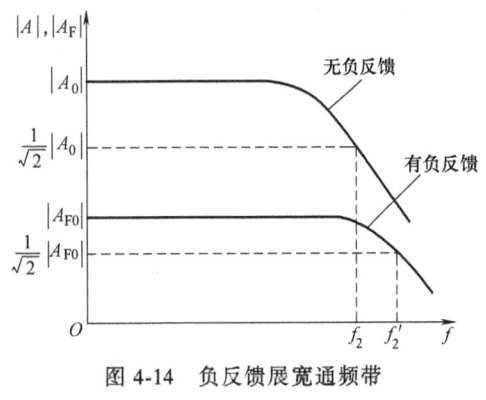

图 4-14 负反馈展宽通频带

6. 对放大电路输出电阻的影响

放大电路中引入负反馈后能使输出电阻 r_{of} 减低还是增高，与电压反馈还是电流反馈有关。

电压反馈的放大电路具有稳定输出电压 u_O 的作用，即有恒压输出的特性。如以图 4-7 的电压反馈运算放大电路为例，当输入电压 u_I 为一定值，如果输出电压 u_O 由于负载电阻 R_L 的减小而减小时，则反馈电压 u_F 也随之减小，其结果使净输入电压 u_D 增大，于是输出电压就回升到接近原值。

具有恒压输出特性的放大电路的内阻很低，即其输出电阻很低。

电流反馈的放大电路具有稳定输出电流 i_O 的作用，即有恒流输出的特性。如以图 4-9 的电流反馈电路为例，当输入电压 u_I 为一定值，如果输出电流 i_O 由于温度升高而增大时，则反馈电压 u_F 也随之增大，其结果使净输入电压 u_D 减小，于是输出电流 i_O 就回落到接近原值。

具有恒流输出特性的放大电路的内阻很高，即输出电阻较高。

放大电路中引入负反馈后，输入电阻和输出电阻将发生变化。根据反馈类型的不同，对它们的影响也不同，上述四种负反馈类型对输入电阻 r_i 和输出电阻 r_o 的影响见表 4-1。

表 4-1 四种负反馈类型对 r_i 和 r_o 的影响

反馈组态	串联电压	串联电流	并联电压	并联电流
r_i	增高	增高	减低	减低
r_o	减低	增高	减低	增高

4.2.3 放大电路中引入负反馈的一般原则

通过以上分析可知，负反馈对放大电路性能方面的影响，均与反馈深度 $1+AF$ 有关。应当说明的是，以上的定量分析是为了更好地理解反馈深度与电路各性能指标的定性关系。从某种意义上讲，对负反馈放大电路的定性分析比定量计算更重要。一方面是因为在分析实用电路时，几乎均可认为它们引入的是深度负反馈，如当基本放大电路为集成运算放大器时，便可认为 $1+AF$ 趋于无穷大；另一方面，即使需要精确分析电路的性能指标，也不需要利用框图进行手工计算，而应借助于如 PSpice、Multisim 等电子电路计算机辅助分析和设计软件。

引入负反馈可以改善放大电路多方面的性能，而且反馈组态不同，所产生的影响也各不相同。因此，在设计放大电路时，应根据需要和目的，引入合适的反馈，这里提供部分一般原则。

1）为了稳定静态工作点，应引入直流负反馈；为了改善电路的动态性能，应引入交流负反馈。

2）根据信号源的性质决定引入串联负反馈或并联负反馈。当信号源为恒压源或内阻较小的电压源时，为增大放大电路的输入电阻，以减小信号源的输出电流和内阻上的压降，应引入串联负反馈。当信号源为恒流源或内阻很大的电流源时，为减小放大电路的输入电阻，使电路获得更大的输入电流，应引入并联负反馈。

3）根据负载对放大电路输出量的要求，即负载对其信号源的要求，决定引入电压负反馈或电流负反馈。当负载需要稳定的电压信号时，应引入电压负反馈；当负载需要稳定的电流信号时，应引入电流负反馈。

4）根据上述对反馈类型的分析，在需要进行信号变换时，选择合适的组态。例如，若将电流信号转换成电压信号，则应引入电压并联负反馈；若将电压信号转换成电流信号，则应引入电流串联负反馈等。

例 4-3 电路如图 4-15 所示，为了达到下列目的，分别说明应引入哪种组态的负反馈，以及电路如何连接。

1）减小放大电路从信号源索取的电流并增强带负载能力。

2）将输入电流 i_I 转换成与之成稳定线性关系的输出电流 i_O。

3）将输入电流 i_I 转换成稳定的输出电压 u_O。

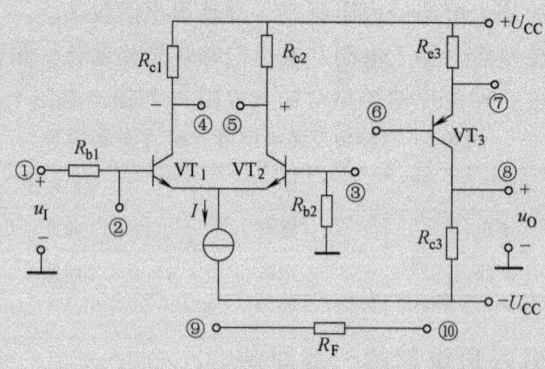

图 4-15 例 4-3 电路

解：若 u_I 瞬时极性对地为"+"，则 VT_1 集电极电位为"-"，VT_2 集电极电位为"+"，如图 4-15 中所标注；而若要 VT_3 的发射极电位为"+"，集电极电位为"-"，则需将其基极接 VT_2 集电极，否则需将其基极接 VT_1 集电极。

1）电路需要增大输入电阻并减小输出电阻，故应引入电压串联负反馈。

反馈信号从输出电压采样,故将⑧与⑩相连接;反馈量应为电压量,故将③与⑨相连接;这样,u_O 作用于 R_F 和 R_{b2} 回路,在 R_{b2} 上得到反馈电压 u_F,为了保证电路引入的为负反馈,当 u_I 对地为"+"时,u_F 应为上"+"下"−",即⑧的电位为"+",因此应将④与⑥连接起来。

结论:电路中应将④与⑥、③与⑨、⑧与⑩分别连接起来。

2) 电路应引入电流并联负反馈。

将⑦与⑩、②与⑨分别相连,R_F 与 R_{e3} 对 i_O 分流,R_F 中的电流为反馈电流 i_F。为保证电路引入的是负反馈,当 u_I 对地为"+"时,i_F 应自输入流向输出,即应使⑦端的电位为"−",因此应将④与⑥连接起来。

结论:电路中应将④与⑥、⑦与⑩、②与⑨分别连接起来。

3) 电路应引入电压并联负反馈。

电路中应将②与⑨、⑧与⑩、⑤与⑥分别连接起来。

应当指出,对于一个确定的放大电路,输出量与输入量的相位关系唯一地被确定,因此,所引入的负反馈的组态将受它们相位关系的约束。例如,当⑤与⑥相连接时,u_O 与 u_I 将反相,该电路将不可能引入电压串联负反馈,而只能引入电压并联负反馈。

4.3 反馈在汽车电路中的应用

4.3.1 电桥信号放大电路

如果需要对温度、压力或形变等进行检测,可采用图 4-16 所示的电桥信号放大电路。图 4-16 中电桥的一个臂是由传感器构成的。

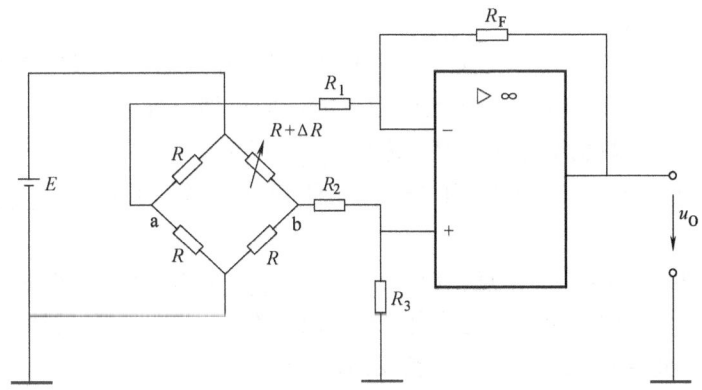

图 4-16 电桥信号放大器电路

电桥信号放大电路实际上是一个差分放大电路,它是将由传感器引起的电桥输出电压放大。当传感器的阻值没有变化时,即 $\Delta R = 0$ 时,电桥平衡,电路输出电压 $u_O = 0$;当传感器因温度、压力或其他变化而使传感元件的电阻值发生变化时（用 ΔR 表示），电桥就失去平衡，变化量变成了电信号而产生输出电压 u_O。输出电压 u_O 值一般很小，需要经过放大器差动放大。

因 $\Delta R \ll R$，有

$$U_{ab} = \frac{E}{4} \cdot \frac{\Delta R}{R} = \frac{E}{4} \cdot \delta$$

式中，δ 为传感器的灵敏度，$\delta = \dfrac{\Delta R}{R}$。当外接电阻 $R_1 = R_2 = R_F = R_3$，电桥放大器的输出电压为

$$u_O = -\frac{E\delta}{4} \quad (u_O \text{ 随 } \delta \text{ 发生变化而变化})$$

4.3.2 光电测量电路

光电二极管、晶体管或其他光电器件能够将光信号转变为电信号。图 4-17 为一种最简单的光电测量电路。

无光照时，光电二极管的反向电流很小。有光照时，二极管有光电流流过，光照强度越大，光电电流越大。经过集成运算放大器后，输出电压 u_O，传入 ECU（控制单元）进行控制，汽车自动空调控制系统中，用作检测日照量的传感器，就是经过设置在 ECU 内部的上述电路进行信号放大的。

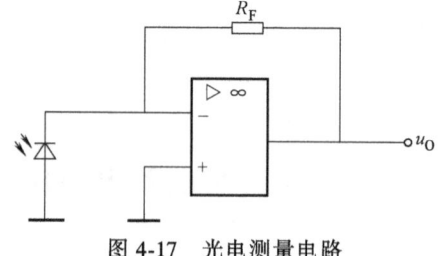

图 4-17 光电测量电路

习 题

一、填空题

1. 将放大器____的全部或部分通过某种方式回送到输入端，这部分信号叫作____信号。
2. 使放大器净输入信号减小，放大倍数也减小的反馈，称为_____反馈；使放大器净输入信号增加，放大倍数也增加的反馈，称为_____反馈。
3. 在放大电路中，负反馈可分为四种组态，分别为：_____、_____、_____、_____。
4. 放大电路为稳定静态工作点，应该引入_____负反馈；为提高电路的输入电阻，应该引入_____负反馈；为了稳定输出电压，应该引入_____负反馈。
5. 射极输出器电路引入了_____负反馈。
6. 反相比例运算放大电路引入的是_____负反馈。
7. 同相比例运算放大电路引入的是_____负反馈。
8. 为使电路输入电阻高、输出电阻低，应引入_____。
9. 要使放大电路输出电压稳定，输入电阻提高，应在电路中选用_____负反馈。

10. 电路如图 4-18 所示，已知集成运算放大器的开环差模增益和差模输入电阻均近于无穷大，最大输出电压幅值为±14V。填空：

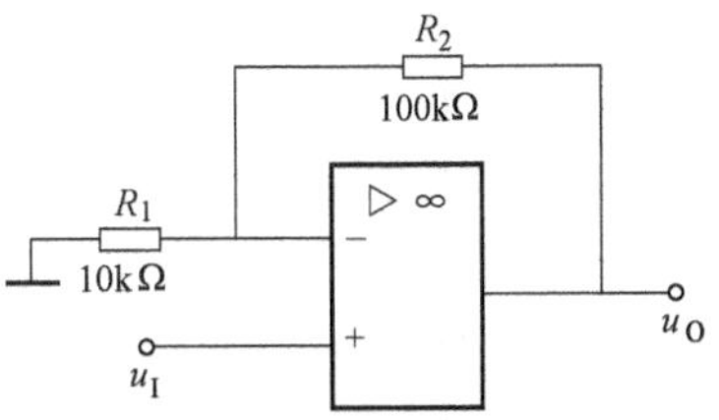

1) 电路引入了_____交流负反馈，电路的输入电阻趋近于_____，电压放大倍数 $A_{uf} = \Delta u_O / \Delta u_I \approx$ _____。

图 4-18 填空题 10 电路

2) 设 $u_I = 1V$，则 $u_O \approx$ _____V；若 R_1 开路，则 u_O 变为_____V；若 R_1 短路，则 u_O 变为_____V；若 R_2 开路，则 u_O 变为_____V；若 R_2 短路，则 u_O 变为_____V。

二、选择题

1. 对于放大电路，所谓开环是指（　　）。

A. 无信号源　　B. 无反馈通路　　C. 无电源　　D. 无负载

2. 对于放大电路，所谓闭环是指（　　）。

A. 考虑信号源内阻　　B. 存在反馈通路　　C. 接入电源　　D. 接入负载

3. 在输入量不变的情况下，若引入反馈后（　　），则说明引入的反馈是负反馈。

A. 输入电阻增大　　　　　　　　　B. 输出量增大

C. 净输入量增大　　　　　　　　　D. 净输入量减小

4. 直流负反馈是指（　　）。

A. 直接耦合放大电路中所引入的负反馈

B. 只有放大直流信号时才有的负反馈

C. 在直流通路中的负反馈

5. 交流负反馈是指（　　）。

A. 阻容耦合放大电路中所引入的负反馈

B. 只有放大交流信号时才有的负反馈

C. 在交流通路中的负反馈

6. 为了实现下列目的，选择合适答案填入空内。

A. 直流负反馈　　　　B. 交流负反馈

1) 为了稳定静态工作点，应引入（　　）。

2) 为了稳定放大倍数，应引入（　　）。

3) 为了改变输入电阻和输出电阻，应引入（　　）。

4) 为了抑制温漂，应引入（　　）。

7. 选择合适答案填入空内。

A. 电压　　B. 电流　　C. 串联　　D. 并联

1) 为了稳定放大电路的输出电压，应引入（　　）负反馈。

2) 为了稳定放大电路的输出电流，应引入（　　）负反馈。

3) 为了增大放大电路的输入电阻，应引入（　　）负反馈。

4) 为了减小放大电路的输入电阻，应引入（　　）负反馈。

5) 为了增大放大电路的输出电阻，应引入（　　）负反馈。

6) 为了减小放大电路的输出电阻，应引入（　　）负反馈。

8. 已知交流负反馈有四种组态，选择合适的答案填入空内。
   A. 串联电压负反馈　　　　　　　　　B. 并联电压负反馈
   C. 串联电流负反馈　　　　　　　　　D. 并联电流负反馈
   1) 欲得到电流-电压转换电路，应在放大电路中引入（　　）。
   2) 欲将电压信号转换成与之成比例的电流信号，应在放大电路中引入（　　）。
   3) 欲减小电路从信号源索取的电流，增大带负载能力，应在放大电路中引入（　　）。
   4) 欲从信号源获得更大的电流，并稳定输出电流，应在放大电路中引入（　　）。
9. 引入负反馈后，不能改善的是（　　）。
   A. 放大倍数的稳定性
   B. 减少小信号源的波形失真
   C. 减少放大器的波形失真
10. 负反馈放大器的 $A=100$，其变化为 $\pm 10\%$，要使 A_F 的变化为 $\pm 0.1\%$，则反馈系数为（　　）。
    A. 0.99　　　　B. 0.1　　　　C. 0.099　　　　D. 0.01
11. 在图 4-19 中，引入了何种反馈？（　　）
    A. 正反馈　　　　B. 负反馈　　　　C. 无反馈
12. 在图 4-20 中，设 u_I 和 u_O 均为直流电压，试问引入了何种直流反馈？（　　）
    A. 正反馈　　　　B. 负反馈　　　　C. 无反馈

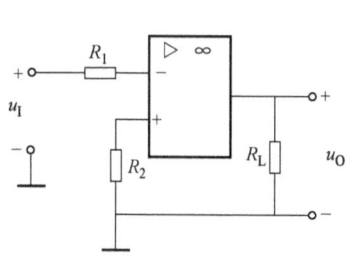

图 4-19　选择题 11 电路

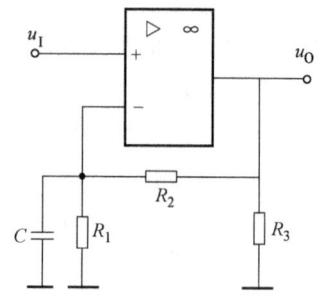

图 4-20　选择题 12 电路

13. 在图 4-20 中，设 u_I 和 u_O 均为正弦交流电压，且 $R_1 \gg X_C$，试问引入了何种交流反馈？（　　）
    A. 正反馈　　　　B. 负反馈　　　　C. 无反馈
14. 在图 4-21 中，反馈电阻 R_F 引入的是（　　）。
    A. 串联电压负反馈　　　　　　　　　B. 并联电压负反馈
    C. 串联电流负反馈　　　　　　　　　D. 并联电流负反馈
15. 在图 4-22 中，设 $u_I>0$，对运算放大器，R_F 引入的是（　　）；对晶体管电路，R_E 引入的是（　　）。
    A. 串联电压负反馈　　　　　　　　　B. 并联电压负反馈
    C. 串联电流负反馈　　　　　　　　　D. 并联电流负反馈

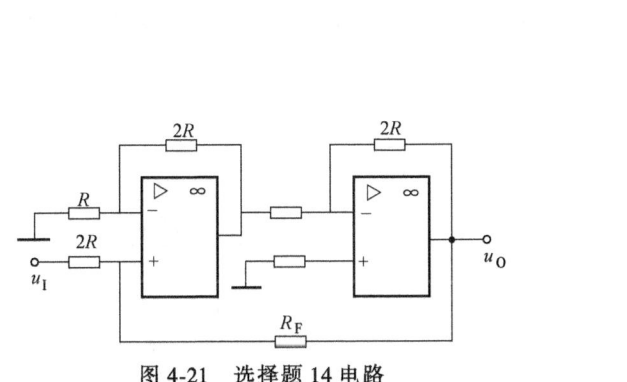

图 4-21 选择题 14 电路

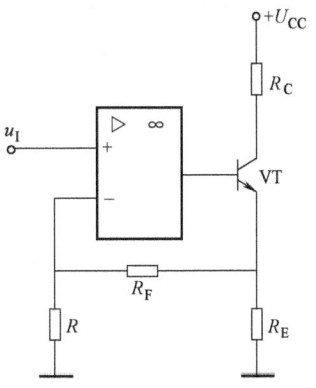

图 4-22 选择题 15 电路

三、计算分析题

1. 判断图 4-23 所示各电路中是否引入了反馈，是直流反馈还是交流反馈，是正反馈还是负反馈。如果是交流负反馈，判断其反馈类型。设图 4-23 中所有电容对交流信号均可视为短路。

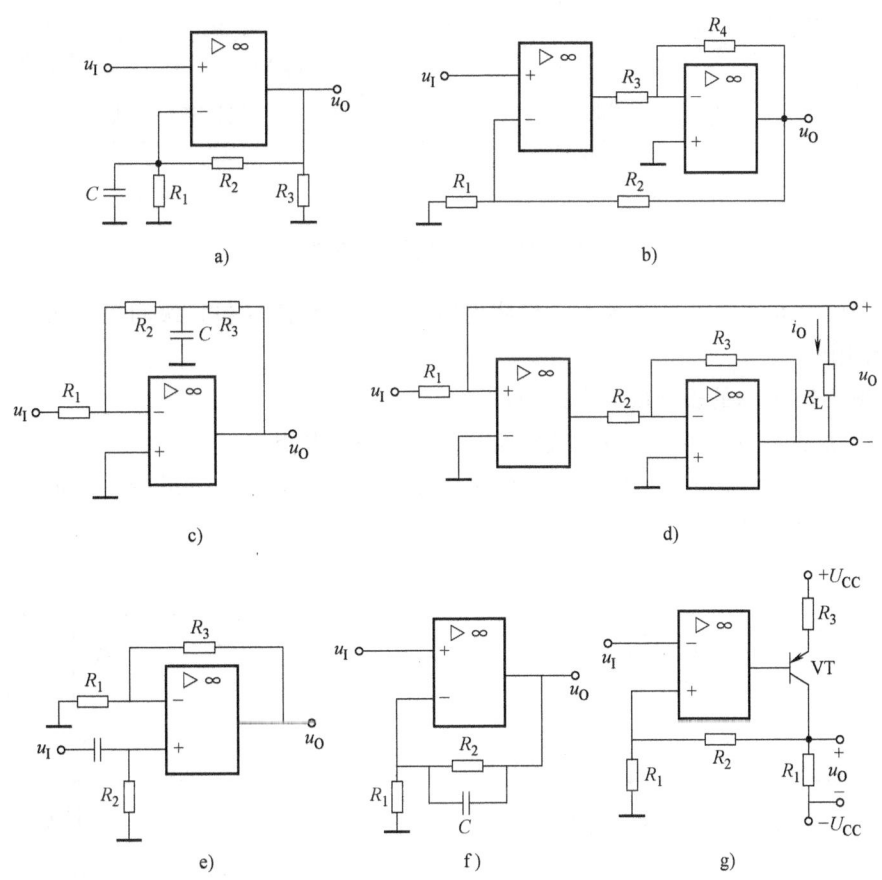

图 4-23 计算分析题 1 电路

2. 判断图 4-24 所示各电路中是否引入了反馈，是直流反馈还是交流反馈，是正反馈还是负反馈。如果是交流负反馈，判断其反馈类型。设图 4-24 中所有电容对交流信号均可视为短路。

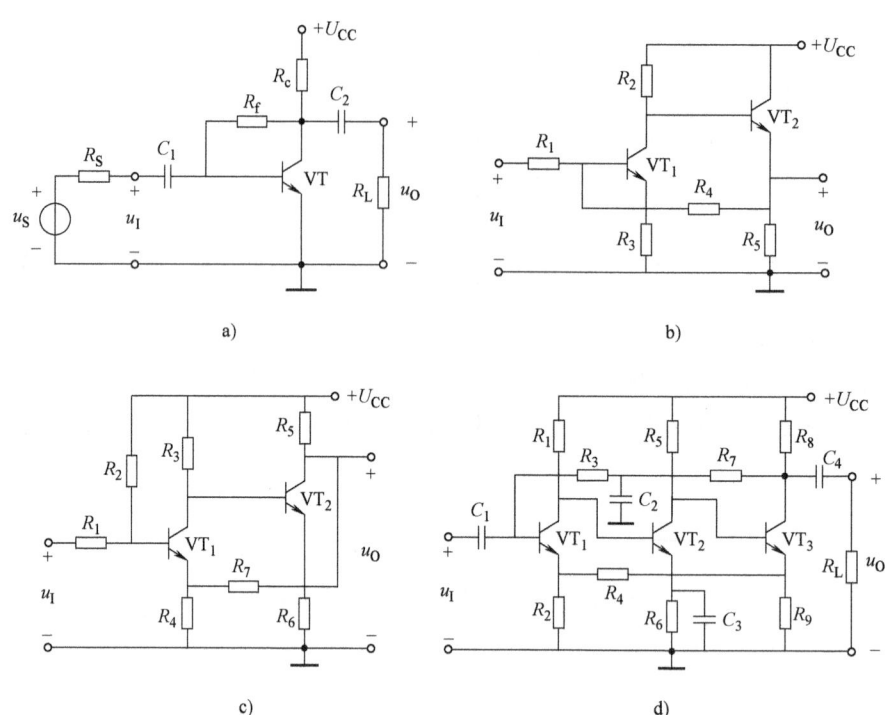

图 4-24　计算分析题 2 电路

3. 反馈放大电路如图 4-25 所示。说明电路中有哪些反馈（包括级间反馈和本级反馈）？各具什么作用？

4. 在图 4-26 所示的多级放大电路中：

1) 哪些是直流负反馈？哪些是交流负反馈？并说明其类型。

2) 如果 R_F 不是接在 VT_1 的基极，而是接在它的发射极，是负反馈还是正反馈？前级的偏流 I_{B1} 是如何产生的？

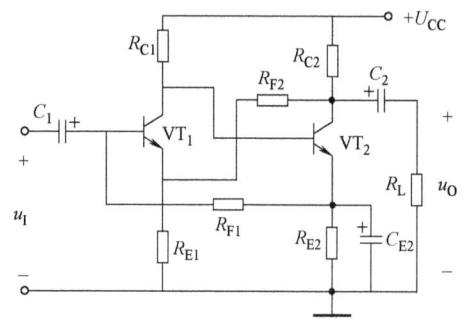

图 4-25　计算分析题 3 电路

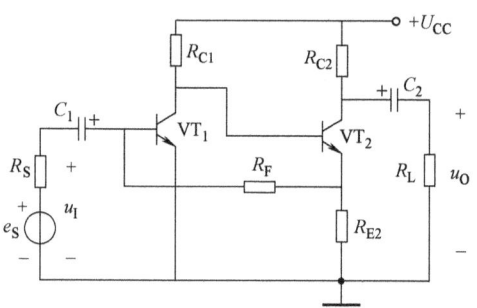

图 4-26　计算分析题 4 电路

5. 放大电路如图 4-27 所示。为达到下述三种效果，应引入什么反馈？标明反馈支路的路径。

1）仅希望稳定静态工作点。

2）稳定电路的输出电压。

3）减小电路的输入电阻。

6. 已知一个负反馈放大电路的 $A = 10^5$，$F = 2 \times 10^{-3}$。试求：

1）$A_F = ?$

2）若 A 的相对变化率为 20%，则 A_F 的相对变化率为多少？

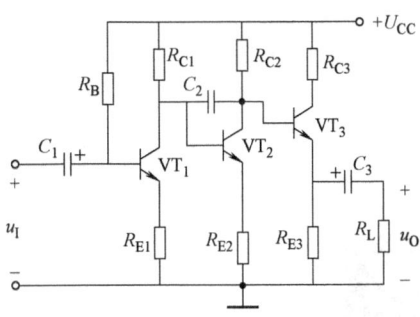

图 4-27 计算分析题 5 电路

7. 已知一个电压串联负反馈放大电路的电压放大倍数 $A_{uF} = 20$，其基本放大电路的电压放大倍数 A_u 的相对变化率为 10%，A_{uF} 的相对变化率小于 0.1%，试问 F 和 A_u 各为多少？

8. 有一负反馈放大电路，已知 $A = 300$，$F = 0.01$。试问：

1）闭环电压放大倍数 A_F 为多少？

2）如果 A 发生 ±20% 的变化，则 A_F 的相对变化为多少？

9. 有一同相比例运算电路，如图 4-28 所示。已知 $A = 1000$，$F = 0.049$。如果输出电压 $u_O = 2V$，试计算输入电压 u_I、反馈电压 u_F 及净输入电压 u_D。

10. 在图 4-28 所示的同相比例运算放大电路中，$R_F = 100k\Omega$，$R_1 = 10k\Omega$，开环差模电压放大倍数 A 和差模输入电阻 r_{id} 均近于无穷大，输出最大电压为 ±13V。试问：

1）电压放大倍数 A_F 和反馈系数 F 各为多少？

2）当 $u_I = 1V$ 时，u_O 为多少伏？

3）若在 R_1 开路、R_1 短路、R_F 开路和 R_F 短路这四种情况下，输出电压分别变为多少？

11. 电路如图 4-29 所示。试问：若以稳压二极管的稳定电压 U_Z 作为输入电压，则当 R_2 的滑动端位置变化时，输出电压 u_O 的调节范围为多少？

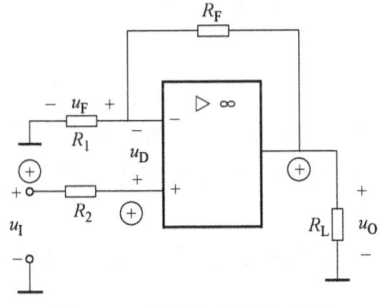

图 4-28 计算分析题 9 电路

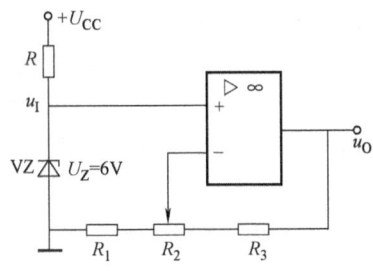

图 4-29 计算分析题 11 电路

第5章

门电路和组合逻辑电路

第5章 授课视频

5.1 数制和码制

5.1.1 数制

在日常生活中,人们习惯采用十进制,而数字电路中的基本工作信号是数字信号,只能表示"0"和"1"两个基本数字。因此,在数字系统中进行数字的运算和处理时,常用二进制、八进制和十六进制。

1. 十进制数

十进制是以 10 为基数的计数体制,常用下标 10 或符号 D 来表示,其进位规则是"逢十进一"。

十进制采用十个基本数码:0、1、2、3、4、5、6、7、8、9,任何数值都可以用上述十个数码按一定规律排列起来表示。0~9 十个数可以用一位基本数码表示,10 以上的数则要用两位以上的数码来表示,这样每一位数码处于不同的位置时,它代表的数值是不同的,即不同的数位有不同的位权。例如,十进制 2034 代表的数值可表示为

$$(2034)_{10} = 2\times 10^3 + 0\times 10^2 + 3\times 10^1 + 4\times 10^0$$

每位的位权分别为 10^3、10^2、10^1、10^0。

对于一个十进制数来说,从最低位开始,位权依次为 10^0、10^1、10^2、…、10^n,每一位数码所表示的数值等于该数码(称为该位的系数)乘以该位的位权,每一位的系数和位权的乘积称为该位的加权系数。任意一个 N 位十进制正数所表示的数值等于其各位加权系数之和,可表示为

$$(N)_{10} = k_{n-1}\times 10^{n-1} + k_{n-2}\times 10^{n-2} + \cdots + k_0\times 10^0 + k_{-1}\times 10^{-1} + k_{-2}\times 10^{-2} + \cdots + k_{-m}\times 10^{-m}$$
$$= \sum k_i \times 10^i \tag{5-1}$$

式中,N 为十进制数;k_i 为第 i 位的系数,可取 0~9 这 10 个数码中的任何一个;10^i 为第 i 位的位权,10 为进位基数;m、n 为正整数,n 为整数部分的位数,m 为小数部分的位数,则 i 包含从 $n-1$ 到 0 的所有正整数和从 -1 到 $-m$ 的所有负整数。例如

$$(143.27)_{10} = 1\times 10^2 + 4\times 10^1 + 3\times 10^0 + 2\times 10^{-1} + 7\times 10^{-2}$$

2. 二进制数

二进制数是以 2 为基数的计数体制,常用下标 2 或符号 B 来表示。只有 0 和 1 两个数

码,它的每一位都可以用电子元器件来实现,且运算规则简单,相应的运算电路也容易实现。其计数规律是"逢二进一"。

任何一个二进制数都可以展开成

$$(N)_2 = \sum k_i \times 2^i \tag{5-2}$$

并计算出它所表示是十进制数的大小。例如

$$(101.01)_2 = 1\times 2^2 + 0\times 2^1 + 1\times 2^0 + 0\times 2^{-1} + 1\times 2^{-2} = (5.25)_{10}$$

3. 八进制数

八进制数是以 8 为基数的计数体制,常用下标 8 或符号 O 来表示。有 0、1、2、3、4、5、6、7 共八个不同的数码,其计数规律是"逢八进一"。

任何一个八进制数的展开式都可写成

$$(N)_8 = \sum k_i \times 8^i \tag{5-3}$$

并利用上式计算出与之等效的十进制数值,例如

$$(12.4)_8 = 1\times 8^1 + 2\times 8^0 + 4\times 8^{-1} = (10.5)_{10}$$

4. 十六进制数

十六进制数是以 16 为基数的计数体制,常用下标 16 或符号 H 来表示。有 0~9、A(10)、B(11)、C(12)、D(13)、E(14)、F(15) 共十六个不同的数码。十六进制的计数规律是"逢十六进一"。

任何一个十六进制数的展开式都可写成

$$(N)_{16} = \sum k_i \times 16^i \tag{5-4}$$

并由此式计算出它所表示的十进制数值,例如

$$(2A.7F)_{16} = 2\times 16^1 + 10\times 16^0 + 7\times 16^{-1} + 15\times 16^{-2} = (42.4960937)_{10}$$

5.1.2 数制转换

1. 各种数制的数转换为十进制数

二进制数、八进制数、十六进制数转换成十进制数时,只要将它们按权展开,求出各加权系数的和,便得到相应进制数对应的十进制数。

2. 十进制数转换为二进制数

(1) 整数部分转换 将十进制数的整数部分转换为二进制数采用"除 2 取余法",它是将整数部分逐次被 2 除,依次记下余数,直到商为零。第一个余数为二进制的最低位,最后一位余数为最高位。

例如:将十进制 $(107)_{10}$ 转换成二进制数。

```
          余数
2 | 107 …… 1 …… k₀      最低位
2 |  53 …… 1 …… k₁       ↑
2 |  26 …… 0 …… k₂      读
2 |  13 …… 1 …… k₃      数
2 |   6 …… 0 …… k₄      顺
2 |   3 …… 1 …… k₅      序
2 |   1 …… 1 …… k₆      最高位
      0
```

故 $(107)_{10} = (k_6k_5k_4k_3k_2k_1k_0)_2 = (1101011)_2$。

(2) 小数部分转换 小数部分的转换采用乘 2 取整法，直到满足规定的位数为止。

例如：将十进制小数 0.8125 转化为二进制小数。

$$
\begin{array}{r}
0.8125 \\
\times \quad 2 \\
\hline
1.6250
\end{array}
\quad \text{整数部分} = 1 = k_{-1}
$$

$$
\begin{array}{r}
0.6250 \\
\times \quad 2 \\
\hline
1.2500
\end{array}
\quad \text{整数部分} = 1 = k_{-2}
$$

$$
\begin{array}{r}
0.2500 \\
\times \quad 2 \\
\hline
0.5000
\end{array}
\quad \text{整数部分} = 0 = k_{-3}
$$

$$
\begin{array}{r}
0.5000 \\
\times \quad 2 \\
\hline
1.0000
\end{array}
\quad \text{整数部分} = 1 = k_{-4}
$$

故 $(0.8125)_{10} = (0.1101)_2$。

3. 二进制数转换为八进制数

二进制数转换为八进制数的方法是：整数部分从低位开始，每三位二进制数为一组，最后不足三位的，则在高位加"0"补足三位为止；小数点后的二进制数则从高位开始，每三位二进制数为一组，最后不足三位的，则在低位加"0"补足三位，然后用对应的八进制数来代替，再按顺序排列写出对应的八进制数。

例如：将二进制数 $(11100101.010111)_2$ 转换为八进制数。

$$(\underline{011}\ \underline{100}\ \underline{101}.\underline{010}\ \underline{111})_2 = (345.27)_8$$

4. 八进制数转换为二进制数

将每位八进制数用三位二进制数来代替，再按原来的顺序排列起来，便得到了相应的二进制数。

例如：将八进制数 $(745.43)_8$ 转换成二进制数。

$$(745.43)_8 = (\underline{111}\ \underline{100}\ \underline{101}.\underline{100}\ \underline{011})_2$$

5. 二进制数转换为十六进制数

整数部分从低位开始，每四位二进制数为一组，最后不足四位的，则在高位加"0"补足四位为止；小数点后的二进制数则从高位开始，每四位二进制数为一组，最后不足四位的，则在低位加"0"补足四位，然后用对应的十六进制数来代替，再按顺序排列写出对应的十六进制数。

例如：将二进制数 $(01011110.10110010)_2$ 转换为十六进制数。

$$(\underline{0101}\ \underline{1110}.\underline{1011}\ \underline{0010})_2 = (5E.B2)_{16}$$

6. 十六进制数转换为二进制数

将每位十六进制数用四位二进制数来代替，再按原来的顺序排列起来便得到了相应的二进制数。

例如：将十六进制数 $(3BE5)_{16}$ 转化为二进制数。

$(3BE5.C6)_{16} = (\underline{11}\ \underline{1011}\ \underline{1110}\ \underline{0101}.\underline{1100}\ \underline{0110})_2$

7. 十进制转换成十六进制

十进制转换成十六进制时，可以先将十进制转换成二进制，然后将得到的二进制数转换成十六进制数。

例 5-1 将下列十进制数转换成等效的二进制数和等效的十六进制数。要求二进制数保留小数点以后 4 位有效数字。

1) $(17)_{10}$。

2) $(25.7)_{10}$。

解：1) 将十进制整数转换为二进制数采用"除 2 取余法"，它是将整数部分逐次被 2 除，依次记下余数，直到商为零。转化为二进制数后，从低位开始，每四位二进制数为一组，再将其转化为十六进制数。

$(17)_{10} = (10001)_2 = (11)_{16}$

除数	被除数	余数	
2	17	1	(低位)
2	8	0	
2	4	0	
2	2	0	
2	1	1	(高位)
	0		

2) 十进制整数转换为二进制数采用"除 2 取余法"，十进制的小数转化为二进制数，采用乘 2 取整法，直到满足规定的位数为止。

$(25.7)_{10} = (11001.1011)_2 = (19.B)_{16}$

除数	被除数	余数	
2	25	1	(低位)
2	12	0	
2	6	0	
2	3	1	
2	1	1	(高位)
	0		

$\begin{array}{r} 0.7 \\ \times\ 2 \\ \hline 1.4 \end{array}$ ——— 整数部分 $=1=k_{-1}$

$\begin{array}{r} 0.4 \\ \times\ 2 \\ \hline 0.8 \end{array}$ ——— 整数部分 $=0=k_{-2}$

$\begin{array}{r} 0.8 \\ \times\ 2 \\ \hline 1.6 \end{array}$ ——— 整数部分 $=1=k_{-3}$

$\begin{array}{r} 0.6 \\ \times\ 2 \\ \hline 1.2 \end{array}$ ——— 整数部分 $=1=k_{-4}$

5.1.3 码制

1. 原码、反码和补码

（1）**原码** 计算机中的数据，其本质都是以二进制码存储。计算机系统的内存储器，是由许多称为字节的单元组成的，1个字节由8个二进制位（bit）构成，每位的取值为0或者1。最右端为最低位，最左端为最高位。用最高位表示符号位，"1"表示负号，"0"表示正号。其他位存放二进制数。这种形式的数称为原码。

例如：(+9) 的原码为 00001001，(-9) 的原码为 10001001。

（2）**反码** 数值的反码表示分两种情况：

1）正数的反码：与原码相同。例如：(+9) 的反码是 00001001。

2）负数的反码：符号位为"1"不变，其余各位为该数绝对值的原码按位取反（1变0、0变1）。例如：(-9) 的反码：因为是负数，则符号位为"1"不变，其余7位为按位取反，所以 (-9) 的反码是 11110110。

（3）**补码** 补码的表示方法分两种情况：

1）正数的补码就是其本身。例如：(+9) 的补码是 00001001。

2）负数的补码是在其原码的基础上，符号位为"1"不变，其余各位取反，最后+1。（即在反码的基础上+1）。例如：(-9) 的补码为 11110111。

2. 几种常用的码制

数码不但可以用来表示数量的大小，还可以用来表示不同的事物。当用数码作为代号表示不同的事物时，称这个数码为代码。一定的代码有一定的规则，这些规则称为码制。给不同实物赋予一定代码的过程称为编码。

在日常生活中，人们习惯于十进制代码，而数字系统只能对二进制代码进行处理，这就需要用4位二进制数来表示一位十进制数，这种用来表示十进制数的4位二进制代码称为二-十进制代码，简称BCD码。由于4位二进制数有16种组合方式，可任选其中10种来表示0~9这10个数码，所以编码方案很多。常见的BCD码有8421码、余3码、2421码、5211码、余3循环码等，几种常见的BCD编码见表5-1。其中8421码、2421码、5211码为有权码，即每一位的1都代表固定的值。

表 5-1 几种常见的 BCD 编码

十进制数 编码种类	8421码	余3码	2421码	5211码	余3循环码
0	0000	0011	0000	0000	0010
1	0001	0100	0001	0001	0110
2	0010	0101	0010	0100	0111
3	0011	0110	0011	0101	0101
4	0100	0111	0100	0111	0100
5	0101	1000	1011	1000	1100
6	0110	1001	1100	1001	1101
7	0111	1010	1101	1100	1111
8	1000	1011	1110	1101	1110
9	1001	1100	1111	1111	1010
权	8421		2421	5211	

8421 码是 BCD 码中使用最多的一种有权码，其权值由高到低依次为 8、4、2、1，故称 8421BCD 码。

余 3 码不是有权码，由于它按二进制数展开后的十进制数比所表示的对应十进制数大 3。如 0101 表示的是 2，其展开十进制数为 5，故称为余 3 码。采用余 3 码的好处是：利用余 3 码做加法时，如果所得之和为 10，恰好对应二进制数的 16，可以自动产生进位信号。如 0110(3)+1010(7)=10000(10)；另外，0 和 9、1 和 8、2 和 7、3 和 6、4 和 5 的余 3 码互为反码，这对于求补很方便。

2421 码是有权码，其每位的权为 2、4、2、1。与余 3 码相同，0 和 9、1 和 8、2 和 7、3 和 6、4 和 5 是互为反码。另外，当任何两个这样的编码值相加等于 9 时，结果中的 4 个二进制码一定都是 1111。

5211 码也是有权码，其每位的权为 5、2、1、1。如 $(0111)_2 = 1×2+1×1+1×1 = 4$，主要用在分频器上。

余 3 循环码是一种变权码，每一位的 1 在不同代码中并不代表固定的数值。它的主要特点是相邻的两个代码之间仅有一位的状态是相同的。

5.1.4 脉冲信号

在数字电路中，信号（电压和电流）是脉冲的。脉冲是一种跃变信号，并且持续时间短暂，可短至几微秒（μs）甚至几纳秒（ns，$1ns = 10^{-9}s$）。图 5-1 是最常见的矩形波和尖顶波。实际波形并不像图 5-1 那样理想，例如，实际的矩形波如图 5-2 所示。

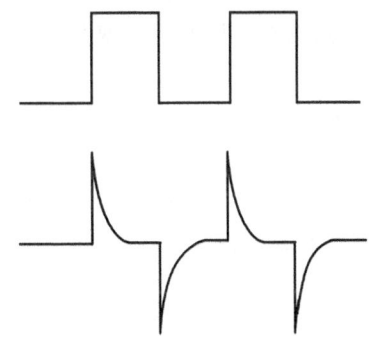

图 5-1 矩形波和尖顶波

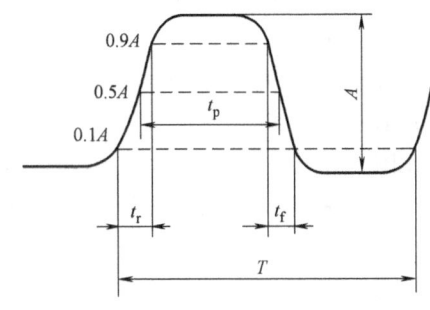

图 5-2 实际的矩形波

下面以图 5-2 所示的矩形波为例，来说明脉冲信号波形的一些参数。

1) 脉冲幅值 A：脉冲信号变化的最大值。
2) 脉冲上升时间 t_r：从脉冲幅值的 10% 上升到 90% 所需的时间。
3) 脉冲下降时间 t_f：从脉冲幅值的 90% 下降到 10% 所需的时间。
4) 脉冲宽度 t_p：从上升沿的脉冲幅度的 50% 到下降沿的脉冲幅度的 50% 所需的时间，这段时间也称为脉冲持续时间。
5) 脉冲周期 T：周期性脉冲信号相邻两个上升沿（或下降沿）的脉冲幅度的 10% 两点之间的时间间隔。

6) 脉冲频率 f：单位时间的脉冲数，$f=\dfrac{1}{T}$。

在数字电路中，通常是根据脉冲信号的有无、个数、宽度和频率来进行工作的，所以抗干扰能力较强（干扰往往只影响脉冲幅度），准确度较高。

此外，脉冲信号还有正和负之分。如果脉冲跃变后的值比初始值高，则为正脉冲，如图 5-3a 所示；反之，则为负脉冲，如图 5-3b 所示。

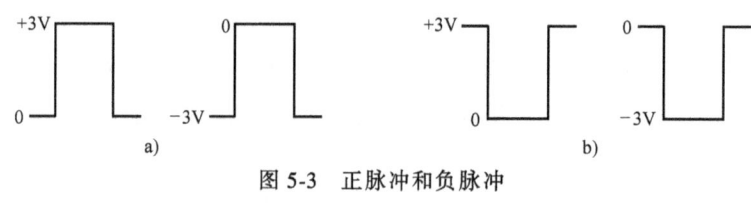

图 5-3 正脉冲和负脉冲
a）正脉冲 b）负脉冲

5.2 基本逻辑门电路

5.2.1 逻辑门电路的基本概念

在数字电路中，门电路是最基本的逻辑元件之一，它的应用极为广泛。所谓"门"，就是一种开关，在一定条件下它能允许信号通过，条件不满足，信号就通不过。门电路的输入信号与输出信号之间存在一定的逻辑关系，所以门电路又称为逻辑门电路。基本逻辑门电路有与门、或门和非门。现以日常遇到的例子来说明逻辑电路的概念以及与、或和非的意义。

1. 与逻辑

只有决定事物结果的全部条件同时具备时，结果才会发生。这种因果关系（或称逻辑关系）就是与逻辑。

在图 5-4a 中，开关 A 和 B 串联，只有当 A 与 B 同时接通时（条件），电灯才亮（结果）。这两个串联开关所组成的就是一个与门电路，与逻辑关系可用下式表示：

$$Y = A \cdot B$$

2. 或逻辑

在决定事物结果的几个条件中只要有一个或一个以上条件具备时，结果就会发生。这种因果关系就是或逻辑。

在图 5-4b 中，开关 A 和 B 并联，当 A 接通或 B 接通，或 A 和 B 同时接通时，电灯都亮。这两个并联开关所组成的就是一个或门电路，或逻辑关系可用下式表示：

$$Y = A + B$$

3. 非逻辑

条件具备了，结果不发生；而条件不具备时，结果却发生了。这种因果关系就是非逻辑。

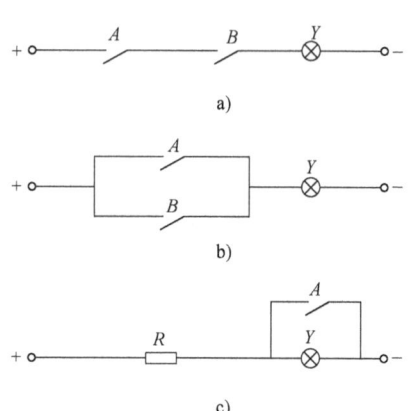

图 5-4 由开关组成的逻辑门电路
a）与门 b）或门 c）非门

在图 5-4c 中，开关 A 和电灯并联，当 A 接通时，电灯不亮；当 A 断开时，电灯就亮。这个开关组成的就是一个非门电路，非逻辑关系可用下式表示：

$$Y=\overline{A}$$

在分析逻辑电路时只用两种相反的工作状态，并用 1 和 0 来代表。例如，开关接通为 1，断开为 0；电灯亮为 1，暗为 0；晶体管截止为 1，饱和为 0；信号的高电位为 1，低电位为 0 等。1 是 0 的反面，0 也是 1 的反面。用逻辑关系式表示，则为

$$1=\overline{0} \quad 或 \quad \overline{0}=1$$

5.2.2 分立元器件构成的基本逻辑门电路

1. 二极管与门电路

图 5-5a 是二极管与门电路，它有两个输入端 A 和 B，一个输出端 Y。也可认为 A 和 B 是它的两个输入信号或称输入变量，Y 是输出信号或称输出变量。图 5-5b、c 分别为与门电路的逻辑符号和波形图。

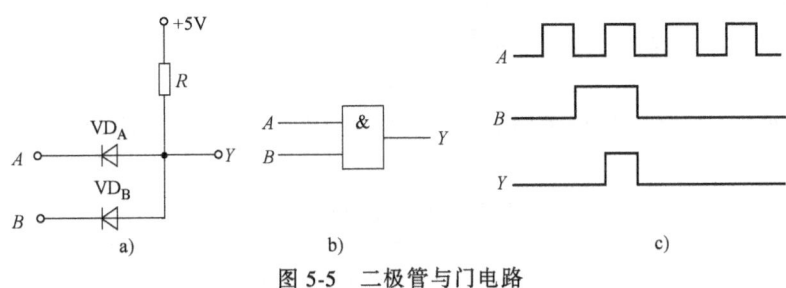

图 5-5 二极管与门电路
a) 电路 b) 逻辑符号 c) 波形图

当输入变量 A 和 B 全为 1 时（设两个输入端的电位均为 3V），电源+5V 的正端经电阻 R 向两个输入端流通电流（电源的负端接"地"，图 5-5 中未标出），VD_A 和 VD_B 都导通，输出端 Y 的电位略高于 3V（因二极管的正向电压降有零点几伏），因此输出变量 Y 为 1。

当输入变量不全为 1，而有一个或两个全为 0 时，即该输入端的电位在 0V 附近。例如 A 为 0，B 为 1，则 VD_A 优先导通。这时输出端 Y 的电位也在 0V 附近，因此 Y 为 0。VD_B 因承受反向电压而截止。

只有当输入变量全为 1 时，输出变量 Y 才为 1，这合乎与门的要求，与逻辑关系式为

$$Y=A \cdot B \tag{5-5}$$

图 5-5a 有两个输入端，输入信号有 1 和 0 两种状态，共有四种组合，因此可用表 5-2 完整地列出四种输入、输出逻辑状态。它可和图 5-5c 的波形图相对照。

表 5-2 与门逻辑状态表

A	B	Y
0	0	0
0	1	0
1	0	0
1	1	1

2. 二极管或门电路

图 5-6a 是二极管或门电路。比较一下图 5-5a 和图 5-6a 就可看出，后者二极管的极性与前者接得相反，其阴极相连经电阻 R 接 "地"。

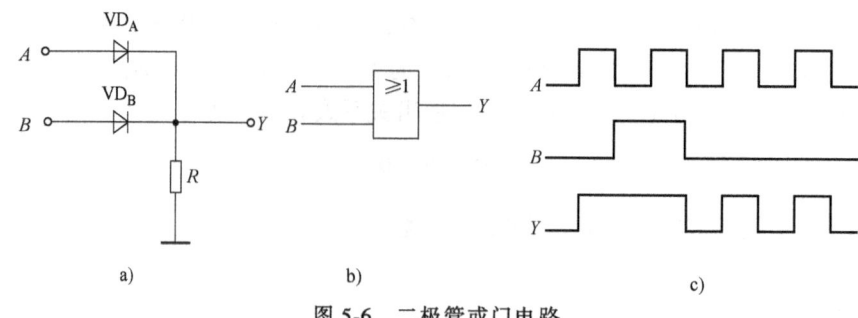

图 5-6 二极管或门电路
a) 电路 b) 逻辑符号 c) 波形图

当输入变量只要有一个为 1 时，输出就为 1。例如 A 为 1，B 为 0，则 VD_A 优先导通，输出变量 Y 也为 1。VD_B 因承受反向电压而截止。

只有当输入变量全为 0 时，输出变量 Y 才为 0，此时两只二极管都截止。或逻辑关系式为

$$Y = A + B \tag{5-6}$$

表 5-3 是或门的输入、输出逻辑状态表，它可和图 5-6c 的波形图相对照。图 5-6b 是或门电路的逻辑符号。

表 5-3 或门逻辑状态表

A	B	Y
0	0	0
0	1	1
1	0	1
1	1	1

3. 晶体管非门电路

图 5-7a 是晶体管非门电路，晶体管非门电路不同于放大电路，晶体管的工作状态或从截止转为饱和，或从饱和转为截止。非门电路只有一个输入端 A。当 A 为 1 时，晶体管饱和，其集电极，即输出端 Y 为 0（其电位在 0V 附近）；当 A 为 0 时，晶体管截止，输出端 Y

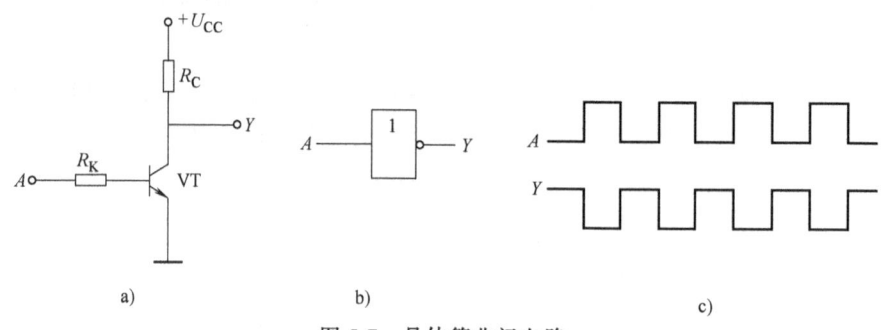

图 5-7 晶体管非门电路
a) 电路 b) 逻辑符号 c) 波形图

为 1（其电位近似等于 U_{CC}）。所以非门电路也称为反相器。非逻辑关系式为

$$Y = \overline{A} \tag{5-7}$$

表 5-4 是非门逻辑状态表，它可和图 5-7c 的波形图相对照。图 5-7b 是非门电路的逻辑符号。

表 5-4 非门逻辑状态表

A	Y
0	1
1	0

5.2.3 基本逻辑门电路的组合

1. 与非门电路

与非门电路的逻辑图、逻辑符号及波形图如图 5-8 所示，表 5-5 是其逻辑状态表，与非门最为常用，应熟记其逻辑功能：当输入变量全为 1 时，输出为 0；当输入变量有一个或几个为 0 时，输出为 1。简言之，即全 1 出 0，有 0 出 1。与非逻辑关系式为

$$Y = \overline{A \cdot B} \tag{5-8}$$

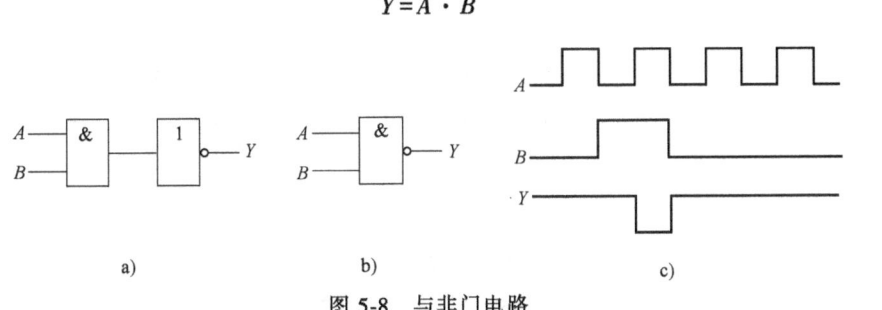

图 5-8 与非门电路
a）逻辑图 b）逻辑符号 c）波形图

表 5-5 与非门逻辑状态表

A	B	Y
0	0	1
0	1	1
1	0	1
1	1	0

2. 或非门电路

或非门电路的逻辑图、逻辑符号及波形图如图 5-9 所示，表 5-6 是其逻辑状态表。其逻

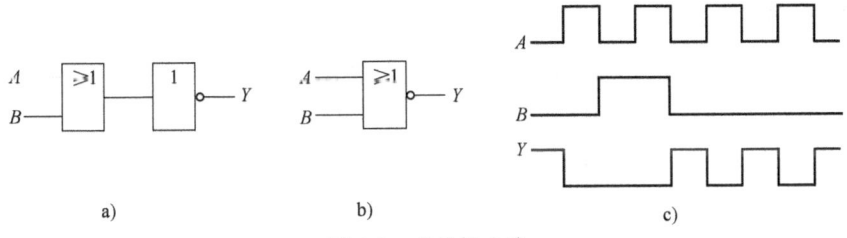

图 5-9 或非门电路
a）逻辑图 b）逻辑符号 c）波形图

辑功能：当输入变量全为0时，输出为1；当输入变量有一个或几个为1时，输出为0。简言之，即全0出1，有1出0。或非逻辑关系式为

$$Y=\overline{A+B} \tag{5-9}$$

表 5-6　或非门逻辑状态表

A	B	Y
0	0	1
0	1	0
1	0	0
1	1	0

3. 与或非门电路

与或非门电路的逻辑图及逻辑符号如图 5-10 所示，A、B 之间以及 C、D 之间都是与的关系，只要 A、B 或 C、D 任何一组同时为 1，输出 Y 就是 0。只有当每一组输入都不全为 1 时，输出 Y 才是 1。其逻辑关系式为

$$Y=\overline{A \cdot B+C \cdot D} \tag{5-10}$$

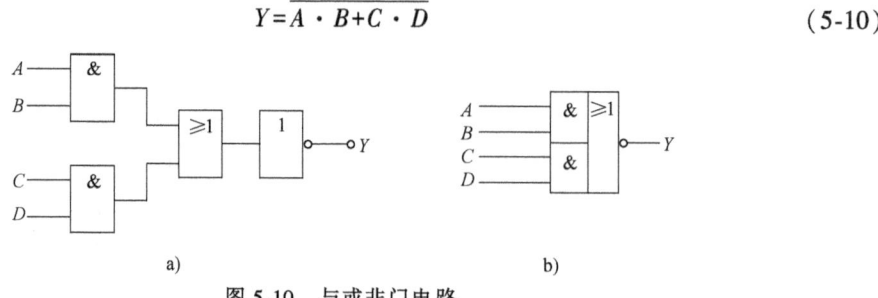

图 5-10　与或非门电路
a) 逻辑图　b) 逻辑符号

4. 异或和同或门电路

异或是这样一种逻辑关系：当 A、B 不同时，输出 Y 为 1；当 A、B 相同时，输出 Y 为 0。异或也可以用与、或、非的组合来表示。

$$Y=A \oplus B=A \cdot \overline{B}+\overline{A} \cdot B \tag{5-11}$$

同或和异或相反，当 A、B 相同时，输出 Y 为 1；当 A、B 不同时，输出 Y 为 0。异或也可以用与、或、非的组合来表示。

$$Y=A \odot B=A \cdot B+\overline{A} \cdot \overline{B} \tag{5-12}$$

图 5-11 为异或和同或门电路的逻辑符号，表 5-7 是其逻辑状态表。由表 5-7 可见，异或和同或互为反运算。

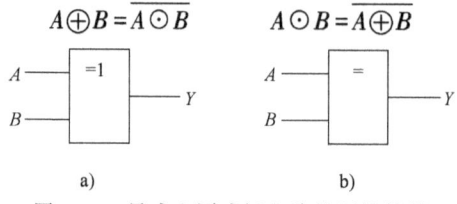

图 5-11　异或和同或门电路的逻辑符号
a) 异或逻辑符号　b) 同或逻辑符号

表 5-7 异或和同或门逻辑状态表

A	B	Y(异或)	Y(同或)
0	0	0	1
0	1	1	0
1	0	1	0
1	1	0	1

例 5-2 在图 5-12 所示的 2 个与门电路中，A 为信号端，B 为控制端，试说明输出信号 Y 的波形。

解：1）图 5-12a 的电路：当 $B=1$ 时，则 $A=1$，$Y=1$；$A=0$，$Y=0$。此时与门开通，A 端信号能通过。

2）图 5-12b 的电路：当 $B=0$ 时，不论 $A=1$ 或 $A=0$，输出信号 Y 总为 0。此时与门关断，A 端信号不能通过；当 $B=1$ 时，A 端信号能通过。

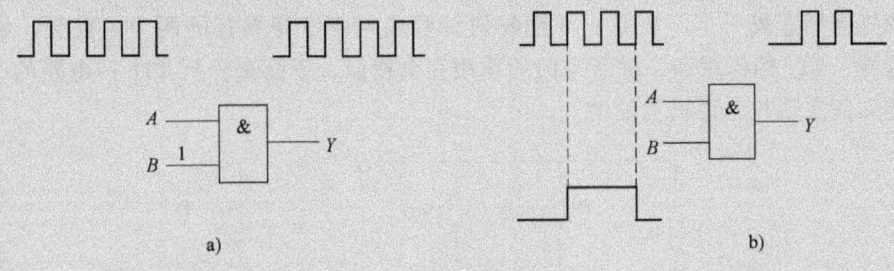

图 5-12 例 5-2 电路

5.3 TTL 门电路

5.3.1 晶体管的开关特性

晶体管作开关时，通常采用共发射极接法，如图 5-13 所示。当基极 B 输入正脉冲时，晶体管导通并进入饱和状态，集电极电流较大，集电极 C 和发射极 E 之间的电压接近于零，这时晶体管的集电极 C 和发射极 E 之间相当于一个接通的开关。当它的基极 B 输入负脉冲时，晶体管截止，这时晶体管的集电极 C 和发射极 E 之间相当于一个断开的开关，切断了集电极回路，所以只要在晶体管的基极输入相应的控制信号，就可以使晶体管起到开关作用。

晶体管的开关作用

5.3.2 TTL 与非门电路

上面讨论的门电路都是由二极管、晶体管组成的，它们称为分立元器件门电路。本节将介绍的是集成门电路，它具有高可靠性和微型化等优点。在数字电路中最常用的是与、或、非、与非、或非、与或非等门电路。其中，应用最普遍的是与非门电路。

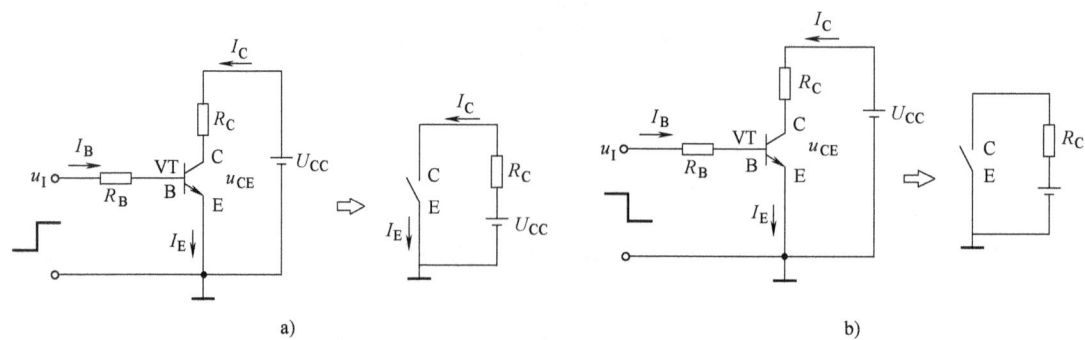

图 5-13 晶体管的开关作用
a）晶体管饱和导通　b）晶体管截止

图 5-14 是标准 TTL74 系列与非门电路及其逻辑符号和外形。VT_1 是多发射极晶体管，可把它的集电结看成一个二极管，而把发射结看成与前者背靠背的两个二极管，如图 5-15 所示。这样，VT_1 的作用和二极管与门的作用完全相似。下面来分析 TTL 门电路的工作原理以及它是如何实现与非逻辑功能的。

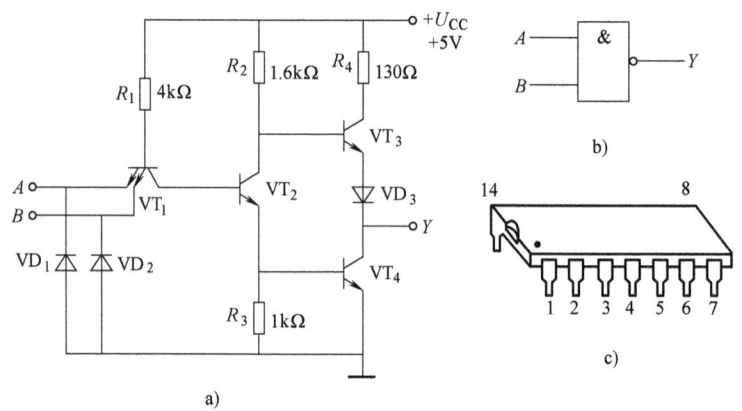

图 5-14 TTL 与非门电路及其逻辑符号和外形

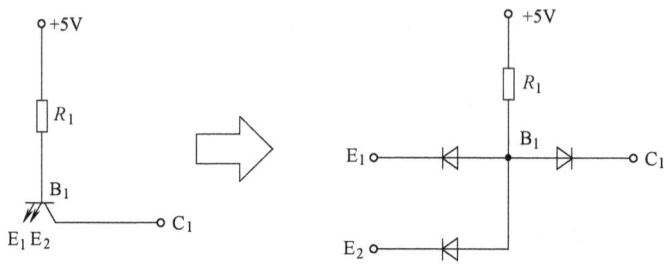

图 5-15 多发射极晶体管

1. 输入端不全为 1 的情况

当输入端 A 或 B 为 0，或 A、B 均为 0（约为 0.3V）时，则 VT_1 的基极电位 $V_{B1}=0.3\text{V}+0.7\text{V}=1\text{V}$，它不足以向 VT_2 供正向基极电流，所以 VT_2 截止，以致 VT_4 也截止。VT_2 的集电极电位接近于 +5V，VT_3 因而导通，所以输出端的电位为

$$V_Y = 5\text{V} - R_2 I_{B3} - U_{BE3} - U_{D3}$$

因为 $R_2 I_{B3}$ 很小，可以忽略不计，于是

$$V_Y = 5\text{V} - 0.7\text{V} - 0.7\text{V} = 3.6\text{V}$$

即 $Y = 1$。

由于 VT_4 截止，当接负载后，有电流从 U_{CC} 经 R_4 流向每个负载门，这种电流称为拉电流。

2. 输入端全为 1 的情况

当输入端 A 和 B 全为 1（约为 3.6V）时，VT_1 的两个发射结都处于反向偏置，电源通过 R_1 和 VT_1 的集电结向 VT_2 提供足够的基极电流，使 VT_2 饱和导通。VT_2 的发射极电流在 R_3 上产生的电压降又为 VT_4 提供足够的基极电流，使 VT_4 也饱和导通，所以输出端的电位为

$$V_Y = 0.3\text{V}$$

即 $Y = 0$。

VT_2 的集电极电位为

$$V_{C2} = U_{CE2} + U_{BE4} \approx 0.3\text{V} + 0.7\text{V} = 1\text{V}$$

此即 VT_3 的基极电位，它不足以使 VT_3 和 VD_3 导通，所以 VT_3 截止。

由于 VT_3 截止，当接负载后，VT_4 的集电极电流全部外接负载门灌入，这种电流称为灌电流。

由上述可知，图 5-14 的门电路具有与非逻辑功能，即 $Y = \overline{A \cdot B}$。

图 5-16 是两种 TTL 与非门的引脚排列图及逻辑符号（两边的数字是引脚号），一片集成电路内的各个逻辑门互相独立，可以单独使用，但共用一根电源引线和一根地线。

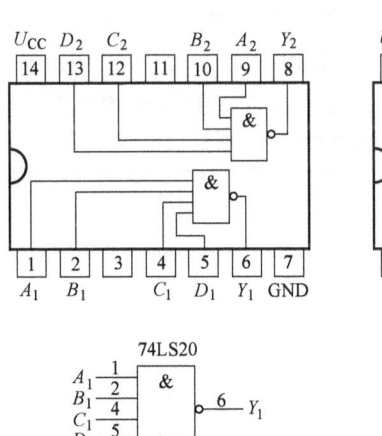
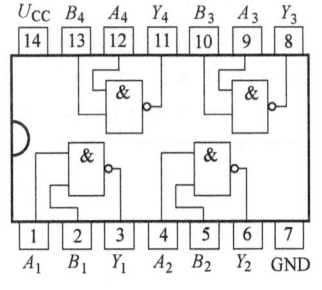
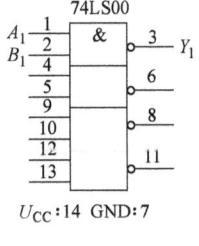

图 5-16　TTL 与非门的引脚排列图及逻辑符号
a) 74LS20（4 输入二门）　b) 74LS00（2 输入四门）

5.3.3　TTL 三态输出的与非门电路

三态输出与非门电路与上述的与非门电路不同，它的输出端除出现高电平和低电平外，还可以出现第三种状态——高阻状态。

图 5-17 是 TTL 三态输出与非门电路及其逻辑符号。它与图 5-14 比较，只多出了二极管 VD_1，其中 A 和 B 是输入端，E 是控制端或称使能端（是另一与非门的输出端）。

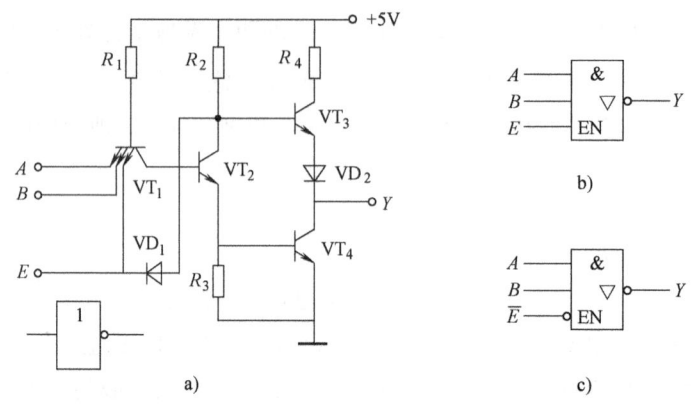

图 5-17　TTL 三态输出与非门电路及其逻辑符号

当控制端 $E=1$ 时，三态门的输出状态取决于输入端 A、B 的状态，实现与非逻辑关系，即全 1 出 0，有 0 出 1。此时电路处于工作状态。

当 $E=0$（约为 0.3V）时，VT_1 的基极电位约为 1V，致使 VT_2 和 VT_4 截止。同时，二极管 VD_1 将 VT_2 的集电极电位钳位在 1V，而使 VT_3 也截止。因为这时与输出端相连的两个晶体管 VT_3 和 VT_4 都截止（不管输入端 A、B 的状态如何），所以输出端开路而处于高阻状态。逻辑符号如图 5-17b 所示。表 5-8 是三态输出与非门的逻辑状态表。

表 5-8　三态输出与非门的逻辑状态表

控制端 E	输入端		输出端 Y
	A	B	
1	0	0	1
	0	1	1
	1	0	1
	1	1	0
0	×	×	高阻

注：×表示任意状态。

由于电路结构不同，例如，在控制端串接一非门，状态就与上述相反，即当控制端为高电平时出现高阻状态，而在低电平时电路处于工作状态。这时的逻辑符号则如图 5-17c 所示，与图 5-17b 不同。

三态门最重要的一个用途是可以实现用一根导线轮流传送几个不同的数据或控制信号，如图 5-18 所示，这根导线称为母线或总线。只要让各门的控制端轮流处于高电平，即任何时间只能有一个三态门处于工作状态，而其余三态门均处于高阻状态，这样，总线就会轮流接受各三态门的输出。这种用总线来传送数据或信号的方法，在计算机中被广泛采用。

图 5-19 是数据双向传输示意图。

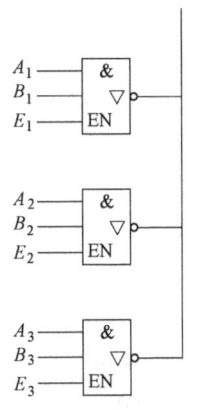

图 5-18　三态输出与非门的应用

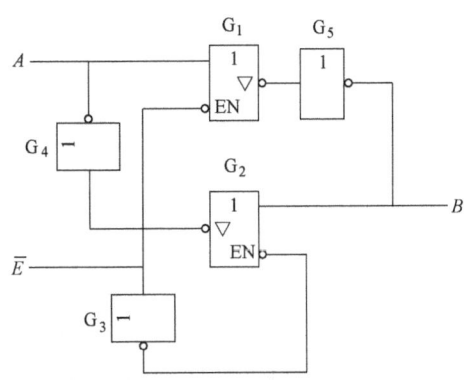

图 5-19　数据双向传输示意

当 $\overline{E}=0$ 时，G_1 有输出，G_2 高阻，信号由 A 传至 B；当 $\overline{E}=1$ 时，G_2 有输出，G_1 高阻，信号由 B 传至 A。

5.4　逻辑代数

逻辑代数或称布尔代数，它是分析与设计逻辑电路的数学工具。它虽然和普通代数一样也用字母（A、B、C、…）表示变量，但变量的取值只有 1 和 0 两种，即逻辑 1 和逻辑 0。它们不是数字符号，而是代表两种相反的逻辑状态。逻辑代数所表示的是逻辑关系，不是数量关系，这是它与普通代数本质上的区别。

在逻辑代数中只有逻辑乘（与运算）、逻辑加（或运算）和求反（非运算）三种基本运算。根据这三种基本运算可以推导出逻辑运算的一些法则，就是下面列出的逻辑代数运算法则。

5.4.1　逻辑代数运算法则

1. 基本公式

表 5-9 给出了逻辑代数的基本公式。

式①、②、⑩和⑪给出了变量与常量间的运算规则。

式③和⑫是同一变量的运算规律，也称为重叠律。

式④和⑬表示变量与它的反变量之间的运算规律，也称为互补律。

式⑤和⑭为交换律，式⑥和⑮为结合律，式⑦和⑯为分配律。

式⑧和⑰是著名的德·摩根（De. Morgan）定理，亦称反演律。在逻辑函数的化简和变换中经常要用到这一对公式。

式⑨表明，一个变量经过两次求反运算之后还原为其本身，所以该式又称为还原律。

式⑱是对 0 和 1 求反运算的规则，它说明 0 和 1 互为求反的结果。

表 5-9 逻辑代数的基本公式

序号	公　式	序号	公　式
①	$0 \cdot A = 0$	⑩	$1 + A = 1$
②	$1 \cdot A = A$	⑪	$0 + A = A$
③	$A \cdot A = A$	⑫	$A + A = A$
④	$A \cdot \overline{A} = 0$	⑬	$A + \overline{A} = 1$
⑤	$AB = BA$	⑭	$A + B = B + A$
⑥	$ABC = (AB)C = A(BC)$	⑮	$A + (B + C) = (A + B) + C$
⑦	$A(B + C) = AB + AC$	⑯	$A + BC = (A + B)(A + C)$
⑧	$\overline{AB} = \overline{A} + \overline{B}$	⑰	$\overline{A + B} = \overline{A}\,\overline{B}$
⑨	$\overline{\overline{A}} = A$	⑱	$\overline{1} = 0 \quad \overline{0} = 1$

这些公式的正确性可以用列逻辑状态表的方法加以验证。如果等式成立，那么将任何一组变量的取值代入公式两边所得的结果应该相等。因此，等式两边所对应的逻辑状态表也必然相同。

1）证明式⑯ $A + BC = (A + B)(A + C)$ 成立。

证明： $(A + B)(A + C) = AA + AB + AC + BC = A(1 + B + C) + BC = A + BC$

2）证明式⑧ $\overline{AB} = \overline{A} + \overline{B}$ 成立。

证明： 利用逻辑状态表证明，见表 5-10。

表 5-10 证明式⑧的逻辑状态表

A	B	$\overline{A}$	$\overline{B}$	$\overline{AB}$	$\overline{A} + \overline{B}$
0	0	1	1	1	1
1	0	0	1	1	1
0	1	1	0	1	1
1	1	0	0	0	0

3）证明式⑰ $\overline{A + B} = \overline{A}\,\overline{B}$ 成立。

证明： 利用逻辑状态表证明，见表 5-11。

表 5-11 证明式⑰的逻辑状态表

A	B	$\overline{A}$	$\overline{B}$	$\overline{A + B}$	$\overline{A}\,\overline{B}$
0	0	1	1	1	1
1	0	0	1	0	0
0	1	1	0	0	0
1	1	0	0	0	0

2. 若干常用公式

表 5-12 中列出了几个常用公式。这些公式是利用基本公式导出的。直接运用这些导出公式可以给化简逻辑函数的工作带来很大方便。

表 5-12 若干常用公式

序号	公 式	序号	公 式
⑲	$A+AB=A$	㉒	$A(A+B)=A$
⑳	$A+\bar{A}B=A+B$	㉓	$AB+\bar{A}C+BC=AB+\bar{A}C$ $AB+\bar{A}C+BCD=AB+\bar{A}C$
㉑	$AB+A\bar{B}=A$	㉔	$A(\overline{AB})=A\bar{B}$ $\bar{A}(\overline{AB})=\bar{A}$

现将表 5-12 中的各式证明如下。

1）证明式⑲ $A+AB=A$ 成立。

证明：
$$A+AB=A(1+B)=A$$

上式说明，在两个乘积项相加时，若其中一项以另一项为因子，则该项是多余的，可以删去。

2）证明式⑳ $A+\bar{A}B=A+B$ 成立。

证明：
$$A+\bar{A}B=(A+\bar{A})(A+B)=A+B$$

这一结果表明，两个乘积项相加时，如果一项取反后是另一项的因子，则此因子是多余的，可以消去。

3）证明式㉑ $AB+A\bar{B}=A$ 成立。

证明：
$$AB+A\bar{B}=A(B+\bar{B})=A$$

这个公式的含义是，当两个乘积项相加时，若它们分别包含 B 和 $\bar{B}$ 两个因子，而其他因子相同，则两项定能合并，且可将 B 和 $\bar{B}$ 两个因子消掉。

4）证明式㉒ $A(A+B)=A$ 成立。

证明：
$$A(A+B)=AA+AB=A+AB=A(1+B)=A$$

该式说明，变量 A 和包含 A 的和相乘时，其结果等于 A，即可以将和消掉。

5）证明式㉓ $AB+\bar{A}C+BC=AB+\bar{A}C$ 成立。

证明：
$$AB+\bar{A}C+BC=AB+\bar{A}C+BC(A+\bar{A})$$
$$=AB+\bar{A}C+ABC+\bar{A}BC$$
$$=AB(1+C)+\bar{A}C(1+C)$$
$$=AB+\bar{A}C$$

该式说明，若两个乘积项分别包含 A 和 $\bar{A}$ 两个因子，而这两个乘积项的其余因子组成第三个乘积项是多余的，可以消去。

由上式可以进一步推导出

$$AB+\bar{A}C+BCD=AB+\bar{A}C$$

6）证明式㉔ $A(\overline{AB})=A\bar{B}$，$\bar{A}(\overline{AB})=\bar{A}$ 成立。

证明：
$$A(\overline{AB})=A(\bar{A}+\bar{B})=A\bar{A}+A\bar{B}=A\bar{B}$$

上式说明，当 A 和一个乘积项的非相乘，且 A 为乘积项的因子时，则 A 这个因子可以消去。

$$\overline{A}(\overline{AB}) = \overline{A}(\overline{A}+\overline{B}) = \overline{A}\,\overline{A} + \overline{A}\,\overline{B} = \overline{A}(1+\overline{B}) = \overline{A}$$

上式说明，当 $\overline{A}$ 和一个乘积项的非相乘，且 A 为乘积项的因子时，其结果就等于 $\overline{A}$。

从以上的证明可以看出，这些常用公式都是从基本公式导出的结果。当然，还可以导出更多的常用公式。

5.4.2 逻辑函数的表示方法

上述所列的各逻辑式中，A 和 B 是输入变量，Y 是输出变量；字母上面无反号的称为原变量，有反号的称为反变量。这几个式子分别表达了相应的与、或、非、与非和或非逻辑关系。输出变量 Y 也就是输入变量 A 和 B 的逻辑函数。逻辑函数常用逻辑式、逻辑状态表、逻辑图、波形图和卡诺图几种方法表示，它们之间可以相互转换。

1. 逻辑式

逻辑式是用与、或、非等运算表达逻辑函数的表达式。

（1）常见逻辑表达式

$$Y = ABC + \overline{A}BC + A\overline{B}C \quad （与或表达式）$$

$$Y = BC + CA \quad （与或表达式）$$

$$Y = \overline{\overline{BC} \cdot \overline{CA}} \quad （与非与非表达式）$$

$$Y = \overline{(\overline{B}+\overline{C}) \cdot (\overline{C}+\overline{A})} \quad （或与非表达式）$$

其中，与或逻辑表达式最为常见。

（2）最小项　在 n 变量逻辑函数中，若 m 为包含 n 个因子的乘积项，而且这 n 个变量均以原变量或反变量的形式在 m 中出现一次，则称 m 为该组变量的最小项。

例如，A、B、C 三个变量的最小项有 $\overline{A}\,\overline{B}\,\overline{C}$、$\overline{A}\,\overline{B}C$、$\overline{A}B\overline{C}$、$\overline{A}BC$、$A\overline{B}\,\overline{C}$、$A\overline{B}C$、$AB\overline{C}$、$ABC$ 共 8 个（即 2^3 个）。n 变量的最小项应有 2^n 个。

输入变量的每一组取值都使一个对应的最小项的值等于 1。例如，在三变量 A、B、C 的最小项中，当 $A=1$、$B=0$、$C=1$ 时，$A\overline{B}C=1$。如果把 $A\overline{B}C$ 的取值 101 看作一个二进制数，那么它所表示的十进制数就是 5。为了今后使用方便，将 $A\overline{B}C$ 这个最小项记作 m_5。按照这一约定，就得到了三变量最小项的编号表，见表 5-13。

表 5-13　三变量最小项的编号表

最小项	使最小项为 1 的变量取值			对应的十进制数	编号
	A	B	C		
$\overline{A}\,\overline{B}\,\overline{C}$	0	0	0	0	m_0
$\overline{A}\,\overline{B}C$	0	0	1	1	m_1
$\overline{A}B\overline{C}$	0	1	0	2	m_2
$\overline{A}BC$	0	1	1	3	m_3

(续)

最小项	使最小项为1的变量取值			对应的十进制数	编号
	A	B	C		
$A\bar{B}\bar{C}$	1	0	0	4	m_4
$A\bar{B}C$	1	0	1	5	m_5
$AB\bar{C}$	1	1	0	6	m_6
ABC	1	1	1	7	m_7

根据同样的道理，人们将 A、B、C、D 这4个变量的16个最小项记作 $m_0 \sim m_{15}$。从最小项的定义出发可以证明它具有如下的重要性质：

1）在输入变量的任何取值下必有一个最小项，而且仅有一个最小项的值为1。
2）全体最小项之和为1。
3）任意两个最小项的乘积为0。
4）具有相邻性的两个最小项之和可以合并成一项并消去一对因子。

若两个最小项只有一个因子不同，则称这两个最小项具有相邻性。例如，$\bar{A}B\bar{C}$ 和 $AB\bar{C}$ 两个最小项仅第一个因子不同，所以它们具有相邻性。这两个最小项相加时定能合并成一项并将一对不同的因子消去。

$$\bar{A}B\bar{C}+AB\bar{C}=(\bar{A}+A)B\bar{C}=B\bar{C}$$

将给定的逻辑函数式化为若干乘积项之和的形式（亦称"积之和"形式），然后再利用基本公式 $A+\bar{A}=1$ 将每个乘积项中缺少的因子补全，这样就可以将与或的形式化为最小项之和的标准形式。这种标准形式在逻辑函数的化简以及计算机辅助分析和设计中得到了广泛的应用。

例如，给定逻辑函数为

$$Y=AB\bar{C}+BC$$

则可化为

$$Y=AB\bar{C}+(A+\bar{A})BC=AB\bar{C}+ABC+\bar{A}BC=m_3+m_6+m_7$$

或写作

$$Y(A,B,C)=\sum m(3,6,7)$$

2. 逻辑状态表

逻辑状态表是用输入、输出变量的逻辑状态（1或0）以表格形式来表示逻辑函数的，十分直观明了。

（1）**由逻辑式列出逻辑状态表** 例如

$$Y=ABC+\bar{A}BC+A\bar{B}C$$

有三个输入变量，八种组合，把各种组合的取值（1或0）分别带入逻辑式中进行运算，求出相应的逻辑函数值，即可列出逻辑状态表，见表5-14。

（2）**由逻辑状态表写出逻辑式**
1）取 $Y=1$（或 $Y=0$）列逻辑式。

表 5-14　$Y=ABC+\bar{A}BC+A\bar{B}C$ 的逻辑状态表

A	B	C	Y
0	0	0	0
0	0	1	0
0	1	0	0
0	1	1	1
1	0	0	0
1	0	1	1
1	1	0	0
1	1	1	1

2）对一种组合而言，输入变量之间是与逻辑关系。对应于 $Y=1$，如果输入变量为 1，则取其原变量（如 A）；如果输入变量为 0，则取其反变量（如 $\bar{A}$）。然后取乘积项。

3）各种组合之间，是或逻辑关系，故取以上乘积项之和。例如，由逻辑状态表 5-14 写出逻辑式 $Y=ABC+\bar{A}BC+A\bar{B}C$。

3. 逻辑图

一般由逻辑式画出逻辑图。逻辑乘用与门实现，逻辑加用或门实现，求反用非门实现。例如，式 $Y=ABC+\bar{A}BC+A\bar{B}C$ 可用三个与门和一个或门来实现。

可见表示一个逻辑函数的逻辑式不是唯一的，所以逻辑图也不是唯一的。但是由最小项组成的与或逻辑式则是唯一的，而逻辑状态表是用最小项表示的，因此也是唯一的。

由逻辑图也可以写出逻辑式。

例 5-3　写出图 5-20 中逻辑电路的逻辑函数式。

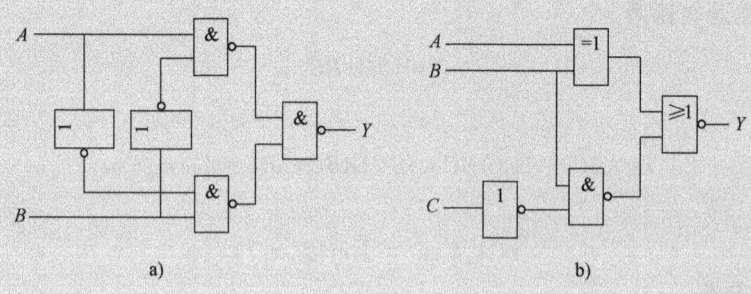

图 5-20　例 5-3 电路

解：图 5-20a 中

$$Y=\overline{\overline{A\bar{B}}\cdot\overline{\bar{A}B}}=A\bar{B}+\bar{A}B$$

图 5-20b 中

$$Y=\overline{(A\oplus B)+\overline{B\bar{C}}}$$

5.4.3 逻辑函数的化简

由逻辑状态表写出的逻辑式，以及由此而画出的逻辑图，往往比较复杂。如果经过化简，可以少用元器件，可靠性也因此提高。

1. 应用逻辑代数运算法则化简

(1) **并项法** 应用 $A+\bar{A}=1$，将两项合并为一项，并可消去一个或两个变量。例如

$$Y = ABC + A\bar{B}C + A\bar{B}\,\bar{C} + AB\bar{C}$$
$$= AC(B+\bar{B}) + A\bar{C}(B+\bar{B})$$
$$= AC + A\bar{C} = A$$

(2) **配项法** 应用 $B = B(A+\bar{A})$，将与某乘积项相乘，然后展开、合并化简。例如

$$Y = AB + \bar{A}\,\bar{C} + BC$$
$$= AB + \bar{A}\,\bar{C} + BC(A+\bar{A})$$
$$= AB + AB\bar{C} + \bar{A}\,\bar{C} + \bar{A}BC = AB + \bar{A}\,\bar{C}$$

(3) **加项法** 应用 $A+A=A$，在逻辑式中加相同的项，然后合并化简。例如

$$Y = ABC + \bar{A}BC + A\bar{B}C$$
$$= ABC + \bar{A}BC + A\bar{B}C + ABC$$
$$= BC + AC$$

(4) **吸收法** 利用 $A+\bar{A}B = A+B$，消去多余的因子。例如

$$Y = A\bar{B} + AC + B\bar{C}$$
$$= A(\bar{B}+C) + B\bar{C}$$
$$= A \cdot \overline{B\bar{C}} + B\bar{C} = A + B\bar{C}$$

例 5-4 应用逻辑代数运算法则化简下列逻辑式：

$$Y = ABC + ABD + \bar{A}B\bar{C} + CD + B\bar{D}$$

解：简化得

$$Y = ABC + \bar{A}B\bar{C} + CD + B(\bar{D}+DA)$$

由表 5-12 式⑳ $A+\bar{A}B = A+B$，得 $\bar{D}+DA = \bar{D}+A$，所以

$$Y = ABC + \bar{A}B\bar{C} + CD + B\bar{D} + AB$$
$$= AB(1+C) + \bar{A}B\bar{C} + CD + B\bar{D}$$

由表 5-9 式⑩ $1+A=1$，得 $1+C=1$，所以

$$Y = AB + \bar{A}B\bar{C} + CD + B\bar{D}$$
$$= B(A+\bar{A}\,\bar{C}) + CD + B\bar{D}$$

由表 5-12 式⑳得 $A+\overline{A}\,C=A+C$,所以

$$Y=AB+B\overline{C}+CD+B\overline{D}$$
$$=AB+B(\overline{C}+\overline{D})+CD$$

由表 5-9 式⑧ $\overline{AB}=\overline{A}+\overline{B}$,得 $\overline{C}+\overline{D}=\overline{CD}$,所以

$$Y=AB+B\overline{CD}+CD$$

由表 5-12 式⑳得 $CD+\overline{CD}B=CD+B$,所以

$$Y=AB+CD+B$$
$$=B(1+A)+CD$$
$$=B+CD$$

例 5-5 试证明 $ABC\overline{D}+ABD+BC\overline{D}+ABC+BD+B\overline{C}=B$

证明: 利用逻辑代数运算法则可得

$$ABC\overline{D}+ABD+BC\overline{D}+ABC+BD+B\overline{C}$$
$$=ABC(1+\overline{D})+BD(1+A)+BC\overline{D}+B\overline{C}$$
$$=ABC+BD+BC\overline{D}+B\overline{C}$$
$$=B(AC+D+C\overline{D}+\overline{C})$$
$$=B(AC+D+\overline{D}+\overline{C})$$
$$=B(AC+1+\overline{C})=B$$

2. 应用卡诺图法化简

(1) **逻辑函数的卡诺图表示法** 将 n 变量的全部最小项各用一个小方块表示,并使具有逻辑相邻性的最小项在几何位置上也相邻地排列起来,所得到的图形称为 n 变量最小项的卡诺图。因为这种表示方法是由美国工程师卡诺(M. Karnaugh)首先提出的,所以将这种图形称为卡诺图。

图 5-21 中画出了二到四变量最小项的卡诺图。图形两侧标注的 0 和 1 表示使对应小方格内的最小项为 1 的变量取值。同时,这些 0 和 1 组成的二进制数所对应的十进制数大小也就是对应的最小项的编号。

为了保证图 5-21 中几何位置相邻的最小项在逻辑上也具有相邻性,这些数码不能按自然二进制数从小到大的顺序排列,而必须按图 5-21 中的方式排列,以确保相邻的两个最小项仅有一个变量是不同的。

从图 5-21 所示的卡诺图上还可以看到,处在任何一行或一列两端的最小项也仅有一个变量不同,所以它们也具有逻辑相邻性。因此,从几何位置上应当将卡诺图看成是上下、左右闭合的图形。

既然任何一个逻辑函数都能表示为若干最小项之和的形式,那么自然也就可以设法用卡诺图来表示任意一个逻辑函数。具体的方法是:首先将逻辑函数化为最小项之和的形式,然

a)

A \ B	0	1
0	$A'B'$ m_0	$A'B$ m_1
1	AB' m_2	AB m_3

b)

A \ BC	00	01	11	10
0	m_0	m_1	m_3	m_2
1	m_4	m_5	m_7	m_6

c)

AB \ CD	00	01	11	10
00	m_0	m_1	m_3	m_2
01	m_4	m_5	m_7	m_6
11	m_{12}	m_{13}	m_{15}	m_{14}
10	m_8	m_9	m_{11}	m_{10}

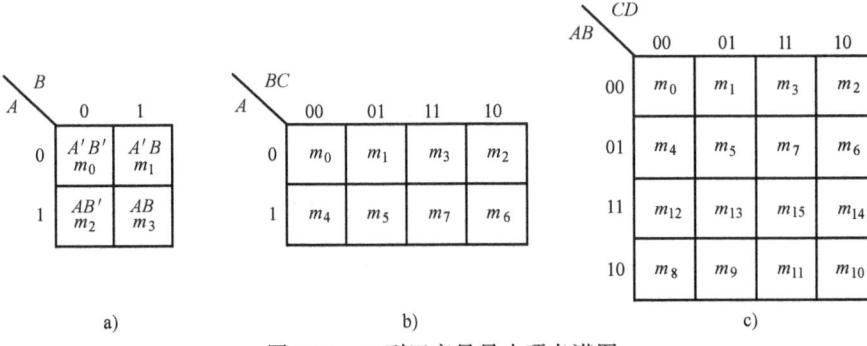

图 5-21　二到四变量最小项卡诺图

a）两变量最小项卡诺图　b）三变量最小项卡诺图　c）四变量最小项卡诺图

后在卡诺图上与这些最小项对应的位置上填入 1，在其余的位置上填入 0，就得到了表示该逻辑函数的卡诺图。也就是说，任何一个逻辑函数都等于它的卡诺图中填入 1 的那些最小项之和。

例 5-6　用卡诺图表示逻辑函数

$$Y=\overline{A}\ \overline{B}\ \overline{C}D+\overline{A}B\overline{D}+ACD+A\overline{B}$$

解：首先将 Y 化为最小项之和的形式

$$\begin{aligned}Y &=\overline{A}\,\overline{B}\,\overline{C}D+\overline{A}B\overline{D}+ACD+A\overline{B}\\&=\overline{A}\,\overline{B}\,\overline{C}D+\overline{A}B(C+\overline{C})\overline{D}+A(B+\overline{B})CD+A\overline{B}(C+\overline{C})(D+\overline{D})\\&=\overline{A}\,\overline{B}\,\overline{C}D+\overline{A}BC\overline{D}+\overline{A}B\overline{C}\ \overline{D}+ABCD+A\overline{B}CD+A\overline{B}C\overline{D}+A\overline{B}\ \overline{C}D+\\&\quad A\overline{B}\ \overline{C}\ \overline{D}\\&=m_1+m_4+m_6+m_8+m_9+m_{10}+m_{11}+m_{15}\end{aligned}$$

画出四变量最小项的卡诺图，在对应于函数式中各最小项的位置上填入 1，其余位置上填入 0，就得到如图 5-22 所示的函数 Y 的卡诺图。

AB \ CD	00	01	11	10
00	0	1	0	0
01	1	0	0	1
11	0	0	1	0
10	1	1	1	1

图 5-22　例 5-6 卡诺图

例 5-7　已知逻辑函数 Y 的卡诺图如图 5-23 所示，试写出该函数的逻辑式。

解：因为函数 Y 等于卡诺图中填入 1 的那些最小项之和，所以有

$$Y=\overline{A}\,\overline{B}C+\overline{A}B\overline{C}+A\overline{B}\,\overline{C}+ABC$$

A \ BC	00	01	11	10
0	0	1	0	1
1	1	0	1	0

图 5-23　例 5-7 卡诺图

（2）用卡诺图化简逻辑函数　利用卡诺图化简逻辑函数的方法称为卡诺图化简法或图形化简法。化简时依据的基本原理就是具有相邻性的最小项可以合并，并消去不同的因子。由于在卡诺图上几何位置相邻与逻辑上的相邻性是一致的，因而从卡诺图上能直观地找出那些具有相邻性的最小项并将其合并化简。

1) 合并最小项的原则。若两个最小项相邻,则可合并为一项并消去一对因子。合并后的结果中只剩下公共因子。

在图 5-24a 中画出了两个最小项相邻的几种可能情况。例如,图 5-24a 中 $\overline{A}BC$(m_3) 和 ABC(m_7) 相邻,故可合并为

$$\overline{A}BC+ABC=(A+\overline{A})BC=BC$$

合并后将 A 和 $\overline{A}$ 一对因子消掉了,只剩下公共因子 B 和 C。

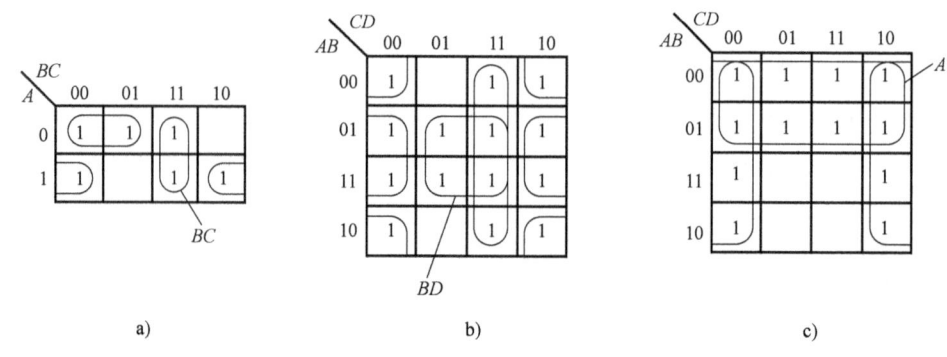

图 5-24 最小项相邻的几种情况
a) 两个最小项相邻 b) 四个最小项相邻 c) 八个最小项相邻

若四个最小项相邻并排列成一个矩形组,则可合并为一项并消去两对因子。合并后的结果中只包含公共因子。

例如,在图 5-24b 中,$\overline{A}B\overline{C}D$($m_5$)、$\overline{A}BCD$($m_7$)、$AB\overline{C}D$($m_{13}$) 和 $ABCD$(m_{15}) 相邻,故可合并。合并后得到

$$\overline{A}B\overline{C}D+\overline{A}BCD+AB\overline{C}D+ABCD$$
$$=\overline{A}BD(\overline{C}+C)+ABD(\overline{C}+C)$$
$$=\overline{A}BD+ABD$$
$$=BD(\overline{A}+A)=BD$$

可见,合并后消去了 A、$\overline{A}$ 和 C、$\overline{C}$ 两对因子,只剩下四个最小项的公共因子 B 和 D。

若八个最小项相邻并且排列成一个矩形组,则可合并为一项并消去三对因子。合并后的结果中只包含公共因子。

例如,在图 5-24c 中,上边两行的八个最小项是相邻的,可将它们合并为一项 $\overline{A}$。其他的因子都被消去了。

至此,可以归纳出合并最小项的一般规则,这就是:如果有 2^n 个最小项相邻($n=1$,2,…)并排列成一个矩形组,则它们可以合并为一项,并消去 n 对因子。合并后的结果中仅包含这些最小项的公共因子。

2) 卡诺图化简法的步骤。

① 将函数化为最小项之和的形式。
② 画出表示该逻辑函数的卡诺图。
③ 找出可以合并的最小项。
④ 选取化简后的乘积项。

选取乘积项的原则是：
① 这些乘积项应包含函数式中所有的最小项（应覆盖卡诺图中所有的1）。
② 所用的乘积项数目最少。也就是可合并的最小项组成的矩形组数目最少。
③ 每个乘积项包含的因子最少。也就是每个可合并的最小项矩形组中应包含尽量多的最小项。

例 5-8 用卡诺图化简法将下式化简为最简与或函数式。

$$Y = A\bar{C} + \bar{A}C + B\bar{C} + \bar{B}C$$

解： 首先画出表示函数 Y 的卡诺图，如图 5-25 所示。

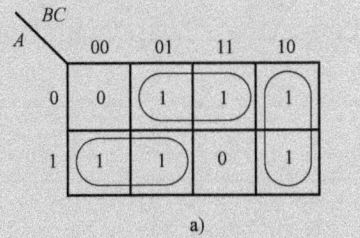
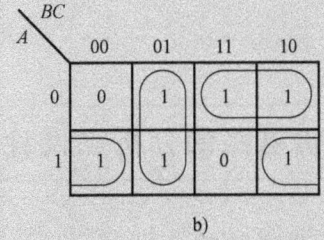

图 5-25 例 5-8 卡诺图

事实上在填写 Y 的卡诺图时，并不一定要将 Y 化为最小项之和的形式。例如，式中的 $A\bar{C}$ 一项包含了所有含有 $A\bar{C}$ 因子的最小项，而不管另一个因子是 B 还是 $\bar{B}$。从另外一个角度讲，也可以理解为 $A\bar{C}$ 是 $AB\bar{C}$ 和 $A\bar{B}\bar{C}$ 两个最小项相加合并的结果。因此，在填写 Y 的卡诺图时，可以直接在卡诺图上所有对应 $A=1$、$C=0$ 的空格里填入1。按照这种方法，就可以省去将 Y 化为最小项之和这一步骤了。

其次，需要找出可以合并的最小项。将可能合并的最小项用线圈出。由图 5-25a 和图 5-25b 可见，有两种可取的合并最小项的方案。如果按图 5-25a 的方案合并最小项，则得到

$$Y = A\bar{B} + \bar{A}C + B\bar{C}$$

而按图 5-25b 的方案合并最小项得到

$$Y = A\bar{C} + \bar{B}C + \bar{A}B$$

两个化简结果都符合最简与或式的标准。

此例说明，有时一个逻辑函数的化简结果不是唯一的。

例 5-9 用卡诺图化简法将下式化为最简与或逻辑式。

$$Y = ABC + AB\overline{D} + A\overline{C}D + \overline{C}\,\overline{D} + \overline{A}BC + \overline{A}CD$$

解：首先画出 Y 的卡诺图，如图 5-26 所示。然后将可能合并的最小项圈出，并按照前面所述的原则选择化简后与或式中的乘积项。由图 5-26 可见，应将图中下边两行的 8 个最小项合并，同时将左、右两列最小项合并，于是得到

$$Y = A + \overline{D}$$

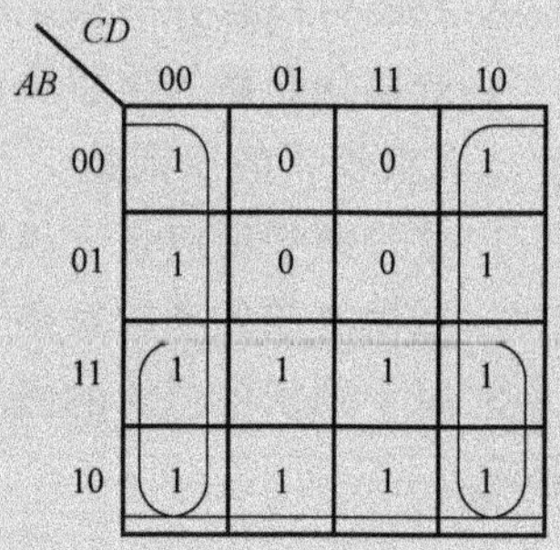

AB\CD	00	01	11	10
00	1	0	0	1
01	1	0	0	1
11	1	1	1	1
10	1	1	1	1

图 5-26 例 5-9 卡诺图

从图 5-26 中可以看到，在合并最小项的过程中允许重复包围最小项，以利于得到更简单的化简结果。

另外，还要补充说明一个问题。在以上的两个例子中，都是通过合并卡诺图中的 1 来求得化简结果的。但有时也可以通过合并卡诺图中的 0 先求出 $\overline{Y}$ 的化简结果，然后再将 $\overline{Y}$ 求反而得到 Y。

5.5 组合逻辑电路的分析和设计

5.5.1 组合逻辑电路的分析

所谓分析一个给定的逻辑电路，就是要通过分析找出电路的逻辑功能来。

分析组合逻辑电路的步骤如下：

1) 由逻辑图写出输出端的逻辑表达式。
2) 运用逻辑代数化简或变换。
3) 列逻辑状态表。
4) 由逻辑状态表分析逻辑功能。

例 5-10 某一组合逻辑电路如图 5-27 所示，试分析其逻辑功能。

解：1) 根据逻辑图写逻辑表达式，并化简

$$Y = \overline{\overline{ABC} \cdot A} + \overline{\overline{ABC} \cdot B} + \overline{\overline{ABC} \cdot C}$$

$$= \overline{\overline{ABC}(A + B + C)}$$

$$= \overline{\overline{ABC}} + \overline{(A + B + C)}$$

$$= ABC + \overline{A}\,\overline{B}\,\overline{C}$$

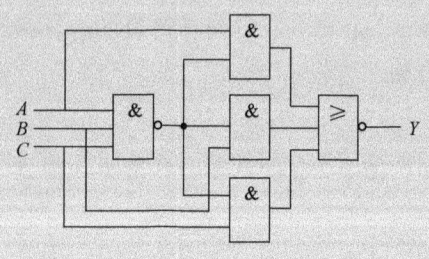

图 5-27 例 5-10 电路

2) 由逻辑式列出逻辑状态表，见表 5-15。

表 5-15 例 5-10 的逻辑状态表

A	B	C	Y
0	0	0	1
0	0	1	0
0	1	0	0
0	1	1	0
1	0	0	0
1	0	1	0
1	1	0	0
1	1	1	1

3) 分析逻辑功能。只当 A、B、C 全为 0 或全为 1 时，输出 Y 才为 1，否则为 0。故该电路为判一致电路，可用于判断三个输入端的状态是否一致。

例 5-11 试分析图 5-28 所示组合逻辑电路的逻辑功能，写出逻辑函数式，列出逻辑状态表，说明电路完成的逻辑功能。

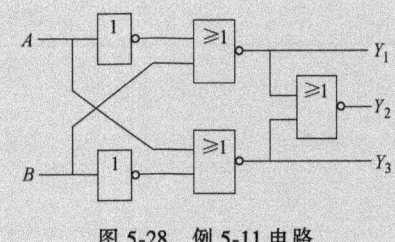

图 5-28 例 5-11 电路

解：1) 由逻辑图写逻辑表达式，并化简分析逻辑功能

$$Y_1 = \overline{\overline{A}+B} = A\overline{B}$$

$$Y_2 = \overline{\overline{\overline{A}+B} + \overline{A+\overline{B}}} = AB + \overline{A}\,\overline{B}$$

$$Y_3 = \overline{A+\overline{B}} = \overline{A}B$$

2) 由逻辑式列出逻辑状态表，见表 5-16。

表 5-16 例 5-11 的逻辑状态表

A	B	Y_1	Y_2	Y_3
0	0	0	1	0
0	1	0	0	1
1	0	1	0	0
1	1	0	1	0

3) 分析逻辑功能。由逻辑状态表可知：该电路为比较器，Y_1 为 1 表示 A>B，Y_2 为 1 表示 A=B，Y_3 为 1 表示 A<B。

5.5.2 组合逻辑电路的设计

根据给出的实际逻辑问题,求出实现这一逻辑功能的最简单的逻辑电路,这就是组合逻辑电路的设计。

设计组合逻辑电路的步骤如下:
1) 由逻辑要求,列出逻辑状态表。
2) 由逻辑状态表写出逻辑表达式。
3) 简化和变换逻辑表达式。
4) 画出逻辑图。

例 5-12 设计一逻辑电路供三人(A,B,C)表决使用。每人有一电键,如果赞成,就按键,表示 1;如果不赞成,不按电键,表示 0。表决结果用指示灯来表示,如果多数赞成,则指示灯亮,$Y=1$;反之则不亮,$Y=0$。

解:1) 由题意列出逻辑状态表。

有 A,B,C 三个输入变量,共有八种组合。在本例中,$Y=1$ 的有四种。逻辑状态表见表 5-17。

表 5-17 例 5-12 的逻辑状态表

A	B	C	Y
0	0	0	0
0	0	1	0
0	1	0	0
0	1	1	1
1	0	0	0
1	0	1	1
1	1	0	1
1	1	1	1

2) 由逻辑状态表写出逻辑式。

$$Y=\overline{A}BC+A\overline{B}C+AB\overline{C}+ABC$$

3) 变换和化简逻辑式。

$$\begin{aligned}Y &= \overline{A}BC+A\overline{B}C+AB\overline{C}+ABC \\ &= \overline{A}BC+A\overline{B}C+AB=\overline{A}BC+A(\overline{B}C+B) \\ &= \overline{A}BC+A(C+B)=\overline{A}BC+AC+AB \\ &= (\overline{A}B+A)C+AB=(B+A)C+AB \\ &= AB+BC+AC\end{aligned}$$

4) 由逻辑式画出逻辑图。由上式画出的逻辑图如图 5-29 所示。

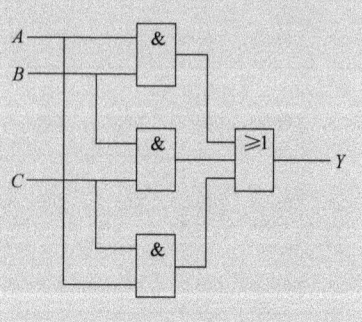

图 5-29 例 5-12 逻辑图

例 5-13 在集成电路中，与非门是其基本器件之一。在例 5-12 中试用与非门来构成逻辑图。

解：将例 5-12 中的逻辑函数表达式利用求反变换为与非逻辑式。

$$Y = AB+BC+AC$$
$$= \overline{\overline{AB+BC+AC}}$$
$$= \overline{\overline{AB} \cdot \overline{BC} \cdot \overline{AC}}$$

由此可画出逻辑图如图 5-30 所示。

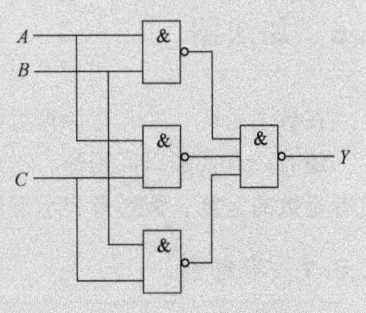

图 5-30 例 5-13 逻辑图

例 5-14 设计一交通灯监测电路。红、绿、黄三只灯正常工作时只能一只灯亮，否则，将会发出检修信号，用两输入与非门设计逻辑电路。

解：1) 根据题意列写逻辑状态表，见表 5-18。

表 5-18 例 5-14 的逻辑状态表

A	B	C	Y
0	0	0	1
0	0	1	0
0	1	0	0
0	1	1	1
1	0	0	0
1	0	1	1
1	1	0	1
1	1	1	1

设 A、B、C 分别表示红、绿、黄三只灯，且亮为 1，灭为 0；检修信号用 Y 表示，Y 为 1 表示需要检修。

2) 由逻辑状态表写出逻辑式。

$$L = \overline{A}\,\overline{B}\,\overline{C}+\overline{A}BC+A\overline{B}C+AB\overline{C}+ABC$$

3) 变换和化简逻辑式。

$$L = \overline{A}\,\overline{B}\,\overline{C}+\overline{A}BC+A\overline{B}C+AB\overline{C}+ABC+ABC$$
$$= \overline{\overline{\overline{A}\,\overline{B}\,\overline{C}+AB+AC+BC}}$$
$$= \overline{\overline{A}\,\overline{B}\,\overline{C}\cdot \overline{AB}\cdot \overline{AC}\cdot \overline{BC}}$$

4) 由逻辑式画出逻辑图，如图 5-31 所示。

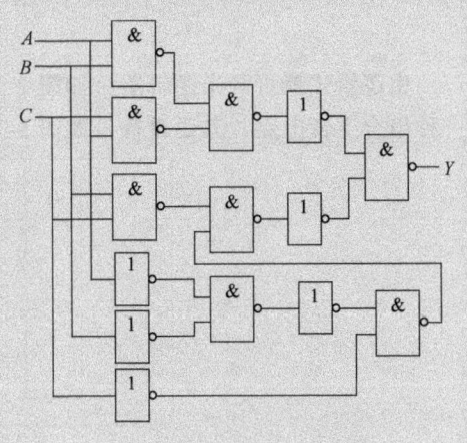

图 5-31 例 5-14 逻辑图

5.6 加法器

在数字系统，尤其在计算机的数字系统中，二进制加法器是它基本部件之一。

还有一点要加以区别的，二进制加法运算同逻辑加法运算（或运算）的含义是不同的。前者是数的运算，而后者表示逻辑关系。二进制加法为 1+1=10，而逻辑加 1+1=1。

5.6.1 半加器

所谓"半加"，就是只求本位的和，暂不管低位送来的进位数，即

$$A+B \to 半加和$$
$$0+0=0$$
$$0+1=1$$
$$1+0=1$$
$$1+1=\boxed{1}0$$

由此得出半加器逻辑状态表见表 5-19。

表 5-19 半加器逻辑状态表

A	B	S	C
0	0	0	0
0	1	1	0
1	0	1	0
1	1	0	1

表中，A 和 B 是相加的两个数，S 是半加和数，C 是进位数。

由逻辑状态表可写出逻辑式

$$S=\overline{A}B+A\overline{B}=A\oplus B \tag{5-13}$$
$$C=AB \tag{5-14}$$

由逻辑式就可画出逻辑图，如图 5-32a 所示，由一个异或门和一个与门组成。半加器是一种组合逻辑电路，其逻辑符号如图 5-32b 所示。

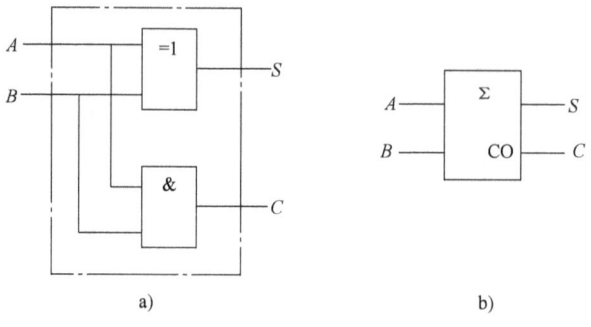

图 5-32 半加器逻辑图及其逻辑符号

a）半加器逻辑图　b）半加器逻辑符号

5.6.2 全加器

当多位数相加时,半加器可用于最低位求和,并给出进位数。第二位的相加有两个待加数 A_i 和 B_i,还有一个来自前面低位送来的进位数 C_{i-1}。这三个数相加,得出本位和数(全加和数)S_i,和进位数 C_i。这就是"全加",表 5-20 是全加器的逻辑状态表。

表 5-20 全加器逻辑状态表

A_i	B_i	C_{i-1}	S_i	C_i
0	0	0	0	0
0	0	1	1	0
0	1	0	1	0
0	1	1	0	1
1	0	0	1	0
1	0	1	0	1
1	1	0	0	1
1	1	1	1	1

由表 5-20 可写出全加和数 S_i 和 C_i 的逻辑式

$$\begin{aligned} S_i &= \overline{A}_i\overline{B}_iC_{i-1} + \overline{A}_iB_i\overline{C}_{i-1} + A_i\overline{B}_i\overline{C}_{i-1} + A_iB_iC_{i-1} \\ &= \overline{A}_i(B_i \oplus C_{i-1}) + A_i(\overline{B_i \oplus C_{i-1}}) \\ &= A_i \oplus B_i \oplus C_{i-1} \end{aligned} \tag{5-15}$$

$$\begin{aligned} C_i &= \overline{A}_iB_iC_{i-1} + A_i\overline{B}_iC_{i-1} + A_iB_i\overline{C}_{i-1} + A_iB_iC_{i-1} \\ &= A_iB_i + A_iC_{i-1} + B_iC_{i-1} \end{aligned} \tag{5-16}$$

由上两式可画出 1 位全加器的逻辑图,如图 5-33a 所示。

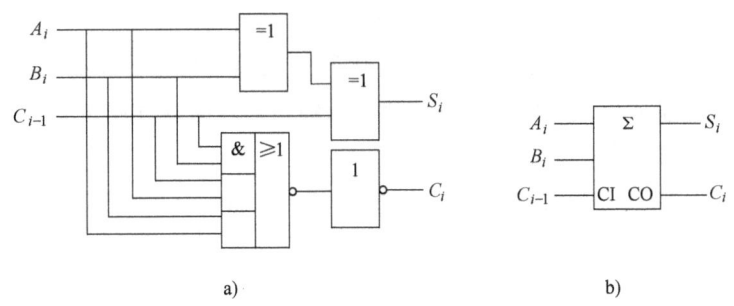

图 5-33 全加器逻辑图及其逻辑符号
a) 全加器逻辑图   b) 全加器逻辑符号

全加器电路的结构形式有多种,但都应满足表 5-20 的逻辑要求。图 5-33b 是全加器的逻辑符号。

例 5-15 试画出用两个半加器和一个或门构成一位全加器的逻辑图,要求写出 S_i 和 C_i 的逻辑表达式。

解:对于半加器有

$$S = \bar{A}B + A\bar{B} = A \oplus B \quad C = AB$$

用两个半加器和一个或门构成一位全加器的逻辑图如图 5-34 所示。

由图 5-34 可得

$$S_i = A_i \oplus B_i \oplus C_{i-1}$$

$$C_i = A_i B_i + (A_i \oplus B_i) C_{i-1}$$

$$= A_i B_i + B_i C_{i-1} + A_i C_{i-1}$$

符合全加器的逻辑要求。

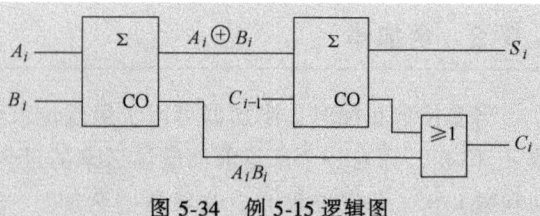

图 5-34　例 5-15 逻辑图

5.7　编码器

什么是编码？例如装电话要给个电话号码，寄信要有邮政编码等，这些都是编码。一般来讲，用数字或某种文字和符号来表示某一对象或信号的过程，称为编码。

十进制编码或某种文字和符号的编码难于用电路来实现。在数字电路中，一般用的是二进制编码。二进制只有 0 和 1 两个数码，可以把若干个 0 和 1 按一定规律编排起来组成不同的代码（二进制数）来表示某一对象或信号。1 位二进制代码有 0 和 1 两种，可以表示两个信号；2 位二进制代码有 00、01、10、11 四种，可以表示四个信号。n 位二进制代码有 2^n 种，可以表示 2^n 个信号。这种二进制编码在电路上容易实现。下面讨论两种编码器。

5.7.1　二进制编码器

二进制编码器是将某种信号编成二进制代码的电路。例如，要把 I_0、I_1、I_2、I_3、I_4、I_5、I_6、I_7 八个输入信号编成对应的二进制代码而输出，其编码过程如下：

1. 确定二进制代码的位数

因为输入有八个信号，所以输出的是 3 位（$2^n = 8$，$n = 3$）二进制代码。这种编码器通常称为 8 线-3 线编码器。

2. 列编码表

编码表是把待编码的八个信号和对应的二进制代码列成表格。这种对应关系是人为的。用 3 位二进制代码表示八个信号的方案很多，表 5-21 所列的是其中一种。每种方案都有一定的规律性，便于记忆。

3. 由编码器写出逻辑式

$$Y_2 = I_4 + I_5 + I_6 + I_7 = \overline{\overline{I_4 + I_5 + I_6 + I_7}} = \overline{\overline{I_4} \cdot \overline{I_5} \cdot \overline{I_6} \cdot \overline{I_7}}$$

$$Y_1 = I_2 + I_3 + I_6 + I_7 = \overline{\overline{I_2 + I_3 + I_6 + I_7}} = \overline{\overline{I_2} \cdot \overline{I_3} \cdot \overline{I_6} \cdot \overline{I_7}}$$

$$Y_0 = I_1 + I_3 + I_5 + I_7 = \overline{\overline{I_1 + I_3 + I_5 + I_7}} = \overline{\overline{I_1} \cdot \overline{I_3} \cdot \overline{I_5} \cdot \overline{I_7}}$$

表 5-21　3 位二进制编码器的编码表

输入	输出		
	Y_2	Y_1	Y_0
I_0	0	0	0
I_1	0	0	1
I_2	0	1	0
I_3	0	1	1
I_4	1	0	0
I_5	1	0	1
I_6	1	1	0
I_7	1	1	1

4. 由逻辑式画出逻辑图

逻辑图如图 5-35 所示。输入信号一般不允许出现两个或两个以上同时输入。例如，当 $I_1 = 1$，其余为 0 时，则输出为 001；当 $I_6 = 1$，其余为 0 时，则输出为 110。二进制代码 001 和 110 分别表示输入信号 I_1 和 I_6。当 $I_1 \sim I_7$ 均为 0 时，输出为 000，即表示 I_0。

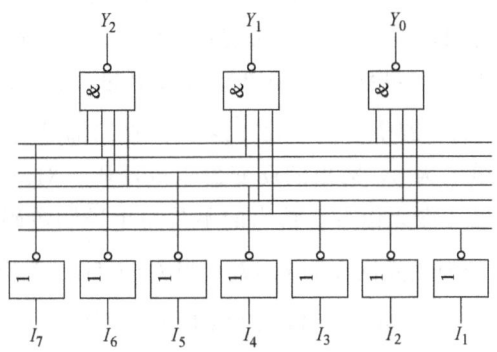

图 5-35　3 位二进制编码器的逻辑图

5.7.2　二-十进制编码器

1. 8421 编码

二-十进制编码器是将十进制的十个数码 0~9 编成二进制代码的电路。输入的是 0~9 十个数码，输出的是对应的二进制代码。这种二进制代码又称二-十进制代码，简称 BCD 码。

因为输入有十个数码，而 3 位二进制代码只有八种组合，所以输出的应是 4 位（$2^n > 8$，$n = 4$）二进制代码。

4 位二进制代码共有十六种状态，其中任何十种状态都可表示 0~9 十个数码，方案很多。最常用的是 8421 编码方式，就是在 4 位二进制代码的十六种状态中取出前面十种状态，表示 0~9 十个数码，后面六种状态去掉，见表 5-22。二进制代码各位的 1 所代表的十进制数从高位到低位依次为 8、4、2、1，称之为"权"，而后把每个数码乘以各位的"权"，相加，即得出该二进制代码所表示的 1 位十进制数。例如"1001"，这个二进制代码就是表示

$$1 \times 8 + 0 \times 4 + 0 \times 2 + 1 \times 1 = 8 + 0 + 0 + 1 = 9$$

表 5-22　8421 编码表

输入	输出			
十进制数	Y_3	Y_2	Y_1	Y_0
$0(I_0)$	0	0	0	0
$1(I_1)$	0	0	0	1
$2(I_2)$	0	0	1	0
$3(I_3)$	0	0	1	1
$4(I_4)$	0	1	0	0
$5(I_5)$	0	1	0	1
$6(I_6)$	0	1	1	0
$7(I_7)$	0	1	1	1
$8(I_8)$	1	0	0	0
$9(I_9)$	1	0	0	1

2. 二-十进制优先编码器

上述编码器每次只允许一个输入端上有信号，而实际上还常常出现多个输入端上同时有信号的情况。例如，计算机有许多输入设备，可能多台设备同时向主机发出中断请求，希望输入数据。这就要求主机能自动识别这些请求信号的优先级别，按次序进行编码。这里就需要优先编码器。74LS147 型 10 线-4 线优先编码器是常用的，表 5-23 是其功能表。由表 5-23 可见，有九个输入变量 $\bar{I}_1 \sim \bar{I}_9$，四个输出变量 $\bar{Y}_0 \sim \bar{Y}_3$，它们都是反变量。输入的反变量对低电平有效，即有信号时，输入为 0。输出的反变量组成反码，对应于 0~9 十个十进制数码。例如，表中第一行，所有输入端无信号，输出的不是与十进制数码 0 对应的二进制数 0000，而是其反码 1111。输入信号的优先次序为 $\bar{I}_9 \sim \bar{I}_1$。当 $\bar{I}_9 = 0$ 时，无论其他输入端是 0 或 1（表中×表示任意态），输出端只对 $\bar{I}_9$ 编码，输出为 0110（原码为 1001）。当 $\bar{I}_9 = 1$，$\bar{I}_8 = 0$ 时，无论其他输入端为何值，输出端只对 $\bar{I}_8$ 编码，输出为 0111（原码为 1000）。以此类推。

表 5-23　74LS147 型优先编码器的功能表

输入									输出			
$\bar{I}_9$	$\bar{I}_8$	$\bar{I}_7$	$\bar{I}_6$	$\bar{I}_5$	$\bar{I}_4$	$\bar{I}_3$	$\bar{I}_2$	$\bar{I}_1$	$\bar{Y}_3$	$\bar{Y}_2$	$\bar{Y}_1$	$\bar{Y}_0$
1	1	1	1	1	1	1	1	1	1	1	1	1
0	×	×	×	×	×	×	×	×	0	1	1	0
1	0	×	×	×	×	×	×	×	0	1	1	1
1	1	0	×	×	×	×	×	×	1	0	0	0
1	1	1	0	×	×	×	×	×	1	0	0	1
1	1	1	1	0	×	×	×	×	1	0	1	0
1	1	1	1	1	0	×	×	×	1	0	1	1
1	1	1	1	1	1	0	×	×	1	1	0	0
1	1	1	1	1	1	1	0	×	1	1	0	1
1	1	1	1	1	1	1	1	0	1	1	1	0

图 5-36 是十键 8421 码编码器的逻辑图，按下某个按键，输入相应的一个十进制数码。例如，按下 S_5 键，输入 5，即 $\bar{I}_5 = 0$，输出为 0101。按下 S_0 键，则输出为 0000。

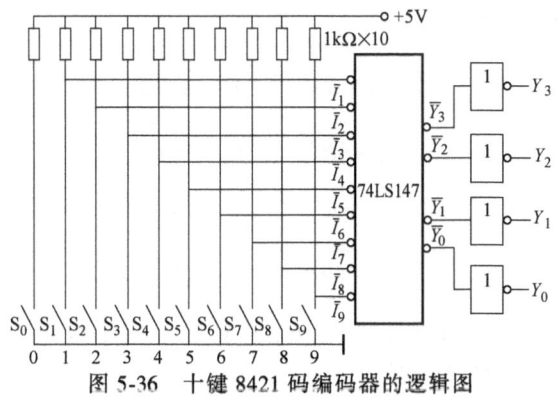

图 5-36 十键 8421 码编码器的逻辑图

5.8 译码器和数字显示

译码和编码的过程相反。编码是将某种信号或十进制的十个数码（输入）编成二进制代码（输出）。译码是将二进制代码（输入）按其编码时的原意译成对应的信号或十进制数码（输出）。

5.8.1 二进制译码器

1. 二进制译码器的译码过程

例如，要把输入的一组 3 位二进制代码译成对应的八个输出信号，其译码过程如下。

(1) **列出译码器的状态表** 设输入 3 位二进制代码为 ABC，输出八个信号低电平有效，设为 $\overline{Y}_0 \sim \overline{Y}_7$，每个输出代表输入的一种组合，并设 $ABC = 000$ 时，$\overline{Y}_0 = 0$，其余输出为 1；$ABC = 001$ 时，$\overline{Y}_1 = 0$，其余输出为 1；…；$ABC = 111$ 时，$\overline{Y}_7 = 0$，其余输出为 1，则列出的功能表，见表 5-24。

表 5-24 74L138 型 3 位二进制译码器的功能表

使能	控制		输入			输出							
S_1	$\overline{S}_2$	$\overline{S}_3$	A	B	C	$\overline{Y}_0$	$\overline{Y}_1$	$\overline{Y}_2$	$\overline{Y}_3$	$\overline{Y}_4$	$\overline{Y}_5$	$\overline{Y}_6$	$\overline{Y}_7$
0	×	×											
×	1	×	×	×	×	1	1	1	1	1	1	1	1
×	×	1											
1	0	0	0	0	0	0	1	1	1	1	1	1	1
1	0	0	0	0	1	1	0	1	1	1	1	1	1
1	0	0	0	1	0	1	1	0	1	1	1	1	1
1	0	0	0	1	1	1	1	1	0	1	1	1	1
1	0	0	1	0	0	1	1	1	1	0	1	1	1
1	0	0	1	0	1	1	1	1	1	1	0	1	1
1	0	0	1	1	0	1	1	1	1	1	1	0	1
1	0	0	1	1	1	1	1	1	1	1	1	1	0

注：×表示任意态。

(2) **由状态表写出逻辑式**

$$\overline{Y_0} = \overline{\overline{A}\,\overline{B}\,\overline{C}} \qquad \overline{Y_1} = \overline{\overline{A}\,\overline{B}\,C}$$

$$\overline{Y_2} = \overline{\overline{A}B\overline{C}} \qquad \overline{Y_3} = \overline{\overline{A}BC}$$

$$\overline{Y_4} = \overline{A\overline{B}\,\overline{C}} \qquad \overline{Y_5} = \overline{A\overline{B}C}$$

$$\overline{Y_6} = \overline{AB\overline{C}} \qquad \overline{Y_7} = \overline{ABC}$$

由上式可以看出，$\overline{Y_0} \sim \overline{Y_7}$ 同时又是 A、B、C 这三个变量的全部最小项的译码输出，所以也将这种译码器称为最小项译码器。

(3) **由逻辑式画出逻辑图** 逻辑图如图 5-37 所示。这种 3 位二进制译码器也称为 3 线-8 线译码器，最常用的是 74LS138 型译码器，表 5-24 是它的功能表。它还有一个使能端 S_1 和两个控制端 $\overline{S_2}$、$\overline{S_3}$。S_1 高电平有效，$S_1 = 1$ 时，可以译码；$S_1 = 0$ 时，禁止译码，输出全为 1。$\overline{S_2}$ 和 $\overline{S_3}$ 低电平有效，若均为 0，则可以译码；若其中有 1 或全 1，则禁止译码，输出也全为 1。

二进制译码器除 3 线-8 线译码器外，还有 2 线-4 线译码器和 4 线-16 线译码器。

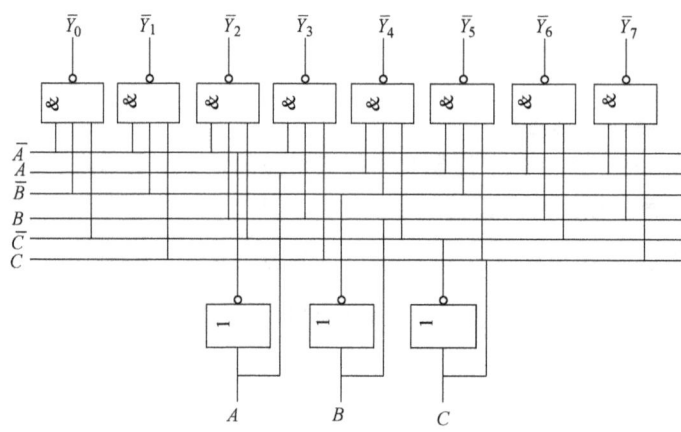

图 5-37　3 位二进制译码器逻辑图

例 5-16　图 5-38 是 74LS139 型双 2 线-4 线译码器的逻辑图和逻辑符号。该译码器内部含有两个独立的 2 线-4 线译码器，图 5-38 所示的是其中一个译码器的逻辑图。A_0、A_1 是输入端，$\overline{Y_0} \sim \overline{Y_3}$ 是输出端。$\overline{S}$ 是使能端，低电平有效，当 $\overline{S} = 0$ 时，可以译码；$\overline{S} = 1$ 时，无论 A_0 和 A_1 是 0 或 1，禁止译码，输出全为 1。试写出逻辑式和逻辑功能表。

解： 由逻辑图可写出逻辑式

$$\overline{Y_0} = \overline{\overline{S}\,\overline{A_1}\,\overline{A_0}} \qquad \overline{Y_1} = \overline{\overline{S}\,\overline{A_1}\,A_0}$$

$$\overline{Y_2} = \overline{\overline{S}\,A_1\,\overline{A_0}} \qquad \overline{Y_3} = \overline{\overline{S}\,A_1\,A_0}$$

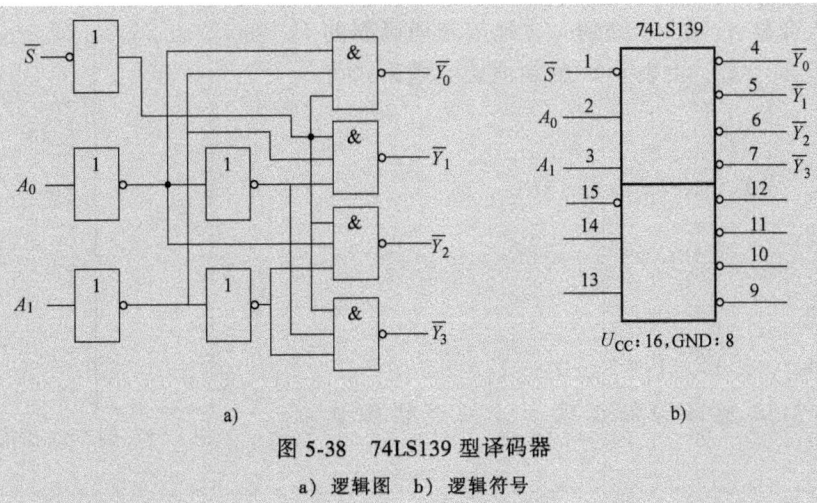

图 5-38 74LS139 型译码器
a) 逻辑图 b) 逻辑符号

表 5-25 是它的功能表,可由上列逻辑式列出。对应于每一组输入二进制代码,四个输出信号只有一个 0,其余为 1。

表 5-25 74LS139 型译码器的功能表

输入			输出			
$\overline{S}$	A_0	A_1	$\overline{Y_3}$	$\overline{Y_2}$	$\overline{Y_1}$	$\overline{Y_0}$
1	×	×	1	1	1	1
0	0	0	1	1	1	0
0	0	1	1	1	0	1
0	1	0	1	0	1	1
0	1	1	0	1	1	1

2. 用译码器设计组合逻辑电路

在 3 线-8 线译码器中可以看到,当控制端 $S=1$ 时,若将 A、B、C 作为三个输入逻辑变量,则八个输出端给出的就是这 3 个输入变量的全部最小项 $m_0 \sim m_7$。利用附加的门电路将这些最小项适当地组合起来,便可产生任何形式的三变量组合逻辑函数。

同理,由于 n 位二进制译码器的输出给出了 n 变量的全部最小项,所以用 n 变量二进制译码器和或门(当译码器的输出为原函数)或者与非门(当译码器的输出为反函数)定能获得任何形式输入变量数不大于 n 的组合逻辑函数。

例 5-17 试用译码器实现逻辑式

$$Y=AB+BC+CA$$

解:由于是三变量函数,故选用 74LS138 型 3 线-8 线译码器。

将逻辑式用最小项表示

$$Y = AB+BC+CA$$
$$= \overline{A}BC+A\overline{B}C+AB\overline{C}+ABC$$

将输入变量 A、B、C 分别对应地接到译码器的输入端 A_2、A_1、A_0，由表 5-24 的功能表或逻辑式可得出

$$\overline{Y_3} = \overline{\overline{A}BC} \qquad \overline{Y_5} = \overline{A\overline{B}C}$$

$$\overline{Y_6} = \overline{AB\overline{C}} \qquad \overline{Y_7} = \overline{ABC}$$

因此得出

$$Y = Y_3 + Y_5 + Y_6 + Y_7 = \overline{\overline{Y_3} \cdot \overline{Y_5} \cdot \overline{Y_6} \cdot \overline{Y_7}}$$

用 74LS138 型译码器实现上式的逻辑图如图 5-39 所示。

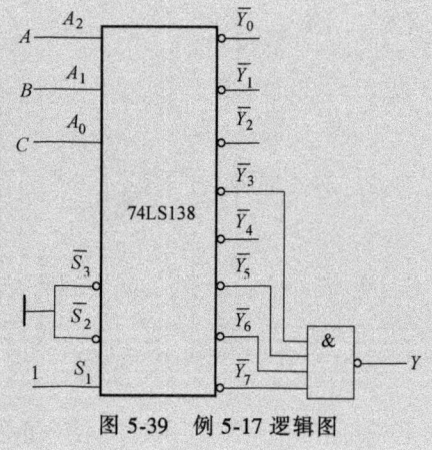

图 5-39 例 5-17 逻辑图

5.8.2 二-十进制显示译码器

在数字仪表、计算机和其他数字系统中，常常要把测量数据和运算结果用十进制数显示出来。这就要用显示译码器，它能够把"8421"二-十进制代码译成能用显示器件显示出的十进制数。

常用的显示器件有半导体数码管、液晶数码管和荧光数码管。下面只介绍半导体数码管一种。

1. 半导体数码管

半导体数码管（或称 LED 数码管）的基本单元是发光二极管 LED，它将十进制数码分成七个字段，每段为一发光二极管，其字形结构如图 5-40b 所示。选择不同字段发光，可显示出不同的字形。例如，当 a、b、c、d、e、f、g 七个字段全亮时，显示出"8"；b、c 段亮时，显示出"1"。

半导体数码管中七个发光二极管有共阴极和共阳极两种接法，如图 5-41 所示。前者，某一字段接高电平时发光；后者，接低电平时发光。使用时每个发光二极管要串联限流电阻。

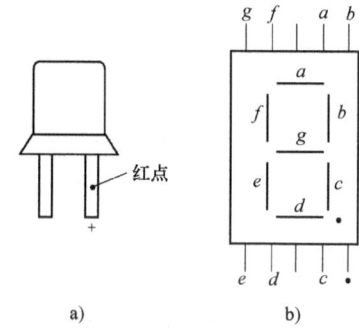

图 5-40 半导体数码管
a) 发光二极管 b) 字形结构

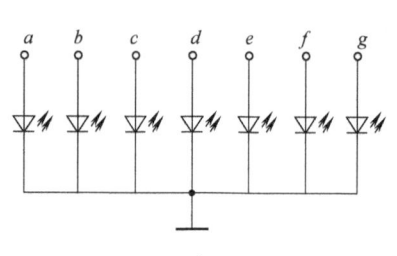

a)

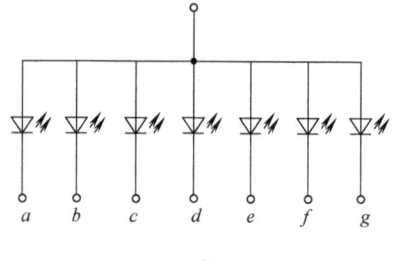

b)

图 5-41 半导体数码管两种接法
a) 共阴极 b) 共阳极

2. 七段显示译码器

七段显示译码器的功能是把 "8421" 二-十进制代码译成对应于数码管的七个字段信号。驱动数码管，显示出相应的十进制数码。如果是 74LS247 型译码器，输出低电平有效，应采用共阳极数码管，则七段显示译码器的功能表见表 5-26；如果是 74LS248 型译码器，输出高电平有效，应采用共阴极数码管，则输出状态应和表 5-26 的相反，即 1 和 0 对换。

表 5-26　74LS247 型七段译码器的功能表

功能和十进制数	输入							输出							显示
	$\overline{LT}$	$\overline{RBI}$	$\overline{BI}$	A_3	A_2	A_1	A_0	$\overline{a}$	$\overline{b}$	$\overline{c}$	$\overline{d}$	$\overline{e}$	$\overline{f}$	$\overline{g}$	
试灯	0	×	1	×	×	×	×	0	0	0	0	0	0	0	8
灭灯	×	×	0	×	×	×	×	1	1	1	1	1	1	1	全灭
灭 0	1	0	1	0	0	0	0	1	1	1	1	1	1	1	灭 0
0	1	1	1	0	0	0	0	0	0	0	0	0	0	1	0
1	1	×	1	0	0	0	1	1	0	0	1	1	1	1	1
2	1	×	1	0	0	1	0	0	0	1	0	0	1	0	2
3	1	×	1	0	0	1	1	0	0	0	0	1	1	0	3
4	1	×	1	0	1	0	0	1	0	0	1	1	0	0	4
5	1	×	1	0	1	0	1	0	1	0	0	1	0	0	5
6	1	×	1	0	1	1	0	0	1	0	0	0	0	0	6
7	1	×	1	0	1	1	1	0	0	0	1	1	1	1	7
8	1	×	1	1	0	0	0	0	0	0	0	0	0	0	8
9	1	×	1	1	0	0	1	0	0	0	0	1	0	0	9

表 5-26 所列举的是 74LS247 型译码器的功能表，图 5-42 是它的引脚排列图。它有四个输入端 A_0、A_1、A_2、A_3 和七个输出端 $\overline{a} \sim \overline{g}$（低电平有效），后者接数码管七段。此外，还有三个输入控制端，其功能如下。

1）试灯输入端 $\overline{LT}$：用来检验数码管的七段是否正常工作。当 $\overline{BI} = 1$，$\overline{LT} = 0$ 时，无论 A_0、A_1、A_2、A_3 为何状态，输出 $\overline{a} \sim \overline{g}$ 均为 0，数码管七段全亮，显示 "8" 字。

2）灭灯输入端 $\overline{BI}$：当 $\overline{BI} = 0$，无论其他输入信号为何状态，输出 $\overline{a} \sim \overline{g}$ 均为 1，七段全灭，无显示。

3）灭 0 输入端 $\overline{RBI}$：当 $\overline{LT} = 1$，$\overline{BI} = 1$，$\overline{RBI} = 0$，只有当 $A_0 A_1 A_2 A_3 = 0000$ 时，输出 $\overline{a} \sim \overline{g}$ 均为 1，不显示 "0" 字；这时，如果 $\overline{RBI} = 1$，则译码器正常输出，显示 "0"。当 $A_0 A_1 A_2 A_3$ 为其他组合时，不论 $\overline{RBI}$ 为 0 或 1，译码器均可正常输出。此输入控制信号常用来消除无效 0。例如，可消除 000.001 前两个 0，则显示出 "0.001"。

上述三个输入控制端均为低电平有效，在正常工作时均接高电平。

图 5-43 是 74LS247 型译码器和共阳极 BS204 型半导体数码管的连接图。

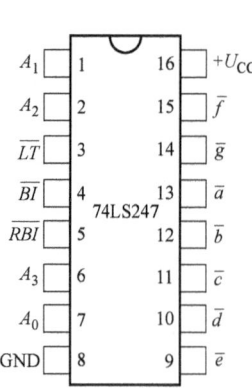

图 5-42　74LS247 型译码器的引脚排列图

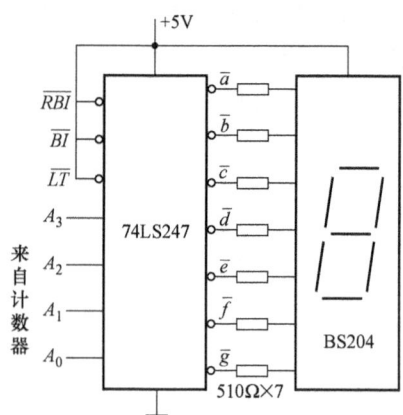

图 5-43　七段译码器和数码管的连接图

5.9　组合逻辑电路在汽车上的应用

5.9.1　汽车散热器水位过低报警电路

汽车散热器中水量的减少，不仅直接影响发动机的冷却，也影响汽车正常行驶。本报警器能在散热器水位低于最低水位时发出声光报警，提醒驾驶人加水。电路如图 5-44 所示。电路中 IC 为 CD4069 六反相器，HTD 为压电陶瓷蜂鸣器，型号为 HTD-27A-1。散热器中放置一根铜线作为传感器，一般选用 $\phi 2mm$ 的漆包线。铜线的下端应置于最低水位处，但不能与散热器箱体接触，散热器箱体搭铁。

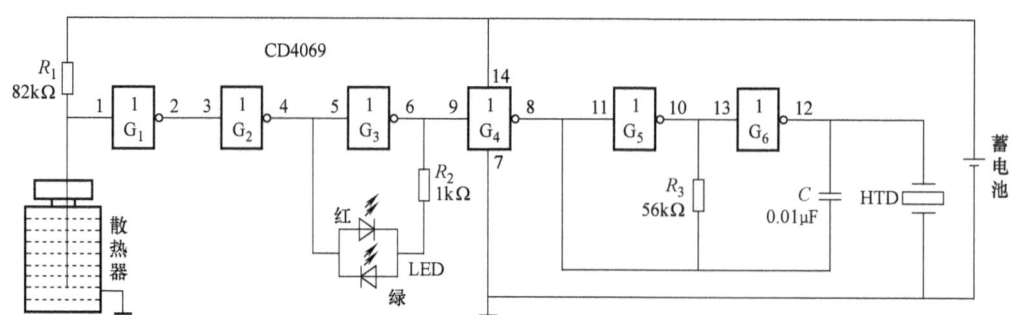

图 5-44　散热器水位过低报警器

当散热器水位符合要求时，铜线浸在水中。由于散热器箱体搭铁和水的导电作用，使得 CD4069 的 1 脚为低电平，2 脚为高电平，4、5 脚为低电平，6、9 脚为高电平，使得绿色 LED 发光，指示水位正常。8 脚为低电平，由于二极管的钳位作用，11 脚被固定在低电平，所以由 G_5、G_6 构成的多谐振荡器不工作，蜂鸣器不鸣叫。

当散热器水位低于最低水位时，铜线离开冷却水悬空，使得 CD4069 的 1 脚为高电平，

2 脚为低电平，4、5 脚为高电平，6、9 脚为低电平，使得红色 LED 发光，指示水位低于最低限制水位。8 脚为高电平，由于二极管的单向导电性，11 脚被悬空，所以多谐振荡器开始振荡，蜂鸣器发出鸣叫音，提醒驾驶人加水。

5.9.2 汽车门锁控制电路

图 5-45 是由组合逻辑电路构成的汽车门锁控制电路，门锁解锁和锁止信号均由或门输出，或门的逻辑功能是输入变量有一个为高电平，输出则为高电平，以锁止信号为例，h、j 两个非门的输入均由一个上拉电阻与电源正极相连，为高电平；当车门锁或车内门锁控制开关接地时，h 或 j 非门的输入为低电平，输出为高电平，使后面的或门输出为高电平，即锁止信号为有效信号。

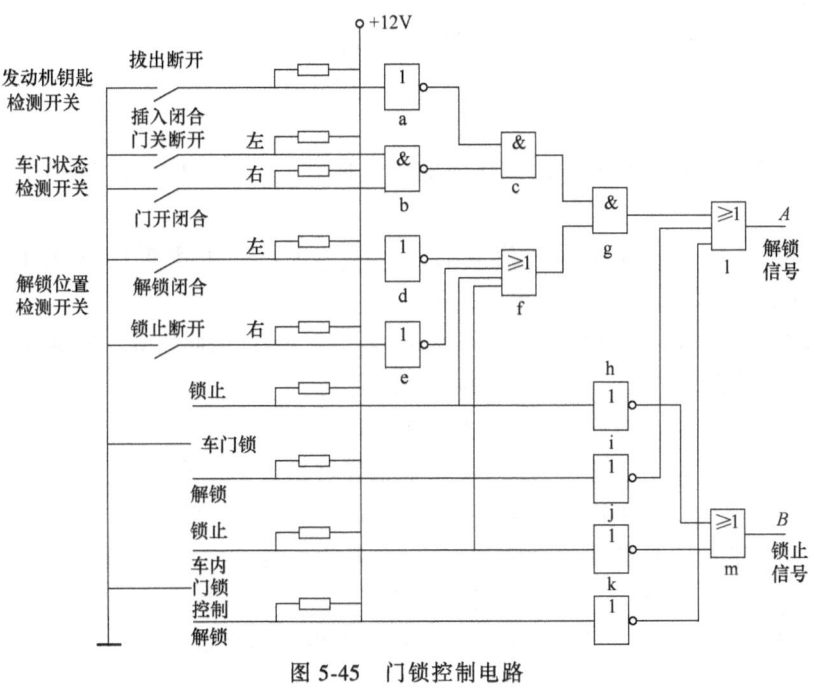

图 5-45 门锁控制电路

5.9.3 制动灯故障检测器

组合逻辑电路在汽车上得到了广泛的应用，例如，制动灯故障检测器等。图 5-46 所示为制动灯故障检测器的电路图，该电路由一块 CMOS 和非门数字集成电路 CD4011 接成非门的形式，用来自动检测汽车制动灯泡的工作状况。在图 5-46 中 S 为制动灯开关，HL_1、HL_2 为汽车尾部制动信号灯，LED_1 和 LED_2 为驾驶室内制动信号灯的工作指示灯，其工作状况与尾部制动信号灯相对应，即 LED_1 和 HL_1 相对应，LED_2 和 HL_2 相对应。

当信号灯 HL_1、HL_2 完好时，由于灯丝阻值较小，故二极管和与非门 1、与非门 3 的输入端全为低电平，与非门 2、与非门 4 的输出端也为低电平，发光二极管 LED_1、LED_2 均不亮。当 HL_1 或 HL_2 断路时，与非门 1 或与非门 3 的输入端由于 R_1、R_2 的接入变高电平，故与非门 2 或与非门 4 的输出端为高电平，相应的发光二极管亮，提示制动灯有断路故障。

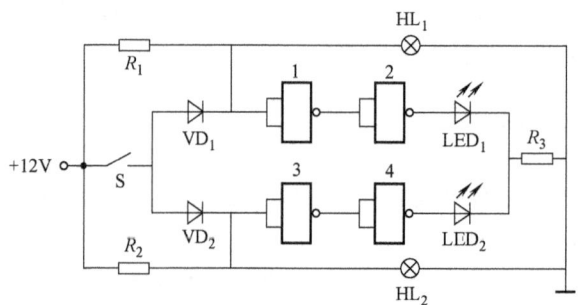

图 5-46　制动灯故障检测器

习　题

一、填空题

1. 在时间上和数值上均做连续变化的电信号称为_____信号；在时间上和数值上离散的信号称为_____信号。
2. 数字电路中，逻辑变量的值只有_____个。在正逻辑的约定下，"1"表示_____电平，"0"表示_____电平。
3. 功能为有 1 出 1、全 0 出 0 门电路称为_____门；相同出 0，相异出 1 功能的门电路是_____；实际中_____门应用的最为普遍。
4. 逻辑代数中，最基本的逻辑关系有三种，即_____、_____和_____。
5. 晶体管截止时相当于开关_____，而饱和时相当于开关_____。
6. 在数字电路中，晶体管工作在_____状态或_____状态。
7. 最简与或表达式是指在表达式中_____最少，且_____也最少。
8. _____BCD 码和_____码是有权码；_____码和_____码是无权码。
9. 为实现图 5-47 逻辑表达式的功能，请将 TTL 电路多余输入端 C 进行处理（只需一种处理方法），若使 $Y_1=\overline{A+B}$，则 C 端应接_____；若使 $Y_2=AB$，则 C 端应接_____。
10. 在 $F=AB+CD$ 的真值表中，$F=1$ 的状态有_____个。
11. 逻辑电路如图 5-48 所示，其功能相当于一个_____门电路。

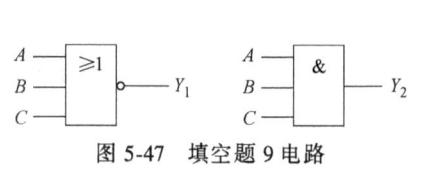

图 5-47　填空题 9 电路

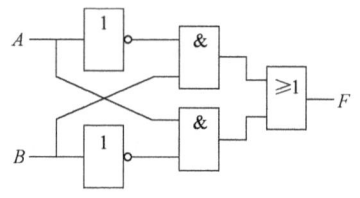

图 5-48　填空题 11 电路

12. 逻辑图和输入 A、B 的波形如图 5-49 所示，分析当输出 F 为"0"的时刻应是_____。

13. 如图 5-50 所示的逻辑图，逻辑表达式 F_1 = _____ ; F = _____ 。

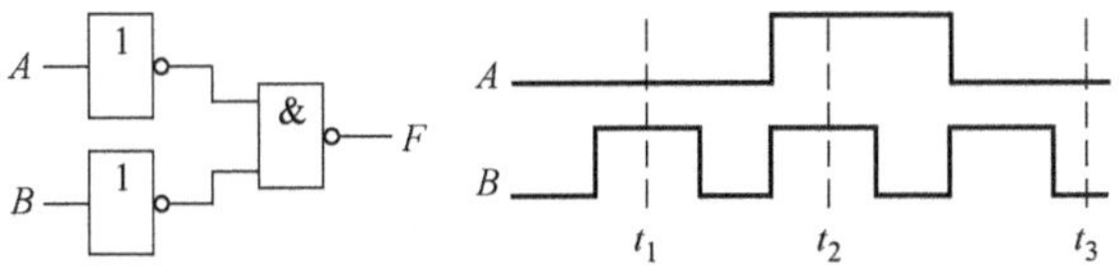

图 5-49 填空题 12 电路 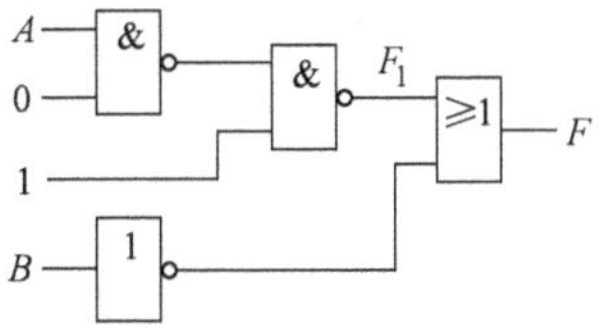   图 5-50 填空题 13 电路

14. 卡诺图是将代表_____的小方格按_____原则排列而构成的方块图。
15. 组合逻辑电路的基本组成单元是_____；组合逻辑电路的输出仅与_____有关。
16. 能实现 1 位二进制带进位加法运算的是_____。
17. 若在编码器中有 50 个编码对象，则输出二进制代码位数至少需要_____位。
18. 3 线-8 线译码器的输入信号是_____。
19. 一个译码器若有 100 个译码输出端，则译码输入端至少有_____个。
20. 半导体数码显示器的内部接法有两种形式：共_____接法和共_____接法。

二、选择题

1. 二进制数 $(101010)_2$ 可转换为十进制数（　　）。
A. $(42)_{10}$　　B. $(84)_{10}$　　C. $(52)_{10}$　　D. $(74)_{10}$
2. 十进制数 $(123)_{10}$ 可转换为十六进制数（　　）。
A. $(F6)_{16}$　　B. $(7B)_{16}$　　C. $(6F)_{16}$　　D. $(B7)_{16}$
3. 十进制数 $(100)_{10}$ 对应的二进制数为（　　）。
A. 1011110　　B. 1100010　　C. 1100100　　D. 11000100
4. 和逻辑式 $\overline{AB}$ 表示不同逻辑关系的逻辑式是（　　）。
A. $\overline{A}+\overline{B}$　　B. $\overline{A}\cdot\overline{B}$　　C. $\overline{A}\cdot B+\overline{B}$　　D. $A\overline{B}+\overline{A}$
5. 数字电路中机器识别和常用的数制是（　　）。
A. 二进制　　B. 八进制　　C. 十进制　　D. 十六进制
6. 一个两输入端的门电路，当输入为 1 和 0 时，输出不是 1 的门是（　　）。
A. 与非门　　B. 或门　　C. 或非门　　D. 异或门
7. 图 5-51 所示的门电路，Y 恒为 0 的图是（　　）。
A. a)　　B. b)　　C. c)　　D. d)

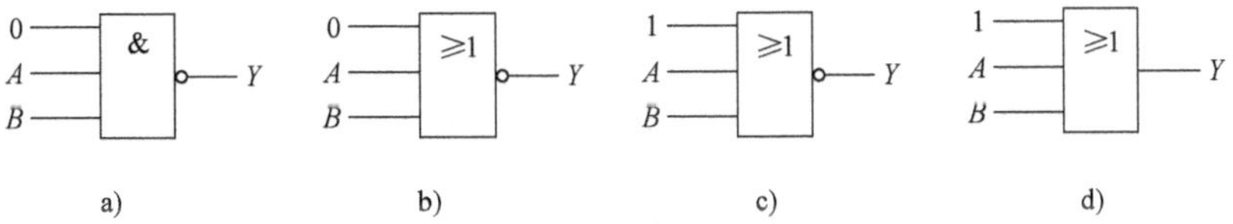

图 5-51 选择题 7 电路

8. 图 5-52 所示的门电路的输出为（　　）。
A. $Y=\overline{A}$　　B. $Y=1$　　C. $Y=0$　　D. $Y=A$

9. 图 5-53 所示的门电路的逻辑表达式为（　　）。

A. $Y=\overline{AB}+C$ B. $Y=\overline{AB\cdot C\cdot 0}$ C. $Y=\overline{AB}$ D. $Y=AB+C$

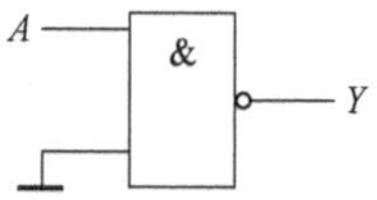

图 5-52 选择题 8 电路

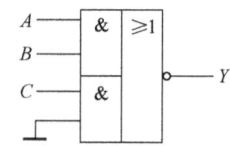

图 5-53 选择题 9 电路

10. 与 $\overline{A+B+C}$ 相等的为（　　）。

A. $\overline{A}\cdot\overline{B}\cdot\overline{C}$ B. $\overline{\overline{A}\cdot\overline{B}\cdot\overline{C}}$ C. $\overline{A}+\overline{B}+\overline{C}$ D. $\overline{\overline{A}+\overline{B}+\overline{C}}$

11. 与 $\overline{A\cdot B\cdot C\cdot D}$ 相等的为（　　）。

A. $\overline{A}\cdot\overline{B}\cdot\overline{C}\cdot\overline{D}$　　　　　　B. $(\overline{A}+\overline{B})\cdot(\overline{C}+\overline{D})$

C. $\overline{A}+\overline{B}+\overline{C}+\overline{D}$　　　　　　D. $\overline{A\cdot B}+\overline{C\cdot D}$

12. 与 $\overline{A}+ABC$ 相等的为（　　）。

A. $A+BC$ B. $\overline{A}+BC$ C. $A+\overline{BC}$ D. $\overline{A}+\overline{BC}$

13. 若 $Y=A\overline{B}+AC=1$，则（　　）。

A. $ABC=001$ B. $ABC=110$ C. $ABC=100$ D. $ABC=011$

14. 若输入变量 A、B 和输出变量 Y 的波形如图 5-54 所示，则逻辑式为（　　）。

A. $Y=A\overline{B}+\overline{A}B$ B. $Y=AB+\overline{A}\,\overline{B}$

C. $Y=A+\overline{B}$ D. $Y=\overline{A}+B$

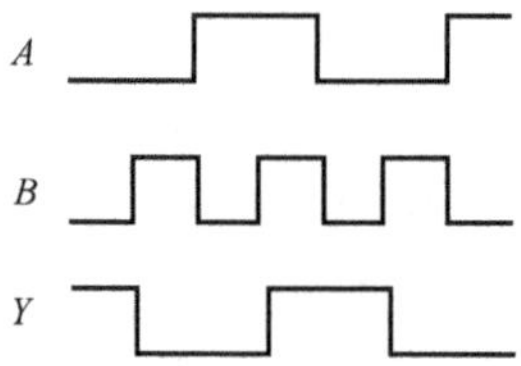

图 5-54 选择题 14 电路

15. 将 $Y=AB+\overline{A}C+\overline{B}C$ 化简后得（　　）。

A. $Y=\overline{AB}+C$ B. $Y=AB+\overline{C}$

C. $Y=AB+C$ D. $Y=\overline{A}\,\overline{B}+C$

16. 图 5-55 所示的门电路中，$Y=1$ 的是图（　　）。

A. a) B. b) C. c) D. d)

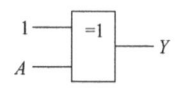 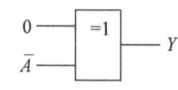 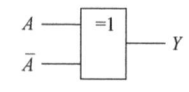 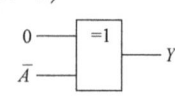

a)　　　　　　b)　　　　　　c)　　　　　　d)

图 5-55 选择题 16 电路

17. 图 5-56 所示的组合逻辑电路的逻辑式为（　　）。

A. $Y=\overline{A}$ B. $Y=A$

C. $Y=1$ D. $Y=0$

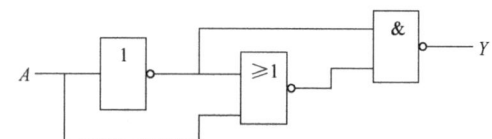

图 5-56 选择题 17 电路

18. 图 5-57 所示的组合逻辑电路的逻辑式为（　　）。

A. $Y=AB\cdot\overline{B}C$ B. $Y=\overline{AB\cdot\overline{B}C}$ C. $Y=AB+\overline{B}C$ D. $Y=\overline{AB+\overline{B}C}$

19. 图 5-58 所示的组合逻辑电路的逻辑式为（　　）。

A. $Y=\overline{AB+BC+CA}$ B. $Y=AB+BC+CA$

C. $Y=\overline{AB}+\overline{BC}+\overline{CA}$ D. $Y=\overline{\overline{AB}\cdot\overline{BC}\cdot\overline{CA}}$

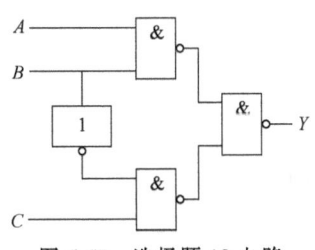

图 5-57　选择题 18 电路

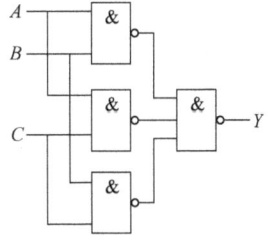

图 5-58　选择题 19 电路

20. 在图 5-59 所示的三个逻辑电路中，能实现 $Y=(A+B)\cdot(C+D)$ 的是图（　　）。

A. a)   B. b)   C. c)   D. d)

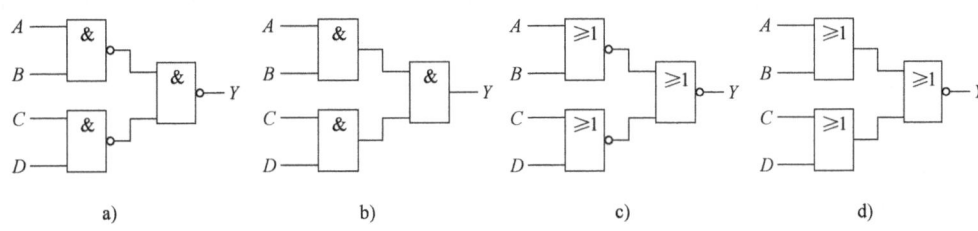

a)　　　　　　　b)　　　　　　　c)　　　　　　　d)

图 5-59　选择题 20 电路

21. 八输入端的编码器按二进制数编码时，输出端的个数是（　　）。

A. 2 个   B. 3 个   C. 4 个   D. 8 个

22. 四输入的译码器，其输出端最多为（　　）。

A. 4 个   B. 8 个   C. 10 个   D. 16 个

23. 半加器的逻辑图如图 5-60 所示，指出它的逻辑式为（　　）。

A. $Y=A\oplus B$，$C=AB$ B. $Y=A\oplus B$，$C=\overline{A}\,\overline{B}$

C. $Y=\overline{A\oplus B}$，$C=AB$ D. $Y=\overline{A\oplus B}$，$C=\overline{A}\,\overline{B}$

24. 全加器中，当 $A_i=1$，$B_i=1$，$C_{i-1}=0$ 时，C_i 和 S_i 分别为（　　）。

A. $C_i=1$　$S_i=0$ B. $C_i=0$　$S_i=1$

C. $C_i=0$　$S_i=0$ D. $C_i=1$　$S_i=1$

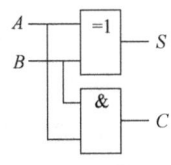

图 5-60　选择题 23 电路

25. 编码器的逻辑功能是（　　）。

A. 把某种二进制代码转换成某种输出状态

B. 将某种状态转换成相应的二进制代码

C. 把二进制数转换成十进制数

D. 把十进制数转换成二进制数

三、计算分析题

1. 将下列二进制数和十六进制数化成等值的十进制数。

1）$(10110)_2$

2）$(10111010)_2$

3）$(0.1011)_2$

4）$(0101.0110)_2$

5）$(3B)_{16}$

6）$(FF)_{16}$

7）$(0.35)_{16}$

8）$(7A.C1)_{16}$

2. 将下列十六进制数化为等值的二进制数和等值的十进制数。

1）$(8C)_{16}$

2）$(3D.BE)_{16}$

3）$(8F.FF)_{16}$

4）$(10.00)_{16}$

3. 将下列十进制数转换成等效的二进制数和等效的十六进制数。要求二进制数保留小数点以后4位有效数字。

1）$(17)_{10}$

2）$(127)_{10}$

3）$(0.39)_{10}$

4）$(25.7)_{10}$

4. 写出下列二进制数的原码、反码和补码。

1）$(+1011)_2$

2）$(+00110)_2$

3）$(-1101)_2$

4）$(-00101)_2$

5. 设有四种组合逻辑电路，它们的输入波形（A、B、C、D）如图5-61所示，其对应的输出波形分别为 W、X、Y、Z，试分别写出它们逻辑表达式并化简。

6. 试画出用与非门和反相器实现下列函数的逻辑图。

1）$Y = AB + BC + AC$

2）$Y = (\overline{A} + B)(A + \overline{B})C + \overline{BC}$

3）$Y = \overline{AB\overline{C} + A\overline{B}\overline{C} + \overline{A}BC}$

4）$Y = AB\overline{C} + \overline{(AB)} + \overline{A}\,\overline{B} + BC$

7. 根据下列各逻辑式，画出逻辑图。

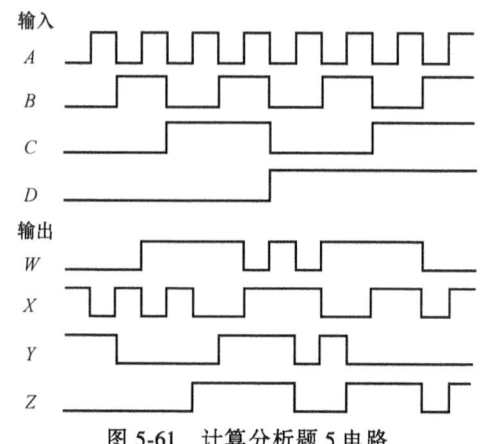

图5-61 计算分析题5电路

1) $Y=(A+B)C$

2) $Y=AB+BC$

3) $Y=(A+B)(A+C)$

4) $Y=A+BC$

5) $Y=A(B+C)+BC$

8. 利用逻辑代数的运算法则化简下列各式。

1) $Y=AC\overline{D}+\overline{D}$

2) $Y=A\overline{B}(A+B)$

3) $Y=A\overline{B}+AC+BC$

4) $Y=AB(A+\overline{B}C)$

5) $Y=\overline{E}\cdot\overline{F}+\overline{E}F+E\overline{F}+EF$

6) $Y=ABD+A\overline{B}CD+A\overline{C}DE+A$

7) $Y=\overline{A}BC+(A+\overline{B})C$

8) $Y=AC+B\overline{C}+\overline{A}B$

9. 用逻辑代数的运算法则将下列逻辑函数化为最简与或形式。

1) $Y=A\overline{B}+B+\overline{A}B$

2) $Y=A\overline{B}C+\overline{A}+B+\overline{C}$

3) $Y=\overline{\overline{A}BC+A\overline{B}}$

4) $Y=A\overline{B}CD+ABD+A\overline{C}D$

5) $Y=A\overline{B}(\overline{A}CD+AD+\overline{B}\ \overline{C})(\overline{A}+B)$

6) $Y=AC(\overline{C}D+\overline{A}B)+BC(\overline{\overline{B}+AD+CE})$

7) $Y=A\overline{C}+ABC+AC\overline{D}+CD$

8) $Y=A+(B+\overline{C})(A+\overline{B}+C)(A+B+C)$

9) $Y=B\overline{C}+AB\overline{C}E+\overline{B}(\overline{\overline{A}\ \overline{D}+AD})+B(A\overline{D}+\overline{A}D)$

10) $Y=AC+A\overline{C}D+A\overline{B}\ \overline{EF}+B(D\oplus E)+\overline{B}C\overline{DE}+\overline{BC}\ \overline{DE}+AB\overline{E}F$

10. 应用逻辑函数的运算法则证明下式各式。

1) $A\overline{B}+B+\overline{A}B=A+B$

2) $(A+\overline{C})(B+D)(B+\overline{D})=AB+B\overline{C}$

3) $\overline{(A+B+\overline{C})\cdot\overline{C}D+(B+C)(\overline{A}\overline{B}D+\overline{B}\ \overline{C})}=1$

4) $\overline{A}\ \overline{B}\ \overline{C}\ \overline{D}+\overline{A}\overline{B}CD+ABCD+A\overline{B}C\overline{D}=\overline{A}\overline{C}+\overline{AC}+B\overline{D}+\overline{B}D$

5) $\overline{A}(C \oplus D) + B\overline{C}D + AC\overline{D} + \overline{AB}\ CD = C \oplus D$

11. 写出图 5-62 中电路的逻辑表达式,并化简为最简与或式。

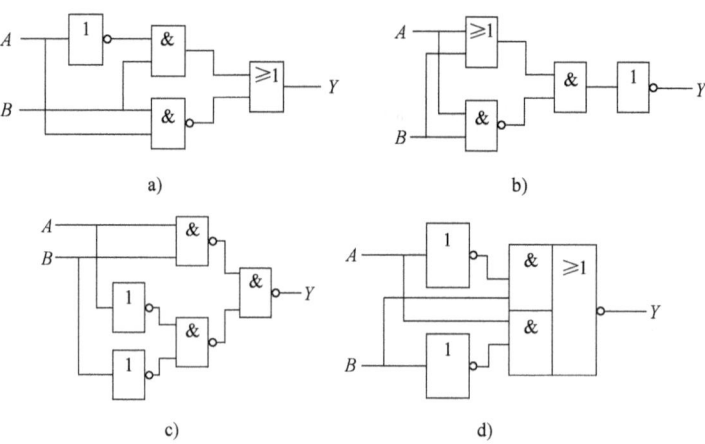

图 5-62 计算分析题 11 电路

12. 将下列各函数式化为最小项之和的形式。

1) $Y = \overline{A}BC + AC + \overline{B}C$

2) $Y = A\overline{B}\ \overline{C}D + BCD + \overline{A}D$

3) $Y = A + B + CD$

4) $Y = AB + \overline{\overline{BC}(\overline{C} + \overline{D})}$

5) $Y = L\overline{M} + M\overline{N} + N\overline{L}$

13. 写出图 5-63 中各卡诺图所表示的逻辑函数式。

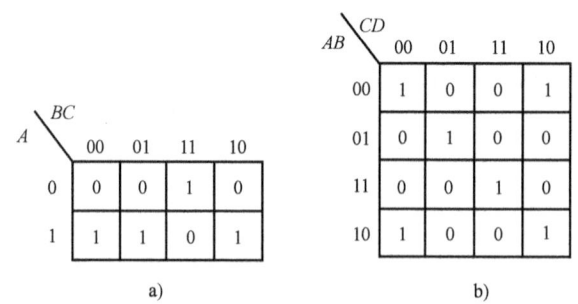

图 5-63 计算分析题 13 电路

14. 用卡诺图化简法化简以下逻辑函数。

1) $Y_1 = C + ABC$

2) $Y_2 = A\ \overline{B}C + BC + \overline{A}\overline{B}CD$

3) $Y = A\overline{B} + \overline{A}C + BC + \overline{C}D$

4) $Y = \overline{A}\ \overline{B} + AC + \overline{B}C$

5) $Y(A,B,C,D) = \sum(m_0, m_1, m_2, m_3, m_4, m_6, m_8, m_9, m_{10}, m_{11}, m_{14})$

6) $Y(A,B,C,D) = \sum(m_0, m_1, m_2, m_5, m_8, m_9, m_{10}, m_{12}, m_{14})$

15. 试分析图 5-64 所示组合逻辑电路的逻辑功能，写出逻辑函数式，列出真值表，说明电路完成的逻辑功能。

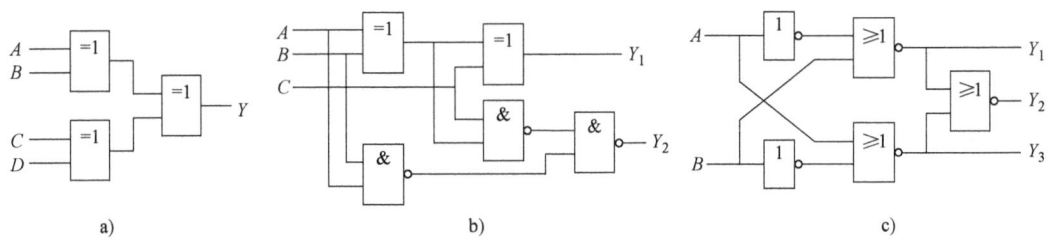

图 5-64　计算分析题 15 电路

16. 证明图 5-65a 和图 5-65b 具有相同的逻辑功能。

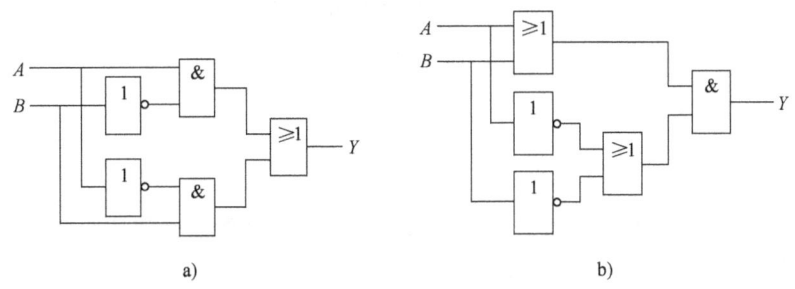

图 5-65　计算分析题 16 电路

17. 用与非门设计一个组合逻辑电路，完成如下功能：只有当三个裁判（包括裁判长）或裁判长和一个裁判认为杠铃已举起并符合标准时，按下按键，使灯亮（或铃响），表示此次举重成功，否则，表示举重失败。

18. 图 5-66 是两处控制照明灯的电路，单刀双投开关 A 装在一处、B 装在另一处，两处都可以开关电灯。设 $Y=1$ 表示灯亮，$Y=0$ 表示灯灭；$A=1$ 表示开关向上扳，$A=0$ 表示开关向下扳，B 亦如此。试写出灯亮的逻辑式。

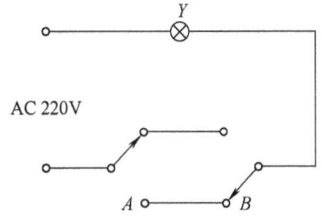

图 5-66　计算分析题 18 电路

19. 旅客列车分特快、普快和普慢，并依此为优先通行次序。某站在同一时间只能有一趟列车从车站开出，即只能给出一个开车信号，试画出满足上述要求的逻辑电路。设 A、B、C 分别代表特快、普快、普慢，开车信号分别为 Y_A、Y_B、Y_C。

20. 图 5-67 是一密码锁控制电路。开锁条件是：拨对密码；钥匙插入锁眼将开关 S 闭合。当两个条件同时满足时，开锁信号为 1，将锁打开。否则，报警信号为 1，接通警铃。试分析密码 $ABCD$ 是多少。

21. 甲、乙两校举行联欢会，入场券分红、黄两种，甲校学生持红票入场，乙校学生持黄票入场。会场入口处如设一自动检票机：符合条件者可放行，否则不准入场。试画出此检票机的放行逻辑电路。

22. 某同学参加四门课程考试，规定如下：

1）课程 A 及格得 1 分，不及格得 0 分。
2）课程 B 及格得 2 分，不及格得 0 分。
3）课程 C 及格得 4 分，不及格得 0 分。
4）课程 D 及格得 5 分，不及格得 0 分。

若总得分大于 8 分（含 8 分），就可结业。试用与非门画出实现上述要求的逻辑电路。

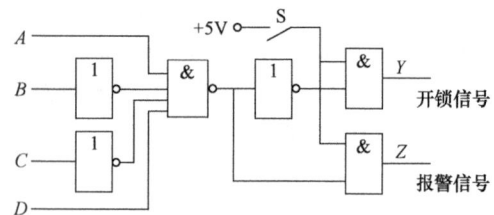

图 5-67 计算分析题 20 电路

23. 仿照全加器画出 1 位二进制数的全减器：输入被减数为 A，减数为 B，低位来的借位数为 C，全减差为 D，向高位的借位数为 C_1。

24. 试画出用 2 个半加器和一个或门构成一位全加器的逻辑图，要求写出 S_i 和 C_i 的逻辑表达式。

25. 试用译码器 74LS138 和与非门实现下列逻辑函数：

$$\begin{cases} L_1 = AB + A\overline{B}C \\ L_2 = A\overline{C} + \overline{A} + \overline{B} \\ L_3 = \overline{\overline{AB} \cdot \overline{AC}} \end{cases}$$

26. 试用译码器 74LS138 和适当的逻辑门设计一个三位数的奇偶校验器。

27. 试用译码器 74LS138 和适当的逻辑门设计一个 1 位数的全加器。

28. 在图 5-68 所示的电路中，若 u 为正弦电压，其频率 f 为 1Hz，试问七段 LED 数码管显示什么数字？

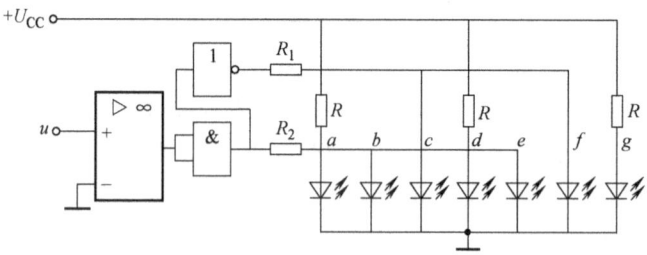

图 5-68 计算分析题 28 电路

第 6 章

触发器和时序逻辑电路

第 6 章 授课视频

6.1 触发器

在上章所讨论的门电路及由其组成的组合逻辑电路中,它的输出变量状态完全由当时的输入变量的组合状态来决定,而与电路的原来状态无关,也就是组合电路不具有记忆功能。但在数字系统中,为了能实现按一定程序进行运算,需要记忆功能。在本章将讨论的触发器及由其组成的时序逻辑电路中,它的输出状态不仅决定于当时的输入状态,而且还与电路的原来状态有关,也就是时序电路具有记忆功能。

组合电路和时序电路是数字电路的两大类。门电路是组合电路的基本单元;触发器是时序电路的基本单元。

触发器按其稳定工作状态可分为双稳态触发器、单稳态触发器、无稳态触发器(多谐振荡器)等。双稳态触发器按其逻辑功能可分为 RS 触发器、JK 触发器、D 触发器和 T 触发器等;按其结构可分为主从型触发器和维持阻塞型触发器等。

6.1.1 基本 RS 触发器

基本 RS 触发器由两个与非门 G_1 和 G_2 交叉连接而成,如图 6-1a 所示。Q 和 $\overline{Q}$ 是它的输出端,两者的逻辑状态应相反。因而这种触发器有两个稳定状态:一个是 $Q=0$,$\overline{Q}=1$,称为复位状态(0 态);另一个是 $Q=1$,$\overline{Q}=0$,称为置位状态(1 态)。相应的输入端分别称为直接复位端或直接置 0 端 ($\overline{R}_D$) 和直接置位端或直接置 1 端 ($\overline{S}_D$)。Q 端的状态规定为触发器的状态。

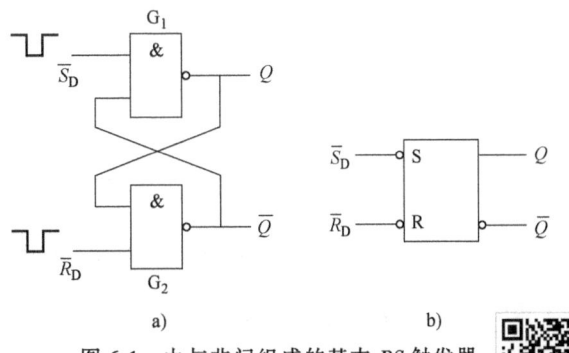

图 6-1 由与非门组成的基本 RS 触发器
a) 逻辑图 b) 逻辑符号

基本 RS 触发器

图 6-1b 是由与非门组成的基本 RS 触发器的逻辑符号,图 6-1b 中输入端引线上靠近方框的小圆圈表示触发器用负脉冲来置 0 或置 1,即低电平有效,故用 $\overline{S}_D$ 和 $\overline{R}_D$ 表示。

$\overline{R}_D$ 和 $\overline{S}_D$ 平时固定接高电位，处于 1 态；当加负脉冲后，由 1 态变为 0 态。

按与非逻辑关系分四种情况来分析它的状态转换和逻辑功能。设 Q_n 为原来的状态，称为原态；Q_{n+1} 为加触发信号（正、负脉冲或时钟脉冲）后新的状态，称为新态或次态。

1) $\overline{R}_D=0$，$\overline{S}_D=1$。当 G_2 门 $\overline{R}_D$ 加负脉冲后，$\overline{R}_D=0$，按与非逻辑关系"有 0 出 1"，故 $\overline{Q}=1$；反馈到 G_1 门，按"全 1 出 0"，故 $Q=0$；再反馈到 G_2 门，即使负脉冲消失，$\overline{R}_D=1$ 时，按"有 0 出 1"，仍然 $\overline{Q}=1$。在这种情况下，不论触发器原态为 0 或 1，经触发后它翻转为（或保持）0 态，状态转换过程如图 6-2a 所示。

2) $\overline{R}_D=1$，$\overline{S}_D=0$。当 G_1 门 $\overline{S}_D$ 端加负脉冲后，$\overline{S}_D=0$，触发器状态转换过程如图 6-2b 所示。不论触发器原态为 0 或 1，它翻转为（或保持）1 态。

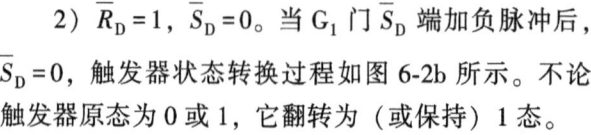
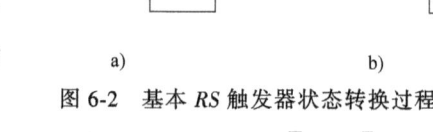

图 6-2 基本 RS 触发器状态转换过程
a) $\overline{R}_D=0$，$\overline{S}_D=1$ b) $\overline{R}_D=1$，$\overline{S}_D=0$

3) $\overline{R}_D=1$，$\overline{S}_D=1$。这时，$\overline{R}_D$ 端和 $\overline{S}_D$ 端均未加负脉冲，触发器保持原态不变。

4) $\overline{R}_D=0$，$\overline{S}_D=0$。当 $\overline{R}_D$ 和 $\overline{S}_D$ 两端同时加负脉冲时，两个与非门输出端都为 1，这就达不到 Q 和 $\overline{Q}$ 的状态应该相反的逻辑要求。但当负脉冲都除去后，触发器将由各种偶然因素决定其最终状态。因此这种情况在使用中应禁止出现。

表 6-1 是由与非门组成的基本 RS 触发器的逻辑状态表。

表 6-1　由与非门组成的基本 RS 触发器的逻辑状态表

$\overline{R}_D$	$\overline{S}_D$	Q_n	Q_{n+1}	功能
0	0	0 1	× × } ×	禁用
0	1	0 1	0 0 } 0	置 0
1	0	0 1	1 1 } 1	置 1
1	1	0 1	0 1 } Q_n	保持

例 6-1　在图 6-3a 所示的 RS 触发器电路中，已知 $\overline{S}_D$ 和 $\overline{R}_D$ 电压波形如图 6-3b 所示，试画出 Q 和 $\overline{Q}$ 端对应的电压波形。设 Q 的初始状态为 0。

解：实质上这是一个用已知的 $\overline{S}_D$ 和 $\overline{R}_D$ 的状态确定 Q 和 $\overline{Q}$ 状态的问题。只要根据每个时间区间里 $\overline{S}_D$ 和 $\overline{R}_D$ 的状态去查由与非门构成的 RS 触发器的逻辑状态表，即可找出 Q 和 $\overline{Q}$ 的相应状态，并画出它们的波形图。

对应这样简单的电路，从电路图上也可以直接画出 Q 和 $\overline{Q}$ 端的波形图。

基本 RS 触发器也可以用或非门组成，如图 6-4a 所示。

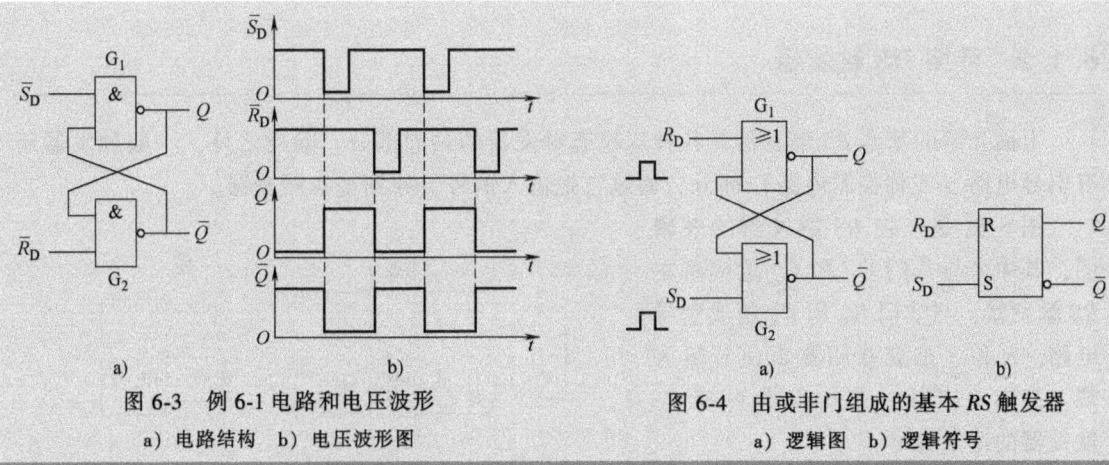

图 6-3 例 6-1 电路和电压波形
a）电路结构 b）电压波形图

图 6-4 由或非门组成的基本 RS 触发器
a）逻辑图 b）逻辑符号

与前者不同的是，它用正脉冲来置 0 或置 1，即高电平有效。它的逻辑状态表见表 6-2。

表 6-2 由或非门组成的基本 RS 触发器的逻辑状态表

R_D	S_D	Q_n	Q_{n+1}	功能
0	0	0 1	0 1 $\Big\} Q_n$	保持
0	1	0 1	1 1 $\Big\} 1$	置1
1	0	0 1	0 0 $\Big\} 0$	置0
1	1	0 1	× × $\Big\} ×$	禁用

例 6-2 在图 6-5a 所示的 RS 触发器电路中，已知 S_D 和 R_D 电压波形如图 6-5b 所示，试画出 Q 和 $\overline{Q}$ 端对应的电压波形。设 Q 的初始状态为 0。

解：根据每个时间区间里 S_D 和 R_D 的状态去查由或非门构成的 RS 触发器的逻辑状态表，即可找出 Q 和 $\overline{Q}$ 的相应状态，并画出它们的波形图。

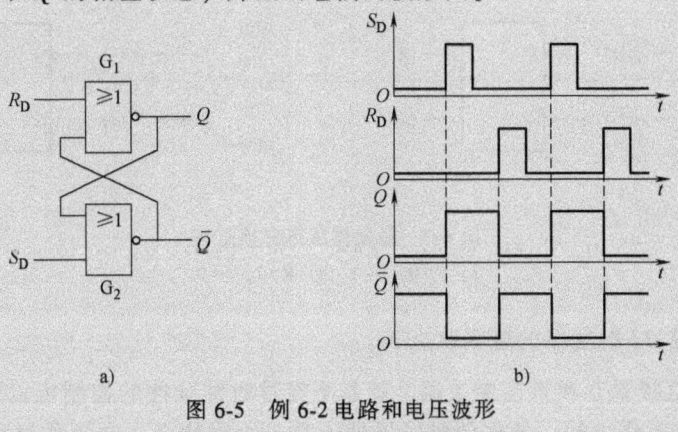

图 6-5 例 6-2 电路和电压波形
a）电路结构 b）电压波形图

6.1.2 可控 RS 触发器

上面介绍的基本 RS 触发器是各种双稳态触发器的共同部分。除此之外，一般触发器还有引导电路（或称控制电路）部分，通过它把输入信号引导到基本触发器。

图 6-6a 是可控 RS 触发器的逻辑图，其中，与非门 G_1 和 G_2 组成基本 RS 触发器，与非门 G_3 和 G_4 组成引导电路。R 和 S 是置 0 和置 1 信号输入端，高电平有效。图 6-6b 为可控 RS 触发器的逻辑符号。

在数字电路中所使用的触发器，往往用一种正脉冲来控制触发器的翻转时刻，这种正脉冲就称为时钟脉冲 CP，它也就是一种控制命令。通过引

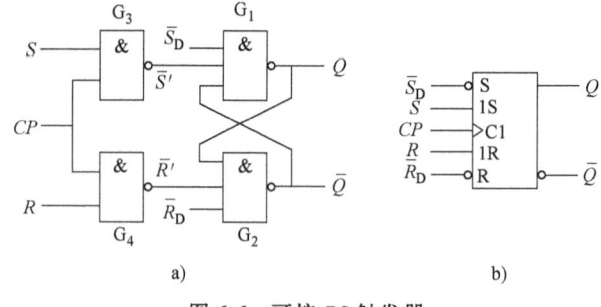

图 6-6 可控 RS 触发器
a) 逻辑图 b) 逻辑符号

导线路来实现时钟脉冲对输入端 R 和 S 的控制，故称为可控 RS 触发器。当时钟脉冲 $CP=0$ 时，不论 R 和 S 端电平如何变化，G_3 门和 G_4 门的输出均为 1，基本触发器保持原状态不变。只有当 $CP=1$ 时，触发器才按 R 和 S 端的输入状态来决定其输出状态，时钟脉冲过去后，输出状态不变。因此，将 CP 的这种控制方式称为电平触发控制方式。

当 $CP=1$ 时，分四种情况来分析。

1) $R=0$，$S=1$。这时，G_3 的输出端 $\bar{S}'=0$，G_4 的输出端 $\bar{R}'=1$。它们即为基本 RS 触发器的输入，故 $Q=1$，$\bar{Q}=0$。其状态转换过程如图 6-7a 所示。

2) $R=1$，$S=0$。此时，G_3 的输出端 $\bar{S}'=1$，G_4 的输出端 $\bar{R}'=0$。它们即为基本 RS 触发器的输入，故 $Q=0$，$\bar{Q}=1$。状态转换过程如图 6-7b 所示。

3) $R=0$，$S=0$。显然，这时 $\bar{R}'=1$，$\bar{S}'=1$，触发器保持原态不变。

4) $R=1$，$S=1$。这时，$\bar{R}'=0$，$\bar{S}'=0$，应禁用。

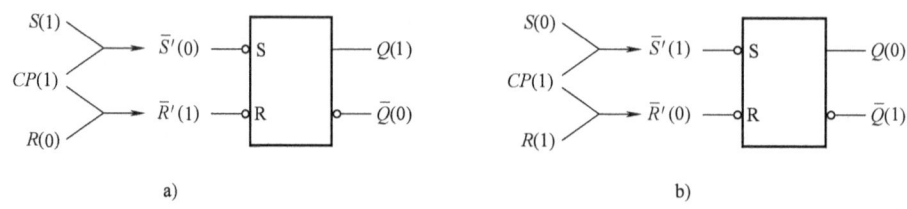

图 6-7 触发器状态转换过程
a) $R=0$，$S=1$ b) $R=1$，$S=0$

表 6-3 是可控 RS 触发器的逻辑状态表。

$\bar{R}_D$ 和 $\bar{S}_D$ 是直接置 0 和直接置 1 端，就是不经过时钟脉冲的控制可以对基本触发器置 0 或置 1。一般用在工作之初，预先使触发器处于某一给定状态，在工作过程中不用它们。不用时让它们处于 1 态（高电平）。

表 6-3　可控 RS 触发器的逻辑状态表

R	S	Q_n	Q_{n+1}	功能
0	0	0 1	$\left.\begin{array}{c}0\\1\end{array}\right\} Q_n$	保持
0	1	0 1	$\left.\begin{array}{c}1\\1\end{array}\right\} 1$	置1
1	0	0 1	$\left.\begin{array}{c}0\\0\end{array}\right\} 0$	置0
0	0	0 1	$\left.\begin{array}{c}\times\\\times\end{array}\right\} \times$	禁用

电平触发控制方式的动作特点：

1）只有当 CP 变为有效电平时，触发器才能接受输入信号，并按照输入信号将触发器的输出置成相应的状态。

2）在 $CP=1$ 的全部时间里，S 和 R 状态的变化都可能引起输出状态的改变。在 CP 回到 0 以后，触发器保存的是 CP 回到 0 以前瞬间的状态。

根据上述的动作特点可知，如果在 $CP=1$ 期间 S、R 的状态多次发生变化，那么触发器输出的状态也将发生多次翻转，这就降低了触发器的抗干扰能力。

例 6-3　在图 6-8a 所示的可控 RS 触发器电路中，已知时钟脉冲 CP、R 和 S 的波形如图 6-8b 所示，试画出 Q 端对应的电压波形。设 Q 的初始状态为 0。

解：根据每个时间区间里 S 和 R 的状态去查可控 RS 触发器的逻辑状态表，即可找出 Q 相应状态，并画出波形图。

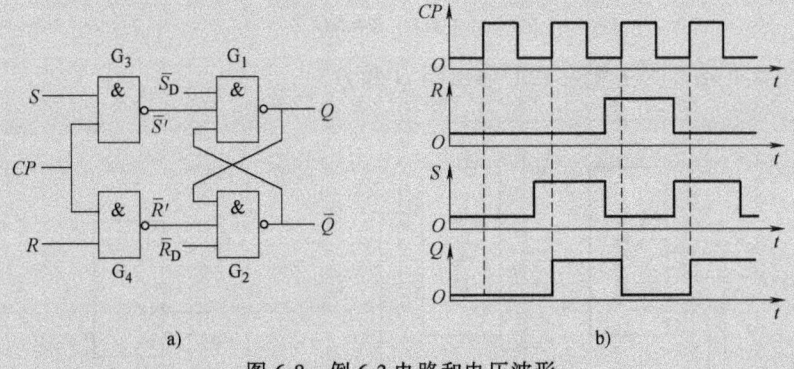

图 6-8　例 6-3 电路和电压波形
a) 电路结构　b) 电压波形图

例 6-4　图 6-6a 所示的电平触发的可控 RS 触发器中，已知输入信号波形如图 6-9 所示，试画出 Q、$\overline{Q}$ 端的电压波形。设触发器的初始状态为 $Q=0$。

解：由给定的输入电压波形可见，在第一个 CP 高电平期间，先是 $S=1$、$R=0$，输出被置成 $Q=1$、$\overline{Q}=0$。随后输入变成了 $S=R=0$，因而输出状态保持不变。最后输入又变为

$S=0$、$R=1$,将输出置成 $Q=0$、$\overline{Q}=1$,故 CP 回到低电平以后,触发器停留在 $Q=0$、$\overline{Q}=1$ 的状态。

在第二个 CP 高电平期间,若 $S=R=0$,则触发器的输出状态应保持不变。但由于在此期间 S 端出现了一个干扰脉冲,因而触发器被置成了 $Q=1$。

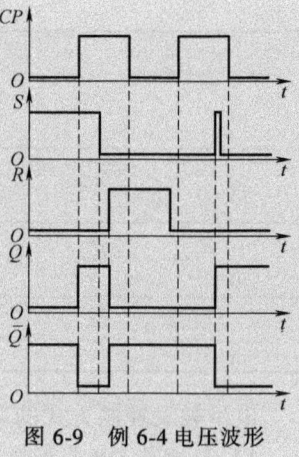

图 6-9 例 6-4 电压波形

6.1.3 JK 触发器

为了提高触发器工作的可靠性,希望在每个 CP 周期里,输出状态只能改变一次,为此,在电平触发器的基础上,又设计出了脉冲触发的触发器。脉冲触发的触发器的典型结构如图 6-10a 所示的主从型 JK 触发器,它由两个可控 RS 触发器串联组成,分别称为主触发器和从触发器。时钟脉冲先使主触发器翻转,而后使从触发器翻转,这就是"主从型"的由来。此外,还有一个非门将两个触发器联系起来。J 和 K 是信号输入端,它们分别与 $\overline{Q}$ 和 Q 构成与逻辑关系,成为主触发器的 S 端和 R 端,即

$$S = J\overline{Q}, \quad R = KQ$$

从触发器的 S 和 R 端即为主触发器的输出端 Q' 和 $\overline{Q'}$。

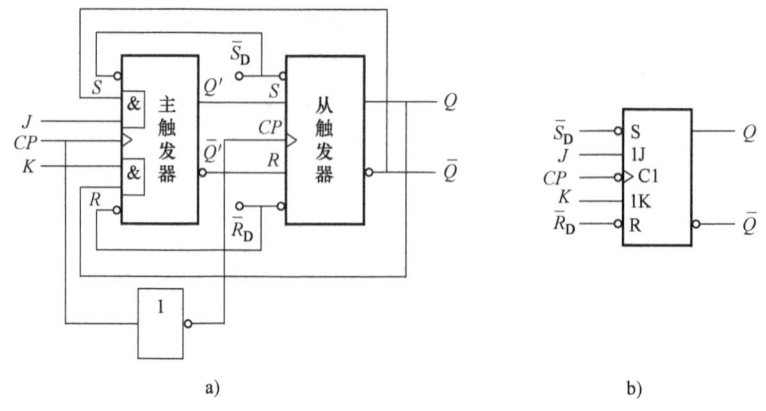

图 6-10 主从型 JK 触发器
a) 逻辑图 b) 逻辑符号

下面分四种情况来分析主从型 JK 触发器的逻辑功能。

1) $J=1$,$K=1$。设时钟脉冲来到之前($CP=0$)触发器的初始状态 $Q_n=0$。这时主触

器的 $S=J\overline{Q}=1$，$R=KQ=0$，当时钟脉冲来到后（$CP=1$），主触发器即翻转为1态。当 CP 从1下跳为0时，非门输出为1，由于这时从触发器的 $S=1$，$R=0$，它也翻转为1态。主、从触发器状态一致。反之，设触发器的初始状态为1，可以同样分析，主、从触发器都翻转为0态。

可见，JK 触发器在 $J=K=1$ 的情况下，来一个时钟脉冲，就使它翻转一次，即 $Q_{n+1}=\overline{Q}_n$。这表明，在这种情况下，触发器具有计数功能。

2）$J=0$，$K=0$。设触发器的初始状态 $Q_n=0$。当 $CP=1$ 时，由于主触发器的 $S=0$，$R=0$，故它的状态保持不变。当 CP 下跳时，由于从触发器的 $S=0$，$R=1$，故原态也保持不变，即 $Q_{n+1}=0$。如果初始状态 $Q_n=1$，亦如此。

3）$J=1$，$K=0$。设触发器的初始状态 $Q_n=0$。当 $CP=1$ 时，由于主触发器的 $S=1$，$R=0$，故它翻转为1态。当 CP 下跳时，由于从触发器的 $S=1$，$R=0$，故也翻转为1态，即 $Q_{n+1}=1$。如果初始状态 $Q_n=1$，当 $CP=1$ 时，由于主触发器的 $S=0$，$R=0$，故它保持原态不变；当 CP 下跳时，由于从触发器的 $S=1$，$R=0$，故也保持原态不变，$Q_{n+1}=1$。

4）$J=0$，$K=1$。设触发器的初始状态 $Q_n=0$。当 $CP=1$ 时，由于主触发器的 $S=0$，$R=0$，故它保持原态不变。当 CP 下跳时，由于从触发器的 $S=0$，$R=1$，故保持原态不变，即 $Q_{n+1}=0$。如果初始状态 $Q_n=1$，当 $CP=1$ 时，由于主触发器的 $S=0$，$R=1$，故它翻转为0态；当 CP 下跳时，由于从触发器的 $S=0$，$R=1$，故也翻转为0态，即 $Q_{n+1}=0$。

表6-4为主从型 JK 触发器的逻辑状态表。

表6-4 主从型 JK 触发器的逻辑状态表

J	K	Q_n	Q_{n+1}	功能
0	0	0 1	0 1 } Q_n	保持
0	1	0 1	0 0 } 0	置0
1	0	0 1	1 1 } 1	置1
1	1	0 1	1 0 } $\overline{Q}_n$	计数

由表6-4所规定的逻辑关系写出逻辑函数表达式，则得到

$$Q_{n+1}=J\overline{Q}_n+\overline{K}Q_n$$

称为 JK 触发器的特性方程。

主从型触发器具有在 CP 从1下跳为0时翻转的特点，也就是具有在时钟脉冲下降沿触发的特点。下降沿触发的逻辑符号是在 CP 输入端靠近方框处用一小圆圈表示，如图6-10b所示。而可控 RS 触发器在时钟脉冲上升沿触发。

脉冲触发方式的动作特点如下：

1）触发器的翻转分两步动作。第一步，在 $CP=1$ 期间主触发器接收输入端（S、R 或 J、K）的信号，被置成相应的状态，而从触发器不动；第二步，CP 下降沿到来时从触发器按照主触发器的状态翻转，所以 Q、$\overline{Q}$ 端状态的改变发生在 CP 的下降沿（若 CP 以低电平

为有效信号,则 Q 和 $\overline{Q}$ 状态的变化发生在 CP 的上升沿)。

2)因为主触发器本身是一个电平触发 SR 触发器,所以在 $CP=1$ 的全部时间里输入信号都将对主触发器起控制作用。

例 6-5 在图 6-10a 所示的主从型 JK 触发器中,已知 CP、J 和 K 的电压波形如图 6-11 所示,试画出与之对应的 Q 的波形,设 Q 的初始状态为 0。

解:主从型 JK 触发器在 CP 的下降沿翻转,根据其逻辑状态表,可以画出 Q 的波形。

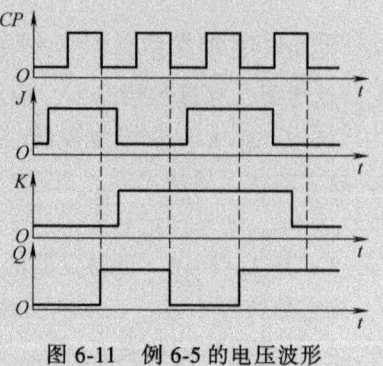

图 6-11 例 6-5 的电压波形

6.1.4 D 触发器

触发器的结构类型有多种,除上述的主从型外,常用的还有边沿触发器。边沿触发器的次态仅取决于 CP 边沿(上升沿或下降沿)到达时刻输入信号的状态,而与此边沿时刻以前或以后的输入状态无关,因而可以提高它的可靠性和抗干扰能力。在产品中,有利用 CMOS 传输门的边沿触发器、有 TTL 维持阻塞型触发器、有利用传输延迟时间的边沿触发器等。而 D 触发器多半是边沿结构类型。本书只介绍一种目前用得较多的维持阻塞型 D 触发器,其逻辑图、逻辑符号如图 6-12 所示。它由六个与非门组成,其中,G_1、G_2 组成基本触发器,G_3、G_4 组成时钟控制电路,G_5、G_6 组成数据输入电路。为了与下降沿触发相区别。在逻辑符号中时钟脉冲 CP 输入端端靠近方框处不加小圆圈,如图 6-12b 所示。

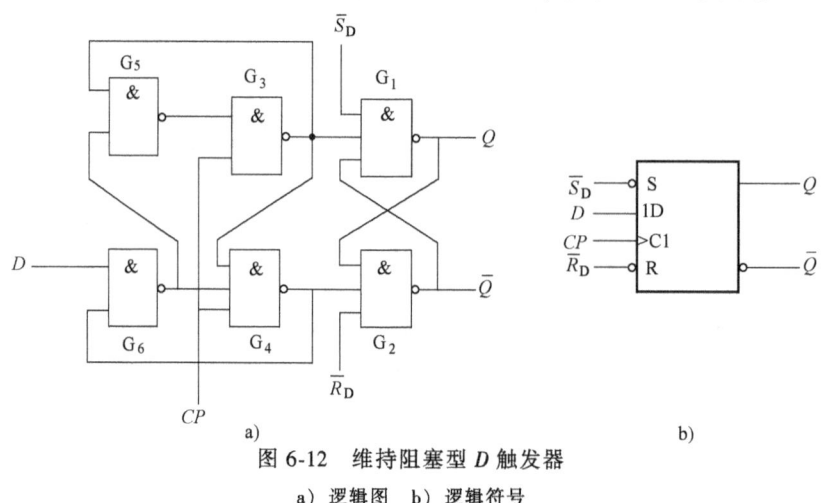

图 6-12 维持阻塞型 D 触发器
a)逻辑图 b)逻辑符号

下面分两种情况来分析维持阻塞型 D 触发器的逻辑功能。

1)$D=0$。当时钟脉冲来到之前,即 $CP=0$ 时,G_3、G_4 和 G_6 的输出均为 1,G_5 因输入

端全 1 而输出为 0。这时，触发器的状态不变。

当时钟脉冲从 0 上跳为 1，即 $CP=1$ 时，G_6、G_5 和 G_3 的输出保持原状态未变，而 G_4 因输入端全 1 其输出由 1 变为 0。这个负脉冲一方面使基本触发器置 0，同时反馈到 G_6 的输入端，使在 $CP=1$ 期间，不论 D 作何变化，触发器保持 0 态不变。

2) $D=1$。当 $CP=0$ 时，G_3 和 G_4 的输出为 1，G_6 的输出为 0，G_5 的输出为 1。这时，触发器的状态不变。

当 $CP=1$ 时，G_3 的输出由 1 变为 0。这个负脉冲一方面使基本触发器置 1，同时反馈到 G_4 和 G_5 的输入端，使在 $CP=1$ 期间，不论 D 作何变化，只能改变 G_6 的输出状态，而其他门均保持不变，即触发器保持 1 态不变。

由上可知，维持阻塞型 D 触发器具有在时钟脉冲上升沿触发的特点，其逻辑功能为：输出端 Q 的状态随着输入端 D 的状态而变化，但总比输入端状态的变化晚一步，即某个时钟脉冲来到之后 Q 的状态和该脉冲来到之前 D 的状态一样。

表 6-5 是维持阻塞型 D 触发器的逻辑状态表。

表 6-5 D 触发器的逻辑状态表

D	Q_n	Q_{n+1}	功能
0	0 1	0 } 0 0	置 0
1	0 1	1 } 1 1	置 1

由表 6-5 得到 D 触发器的特性方程为

$$Q_{n+1} = D$$

边沿触发方式的动作特点如下：边沿触发器的次态仅取决于时钟信号的上升沿（也称为正边沿）或下降沿（也称为负边沿）到达时输入的逻辑状态，而在这以前或以后，输入信号的变化对触发器输出的状态没有影响。

例 6-6 在图 6-12a 所示的边沿 D 触发器电路中，若 D 端和 CP 的电压波形如图 6-13 所示，试画出 Q 端的电压波形。假定触发器的初始状态为 $Q=0$。

解：由边沿触发器的动作特点可知，触发器的次态仅仅取决于 CP 上升沿到达时刻 D 端的状态，即 $D=1$，则 $Q_{n+1}=1$；$D=0$，则 $Q_{n+1}=0$。于是便得到了图 6-13 中 Q 端电压波形图。

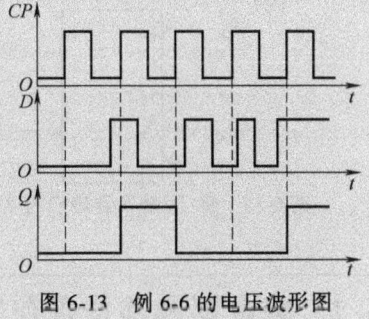

图 6-13 例 6-6 的电压波形图

6.1.5 触发器逻辑功能的转换

根据实际需要，可将某种逻辑功能的触发器经过改接或附加一些门电路后，转换为另一种触发器。

1. 将 JK 触发器转换为 D 触发器

如图 6-14 所示,当 $D=1$,即 $J=1$ 和 $K=0$ 时,在 CP 的下降沿触发器翻转为(或保持)1 态;当 $D=0$,即 $J=0$ 和 $K=1$ 时,在 CP 的下降沿触发器翻转为(或保持)0 态。

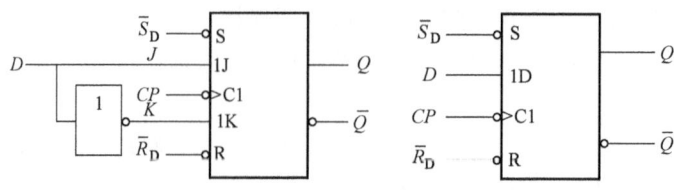

图 6-14 将 JK 触发器转换为 D 触发器
a)逻辑图 b)逻辑符号

2. 将 JK 触发器转换为 T 触发器

如图 6-15 所示,将 J、K 端连在一起,称为 T 端。当 $T=0$ 时,时钟脉冲作用后触发器状态不变;当 $T=1$ 时,触发器具有计数逻辑功能,即 $Q_{n+1}=\overline{Q}_n$,其逻辑状态表见表 6-6。

表 6-6 T 触发器的逻辑状态表

T	Q_n	Q_{n+1}	功能
0	0 1	$\left.\begin{array}{c}0\\1\end{array}\right\}Q_n$	保持
1	0 1	$\left.\begin{array}{c}1\\0\end{array}\right\}\overline{Q}_n$	计数

T 触发器

由表 6-6 得到 T 触发器的特性方程为

$$Q_{n+1} = \overline{T}Q_n + T\overline{Q}_n$$

3. 将 D 触发器转换为 T′ 触发器

如将 D 触发器的 D 端和 $\overline{Q}$ 端相连,如图 6-16 所示,就转换为 T′ 触发器,它的逻辑功能是每来一个时钟脉冲,翻转一次,即 $Q_{n+1}=\overline{Q}_n$,具有计数功能。

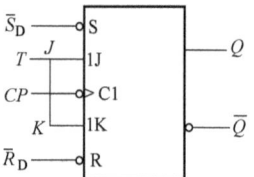 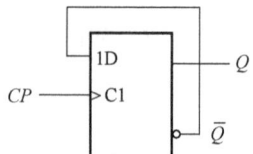

图 6-15 将 JK 触发器转换为 T 触发器　　　图 6-16 将 D 触发器转换为 T′ 触发器

6.2 寄存器和移位寄存器

6.2.1 寄存器

寄存器用于寄存一组二值代码,它被广泛地用于各类数字系统和计算机中。因为一个触发器能储存 1 位二值代码,所以用 N 个触发器组成的寄存器能储存一组 N 位的二值代码。

对寄存器中的触发器只要求它们具有置 1、置 0 的功能即可，因而无论是用电平触发的触发器，还是用脉冲触发或边沿触发的触发器，都可以组成寄存器。图 6-17 是一个用电平触发的同步 RS 触发器组成的 4 位寄存器的实例——74LS75 的逻辑图。由电平触发的动作特点可知，在 CP 的高电平期间 Q 端的状态跟随 D 端状态而变，在 CP 变成低电平以后，Q 端将保持 CP 变为低电平时刻 D 端的状态。

74HC175 则是用 CMOS 边沿触发器组成的 4 位寄存器，它的逻辑图如图 6-18 所示。根据边沿触发的动作特点可知，触发器输出端的状态仅仅取决于 CP 上升沿到达时刻 D 端的状态。可见，虽然 74LS75 和 74HC175 都是 4 位寄存器，但由于采用了不同结构类型的触发器，所以动作特点是不同的。

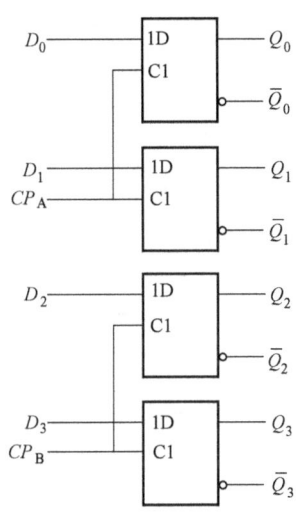

图 6-17　74LS75 的逻辑图

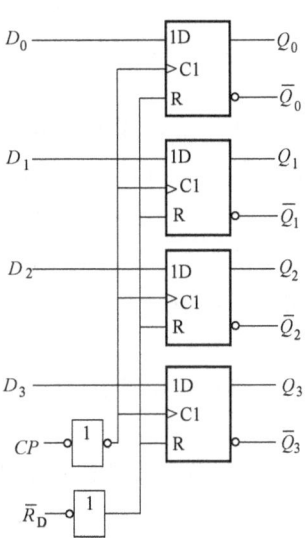

图 6-18　74HC175 的逻辑图

在上面介绍的两个寄存器电路中，接收数据时所有各位代码是同时输入的，而且触发器中的数据是并行地出现在输出端的，因此将这种输入、输出方式称为并行输入、并行输出方式。

6.2.2　移位寄存器

位寄存器除了具有存储代码的功能以外，还具有移位功能。所谓移位功能，是指寄存器里存储的代码能在移位脉冲的作用下依次左移或右移。移位寄存器可分为右移移位寄存器、左移移位寄存器和双向移位寄存器。因此，移位寄存器不但可以用来寄存代码还可以用来实现数据的串行-并行转换、数值的运算以及数据处理等。

图 6-19 所示电路是由边沿触发方式的 D 触发器组成的 4 位移位寄存器，其中第一个触发器 FF_0 的输入端接收输入信号，其余的每个触发器输入端均与前边一个触发器的 Q 端相连。

因为从 CP 上升沿到达开始到输出端新状态的建立需要经过一段传输延迟时间，所以当 CP 的上升沿同时作用于所有的触发器时，它们输入端（D 端）的状态还没有改变。于是

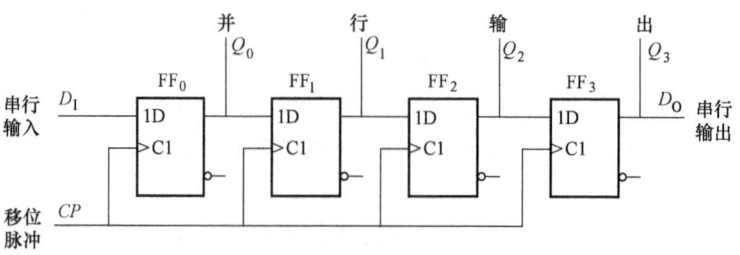

图 6-19 用 D 触发器构成的移位寄存器

FF_1 按 Q_0 原来的状态翻转，FF_2 按 Q_1 原来的状态翻转，FF_3 按 Q_2 原来的状态翻转。同时，加到寄存器输入端 D_I 的代码存入 FF_0。总的效果相当于移位寄存器里原有的代码依次右移了 1 位。

例如，在 4 个时钟周期内输入代码依次为 1011，而移位寄存器的初始状态为 $Q_0Q_1Q_2Q_3=0000$，那么在移位脉冲（也就是触发器的时钟脉冲）的作用下，移位寄存器里代码的移动情况见表 6-7。图 6-20 给出了各触发器输出端在移位过程中的电压波形图。

可以看到，经过 4 个 CP 信号以后，串行输入的 4 位代码全部移入了移位寄存器中，同时在 4 个触发器的输出端得到了并行输出的代码。因此，利用移位寄存器可以实现代码的串行-并行转换。如果首先将 4 位数据并行地置入移位寄存器的 4 个触发器中，然后连续加入 4 个移位脉冲，则移位寄存器里的 4 位代码将从串行输出端 D_O 依次送出，从而实现了数据的并行-串行转换。

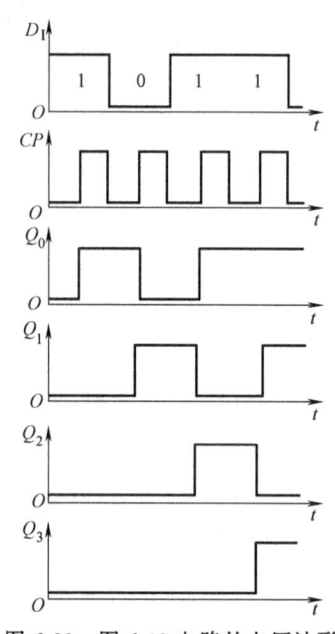

图 6-20 图 6-19 电路的电压波形

表 6-7 移位寄存器中代码的移动状况

CP 的顺序	输入 D_I	Q_0	Q_1	Q_2	Q_3
0	0	0	0	0	0
1	1	1	0	0	0
2	0	0	1	0	0
3	1	1	0	1	0
4	1	1	1	0	1

图 6-21 是用 JK 触发器组成的 4 位移位寄存器，它与图 6-19 所示电路具有同样的逻辑功能。

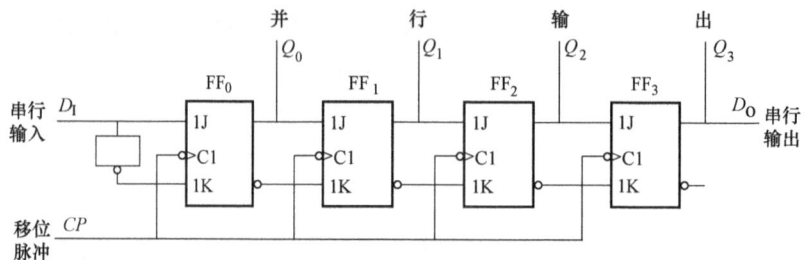

图 6-21 用 JK 触发器构成的 4 位移位寄存器

6.3 计数器

在数字系统中使用得最多的时序电路要算是计数器了。计数器不仅能用于对时钟脉冲计数，还可以用于分频、定时、产生节拍脉冲和脉冲序列，以及进行数字运算等。

计数器的种类非常繁多。如果按计数器中的触发器是否同时翻转分类，可以将计数器分为同步式和异步式两种。在同步计数器中，当时钟脉冲输入时触发器的翻转是同时发生的。而在异步计数器中，触发器的翻转有先有后，不是同时发生的。

如果按计数过程中计数器中的数字增减分类，又可以将计数器分为加法计数器、减法计数器和可逆计数器（或称为加/减计数器）。随着计数脉冲的不断输入而作递增计数的称为加法计数器，作递减计数的称为减法计数器，可增可减的称为可逆计数器。

如果按计数器中数字的编码方式分类，还可以分成二进制计数器、二-十进制计数器、格雷码计数器等。

此外，有时也用计数器的计数容量来区分各种不同的计数器，如十进制计数器、六十进制计数器等。

6.3.1 二进制计数器

二进制只有 0 和 1 两个数码。所谓二进制加法，就是"逢二进一"，即 0+1 = 1，1+1 = 10。也就是每当本位是 1，再加 1 时，本位便变为 0，而向高位进位，使高位加 1。

由于双稳态触发器有 1 和 0 两个状态，所以一个触发器可以表示 1 位二进制数。如果要表示 n 位二进制数，就得用 n 个触发器。

表 6-8 是 4 位二进制加法计数器的状态表，要实现 4 位二进制加法计数，必须用 4 个双稳态触发器，它们具有计数功能。下面介绍两种二进制加法计数器。

表 6-8 4 位二进制加法计数器的状态表

计数脉冲数	二进制数				十进制数
	Q_3	Q_2	Q_1	Q_0	
0	0	0	0	0	0
1	0	0	0	1	1
2	0	0	1	0	2
3	0	0	1	1	3
4	0	1	0	0	4
5	0	1	0	1	5
6	0	1	1	0	6
7	0	1	1	1	7
8	1	0	0	0	8
9	1	0	0	1	9
10	1	0	1	0	10
11	1	0	1	1	11
12	1	1	0	0	12

(续)

计数脉冲数	二进制数				十进制数
	Q_3	Q_2	Q_1	Q_0	
13	1	1	0	1	13
14	1	1	1	0	14
15	1	1	1	1	15
16	0	0	0	0	0

1. 同步二进制加法计数器

如果计数器用 4 个主从型触发器组成，根据表 6-8 可得出各位触发器的 J、K 端的逻辑关系式：

1）第 1 位触发器 FF_0，每来一个计数脉冲就翻转一次，故 $J_0 = K_0 = 1$。
2）第 2 位触发器 FF_1，在 $Q_0 = 1$ 时再来一个脉冲才翻转，故 $J_1 = K_1 = Q_0$。
3）第 3 位触发器 FF_2，在 $Q_1 = Q_0 = 1$ 时再来一个脉冲才翻转，故 $J_2 = K_2 = Q_1 Q_0$。
4）第 4 位触发器 FF_3，在 $Q_2 = Q_1 = Q_0 = 1$ 时再来一个脉冲才翻转，故 $J_3 = K_3 = Q_2 Q_1 Q_0$。

因此，可得出图 6-22 所示的 4 位同步二进制加法计数器。由于计数脉冲同时加到各位触发器的 CP 端，它们的状态变换和计数脉冲同步，这是"同步"名称的由来。显然，同步计数器的计数速度比异步的快。

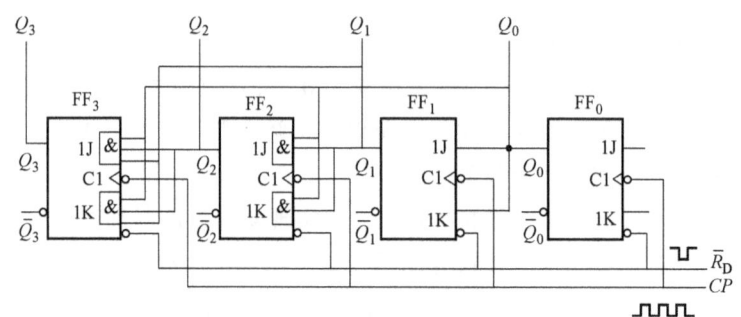

图 6-22 由主从型 JK 触发器组成的 4 位同步二进制加法计数器

图 6-22 中，触发器 FF_3 和 FF_2 有多个 J 端和 K 端，J 端之间和 K 端之间都是与的逻辑关系。在上述的 4 位同步进制加法计数器中，当输入第 16 个计数脉冲时，又将返回起始状态 0000。如果还有第 5 位触发器的话，这时应是 10000，即十进制数 16。但是现在只有 4 位，这个数就记录不下来，这称为计数器的溢出。因此，4 位二进制加法计数器，能记录的最大十进制数为 $2^4 - 1 = 15$。n 位二进制加法计数器，能记录的最大十进制数为 $2^n - 1$。

图 6-23 是 74LS161 型 4 位同步二进制计数器的引脚排列符号。各引脚的功能是：

1 脚为清零端 $\overline{R}_D$，低电平有效。

2 脚为时钟脉冲输入端 CP，上升沿有效（$CP\uparrow$）。

3~6 脚为数据输入端 $A_0 \sim A_3$，是预置数，可预置任何一个 4 位二进制数。

7 脚、10 脚为计数控制端 EP、ET，当两者或其中之一为低电平时，计数器保原态；当两者均为高电平时，计数。

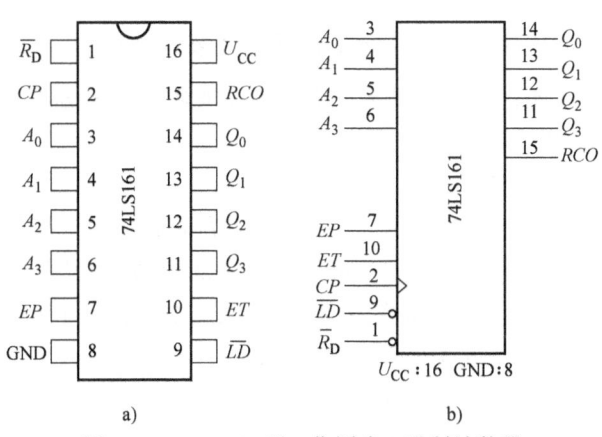

图 6-23 74LS161 型 4 位同步二进制计数器

a) 引脚排列图 b) 逻辑符号

9 脚为同步并行置数控制端 $\overline{LD}$，低电平有效。

11～14 脚为数据输出端 $Q_3 \sim Q_0$。

15 脚为进位输出端 RCO，高电平有效。

表 6-9 是 74LS161 型 4 位同步二进制计数器的功能表。

表 6-9 74LS161 型 4 位同步二进制计数器的功能表

输入									输出			
CP	$\overline{R}_D$	$\overline{LD}$	EP	ET	A_3	A_2	A_1	A_0	Q_3	Q_2	Q_1	Q_0
×	0	×	×	×	×	×	×	×	0	0	0	0（异步置零）
↑	1	0	×	×	d_3	d_2	d_1	d_0	d_3	d_2	d_1	d_0（同步预置数）
↑	1	1	1	1	×	×	×	×				计数
×	1	1	0	×	×	×	×	×				保持
×	1	1	×	0	×	×	×	×				保持（$RCO=0$）

由表 6-9 可见：

1) 当 $\overline{R}_D = 0$ 时，所有的输出将同时被置零，而且置零操作不受其他输入状态的影响。

2) 当 $\overline{R}_D = 1$，$\overline{LD} = 0$ 时，电路工作在同步预置数状态，在 CP 的上升沿，输出信号等于输入信号。

3) 当 $\overline{R}_D = \overline{LD} = EP = ET = 1$ 时，电路工作在计数状态，从电路的 0000 状态开始连续输入 16 个计数脉冲时，电路将从 1111 状态返回 0000 状态。

4) 当 $\overline{R}_D = \overline{LD} = 1$，而 $EP = 0$、$ET = 1$ 时，输出保持原来的状态不变，同时 RCO 的状态也得到保持。

5) 当 $\overline{R}_D = \overline{LD} = 1$，$ET = 0$，而 EP 无论何状态，计数器的状态也将保持不变，但这时进位输出 RCO 等于 0。

74161 在内部结构形式上与 74LS161 有些区别，但外部引线的配置、引脚排列以及功能表都和 74LS161 相同。

此外，有些同步计数器（例如 74LS162、74LS163）是采用同步置零的方式，应注意与

74LS161 这种异步置零方式的区别。在同步置零的计数器电路中，$\overline{R}_D$ 出现低电平后要等下一个 CP 信号到达时，才能将触发器置零。而在异步置零的计数器电路中，只要 $\overline{R}_D$ 出现低电平，触发器立即被置零，不受 CP 的控制。

2. 异步二进制加法计数器

由表 6-8 可见，每来一个计数脉冲，最低位触发器翻转一次；高位触发器是在相邻的低位触发器从 1 变为 0 进位时翻转。因此，可用 4 个主从型 JK 触发器来组成 4 位异步二进制加法计数器，如图 6-24 所示。每个触发器的 J、K 端悬空，相当于 1，故具有计数功能。触发器的进位脉冲从 Q 端输出送到相邻高位触发器的 CP 端，这符合主从型触发器在输入正脉冲的下降沿触发的特点。图 6-25 是它的波形图。

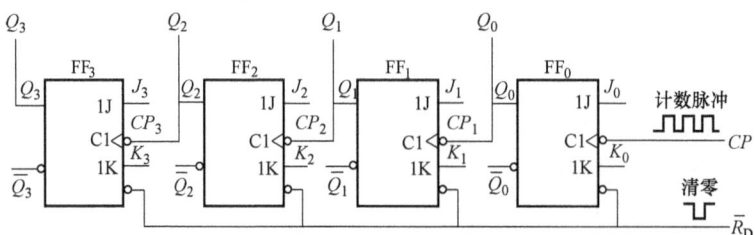

图 6-24 由主从型 JK 触发器组成的 4 位异步二进制加法计数器

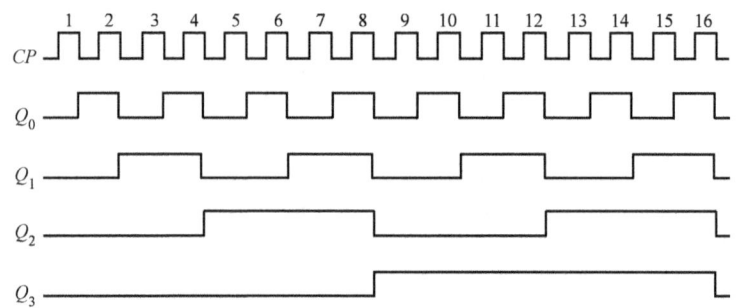

图 6-25 图 6-22 所示二进制加法计数器的波形图

这种之所以称为"异步"加法计数器，是由于计数脉冲不是同时加到各位触发器的 CP 端，而只加到最低位触发器，其他各位触发器则由相邻低位触发器输出的进位脉冲来触发，因此它们状态的变换有先有后，是异步的。

6.3.2 十进制计数器

二进制计数器结构简单，但是读数不习惯，所以在有些场合采用十进制计数器较为方便。十进制计数器是在二进制计数器的基础上得出的，用 4 位二进制数来代表十进制的每一位，所以也称二-十进制计数器。

前面已讲过最常用的 8421 编码方式，是取 4 位二进制数前面的 0000~1001 来表示十进制数 0~9 十个数码，而去掉后面的 1010~1111 六个数。也就是计数器计到第九个脉冲时再来一个脉冲，即由 1001 变为 0000。经过十个脉冲循环一次。表 6-10 是 8421 码十进制加法计数器的状态表。

表 6-10 8421 码十进制加法计数器的状态表

计数脉冲数	二进制数				十进制数
	Q_3	Q_2	Q_1	Q_0	
0	0	0	0	0	0
1	0	0	0	1	1
2	0	0	1	0	2
3	0	0	1	1	3
4	0	1	0	0	4
5	0	1	0	1	5
6	0	1	1	0	6
7	0	1	1	1	7
8	1	0	0	0	8
9	1	0	0	1	9
10	0	0	0	0	进位

1. 同步十进制加法计数器

与同步二进制加法计数器比较，来第十个脉冲不是由 1001 变为 1010，而是恢复 0000。如果十进制加法计数器仍由 4 个主从型 JK 触发器组成，则 J、K 端的逻辑关系式应做如下修改：

1) 第 1 位触发器 FF_0，每来一个计数脉冲就翻转一次，故 $J_0 = 1$，$K_0 = 1$。

2) 第 2 位触发器 FF_1，在 $Q_0 = 1$ 时再来一个脉冲翻转，但在 $Q_3 = 1$ 时不得翻转，故 $J_1 = Q_0 \overline{Q_3}$，$K_1 = Q_0$。

3) 第 3 位触发器 FF_2，在 $Q_1 = Q_0 = 1$ 时，再来一个脉冲翻转，故 $J_2 = Q_1 Q_0$，$K_2 = Q_1 Q_0$。

4) 第 4 位触发器 FF_3，在 $Q_2 = Q_1 = Q_0 = 1$ 时，再来一个脉冲翻转，并来第十个脉冲时应由 1 翻转为 0，故 $J_3 = Q_2 Q_1 Q_0$，$K_3 = Q_0$。

由上述逻辑关系式可得出图 6-26 所示的同步十进制加法计数器的逻辑图。

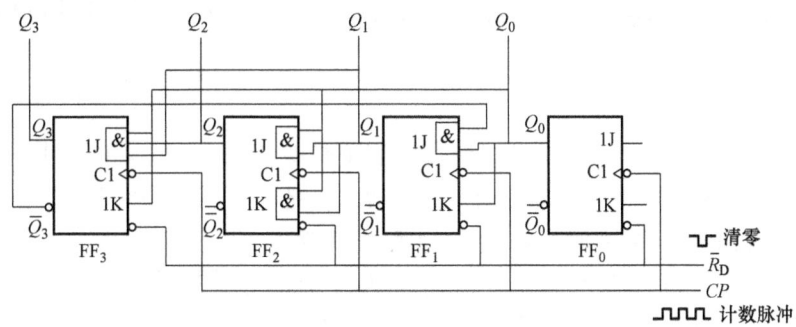

图 6-26 由主从型 JK 触发器组成的同步十进制加法计数器

图 6-27 是十进制加法计数器的波形图。

74LS160（74160）型十进制计数器是常用的计数器，它们的引脚排列图和功能表都与上述 74LS161（74161）型同步二进制计数器完全相同。不同的是 74LS160（74160）型是十进制计数器，而 74LS161（74161）型是十六进制计数器。

2. 异步十进制加法计数器

异步十进制加法计数器是在 4 位异步二进制加法计数器的基础上加以修改而得到的。修改时要解决的问题是如何使 4 位二进制计数器在计数过程中跳过从 1010 到 1111 这六个状态。

图 6-28 所示电路是异步十进制加法计数器的典型电路。假定所用的触发器为 TTL 电路，J、K 端悬空时相当于接逻辑 1 电平。

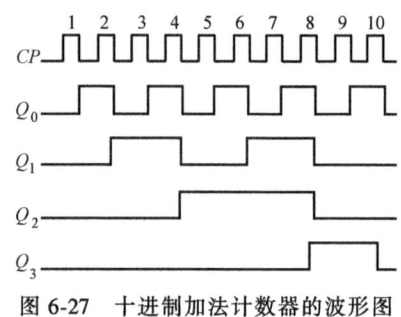

图 6-27　十进制加法计数器的波形图

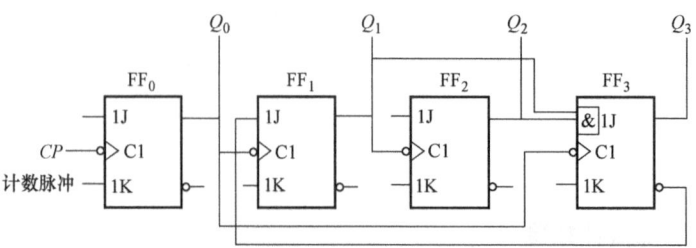

图 6-28　异步十进制加法计数器的典型电路

如果计数器从 $Q_3Q_2Q_1Q_0=0000$ 开始计数，由图 6-28 可知在输入第八个计数脉冲以前，FF_0、FF_1 和 FF_2 的 J 和 K 始终为 1，即工作在 T 触发器的 $T=1$ 状态，因而工作过程和异步二进制加法计数器相同。在此期间虽然 Q_0 输出的脉冲也送给了 FF_3，但由于每次 Q_0 的下降沿到达时 $J_3=Q_1Q_2=0$，所以 FF_3 一直保持 0 状态不变。

当第八个计数脉冲输入时，由于 $J_3=K_3=1$，所以 Q_0 的下降沿到达以后 FF_3 由 0 变为 1。同时，J_1 也随 $\overline{Q_3}$ 变为 0 状态。第九个计数脉冲输入以后，电路状态变成 $Q_3Q_2Q_1Q_0=1001$。第十个计数脉冲输入后，FF_0 翻成 0，同时 Q_0 的下降沿使 FF_3 置 0，于是电路从 1001 返回到 0000，跳过了 1010～1111 这 6 个状态，成为十进制计数器。

将上述过程用电压波形表示，即得图 6-29 所示的波形图。

3. 二-五-十进制计数器

图 6-30 是 74LS290 型二-五-十进制计数器的逻辑图和引脚排列图，表 6-11 是其功能表。$R_{0(1)}$ 和 $R_{0(2)}$ 是清零输入端，当两端全为 1 时，将四个触发器清零；$S_{9(1)}$ 和 $S_{9(2)}$ 是置 "9" 输入端，当两端全为 1 时，$Q_3Q_2Q_1Q_0=1001$。清零时，$S_{9(1)}$ 和 $S_{9(2)}$ 中至少有一个为 0，不使其置 1，以保证清零可靠进行。它有两个时钟脉冲输入端 CP_0 和 CP_1。下面按二、五、十进制三种情况来分析，其十进制计数器是异步的。

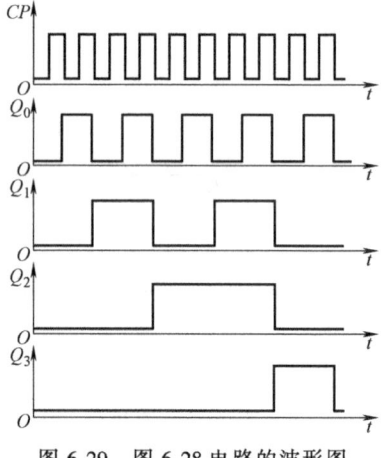

图 6-29　图 6-28 电路的波形图

1) 只输入计数脉冲 CP_0，由 Q_0 输出，FF_1～FF_3 三位触发器不用，为二进制计数器。

2) 只输入计数脉冲 CP_1，由 Q_3、Q_2、Q_1 输出，为五进制计数器。分析如下：

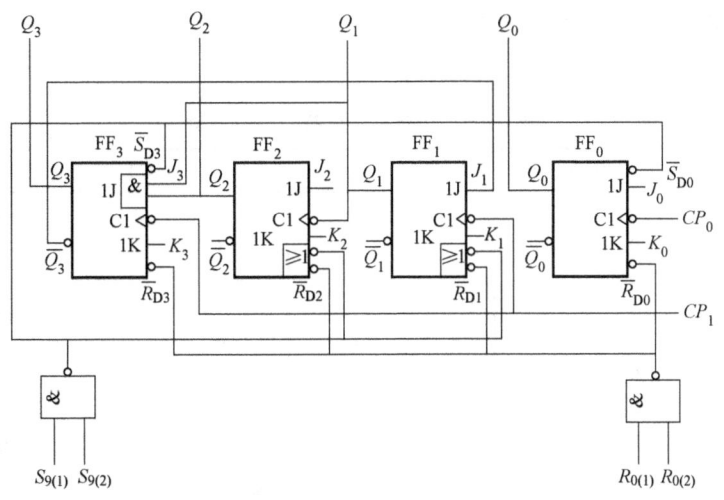

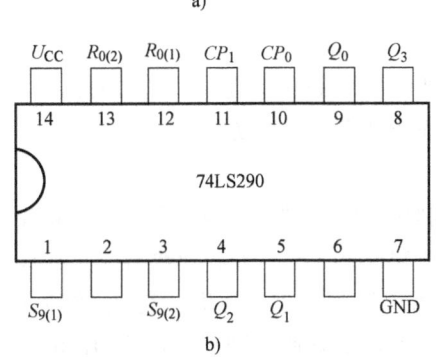

图 6-30 74LS290 型计数器

a) 逻辑图 b) 引脚排列图

表 6-11 74LS290 型计数器的功能表

$R_{0(1)}$	$R_{0(2)}$	$S_{9(1)}$	$S_{9(2)}$	Q_3	Q_2	Q_1	Q_0
1	1	0	×	0	0	0	0
		×	0				
×	×	1	1	1	0	0	1
×	0	×	0	计数			
0	×	0	×	计数			
0	×	×	0	计数			
×	0	0	×	计数			

由图 6-30a 可得出 $FF_1 \sim FF_3$ 三位触发器 J、K 端的逻辑关系式

$$J_1 = \overline{Q}_3,\ K_1 = 1;\ J_2 = 1,\ K_2 = 1;\ J_3 = Q_1 Q_2,\ K_3 = 1。$$

先清零使初始状态 $Q_3 Q_2 Q_1 = 000$，这时各 J、K 端的电平为

$$J_1 = 1,\ K_1 = 1;\ J_2 = 1,\ K_2 = 1;\ J_3 = 0,\ K_3 = 1。$$

根据 JK 触发器的逻辑状态表得出各触发器的下一状态，即 001。其中 FF_2 只在 Q_1 的状态从 1 变为 0 时才能翻转。然后再以 001 分析下一状态，得出 010。一直逐步分析到恢复

000 为止。在分析过程中列出表 6-12 的状态表，可见经过五个脉冲循环一次，故为五进制计数器。

表 6-12 五进制计数器的状态分析

计数脉冲数	$J_3=Q_1Q_2$	$K_3=1$	$J_2=1$	$K_2=1$	$J_1=\overline{Q}_3$	$K_1=1$	Q_3	Q_2	Q_1
0	0	1	1	1	1	1	0	0	0
1	0	1	1	1	1	1	0	0	1
2	0	1	1	1	1	1	0	1	0
3	1	1	1	1	1	1	0	1	1
4	0	1	1	1	0	1	1	0	0
5	0	1	1	1	1	1	0	0	0

3）将 Q_0 端与 FF_1 的 CP_1 端连接，输入计数脉冲 CP_0。按照上述的分析方法，可知为 8421 码异步十进制计数器，即从初始状态 0000 开始计数，经过十个脉冲后恢复 0000。

6.3.3 任意进制计数器

目前常用的计数器主要是二进制和十进制，当需要任意一种进制的计数器时，只能将现有的计数器改接而得。下面介绍两种改接方法。

1. 清零法

将计数器适当改接，利用其清零端进行反馈置 0，可得出小于原进制的多种进制的计数器。例如，将图 6-30a 中的 74LS290 型十进制计数器改接成图 6-31 所示的两个电路，就分别成为六进制和九进制计数器。以图 6-31a 为例，它从 0000 开始计数，来五个脉冲 CP_0 后，变为 0101（见表 6-10）。当第六个脉冲来到后，出现 0110 的状态，由于 Q_2 和 Q_1 端分别接到 $R_{0(2)}$ 和 $R_{0(1)}$ 清零端，强迫清零，0110 这一状态转瞬即逝，显示不出，立即回到 0000。它经过六个脉冲循环一次，故为六进制计数器，状态循环如图 6-32 所示，其状态循环中不含 0110、0111、1000、1001 四个状态。同理，图 6-31b 是九进制计数器。

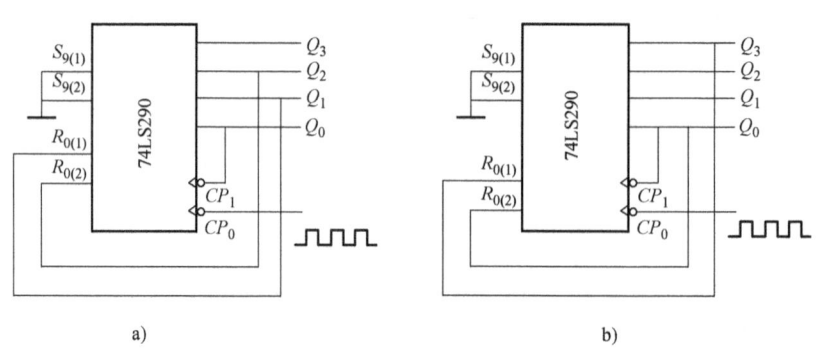

图 6-31 六进制和九进制计数器
a）六进制计数器 b）九进制计数器

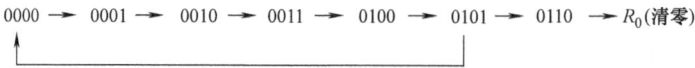

图 6-32 图 6-31a 六进制计数器的状态循环图（$Q_3Q_2Q_1Q_0$）

例 6-7 数字钟表中的分、秒计数都是六十进制,试用两片 74LS290 型二-五-十进制计数器连成六十进制电路。

解:六十进制计数器由 2 片 74LS290 组成,个位 74LS290(1)为十进制,十位 74LS290(2)为六进制,电路连接如图 6-33 所示。个位的最高位 Q_3 连到十位的 CP_0 端。

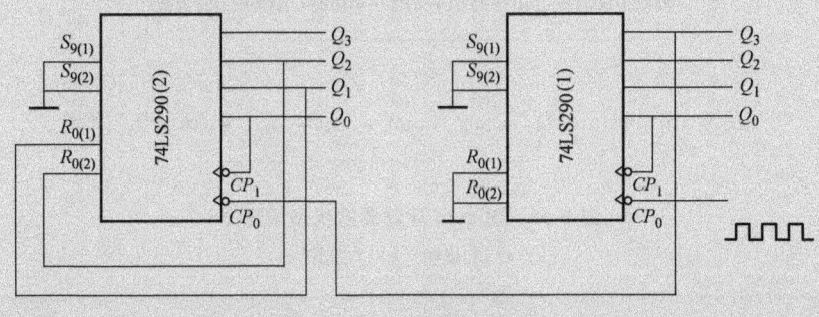

图 6-33 例 6-7 图

个位十进制计数器经过十个脉冲循环一次,每当第十个脉冲来到时,Q_3 由 1 变为 0,见表 6-10,相当于一个下降沿,使十位六进制计数器计数。个位计数器经过第一次十个脉冲,十位计数器计数为 0001;经过二十个脉冲,计数为 0010;以此类推,经过六十个脉冲,计数为 0110。接着,立即清零,个位和十位计数器都恢复为 0000。这就是六十进制计数器。

2. 置数法

此法适用于某些有并行预置数的计数器。图 6-34a 是七进制计数器,图 6-34b 是六进制计数器,两者均由 74LS160 型同步十进制计数器改接而得。74LS160 型的功能表与 74LS161 型的相同,见表 6-9。

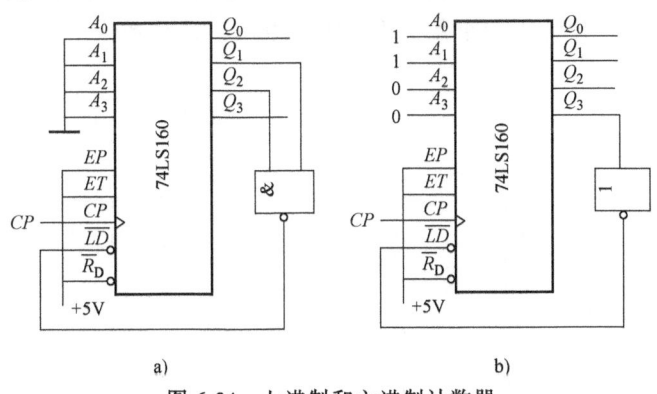

图 6-34 七进制和六进制计数器
a)七进制计数器 b)六进制计数器

在图 6-34a 中,预置数为 0000。当第六个 CP 上升沿来到时,输出状态为 0110,使 $\overline{LD}$ = 0。此时预置数尚未置入输出端,待第七个 CP 上升沿来到时才置入,输出状态变为 0000。此后,$\overline{LD}$ 又由 0 变为 1,进行下一个计数循环。可见,这点和图 6-31a 由 74LS290 型改接的六进制计数器不同，在图 6-5a 的状态循环中含有 0110，是七进制计数器，在状态循环中不含 0111、1000、1001 三个状态。

在图 6-34b 中，预置数 0011，其状态循环如图 6-35b 所示，其中不含 1001、0000、0001、0010 四个状态，是六进制计数器。

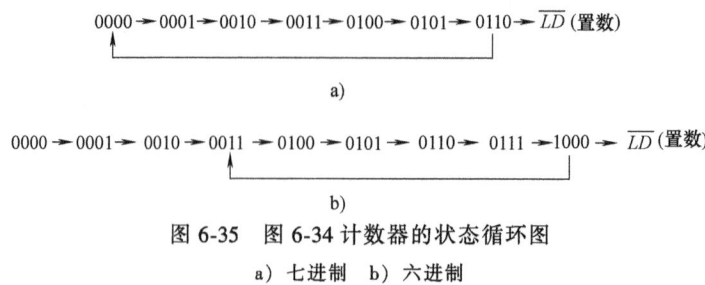

图 6-35 图 6-34 计数器的状态循环图

a）七进制 b）六进制

例 6-8 试用两片 74LS160 型同步十进制计数器连成百进制计数器。

解：1）按串行进位方式连接。图 6-36a 是按串行进位方式连接的百进制计数器。首先将图 6-36a 中 74LS160（1）和 74LS160（2）两片均连成计数状态，当第九个时钟脉冲 CP 到达后，74LS160（1）片计数为 1001，RCO 进位端输出变为高电平，经非门后使 74LS160（2）片的 CP 端为低电平。当第十个 CP 到达后，74LS160（1）片计数为 0000，RCO 进位端跳回到低电平，经非门后使 74LS160（2）片的 CP 端为高电平，这相当于在 74LS160（2）片的 CP 端输入一个脉冲上升沿（↑），于是 74LS160（2）片计入一个数。此后，每当来十个 CP，74LS160（2）片计入一个数。可见，当来一百个 CP 后，74LS160（1）片计数为 0000，74LS160（2）片计数由 1001 也变为 0000，从而实现百进制计数。

2）按并行进位方式连接。图 6-36b 是按并行进位方式连接的百进制计数器。74LS160（1）片的 RCO 进位端直接与 74LS160（2）片的 EP、ET 端相连。每当 74LS160（1）片计数为 1001 时，RCO 进位端输出变为高电平，而使 74LS160（2）片处于计数状态。下个 CP 到达后，74LS160（2）片计入一个数，而 74LS160（1）片计数为 0000，它的 RCO 进位端跳回到低电平。

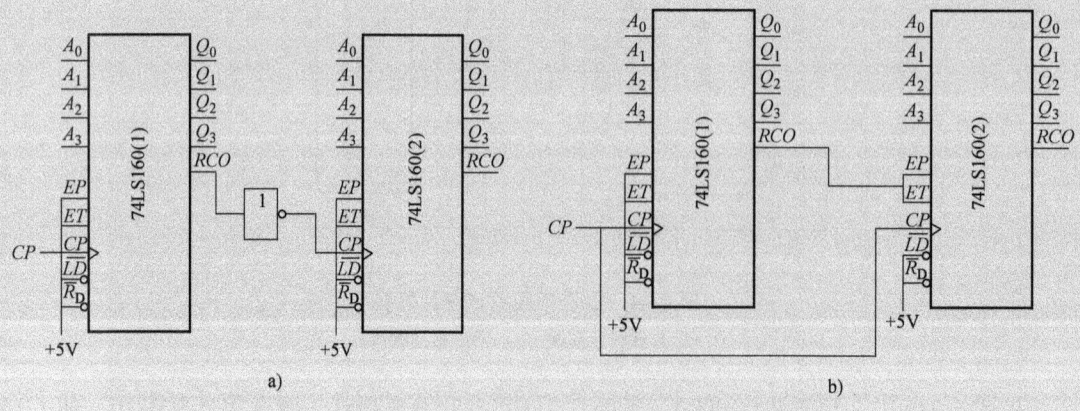

图 6-36 由两片 74LS160 型计数器连成的百进制计数器

a）串行进位方式连接 b）并行进位方式连接

6.3.4 时序逻辑电路的分析

分析一个时序电路，就是要找出给定时序电路的逻辑功能。具体地说，就是要求找出电路的状态和输出的状态在输入变量和时钟信号作用下的变化规律。

分析时序逻辑电路时一般按如下步骤进行：

1）从给定的逻辑图中写出每个触发器的驱动方程（即存储电路中每个触发器输入信号的逻辑函数式）。

2）将得到的这些驱动方程代入相应触发器的特性方程，得出每个触发器的状态方程，从而得到由这些状态方程组成的整个时序电路的状态方程组。

3）根据逻辑图写出电路的输出方程。

4）由状态方程列出逻辑状态表。

5）画出状态转换图。

6）分析逻辑功能，并验证电路是否具有自启动功能。

例 6-9 分析图 6-37 所示电路的逻辑功能，并判断电路是否能自启动。设初始状态为 000。

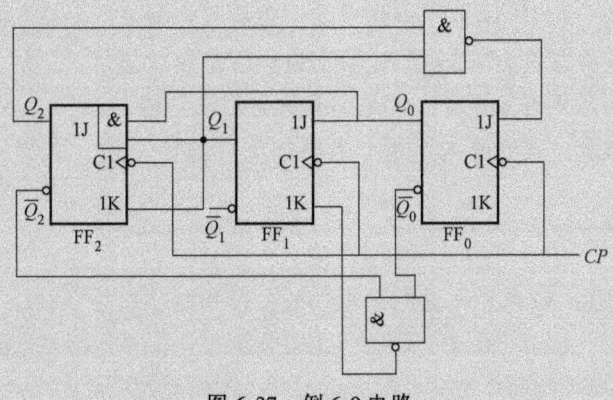

图 6-37 例 6-9 电路

解：该电路由 JK 触发器和两个与非门组成，是一同步时序逻辑电路，无输入信号。

1）列出驱动方程。

$$J_0 = \overline{Q_2 Q_1} \quad K_0 = 1$$

$$J_1 = Q_0 \quad K_1 = \overline{\overline{Q_2}\, \overline{Q_0}}$$

$$J_2 = Q_1 Q_0 \quad K_2 = Q_1$$

2）列出状态方程。将驱动方程代入 JK 触发器的特性方程 $Q_{n+1} = J\overline{Q_n} + \overline{K}Q_n$ 中，得出电路的状态方程。

$$Q_{0(n+1)} = \overline{Q_{2n} Q_{1n}}\, \overline{Q_{0n}}$$

$$Q_{1(n+1)} = Q_{0n}\overline{Q_{1n}} + \overline{Q_{2n}}\,\overline{Q_{0n}}Q_{1n}$$

$$Q_{2(n+1)} = Q_{1n}Q_{0n}\overline{Q_{2n}} + \overline{Q_{1n}}Q_{2n}$$

3) 列出逻辑状态表。首先将初始状态 $Q_2Q_1Q_0=000$ 代入状态方程，得001；再将001代入，得010；以此类推，当输入第七个 CP 时，状态恢复为000，一次循环结束，见表6-13。

表6-13 例6-9逻辑状态表

CP	Q_2	Q_1	Q_0
0	0	0	0
1	0	0	1
2	0	1	0
3	0	1	1
4	1	0	0
5	1	0	1
6	1	1	0
7	0	0	0
0	1	1	1
1	0	0	0

4) 画出状态转换图。根据状态表，可以换成状态转换图，如图6-38所示。电路中用了三个触发器，应有八种状态，其中000~110七个状态进行有效循环，而111是无效状态，但经 CP 的作用下可进入有效循环，即电路具有自启动功能。

5) 分析逻辑功能。此电路为同步七进制加法计数器，具有自启动功能。

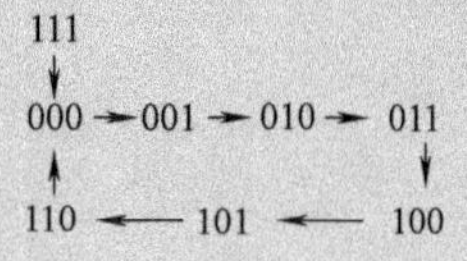

图6-38 例6-9状态转换图（$Q_2Q_1Q_0$）

例6-10 分析图6-39所示电路的逻辑功能，设初始状态为0000。

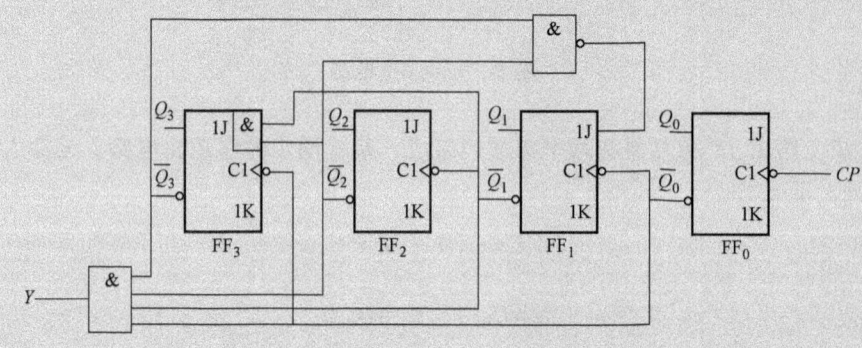

图6-39 例6-10电路

解：该电路由四个 JK 触发器、一个与非门和一个与门组成，是一异步时序逻辑电路，输出为 Y。

1) 列出驱动方程和时钟脉冲方程。

$$J_0 = 1 \quad K_0 = 1$$

$$J_1 = \overline{\overline{Q_3}\overline{Q_2}} \quad K_1 = 1$$

$$J_2 = 1 \quad K_2 = 1$$

$$J_3 = \overline{Q_2}\overline{Q_1} \quad K_3 = 1$$

$$CP_0 = CP \quad CP_1 = \overline{Q_0} \quad CP_2 = \overline{Q_1} \quad CP_3 = \overline{Q_0}$$

2) 列出状态方程。将驱动方程代入 JK 触发器的特性方程 $Q_{n+1} = J\overline{Q_n} + \overline{K}Q_n$ 中，得出电路的状态方程。

$$Q_{0(n+1)} = \overline{Q_{0n}}(CP\downarrow)$$

$$Q_{1(n+1)} = \overline{\overline{Q_{3n}}\overline{Q_{2n}}}\overline{Q_{1n}}(\overline{Q_{0n}}\downarrow)$$

$$Q_{2(n+1)} = \overline{Q_{2n}}(\overline{Q_{1n}}\downarrow)$$

$$Q_{3(n+1)} = \overline{Q_{2n}}\overline{Q_{1n}}\overline{Q_{3n}}(\overline{Q_{0n}}\downarrow)$$

3) 列出输出方程。

$$Y = \overline{Q_2}\overline{Q_1}\overline{Q_3}$$

4) 列出逻辑状态表。对四个 JK 触发器，时钟脉冲下降沿有效，即 1→0。若在上升沿，即 0→1，或电平不变，均认为无时钟脉冲作用，触发器保持原态不变。逻辑状态表见表 6-14。

表 6-14 例 6-10 逻辑状态表

CP	Q_3	Q_2	Q_1	Q_0	Y
0	0	0	0	0	1
1	1	0	0	1	0
2	1	0	0	0	0
3	0	1	1	1	0
4	0	1	1	0	0
5	0	1	0	1	0
6	0	1	0	0	0
7	0	0	1	1	0
8	0	0	1	0	0
9	0	0	0	1	0
10	0	0	0	0	1
0	1	1	1	1	0
1	1	1	1	0	0
2	0	1	1	1	0
0	1	1	0	0	0
1	1	1	0	0	0
2	0	0	1	1	0
0	1	0	1	0	0
1	1	1	0	0	0
2	0	0	0	1	0

5）画出状态转换图。根据表 6-14 画出的状态转换图如图 6-40 所示。由图 6-40 可见，1001～0000 十个状态进行有效循环，其他六个状态 1111、1110、1101、1100、1011、1010 为无效状态，但经时钟脉冲作用后，可进入有效循环。

6）分析逻辑功能。此电路为异步十进制减法计数器，具有自启动功能。

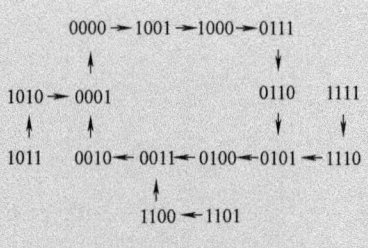

图 6-40　例 6-10 状态转换图（$Q_3Q_2Q_1Q_0$）

6.4　555 定时器及其应用

555 定时器是一种应用极为广泛的中规模集成电路。该电路使用灵活、方便，只需外接少量的阻容元件就可以构成单稳、多谐和施密特触发器，因而广泛用于信号的产生、变换、控制与检测。

目前生产的定时器有双极型和 CMOS 两种类型，其型号分别有 NE555（或 5G555）和 C7555 等多种。它们的结构及工作原理基本相同。通常，双极型定时器具有较大的驱动能力，而 CMOS 定时电路具有低功耗、输入阻抗高等优点。555 定时器工作的电源电压很宽，并可承受较大的负载电流。双极型定时器电源电压范围为 5～16V，最大负载电流可达 200mA；CMOS 定时器电源电压范围为 3～18V，最大负载电流在 4mA 以下。

6.4.1　555 定时器

555 定时器内部结构的简化原理图如图 6-41 所示。它由 3 个阻值为 5kΩ 的电阻组成的分压器、两个电压比较器 C_1 和 C_2、基本 RS 触发器、放电晶体管 VT 以及缓冲器 G 组成。

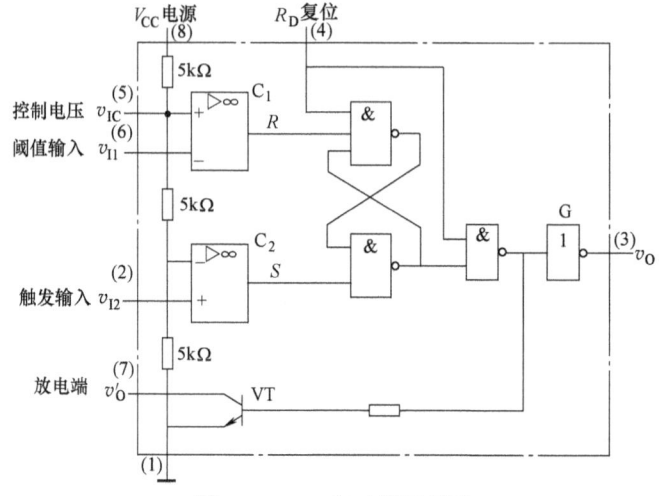

图 6-41　555 定时器原理图

定时器的主要功能取决于比较器，比较器的输出控制 RS 触发器和放电晶体管 VT 的状态。图 6-41 中 R_D 为复位输入端，当 R_D 为低电平时，不管其他输入端的状态如何，输出 v_O 为低电平。因此在正常工作时，应将其接高电平。

由图 6-41 可知，当 5 脚悬空时，比较器 C_1 和 C_2 的比较电压分别为 $\frac{2}{3}V_{CC}$ 和 $\frac{1}{3}V_{CC}$。

当 $v_{I1} > \frac{2}{3}V_{CC}$ 时，$v_{I2} > \frac{1}{3}V_{CC}$ 时，比较器 C_1 输出低电平，比较器 C_2 输出高电平，基本 RS 触发器被置 0，放电晶体管 VT 导通，输出端 v_O 为低电平。

当 $v_{I1} < \frac{2}{3}V_{CC}$ 时，$v_{I2} < \frac{1}{3}V_{CC}$ 时，比较器 C_1 输出高电平，比较器 C_2 输出低电平，基本 RS 触发器被置 1，放电晶体管 VT 截止，输出端 v_O 为高电平。

当 $v_{I1} < \frac{2}{3}V_{CC}$，$v_{I2} > \frac{1}{3}V_{CC}$ 时，基本 RS 触发器 $R = 1$、$S = 1$，触发器状态不变，电路亦保持原状态不变。

综合上述分析，可得 555 定时器功能表见表 6-15。

表 6-15　555 定时器功能表

输入			输出	
阈值输入(v_{I1})	触发输入(v_{I2})	复位(R_D)	输出(v_O)	放电晶体管 VT
×	×	0	0	导通
$v_{I1} < \frac{2}{3}V_{CC}$	$v_{I2} < \frac{1}{3}V_{CC}$	1	1	截止
$v_{I1} > \frac{2}{3}V_{CC}$	$v_{I2} > \frac{1}{3}V_{CC}$	1	0	导通
$v_{I1} < \frac{2}{3}V_{CC}$	$v_{I2} > \frac{1}{3}V_{CC}$	1	不变	不变

如果在电压控制端（5 脚）施加一个外加电压（其值在 $0 \sim V_{CC}$ 之间），比较器的参考电压将发生变化，电路相应的阈值、触发电平也将随之变化，并进而影响电路的工作状态。

6.4.2　555 定时器构成的单稳态触发器

由 555 定时器构成的单稳态触发器及工作波形如图 6-42 所示。电源接通瞬间，电路有一个稳定的过程，即电源通过电阻 R 向电容 C 充电，当 v_C 上升到 $\frac{2}{3}V_{CC}$ 时，触发器复位，v_O 为低电平，放电晶体管 VT 导通，电容 C 放电，电路进入稳定状态。

若触发输入端施加触发信号（$v_I < \frac{1}{3}V_{CC}$），触发器发生翻转，电路进入暂稳态，v_O 输出高电平，且晶体管 VT 截止。此后电容 C 充电至 $v_C = \frac{2}{3}V_{CC}$ 时，电路又发生翻转，v_O 为低电平，VT 导通，电容 C 放电，电路恢复至稳定状态。

如果忽略 VT 的饱和压降，则 v_C 从零电平上升到 $\frac{2}{3}V_{CC}$ 的时间，即为输出电压 v_O 的脉

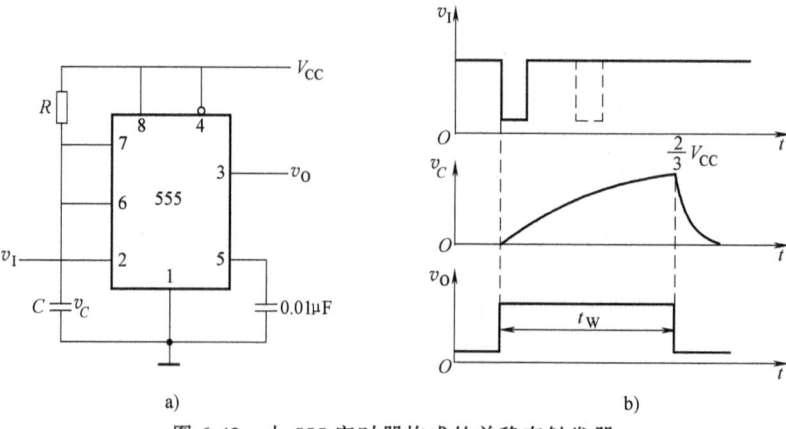

图 6-42 由 555 定时器构成的单稳态触发器
a) 电路图 b) 工作波形

宽 t_W。

$$t_W = RC\ln3 = 1.1RC \tag{6-1}$$

这种电路产生的脉冲宽度可从几个微秒到数分钟，精度可达 0.1%。

通常 R 的取值在几百欧姆至几兆欧姆之间，C 的取值为几百皮法到几百微法。由图 6-42 可知，如果在电路的暂稳态持续时间内，加入新的触发脉冲，如图 6-42b 中的虚线所示，则该脉冲不起作用，电路为不可重复触发单稳。

由 555 定时器构成的可重复触发单稳电路如图 6-43 所示。

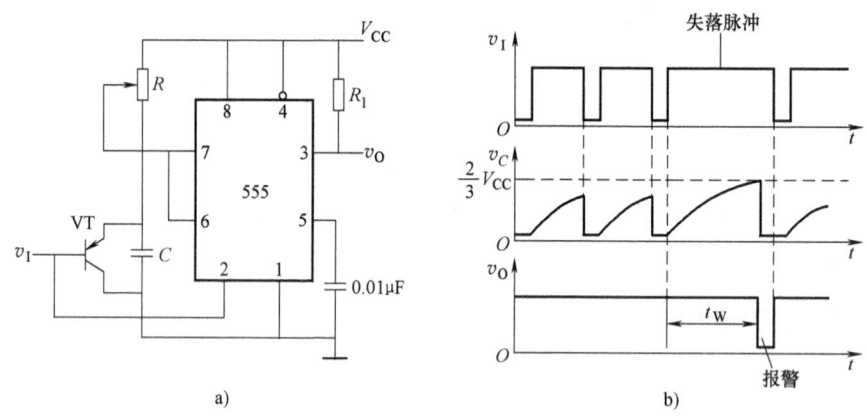

图 6-43 由 555 定时器构成的可重复触发单稳电路
a) 电路图 b) 工作波形

当 v_I 输入负向脉冲后，电路进入暂稳态，同时晶体管 VT 导通，电容 C 放电。输入脉冲撤除后，电容 C 充电，在 v_C 未充到 $\frac{2}{3}V_{CC}$ 之前，电路处于暂稳态。如果在此期间，又加入新的触发脉冲，晶体管 VT 又导通，电容 C 再次放电，输出仍然维持在暂稳态。只有在触发脉冲撤除后且在输出脉宽 t_W 时间间隔内没有新的触发脉冲，电路才返回到稳定状态。这种电路可作为失落脉冲检出电路，对机器的转速或人体的心律进行监视，当机器转速降到一定限度或人体的心律不齐时就发出报警信号。

如果在控制电压端（5 脚）施加一个变化电压，由 555 构成的单稳电路可作为脉冲宽度调制器，如图 6-44 所示。

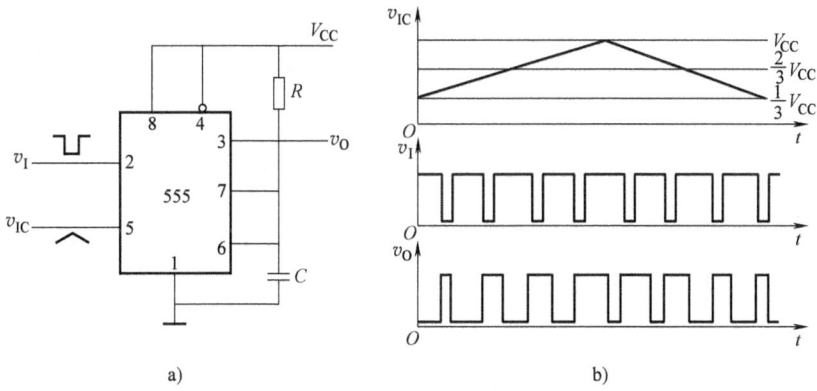

图 6-44 脉冲宽度调制器
a) 电路图 b) 波形图

当控制电压升高时，电路的阈值电压也升高，输出的脉冲宽度随之增加；而当控制电压降低时，电路的阈值电压也降低，单稳的输出脉宽则随之减小。因此，若控制电压的波形为如图 6-44b 所示的三角波时，在单稳的输出端便得到一串随控制电压变化的脉冲宽度调制波。从 v_{IC} 与 v_O 波形关系可看出，该电路可实现电压-频率变换。

6.4.3　555 定时器构成的多谐振荡器

多谐振荡器也称无稳态触发器，它没有稳定状态，同时无须外加触发脉冲，就能输出一定频率的矩形脉冲（自激振荡）。因为矩形波含有丰富的谐波，故称为多谐振荡器。多谐振荡器是常用的一种矩形波发生器。触发器和时序电路中的时钟脉冲一般是由多谐振荡器产生的。

由 555 定时器构成的多谐振荡器如图 6-45a 所示，其工作波形如图 6-45b 所示。

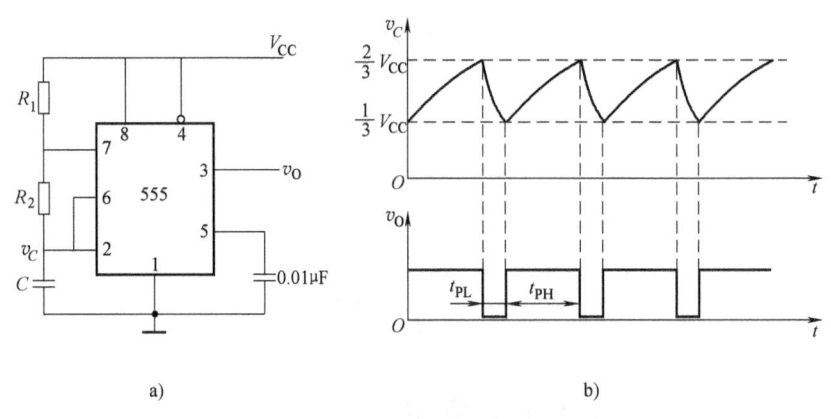

图 6-45 由 555 定时器构成的多谐振荡器
a) 电路图 b) 工作波形

接通电源后，电容 C 被充电，v_C 上升，当 v_C 上升到 $\frac{2}{3}V_{CC}$ 时，触发器被复位，同时放电晶体管 VT 导通，此时 v_O 为低电平，电容 C 通过 R_2 和 VT 放电，使 v_C 下降。当 v_C 下降到

$\frac{1}{3}V_{CC}$ 时，触发器又被置位，v_O 翻转为高电平。电容器 C 放电所需的时间为

$$t_{PL} = R_2 C \ln 2 \approx 0.7 R_2 C \tag{6-2}$$

当 C 放电结束时，VT 截止，V_{CC} 将通过 R_1、R_2 向电容器 C 充电，v_C 由 $\frac{1}{3}V_{CC}$ 上升到 $\frac{2}{3}V_{CC}$ 所需的时间为

$$t_{PH} = (R_1 + R_2) C \ln 2 \approx 0.7 (R_1 + R_2) C \tag{6-3}$$

当 v_C 上升到 $\frac{2}{3}V_{CC}$ 时，触发器又发生翻转，如此周而复始，在输出端就得到一个周期性的方波，其频率为

$$f = \frac{1}{t_{PL} + t_{PH}} = \frac{1}{(R_1 + 2R_2) C \ln 2} \approx \frac{1.43}{(R_1 + 2R_2) C} \tag{6-4}$$

由于 555 内部的比较器灵敏度较高，而且采用差分电路形式，它的振荡频率受电源电压和温度变化的影响很小。

图 6-45 所示电路的 $t_{PL} \neq t_{PH}$，而且占空比固定不变。如果将电路改成如图 6-46 所示的形式，电路利用 VD_1、VD_2 单向导电特性将电容器 C 充、放电回路分开，再加上电位器调节，便构成了占空比可调的多谐振荡器。图 6-46 中，V_{CC} 通过 R_A、VD_1 向电容 C 充电，充电时间为

$$t_{PH} = 0.7 R_A C \tag{6-5}$$

电容器 C 通过 VD_2、R_B 及 555 中的晶体管 VT 放电，放电时间为

$$t_{PL} = 0.7 R_B C \tag{6-6}$$

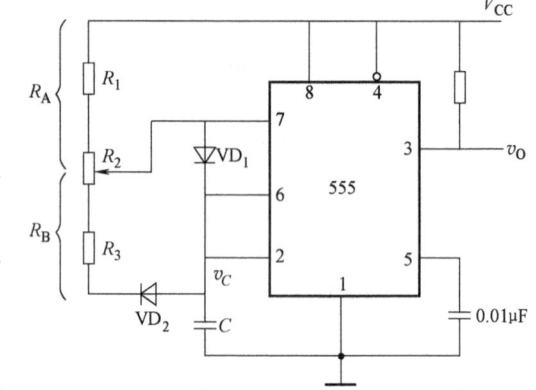

图 6-46 占空比可调的方波发生器

因而，振荡频率为

$$f = \frac{1}{t_{PL} + t_{PH}} \approx \frac{1.43}{(R_A + R_B) C} \tag{6-7}$$

可见，这种振荡器输出波形的占空比为

$$q = \frac{R_A}{R_A + R_B} \times 100\% \tag{6-8}$$

6.5 时序逻辑电路在汽车上的应用

6.5.1 数字转速表

图 6-47 是一种转速测量系统的示意图。测量装置为数字转速表，它由光电脉冲转换电

路、放大器、整形电路、与门、基准时间脉冲发生器、计数器以及译码器和数字显示器等组成，整个表组装在一起，体积很小。

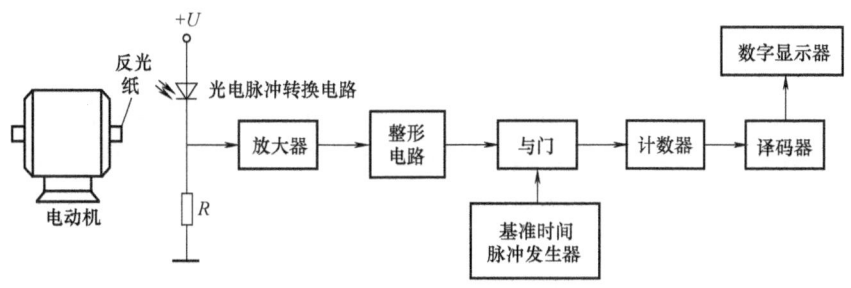

图 6-47　转速测量系统示意图

在电动机轴的外侧贴一块反光纸，当数字转速表的发光管照射反光纸后，反射光使光电二极管导通，在电阻 R 上产生一个电压降，形成一个脉冲信号。电动机每旋转一周，光电转换装置就产生一个脉冲。这些脉冲信号经过放大整形以后，送到与门电路。

测量转速需要的基准时间是由石英晶体振荡器和分频电路产生的。基准时间产生标准秒脉冲。将秒脉冲和被测的光电脉冲信号同时送到与门电路，这样就能测量出在每秒内送到计数器的脉冲数，当然也可以得出每分的脉冲数，然后再经译码器使数码显示管显示出转速来。

6.5.2　转向灯控制电路

555 定时器构成的汽车转向灯闪光电路如图 6-48 所示，利用 555 定时器电路的 3 脚接继电器 K 的线圈，使继电器按多谐振荡频率进行工作，继电器的触点接到转向灯的电源回路中（如图 6-48 中虚线所示），控制转向灯电源的通断，使转向灯按一定频率闪烁。

如果驾驶人拨下左转向指示灯开关电路如图 6-48 所示，此时左转向指示灯与蓄电池以及搭铁便构成一回路。但由于继电器的常开触点与之串联，所以只有当 555 定时器的 3 脚显示高电位时继电器才得电吸合，这样左转向灯就被点亮，当 C_1 充电结束时 3 脚便显低电平，继电器断电使触点断开，这样左转向灯由于不能形成一闭合回路而熄灭。如此重复进行，由于继电器得断电的频率比较大，所以就能够感觉灯在闪烁。

闪光器的灯亮时间由 C_1 的充电时间决定。闪光器的灯灭时间由 C_1 的放电时间决定。闪

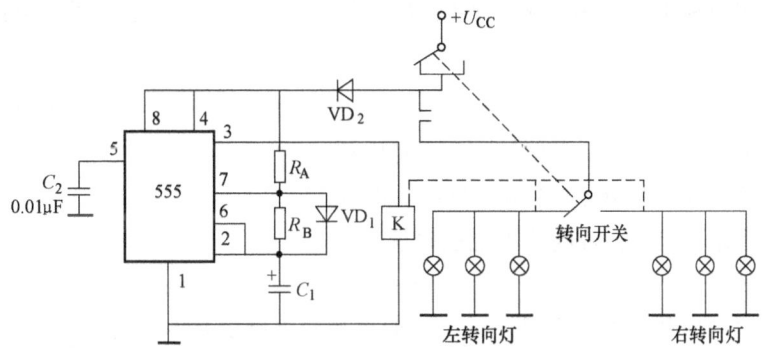

图 6-48　555 定时器构成的汽车转向灯闪光电路

光器的灯亮、灯灭周期，即多谐振荡器的振荡周期 T。信号灯的闪烁频率为 $f=1/T$。通过适当选择 R_A、R_B 和 C_1 的值，即可取得一定的闪烁频率。

6.5.3 汽车刮水器间歇控制电路

图 6-49 为 555 定时器用作汽车刮水器间歇控制电路，在该电路中继电器线圈由 555 定时器的 3 脚控制是否得电，而继电器的触点与刮水器电动机串联接入电路。这样通过控制继电器线圈的得电和断电就可以使刮水器电动机断续刮水。

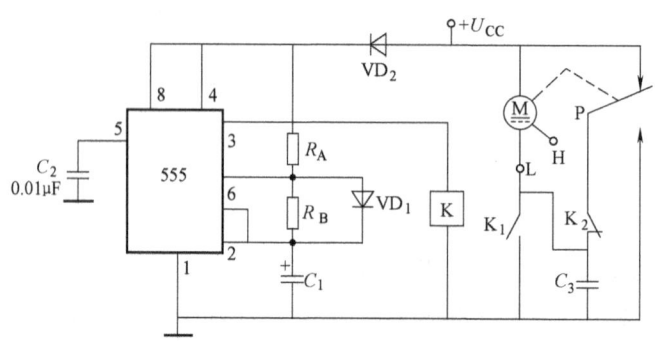

图 6-49　汽车刮水器间歇控制电路

由于刮水器电动机起动电流较大，所以在线路上增加电容 C_1 与继电器 K 并联，以保护触点。因一次刮水的间歇时间为 9~11s（电动机运转 1~2s，停 7~9s），而刮水器电动机的辅助滑动触点 P 脱离电源正极到接地这一过程大约需 0.15s，如果考虑 P 点电位不准，则最长约为 0.27s。即继电器的常开触点 K_1 吸合时间可按最大 0.3s 考虑，因此选择 R_A 和 C_1 时，使其充电时间不小于 0.3s 即可。这样就保证了电动机一旦起动，运行时间（1~2s）由电动机的触点 P 进行控制，间歇时间（7~9s）则通过所选 R_B 的大小来控制 C_1 的放电时间来实现。C_1 不断充、放电就实现了刮水器电动机按一定间歇周期运行。

习　题

一、填空题

1. 时序逻辑电路的特点是：输出不仅取决于当时_____的状态，还与电路_____的状态有关。

2. JK 触发器具有_____、_____、_____和_____四种功能。欲使 JK 触发器实现 $Q_{n+1}=\overline{Q}_n$ 的功能，则输入端 J 应接_____，K 应接_____。

3. 两个与非门构成的基本 RS 触发器的功能有_____、_____和_____。电路中不允许两个输入端同时为_____，否则将出现逻辑混乱。

4. D 触发器的输入端子有_____个，具有_____和_____的功能。

5. 组合逻辑电路的基本单元是_____，时序逻辑电路的基本单元是_____。

6. 触发器的逻辑功能通常可用_____、_____、_____和_____四种方法来描述。

7. JK 触发器的次态方程为_____；D 触发器的次态方程为_____。

8. T 触发器具有_____和_____功能。

9. 移位寄存器可分为右移移位寄存器、_____移位寄存器和_____移位寄存器。

10. 构成一个六进制计数器最少要采用_____位触发器，这时构成的电路有____个有效状态，_____个无效状态。

11. 加法器是组合逻辑电路；计数器是_____电路。

12. 74LS161 是一个_____个引脚的集成计数器，用它构成任意进制的计数器时，通常可采用_____法和_____法。

13. 按各触发器的状态转换与时钟输入 CP 的关系分类，计数器可为_____和_____计数器。

14. 对于 D 触发器，欲使 $Q_{n+1}=Q_n$，应使输入 D = _____。

15. 某移位寄存器要寄存二进制数 1101，采用串行输入方式，则需____个 CP 脉冲正好完成。

二、选择题

1. 描述时序逻辑电路功能的两个必不可少的重要方程式是（　　）。
   A. 次态方程和输出方程　　　　　　B. 次态方程和驱动方程
   C. 驱动方程和特性方程　　　　　　D. 驱动方程和输出方程

2. 时序逻辑电路与组合逻辑电路的主要区别是（　　）。
   A. 时序电路只能计数，而组合电路只能寄存
   B. 时序电路没有记忆功能，组合电路则有
   C. 时序与组合电路都有记忆功能
   D. 时序电路具有记忆功能，组合电路则没有

3. 由与非门组成的基本 RS 触发器不允许输入的变量组合 $\overline{S} \cdot \overline{R}$ 为（　　）。
   A. 00　　　　　B. 01　　　　　C. 10　　　　　D. 11

4. 某主从型 JK 触发器，当 J=K=1 时，CP 端的频率为 f=200Hz，则 Q 的频率为（　　）。
   A. 0Hz　　　　B. 100Hz　　　　C. 200Hz　　　　D. 400Hz

5. 触发器如图 6-50a 所示，J=1，设初始状态为 0，则输出 Q 的波形为图 6-50b 中的（　　）。

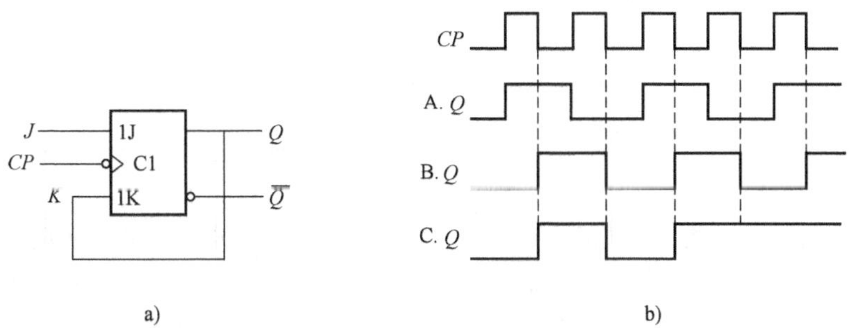

图 6-50　选择题 5 逻辑图及波形

6. 触发器如图 6-51a 所示，设初始状态为 0，则输出 Q 的波形为图 6-51b 中的（　　）。

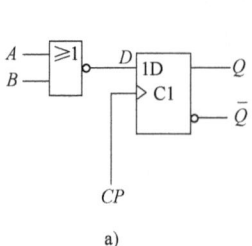
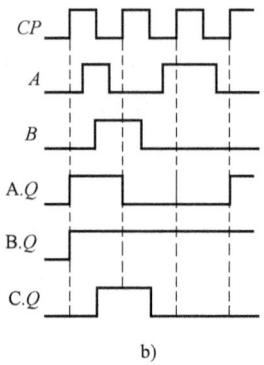

图 6-51 选择题 6 逻辑图及波形

7. 图 6-52 所示的触发器具有（　　）功能。

A. 保持　　　　B. 计数　　　　C. 置 0　　　　D. 置 1

8. 图 6-53 所示的触发器（$T=0$）具有（　　）功能。

A. 保持　　　　B. 计数　　　　C. 置 0　　　　D. 置 1

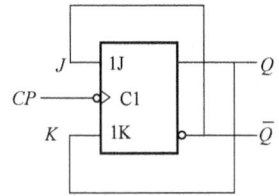
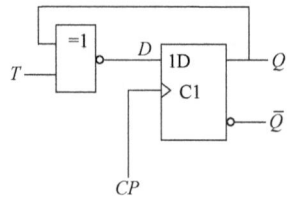

图 6-52　选择题 7 逻辑图　　　　　　图 6-53　选择题 8 逻辑图

9. 图 6-53 所示的触发器（$T=1$）具有（　　）功能。

A. 保持　　　　B. 计数　　　　C. 置 0　　　　D. 置 1

10. 在图 6-54 所示的电路中，触发器的原状态，$Q_1Q_0=01$，则在下一个 CP 作用后，Q_1Q_0 为（　　）。

A. 00　　　　B. 01　　　　C. 10　　　　D. 11

11. 在图 6-55 所示电路中，触发器的原状态，$Q_1Q_0=00$，则在下一个 CP 作用后，Q_1Q_0 为（　　）。

A. 00　　　　B. 01　　　　C. 10　　　　D. 11

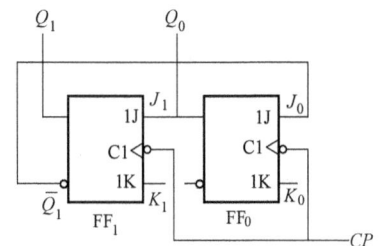
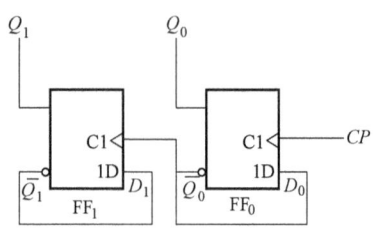

图 6-54　选择题 10 逻辑图　　　　　　图 6-55　选择题 11 逻辑图

12. 图 6-56 所示的是（　　）计数器。

A. 六进制　　　　B. 七进制　　　　C. 八进制　　　　D. 九进制

13. 图 6-57 所示的是（　　）计数器。

A. 六进制　　　　　B. 七进制　　　　　C. 八进制　　　　　D. 九进制

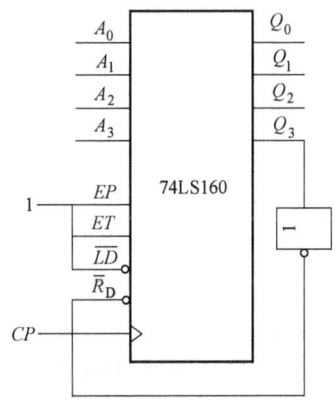

图 6-56　选择题 12 电路

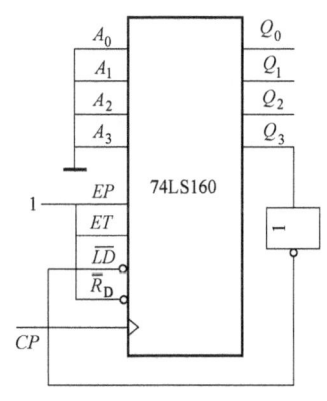

图 6-57　选择题 13 电路

14. 图 6-58 所示的是（　　）计数器。

A. 六进制　　　　　B. 七进制　　　　　C. 八进制　　　　　D. 九进制

15. 图 6-59 所示的是（　　）计数器。

A. 六进制　　　　　B. 七进制　　　　　C. 八进制　　　　　D. 九进制

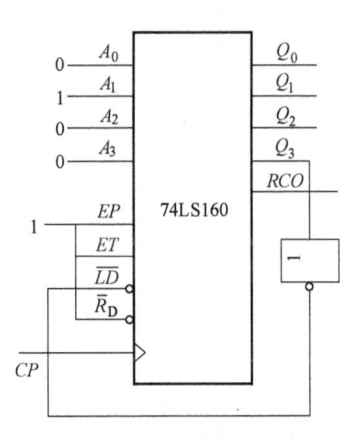

图 6-58　选择题 14 电路

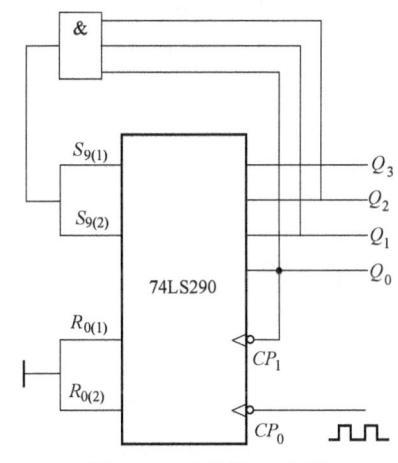

图 6-59　选择题 15 电路

16. 图 6-60 所示的是（　　）计数器。

A. 六进制　　　　　B. 七进制　　　　　C. 八进制　　　　　D. 九进制

17. 改变 555 定时电路的电压控制端的电压值，可改变（　　）。

A. 555 定时电路的高、低输出电平　　　　B. 开关放电管的开关电平

C. 比较器的阈值电压　　　　D. 置 0 端 $\overline{R}$ 的电平值

18. 由 CB555 定时器组成的单稳态触发器如图 6-61 所示，若加大电容 C 的电容值，则（　　）。

A. 增大输出脉冲 u_O 的幅值　　　　B. 增大输出脉冲 u_O 的宽度

C. 减小脉冲 u_O 的宽度　　　　　　D. 对输出脉冲 u_O 无影响

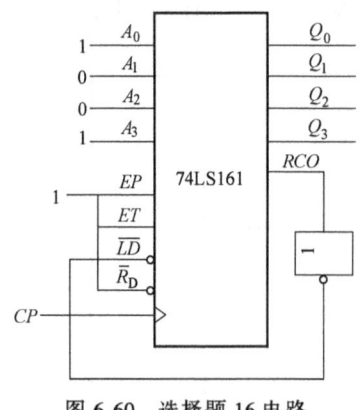

图 6-60　选择题 16 电路

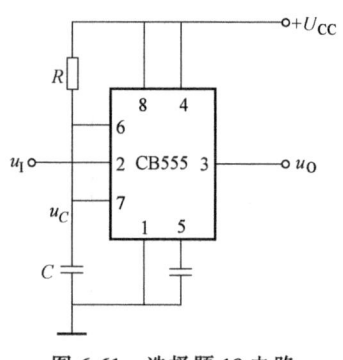

图 6-61　选择题 18 电路

三、计算分析题

1. 当基本 RS 触发器的 $\overline{R}_D$ 和 $\overline{S}_D$ 端加上图 6-62 所示的波形时，试画出 Q 端的输出波形。设初始状态为 0 和 1 两种情况。

2. 当可控 RS 触发器的 C、S 和 R 端加上图 6-63 所示的波形时，试画出 Q 端的输出波形。设初始状态为 0 和 1 两种情况。

3. 主从型 JK 触发器的 CP、J、K 端的波形分别如图 6-64 所示，试画出 Q 端的输出波形。设初始状态为 0。

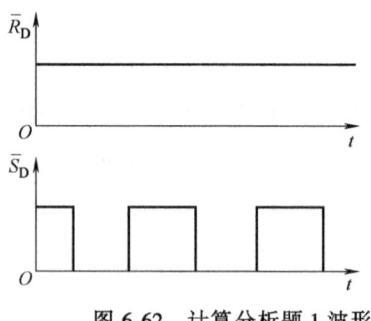

图 6-62　计算分析题 1 波形

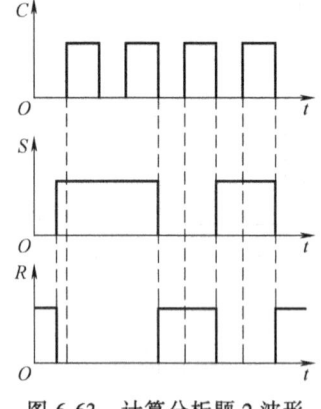

图 6-63　计算分析题 2 波形

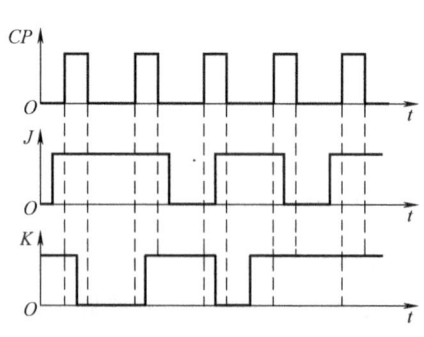

图 6-64　计算分析题 3 波形

4. 写出图 6-65 逻辑图中各电路的次态方程。

5. 试分别画出图 6-66 中各触发器输出端 Q 的波形。设它们的初始状态均为 0。指出哪个具有计数功能。

6. 各种触发器组成的电路如图 6-67 所示。已知输入波形如图 6-68 所示，试画出各触发器的输出波形。设各触发器的初始态为 0。

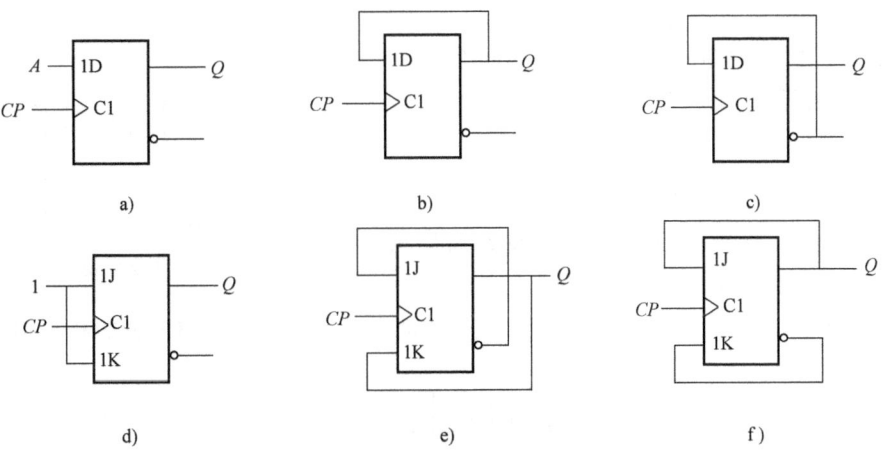

图 6-65 计算分析题 4 逻辑图

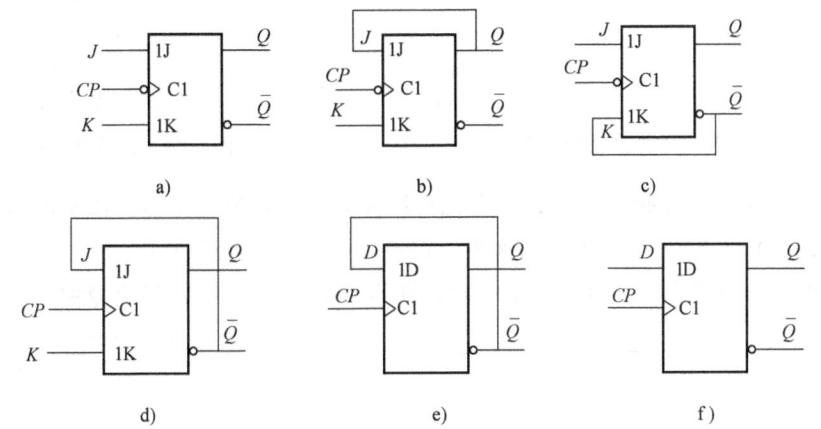

图 6-66 计算分析题 5 逻辑图

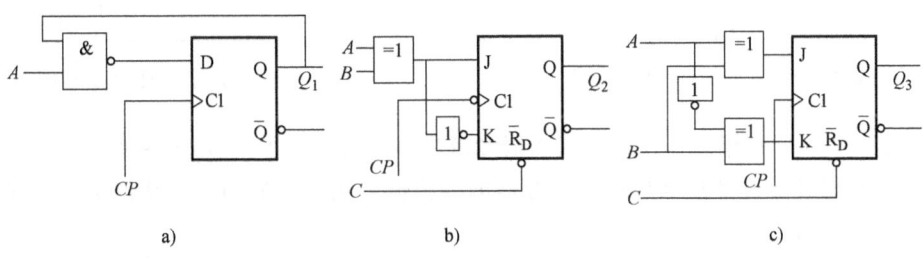

图 6-67 计算分析题 6 逻辑图

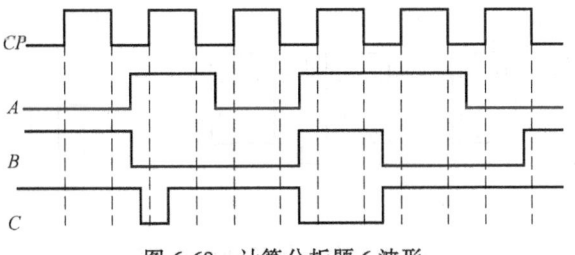

图 6-68 计算分析题 6 波形

7. 在图 6-69 所示的逻辑图中，试画出 Q_1 和 Q_2 端的波形。如果时钟脉冲的频率是 4000Hz，那么 Q_1 和 Q_2 波形的频率各为多少？设初始状态 $Q_1 = Q_2 = 0$。

8. 根据图 6-70 所示的逻辑图及相应的 CP、$\overline{R}_D$ 和 D 的波形，试画出 Q_1 端和 Q_2 端的输出波形。设初始状态 $Q_1 = Q_2 = 0$。

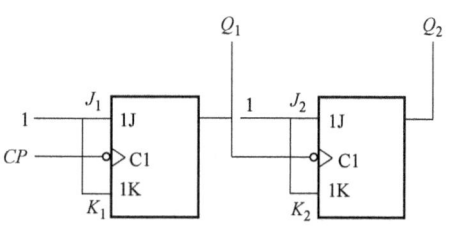

图 6-69　计算分析题 7 逻辑图

9. 电路如图 6-71 所示，试画出 Q_1 和 Q_2 的波形。设两个触发器的初始状态均为 0。

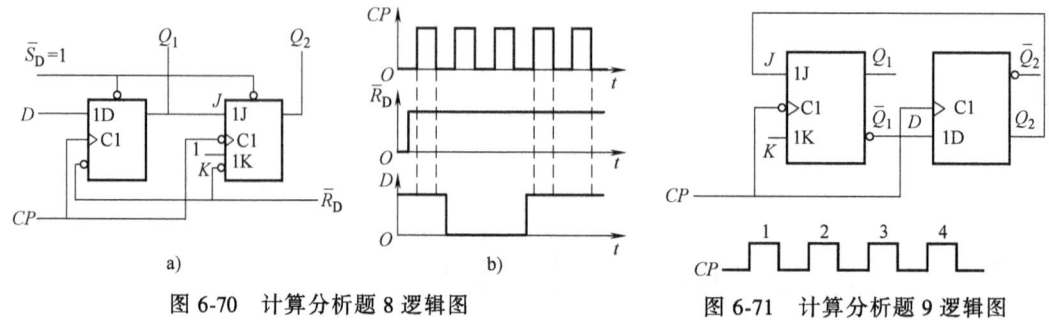

图 6-70　计算分析题 8 逻辑图　　　　图 6-71　计算分析题 9 逻辑图

10. 图 6-72 所示电路是一个可以产生几种脉冲波形的信号发生器。试从所给出的时钟脉冲 CP 画出 Y_1、Y_2、Y_3 三个输出端的波形。设触发器的初始状态为 0。

11. 试分析图 6-73 所示的电路，画出 Y_1 和 Y_2 的波形。设初始状态 $Q = 0$。

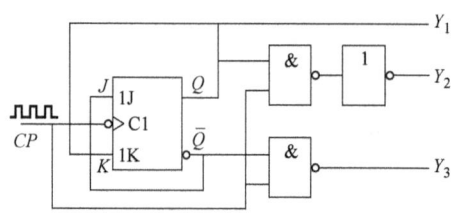 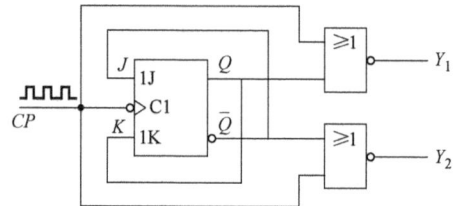

图 6-72　计算分析题 10 逻辑图　　　　图 6-73　计算分析题 11 逻辑图

12. 有一个四位右移寄存器，其输入信号波形和时钟脉冲波形如图 6-74 所示，试根据输入信号波形和时钟脉冲波形画出移位寄存器的各位输出端的波形图。设移位寄存器的初始状态 Q_3、Q_2、Q_1、Q_0 均为 0。

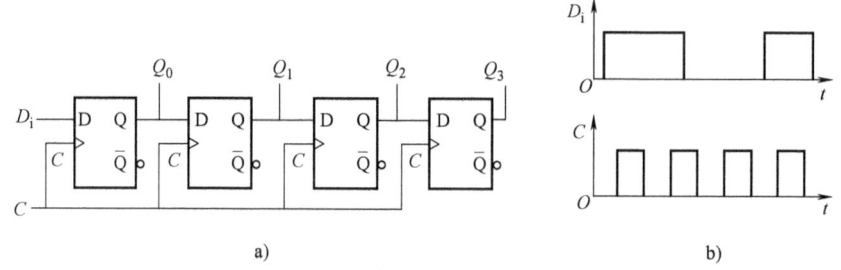

图 6-74　计算分析题 12 逻辑图和波形图

13. 分析图 6-75 所示时序电路的逻辑功能，写出电路的驱动方程、状态方程和输出方程，画出电路的状态转换图。

14. 分析图 6-76 所示时序电路的逻辑功能，写出电路的驱动方程、状态方程和输出方程，画出电路的状态转换表和状态转换图，并说明该电路能否自启动。

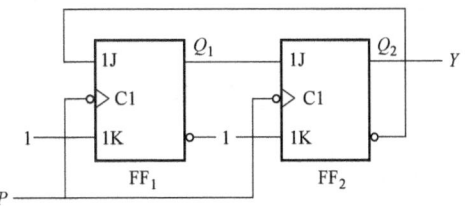

图 6-75　计算分析题 13 逻辑图

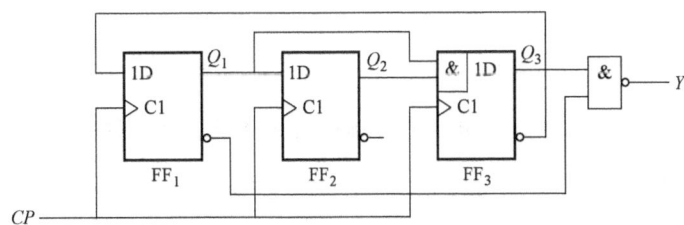

图 6-76　计算分析题 14 逻辑图

15. 试分析图 6-77 所示时序电路的逻辑功能，写出电路的驱动方程、状态方程和输出方程，画出电路的状态转换表和状态转换图。A 为输入逻辑变量。

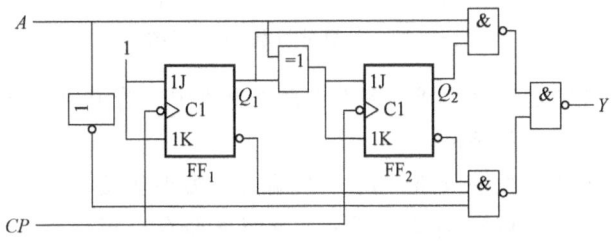

图 6-77　计算分析题 15 逻辑图

16. 试分析图 6-78 所示异步时序电路，写出电路的驱动方程、状态方程和输出方程，画出电路的状态转换表和状态转换图，说明电路的逻辑功能。

17. 分析图 6-79 的计数器电路，说明这是多少进制的计数器。

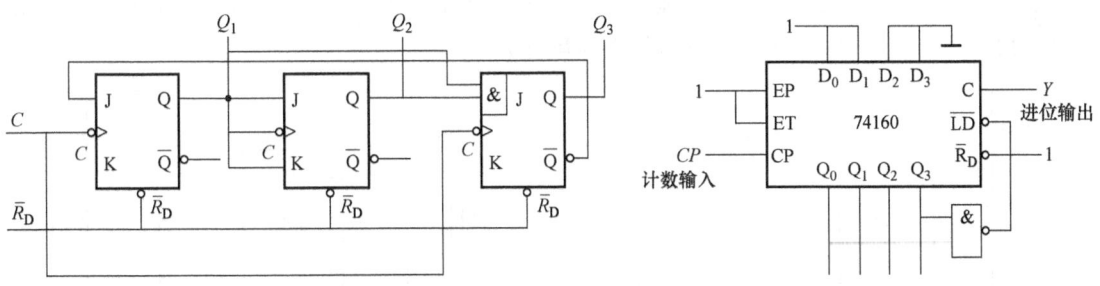

图 6-78　计算分析题 16 逻辑图　　　　图 6-79　计算分析题 17 逻辑图

18. 分析图 6-80 的计数器电路，画出电路的状态转换图，说明这是多少进制的计数器。

19. 试用 4 位同步二进制计数器 74LS161 接成十二进制计数器，标出输入、输出端。可以附加必要的门电路。

20. 分析图 6-81 所示计数器在 $M=1$ 和 $M=0$ 时各为几进制。

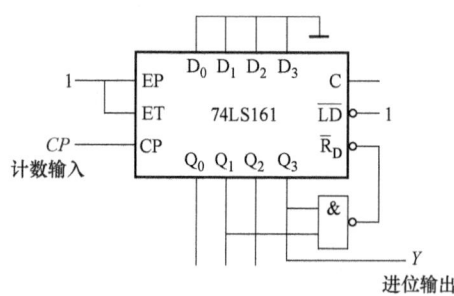

图 6-80　计算分析题 18 逻辑图

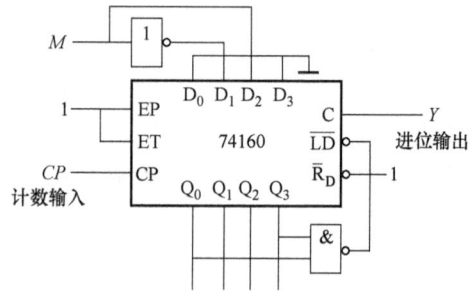

图 6-81　计算分析题 20 逻辑图

21. 试分析图 6-82 所示计数器电路的分频比（即 Y 与 CP 的频率之比）。

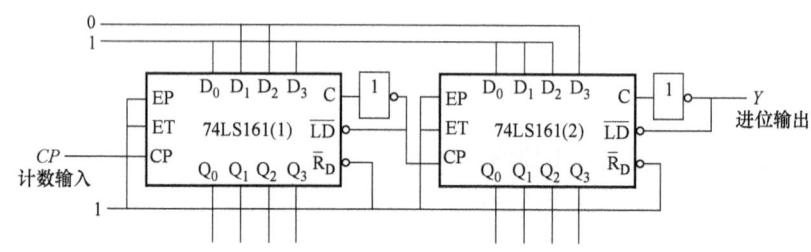

图 6-82　计算分析题 21 逻辑图

22. 在图 6-45 用 555 定时器组成的多谐振荡器电路中，若 $R_1=R_2=5.1\text{k}\Omega$，$C=0.01\mu\text{F}$，$V_{CC}=12\text{V}$，试计算电路的振荡频率。

23. 图 6-83 是一个防盗报警电路，a、b 两端被一细铜丝接通，此铜丝置于认为盗窃者必经之处。当盗窃者闯入室内将铜丝碰断后，扬声器即发出报警声（扬声器电压为 1.2V，电流为 40mA）。

1）试问 555 定时器接成何种电路？
2）说明本报警电路的工作原理。

24. 图 6-84 是一简易触摸开关电路，当手摸金属片时，发光二极管亮，经过一定时间，发光二极管熄灭。试说明其工作原理，并问发光二极管能亮多长时间？（输出端电路稍加改变也可接门铃、短时用照明灯、厨房排烟风扇等）

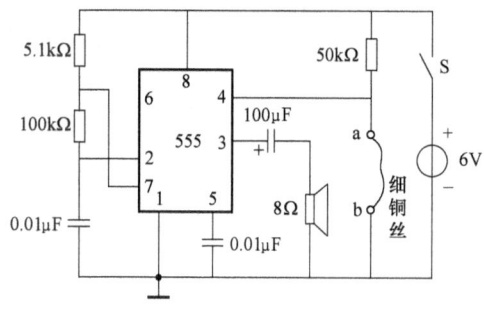

图 6-83　计算分析题 23 电路

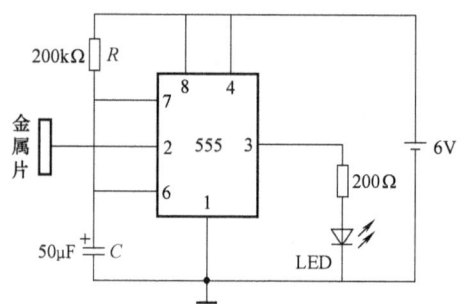

图 6-84　计算分析题 24 电路

第7章

模拟量和数字量的转换

第7章 授课视频

随着数字技术,特别是计算机技术的飞速发展与普及,在现代控制、通信及检测领域中,为提高系统的性能指标,对信号的处理无不广泛地采用数字计算机技术。由于系统的实际对象往往都是一些模拟量(如温度、压力、位移、图像等),要使计算机或数字仪表能识别、处理这些信号,必须首先将这些模拟信号转换成数字信号;而经计算机分析、处理后输出的数字量也往往需要将其转换为相应模拟信号才能为执行机构所接收。这样,就需要一种能在模拟信号与数字信号之间起桥梁作用的电路——模/数转换器和数/模转换器。

能将模拟信号转换成数字信号的电路,称为模/数转换器(Analog to Digital Converter,A/D 转换器);而将能把数字信号转换为模拟信号的电路称为数/模转换器(Digital to Analog Converter,D/A 转换器),A/D 转换器和 D/A 转换器已成为计算机系统中不可缺少的接口电路。

为确保系统处理结果的精确度,A/D 转换器和 D/A 转换器必须具有足够的转换精度;若要实现对快速变化的信号的实时控制与检测,A/D 转换器与 D/A 转换器还应具有较高的转换速度。转换精度与转换速度是衡量 A/D 转换器与 D/A 转换器的重要技术指标。

7.1 D/A 转换器

数字量是用代码按数位组合起来表示的,对于有权码,每位代码都有一定的权。为了将数字量转换成模拟量,必须将每 1 位的代码按其权的大小转换成相应的模拟量,然后将这些模拟量相加,即可得与数字量成正比的总模拟量,从而实现了 D/A 转换。这就是组成 D/A 转换器的基本指导思想。

n 位 D/A 转换器的框图如图 7-1 所示。

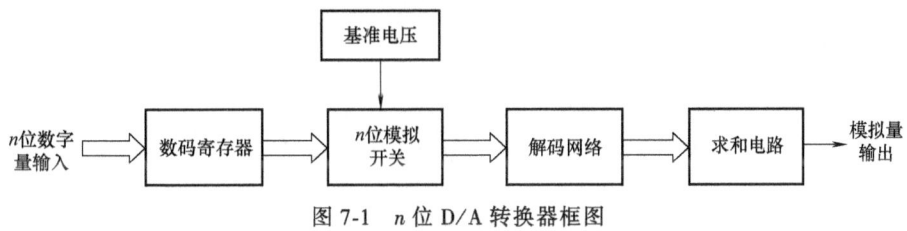

图 7-1 n 位 D/A 转换器框图

D/A 转换器由数码寄存器、模拟电子开关电路、解码网络、求和电路及基准电压几部分组成。数字量以串行或并行方式输入并存储于数码寄存器中,寄存器输出的每位数码驱动对应数位上的电子开关将在电阻解码网络中获得的相应数位权值送入求和电路。求和电路将各位权值相加便得到与数字量对应的模拟量。

D/A 转换器按解码网络结构不同分为 T 形电阻网络 D/A 转换器、倒 T 形电阻网络 D/A 转换器、权电流 D/A 转换器及权电阻网络 D/A 转换器等。按模拟电子开关电路的不同，D/A 转换器又可分为 CMOS 开关型和双极型开关 D/A 转换器。其中双极型开关 D/A 转换器又分为电流开关型和发射极耦合逻辑电路（ECL）电流开关型两种，在速度要求不高的情况可选用 CMOS 开关型 D/A 转换器。若要求较高的转换速度，则应选用双极型电流开关 D/A 转换器或转换速度更高的 ECL 电流开关型 D/A 转换器。

7.1.1　倒 T 形电阻网络 D/A 转换器

在单片集成 D/A 转换器中，使用最多的是倒 T 形电阻网络 D/A 转换器。以下以 4 位 D/A 转换器为例说明其工作原理。

4 位倒 T 形电阻网络 D/A 转换器的原理图如图 7-2 所示。图 7-2 中，$S_0 \sim S_3$ 为模拟开关，$R-2R$ 电阻解码网络呈倒 T 形，运算放大器组成求和电路。模拟开关 S_i 由输入数码 D_i 控制，当 $D_i = 1$ 时，S_i 接运算放大器反相端，电流 I_i 流入求和电路；当 $D_i = 0$ 时，S_i 则将电阻 $2R$ 接地。根据运算放大器线性运用时虚地的概念可知，无论模拟开关 S_i 处于何种位置，与 S_i 相连的 $2R$ 电阻均将接"地"（地或虚地）。这样，流经 $2R$ 电阻的电流与开关位置无关，为确定值。分析 $R-2R$ 电阻网络可以发现，从每个节点向左看的二端网络等效电阻均为 R，流入每个 $2R$ 电阻的电流从高位到低位按 2 的整数倍递减。设由基准电压源提供的总电流为 I（$I = V_{REF}/R$），则流过各开关支路（从右到左）的电流分别为 $I/2$、$I/4$、$I/8$ 和 $I/16$。

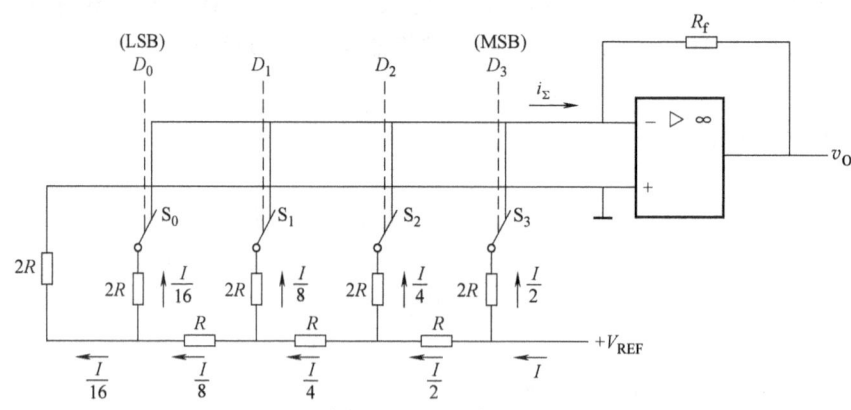

图 7-2　倒 T 形电阻网络 D/A 转换器

于是可得总电流

$$i_\Sigma = \frac{V_{REF}}{R}\left(\frac{D_0}{2^4} + \frac{D_1}{2^3} + \frac{D_2}{2^2} + \frac{D_3}{2^1}\right) = \frac{V_{REF}}{2^4 \times R}\sum_{i=0}^{3}(D_i \times 2^i) \tag{7-1}$$

输出电压

$$v_0 = -i_\Sigma R_f = -\frac{R_f}{R}\frac{V_{REF}}{2^4}\sum_{i=0}^{3}(D_i \times 2^i) \tag{7-2}$$

将输入数字量扩展到 n 位，可得 n 位倒 T 形电阻网络 D/A 转换器输出模拟量与输入数

字量之间的一般关系式为

$$v_O = -\frac{V_{REF}}{2^n}\frac{R_f}{R}\left[\sum_{i=0}^{n-1}(D_i \times 2^i)\right] \quad (7\text{-}3)$$

若将式中 $\frac{V_{REF}}{2^n}\frac{R_f}{R}$ 用 K 表示，中括号内的 n 位二进制数用 N_B 表示，则式（7-3）可改写为

$$v_O = -KN_B \quad (7\text{-}4)$$

式（7-4）表明，对于在图 7-2 所示电路中输入的每一个二进制数 N_B，均能在其输出端得到与之成正比的模拟电压 v_O。

通过以上分析看到，要使 D/A 转换器具有较高的精度，对电路中的参数有以下要求：

1）基准电压稳定性好。
2）倒 T 形电阻网络中 R 和 $2R$ 电阻比值的精度要高。
3）每个模拟开关的开关电压降要相等。

为实现电流从高位到低位按 2 的整数倍递减，模拟开关的导通电阻也相应地按 2 的整数倍递增。

由于在倒 T 形电阻网络 D/A 转换器中，各支路电流直接流入运算放大器的输入端，它们之间不存在传输上的时间差。电路的这一特点不仅提高了转换速度，而且也减小了动态过程中输出端可能出现的尖脉冲。它是目前广泛使用的 D/A 转换器中速度较快的一种。常用的 CMOS 开关倒 T 形电阻网络 D/A 转换器的集成电路有 AD7520（10 位）、DAC1210（12 位）及 AK7546（16 位高精度）等。

7.1.2 权电流型 D/A 转换器

尽管倒 T 形电阻网络 D/A 转换器具有较高的转换速度，但由于电路中存在模拟开关电压降，当流过各支路的电流稍有变化时，就会产生转换误差。为进一步提高 D/A 转换器的精度，可采用权电流型 D/A 转换器。4 位权电流型 D/A 转换器原理电路如图 7-3 所示。电路中，用一组恒流源代替了图 7-2 中倒 T 形电阻网络。这组恒流源从高位到低位电流的大小依次为 $I/2$、$I/4$、$I/8$、$I/16$。

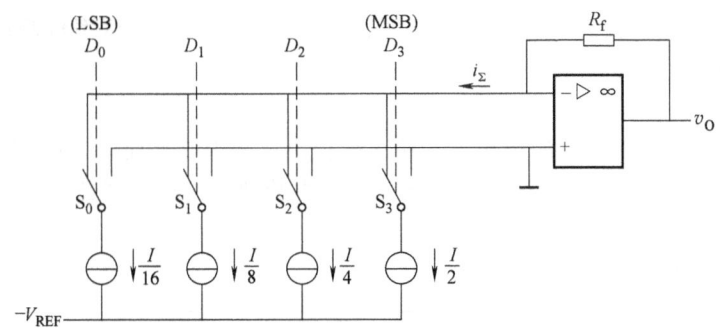

图 7-3 4 位权电流型 D/A 转换器的原理电路

在图 7-3 所示电路中，当输入数字量的某一位代码 $D_i = 1$ 时，开关 S_i 接运算放大器的反相端，相应权电流流入求和电路；当 $D_i = 0$ 时，开关 S_i 接地。分析该电路，可得出

$$v_O = i_\Sigma R_f = R_f\left(\frac{I}{2}D_3 + \frac{I}{4}D_2 + \frac{I}{8}D_1 + \frac{I}{16}D_0\right)$$

$$= \frac{I}{2^4}R_f(2^3 D_3 + 2^2 D_2 + 2^1 D_1 + 2^0 D_0)$$

$$= \frac{I}{2^4}R_f \sum_{i=0}^{3} 2^i D_i \tag{7-5}$$

采用了恒流源电路后，各支路权电流的大小均不受开关导通电阻和压降的影响，这就降低了对开关电路的要求，提高了转换精度。

7.1.3　D/A 转换器的主要技术指标

D/A 转换器的主要技术指标有转换精度、转换速度和温度系数等。

1. 转换精度

D/A 转换器的转换精度通常用分辨率和转换误差来描述。

分辨率用于表征 D/A 转换器对输入微小量变化敏感程度的。其定义为 D/A 转换器模拟输出电压可能被分离的等级数。输入数字量位数越多，输出电压可分离的等级越多，即分辨率越高。所以在实际应用中，往往用输入数字量的位数表示 D/A 转换器的分辨率。此外，D/A 转换器也可以用能分辨最小输出电压与最大输出电压之比给出。n 位 D/A 转换器的分辨率可表示为 $\dfrac{1}{2^n-1}$。它表示 D/A 转换器在理论上可以达到的精度。

2. 转换速度

当 D/A 转换器输入的数字量发生变化时，输出的模拟量并不能立即达到所对应的量值，它需要一段时间。通常用建立时间和转换速率两个参数来描述 D/A 转换器的转换速度。

建立时间（t_{set}）指输入数字量变化时，输出电压变化到相应稳定电压值所需时间。一般用 D/A 转换器输入的数字量 N_B 从全 0 变为全 1 时，输出电压达到规定的误差范围（±LSB/2）时所需时间表示。D/A 转换器的建立时间较快，单片集成 D/A 转换器建立时间最短可达 0.1μs 以内。

转换速率（SR）用大信号工作状态下模拟电压的变化率表示。一般集成 D/A 转换器在不包含外接参考电压源和运算放大器时，转换速率比较高。实际应用中，要实现快速 D/A 转换不仅要求 D/A 转换器有较高的转换速率，而且还应选用转换速率较高的集成运算放大器与之配合使用才行。

3. 温度系数

温度系数是指在输入不变的情况下，输出模拟电压随温度变化产生的变化量。一般用满刻度输出条件下温度每升高 1℃，输出电压变化的百分数作为温度系数。

7.2　A/D 转换器

为将时间连续、幅值也连续的模拟量转换为时间离散、幅值也离散的数字信号，A/D 转换一般要经过取样、保持、量化及编码四个过程。在实际电路中，这些过程有的是合并进行的。例如，取样和保持、量化和编码往往都是在转换过程中同时实现。

7.2.1 A/D 转换的一般工作过程

1. 取样与保持

取样是将随时间连续变化的模拟量转换为时间离散的模拟量。取样过程示意图如图 7-4 所示。图 7-4a 中，传输门受取样信号 $S(t)$ 控制，在 $S(t)$ 的脉宽 τ 期间，传输门导通，输出信号 $v_O(t)$ 为输入信号 $v_I(t)$，而在 $(T_s-\tau)$ 期间，传输门关闭，输出信号 $v_O(t)=0$。电路中各信号波形如图 7-4b 所示。

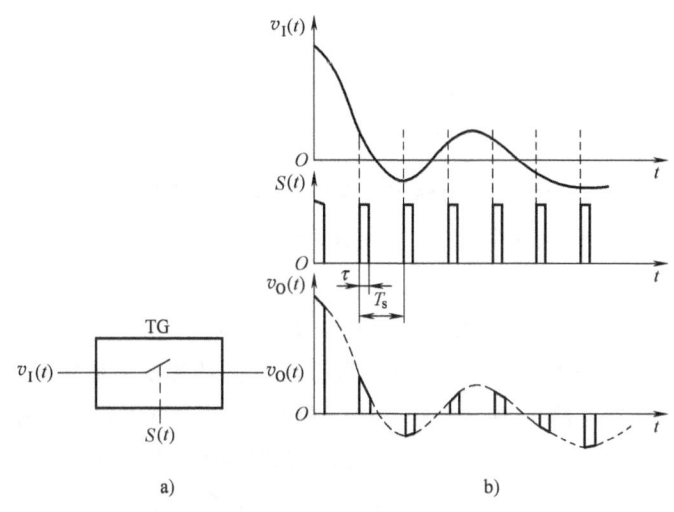

图 7-4 取样过程

通过分析可以看出，取样信号 $S(t)$ 的频率越高，所取得信号经低通滤波器后越能真实地复现输入信号。合理的取样频率由取样定理确定。

取样定理：设取样信号 $S(t)$ 的频率为 f_s，输入模拟信号 $v_I(t)$ 的最高频率分量的频率为 f_{imax}，则 f 与 f_{imax} 必须满足下面的关系：

$$f_s \geq 2f_{imax} \tag{7-6}$$

一般取 $f_s > 2f_{imax}$。

将取样电路每次取得的模拟信号转换为数字信号都需要一定时间，为了给后续的量化编码过程提供一个稳定值，每次取得的模拟信号必须通过保持电路保持一段时间。

取样与保持过程往往是通过取样-保持电路同时完成的。取样-保持电路的原理图及输出波形如图 7-5 所示。

电路由输入放大器 A_1、输出放大器 A_2、保持电容 C_H 和开关驱动电路组成。电路中要求 A_1 具有很高的输入阻抗，以减小对输入信号源的影响。为使保持阶段 C_H 上所存电荷不易泄放，A_2 也应具有较高输入阻抗，A_2 还应具有低的输出阻抗，这样可以提高电路的带负载能力。一般还要求电路中 $A_{V1}A_{V2}=1$。

现结合图 7-5 来分析取样-保持电路的工作原理。在 $t=t_0$ 时，开关 S 闭合，电容被迅速充电，由于 $A_{V1}A_{V2}=1$，所以 $v_O=v_I$，在 $t_0 \sim t_1$ 时间间隔内是取样阶段。当 $t=t_1$ 时刻，S 断

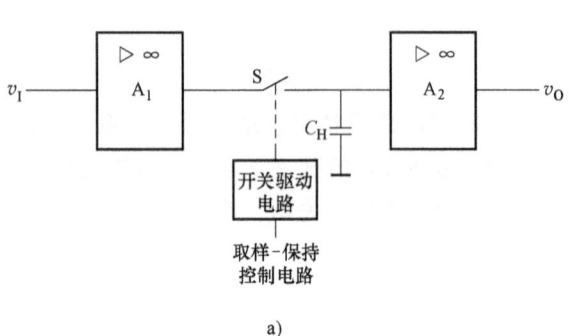
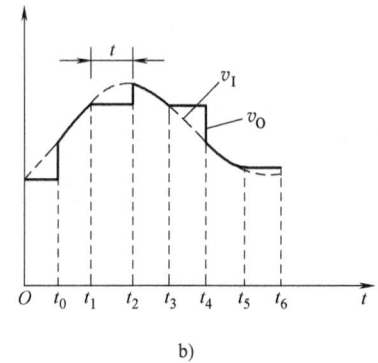

图 7-5 取样-保持电路
a) 原理图 b) 波形图

开。若 A_2 的输入阻抗为无穷大、S 为理想开关,这样就可认为电容 C_H 没有放电回路,其两端电压保持为 v_O 不变,图 7-5b 中 $t_1 \sim t_2$ 的平坦段,就是保持阶段。

2. 量化与编码

数字信号不仅在时间上是离散的,而且在幅值上也是不连续的。任何一个数字量的大小只能是某个规定的最小数量单位的整数倍。为将模拟信号转换为数字量,在 A/D 转换过程中,还必须将取样-保持电路的输出电压,按某种近似方式归化到与之相应的离散电平上。这一转化过程称为数值量化,简称量化。量化后的数值最后还须通过编码过程用一个代码表示出来。经编码后得到的代码就是 A/D 转换器输出的数字量。

量化过程中所取最小数量单位称为量化单位,用 δ 表示。它是数字信号最低位为 1 时所对应的模拟量,即 1LSB。

在量化过程中,由于取样电压不一定能被 δ 整除,所以量化前后不可避免地存在误差,此误差称之为量化误差,用 ε 表示。量化误差属原理误差,它是无法消除的。A/D 转换器的位数越多,各离散电平之间的差值越小,量化误差越小。

量化过程常采用两种近似量化方式:只舍不入量化方式和四舍五入的量化方式。以 3 位 A/D 转换器为例,设输入信号 v_I 的变化范围为 0~8V;采用只舍不入量化方式时,取 $\delta = 1V$,量化中把不足量化单位部分舍弃,如数值在 0~1V 之间的模拟电压都当作 0δ,用二进制数 000 表示,而数值在 1~2V 之间的模拟电压都当作 1δ,用二进制数 001 表示,这种量化方式的最大量化误差为 δ;采用四舍五入量化方式时,取量化单位 $\delta = 8/15V$,量化过程将不足半个量化单位部分舍弃,对于等于或大于半个量化单位部分按一个量化单位处理,如数值在 0~4/15V 之间的模拟电压都当作 0δ 对待,用二进制数 000 表示,而数值在 4/15~8/15V 之间的模拟电压均当作 1δ,用二进制数 001 表示。不难看出,采用前一种只舍不入量化方式,最大量化误差 $|\varepsilon_{max}| = 1LSB$,而采用后一种四舍五入量化方式,$|\varepsilon_{max}| = LSB/2$,后者量化误差比前者小,故为大多数 A/D 转换器所采用。

A/D 转换器的种类很多,按其工作原理分为直接 A/D 转换器和间接 A/D 转换器两类。直接 A/D 转换器可将模拟信号直接转换为数字信号,这类 A/D 转换器具有较快的转换速度,其典型电路有并行比较型 A/D 转换器、逐次比较型 A/D 转换器。而间接 A/D 转换器则是先将模拟信号转换成某一中间量(时间或频率),然后再将中间量转换为数字量输出。此类 A/D 转换器的速度较慢,典型电路是双积分型 A/D 转换器、电压频率转换型 A/D 转换器。下面介绍并行比较型 A/D 转换器和逐次比较型 A/D 转换器的电路结构及工作原理。

7.2.2 并行比较型 A/D 转换器

3 位并行比较型 A/D 转换器原理电路如图 7-6 所示。它由电阻分压器、电压比较器、寄存器及编码器组成。图 7-6 中的 8 个电阻将参考电压 V_{REF} 分成 8 个等级,其中 7 个等级的电压分别作为 7 个比较器 $C_1 \sim C_7$ 的参考电压,其数值分别为 $V_{REF}/15$,$3V_{REF}/15$,…,$13V_{REF}/15$。输入电压为 v_I,它的大小决定各比较器的输出状态。例如:当 $0 \leq v_I < V_{REF}/15$ 时,$C_1 \sim C_7$ 的输出状态都为 0;当 $3V_{REF}/15 \leq v_I < 5V_{REF}/15$ 时,比较器 C_6 和 C_7 的输出 $C_{O6} = C_{O7} = 1$,其余各比较器的状态均为 0。根据各比较器的参考电压值,可以确定输入模拟电压值与各比较器输出状态的关系。比较器的输出状态由 D 触发器存储,经优先编码器编码,得到数字量输出。优先编码器优先级别最高是 I_7,最低的是 I_1。

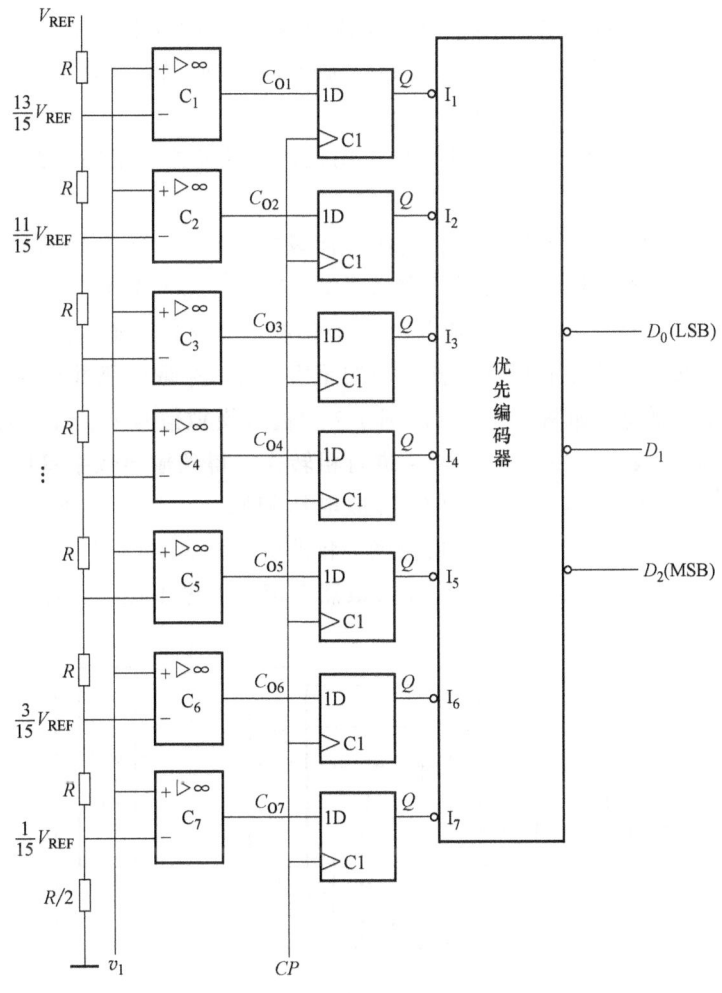

图 7-6 3 位并行 A/D 转换器

设 v_I 变化范围是 $0 \sim V_{REF}$，输出 3 位数字量为 $D_2D_1D_0$，3 位并行比较型 A/D 转换器的输入、输出关系见表 7-1。

表 7-1 3 位并行比较型 A/D 转换器输入与输出关系对照表

模拟输入	比较器输出状态							数字输出		
	C_{O1}	C_{O2}	C_{O3}	C_{O4}	C_{O5}	C_{O6}	C_{O7}	D_2	D_1	D_0
$0 \leqslant v_I < V_{REF}/15$	0	0	0	0	0	0	0	0	0	0
$V_{REF}/15 \leqslant v_I < 3V_{REF}/15$	0	0	0	0	0	0	1	0	0	1
$3V_{REF}/15 \leqslant v_I < 5V_{REF}/15$	0	0	0	0	0	1	1	0	1	0
$5V_{REF}/15 \leqslant v_I < 7V_{REF}/15$	0	0	0	0	1	1	1	0	1	1
$7V_{REF}/15 \leqslant v_I < 9V_{REF}/15$	0	0	0	1	1	1	1	1	0	0
$9V_{REF}/15 \leqslant v_I < 11V_{REF}/15$	0	0	1	1	1	1	1	1	0	1
$11V_{REF}/15 \leqslant v_I < 13V_{REF}/15$	0	1	1	1	1	1	1	1	1	0
$13V_{REF}/15 \leqslant v_I < V_{REF}$	1	1	1	1	1	1	1	1	1	1

在并行 A/D 转换器中，输入电压 v_I 同时加到所有比较器的输入端，从 v_I 加入到 3 位数字量稳定输出所经历的时间为比较器、D 触发器和编码器延迟时间之和。若不考虑上述器件的延迟，可认为 3 位数字量是与 v_I 输入时刻同时获得的。所以它具有最短的转换时间。

并行 A/D 转换器具有如下的特点：

1）由于转换是并行的，其转换时间只受比较器、触发器和编码电路延迟时间的限制，所以转换速度最快。

2）随着分辨率的提高，元器件数目要按几何级数增加。一个 n 位转换器，所用比较器的个数为 2^n-1，如 8 位的并行 A/D 转换器就需要 $2^8-1=255$ 个比较器。由于位数越多，电路越复杂，所以制成分辨率较高的集成并行 A/D 转换器是比较困难的。

3）为了解决提高分辨率和增加元器件数的矛盾，可以采取分级并行转换的方法。10 位分级并行 A/D 转换原理图如图 7-7 所示。图 7-7 中输入模拟信号 v_I，经取样-保持电路后分两路，一路先经第一级 5 位并行 A/D 转换进行粗转换，得到输出数字量的高 5 位，另一路送至减法器，与高 5 位 D/A 转换得到的模拟电压相减。由于相减所得到差值电压小于 $1V_{LSB}$，为保证第二级 A/D 转换器的转换精度，将差值放大 $2^5=32$ 倍，送第二级 5 位并行比较 A/D 转换器，得到低 5 位输出。这种方法虽然在速度上做了牺牲，却使元器件数大为减

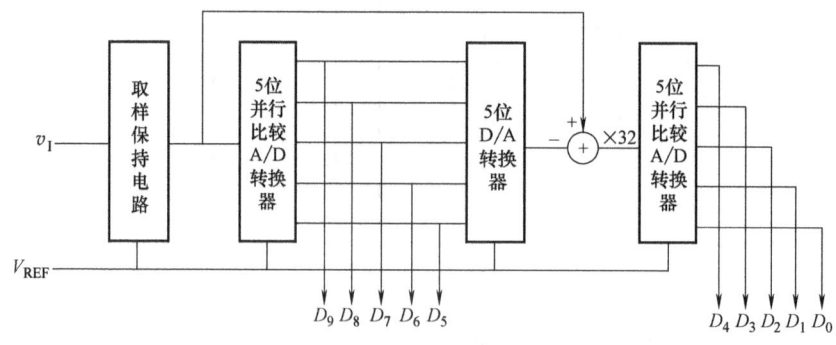

图 7-7 分级并行转换 10 位 A/D 转换器

少，在需要兼顾分辨率和速度的情况下常被采用。

7.2.3 逐次比较型 A/D 转换器

逐次比较型 A/D 转换器转换原理如下。

在直接 A/D 转换器中，逐次比较型 A/D 转换器是目前采用最多的一种。逐次逼近转换过程与用天平称物重非常相似。天平称重过程是，从最重的砝码开始试放，与被称物体进行比较，若物体重于砝码，则该砝码保留，否则移去。再加上第二个次重砝码，由物体的重量是否大于砝码的重量决定第二个砝码是留下还是移去。照此一直加到最小一个砝码为止。将所有留下的砝码重量相加，就得物体重量。仿照这一思路，逐次比较型 A/D 转换器，就是将输入模拟信号与不同的参考电压做多次比较，使转换所得的数字量在数值上逐次逼近输入模拟量对应值。

n 位逐次比较型 A/D 转换器框图如图 7-8 所示。它由控制逻辑电路、数据寄存器、移位寄存器、D/A 转换器及电压比较器组成，其工作原理如下：电路由启动脉冲启动后，在第一个时钟脉冲作用下，控制电路使移位寄存器的最高位置 1，其他位置 0，其输出经数据寄存器将 1000,$\cdots$,0 送入 D/A 转换器。输入电压首先与 D/A 转换器输出电压（$V_{REF}/2$）相比较，如 $v_I \geq V_{REF}/2$，比较器输出为 1，若 $v_I < V_{REF}/2$，则为 0。比较结果存于数据寄存器的 D_{n-1} 位。然后在第二个 CP 作用下，移位寄存器的次高位置 1，其他低位置 0。若最高位已存 1，则此 $v_O' = (3/4)V_{REF}$。于是 v_I 再与 $(3/4)V_{REF}$ 相比较，若 $v_I \geq (3/4)V_{REF}$，则次高位 D_{n-2} 存 1，否则 $D_{n-2} = 0$；若最高位为 0，则 $v_O' = V_{REF}/4$，v_I 与 v_O' 比较，若 $v_I \geq V_{REF}/4$，则 D_{n-2} 位存 1，否则存 0。依此类推，逐次比较得到输出数字量。

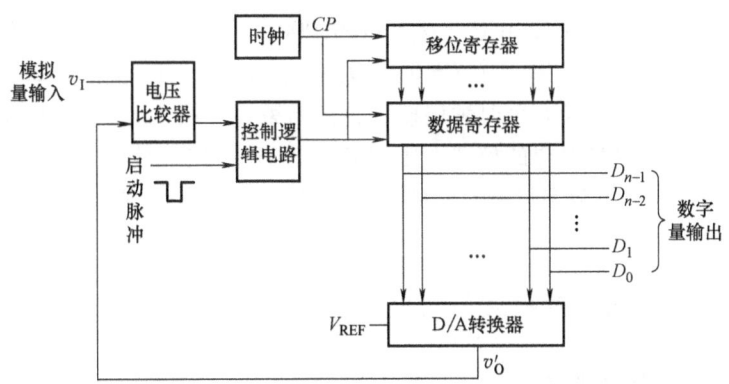

图 7-8 n 位逐次比较型 A/D 转换器框图

为进一步理解逐次比较型 A/D 转换器的工作原理及转换过程，下面用实例加以说明。

设图 7-8 电路为 8 位 A/D 转换器，输入模拟量 $v_I = v_A = 6.84V$，D/A 转换器基准电压 $V_{REF} = -10V$。

根据逐次比较型 A/D 转换器的工作原理，可画出在转换过程中 CP、启动脉冲、$D_7 \sim D_0$ 及 D/A 转换器输出电压 v_O' 的波形，如图 7-9 所示。

由图 7-9 可见，当启动脉冲低电平到来后转换开始。在第一个 CP 作用下，数据寄存器将 $D_7 \sim D_0 = 10000000$ 送入 D/A 转换器，其输出电压 $v_O' = 5V$，v_A 与 v_O' 比较，$v_A > v_O'$，D_7 存

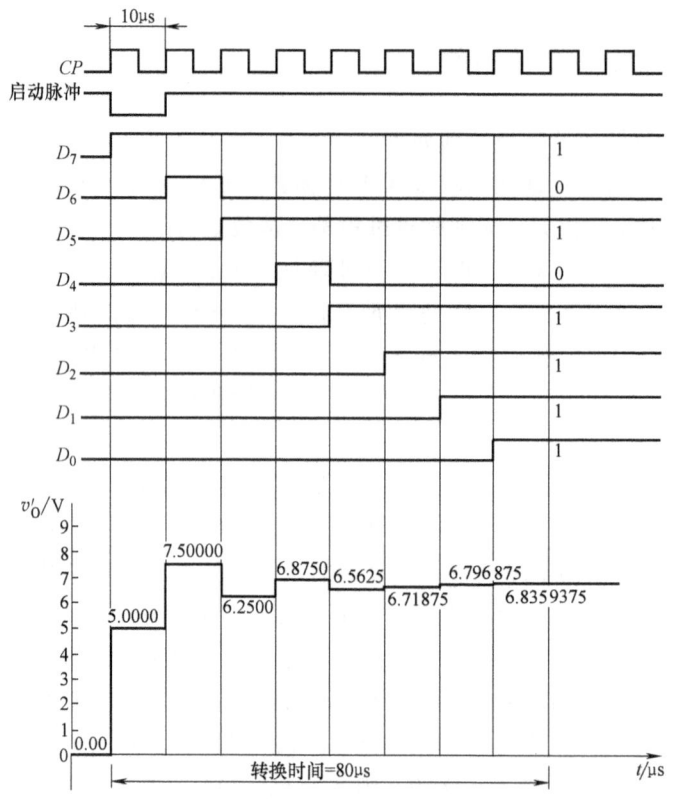

图 7-9 8 位逐次比较型 A/D 转换器波形图

1；第二个 CP 到来时，寄存器输出 $D_7 \sim D_0 = 11000000$，$v'_O = 7.5\text{V}$，v_A 再与 7.5V 比较，因为 $v_A < 7.5\text{V}$，所以 D_6 存 0；输入第三个 CP 时，$D_7 \sim D_0 = 10100000$，$v'_O = 6.25\text{V}$；v_A 再与 v'_O 比较……如此重复比较下去，经 8 个时钟周期，转换结束。由图 7-9 中 v'_O 的波形可见，在逐次比较过程中，与输出数字量对应的模拟电压 v'_O 逐渐逼近 v_A 值，最后得到 A/D 转换器转换结果 $D_7 \sim D_0$ 为 10101111。该数字量所对应的模拟电压为 6.8359375V，与实际输入的模拟电压 6.84 的相对误差仅为 0.06%。

7.2.4 A/D 转换器的转换精度与转换速度

1. A/D 转换器的转换精度

在单片集成的 A/D 转换器中也采用分辨率（又称分解度）和转换误差来描述转换精度。

分辨率以输出二进制数或十进制数的位数表示，它说明 A/D 转换器对输入信号的分辨能力。从理论上讲，n 位二进制数字输出的 A/D 转换器应能区分输入模拟电压的 2^n 个不同等级大小，能区分输入电压的最小差异为 $\text{FSR}/2^n$（满量程输入的 $1/2^n$），所以分辨率所表示的是 A/D 转换器在理论上能达到的精度。例如，A/D 转换器的输出为 10 位二进制数，最大输入信号为 5V，那么这个转换器的输出应能区分出输入信号的最小差异为 $5\text{V}/2^{10} = 4.88\text{mV}$。

转换误差通常以输出误差最大值的形式给出，它表示实际输出的数字量和理论上应有的输出数字量之间的差别,一般多以最低有效位的倍数给出。例如,给出转换误差<±LSB/2,这就表明实际输出的数字量和理论上应得到的输出数字量之间的误差小于最低有效位的半个字。

有时也用满量程输出的百分数给出转换误差。例如,A/D 转换器的输出为十进制的 $3\frac{1}{2}$ 位(即所谓三位半),转换误差为±0.005%FSR,则满量程输出为1999,最大输出误差小于最低位的1。

通常单片集成 A/D 转换器的转换误差已经综合地反映了电路内部各个元器件及单元电路偏差对转换精度的影响,所以无须再分别讨论这些因素各自对转换精度的影响了。

还应指出,手册上给出的转换精度都是在一定的电源电压和环境温度下得到的数据。如果这些条件改变了,将引起附加的转换误差。例如,10 位二进制输出的 A/D 转换器 AD571 在室温(+25℃)和标准电源电压($V_+ = +5V$、$V_- = -15V$)下转换误差≤±LSB/2,而当环境温度从0℃变到70℃时,可能产生±1LSB 的附加误差。如果正电源电压在+4.5~+5.5V 范围内变化,或者负电源电压在-16~-13.5V 范围内变化时,最大的转换误差可达±2LSB。因此,为获得较高的转换精度,必须保证供电电源有很好的稳定度,并限制环境温度的变化。对于那些需要外加参考电压的 A/D 转换器,尤其需要保证参考电压应有的稳定度。

2. A/D 转换器的转换速度

A/D 转换器的转换速度主要取决于转换电路的类型,不同类型 A/D 转换器的转换速度相差甚为悬殊。

并联比较型 A/D 转换器的转换速度最快。例如,8 位二进制输出的单片集成 A/D 转换器转换时间可以缩短至 50ns 以内。

逐次渐近型 A/D 转换器的转换速度次之。多数产品的转换时间都在 10~100μs 之间。个别速度较快的 8 位 A/D 转换器转换时间可以不超过 1μs。

相比之下间接 A/D 转换器的转换速度要低得多了。目前使用的双积分型 A/D 转换器转换时间多在数十毫秒至数百毫秒之间。

此外,在组成高速 A/D 转换器时还应将取样-保持电路的获取时间(即取样信号稳定地建立起来所需要的时间)计入转换时间之内。一般单片集成取样-保持电路的获取时间在几微秒的数量级,与所选定的保持电容的电容量大小很有关系。

7.3 D/A 和 A/D 转换器在汽车电路中的应用

7.3.1 汽车电子仪表显示系统

D/A 和 A/D 转换器在汽车上的应用很多,如汽车各个微型计算机控制系统及汽车电子仪表及显示等。典型的汽车电子仪表及显示系统如图 7-10 所示。其终端显示包括仪表显示、模拟显示、警告灯亮灭显示及七段显示。

该系统具有 6 个模拟传感器,其输出信号经 A/D 转换器转换成 8 位数码后,由信号转换开关输送给微处理器,经微型计算机处理后,再以 8 位数码或开关信号形式,由信号分离

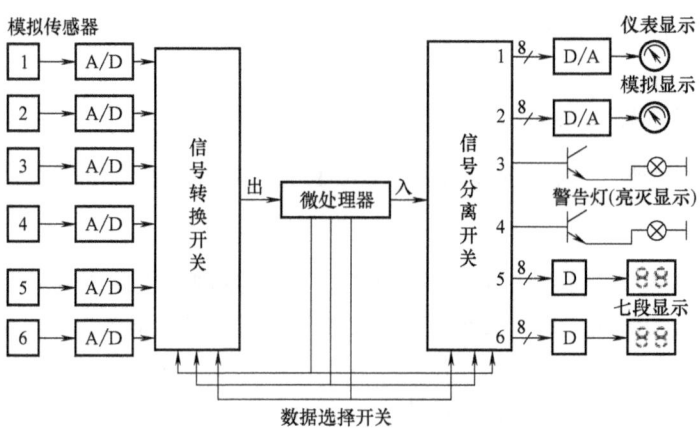

图 7-10 汽车电子仪表及显示系统

开关输出,需要模拟量显示时还需将数字信号经 D/A 转换器转换,以驱动相应的显示装置。它有 6 个显示装置,有仪表、灯光、数字三种显示方式。基本显示有电压、速度、燃油、里程以及水温、油压等各种报警装置等,整个系统由微型计算机控制。

7.3.2 发动机电子控制单元

电子控制单元的功能是采集和处理各种传感器的输入信号,根据发动机工作的要求(喷油脉宽、点火提前角等),进行控制决策的运算,并输出相应的控制信号,控制执行器工作。当前电控发动机中除了控制喷油外,还控制点火、排气再循环(EGR)、怠速等,由于共用一个 ECU 对发动机进行综合控制,所以也被称为发动机管理系统。ECU 主要由输入电路、A/D 转换器、微处理器和输出电路组成,如图 7-11 所示。

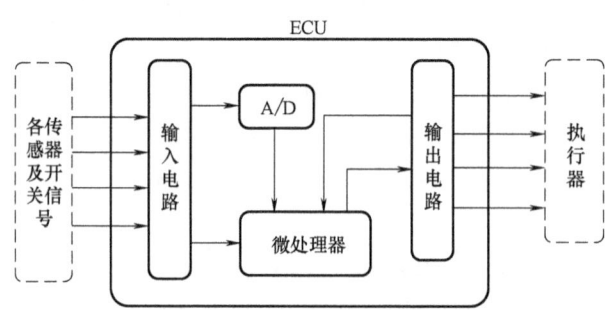

图 7-11 电子控制单元(ECU)的组成

从传感器来的信号,首先进入输入电路。输入电路会对输入信号进行预处理,一般是去除杂波和把正弦波变为矩形波后,再转换成电压信号。另外,输入电路还向传感器提供稳定的电源,确保各传感器正常工作。

从传感器送出的信号有相当一部分是模拟信号,经输入电路处理后,虽已变成相应的电压信号,但这些信号还不能被微处理器直接处理,需经过相应的 A/D 转换器,将模拟信号转换成数字信号后再输入微处理器。

微处理器是发动机电子控制的中心,它能根据需要把各种传感器送来的信号,用内存程序和数据进行运算处理,并把处理结果送往输出电路。微处理器主要由中央处理器(CPU)、存储器、输入/输出接口(I/O)等组成。

输出电路是微处理器与执行器之间建立联系的一部分装置,它将微处理器发出的指令转变成控制信号来驱动执行器工作。由于微处理器输出的电信号较弱,不能直接控制执行器。所以,输出电路中大多采用由大功率晶体管组成的输出驱动器,由计算机输出信号控制晶体管的导通与截止,从而控制执行器的搭铁回路。因此,输出电路一般起着控制信号的生成和放大等作用。

习 题

一、填空题

1. D/A 电路的作用是将_____量转换成_____量。A/D 电路的作用是将_____量转换成_____量。
2. _____与_____是衡量 A/D 与 D/A 转换器的重要技术指标。
3. D/A 转换器按解码网络结构不同分为_____D/A 转换器、_____D/A 转换器、_____D/A 转换器及_____D/A 转换器等。
4. 按模拟电子开关电路的不同,D/A 转换器又可分为_____和_____D/A 转换器。
5. D/A 转换器的主要技术指标有_____、_____和温度特性等。
6. 为将时间连续、幅值也连续的模拟量转换为时间离散、幅值也离散的数字信号,A/D 转换一般要经过_____、_____、_____及_____四个过程。
7. 量化过程常采用两种近似量化方式:_____量化方式和_____的量化方式。
8. A/D 转换器的种类很多,按其工作原理不同分为_____和_____两类。

二、选择题

1. A/D 的转换精度取决于( )。
   A. 分辨率 B. 转换速度 C. 分辨率和转换速度
2. 对于 n 位 D/A 转换器的分辨率来说,可表示为( )。
   A. $\dfrac{1}{2^n}$ B. $\dfrac{1}{2^{n-1}}$ C. $\dfrac{1}{2^n-1}$
3. 采样保持电路中,采样信号的频率 f_s 和原信号中最高频率成分 $f_{i\max}$ 之间的关系是必须满足( )。
   A. $f_s \geqslant 2f_{i\max}$ B. $f_s < f_{i\max}$ C. $f_s = f_{i\max}$
4. 如果 $u_I = 0 \sim 10\text{V}$,$U_{i\max} = 1\text{V}$,若用 A/D 转换器电路将它转换成 $n=3$ 的二进制数,采用四舍五入量化法的最大量化误差为( )V。
   A. 1/15 B. 1/8 C. 1/4

三、计算分析题

1. 在图 7-2 给出的倒 T 形电阻网络 D/A 转换器中,已知 $V_{REF} = -8\text{V}$,$R_f = R$,试计算当 D_3、D_2、D_1、D_0 每一位输入代码分别为 1 时在输出端所产生的模拟电压值。

2. 在图 7-12 所示的倒 T 形电阻网络的单片集成 D/A 转换器 CB7520 中，已知 $V_{REF}=-10V$，$R_F=R$，试计算当输入数字量从全 0 变到全 1 时输出电压的变化范围。如果想把输出的电压的变化范围缩小一半，可以采取哪些方法？

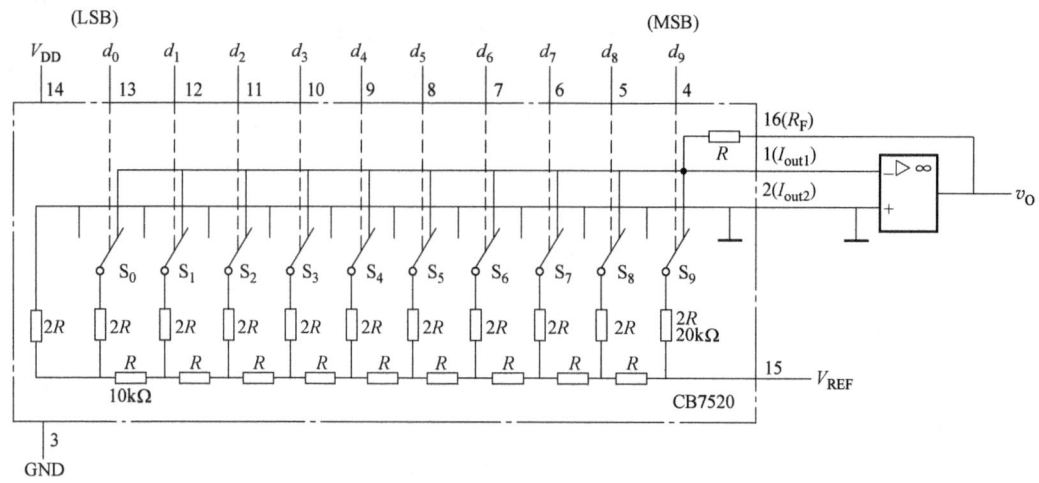

图 7-12 计算分析题 2 电路

3. 图 7-13 所示的电路是用 D/A 转换器 CB7520（CB7520 内部结构如图 7-12 所示）和运算放大器构成的增益可编程放大器，它的电压放大倍数 $A_u=\dfrac{v_O}{v_I}$，由输入数字量的 $D(d_9 \sim d_0)$ 来设定。试写出 A_v 的计算公式，并说明 A_v 的取值范围。

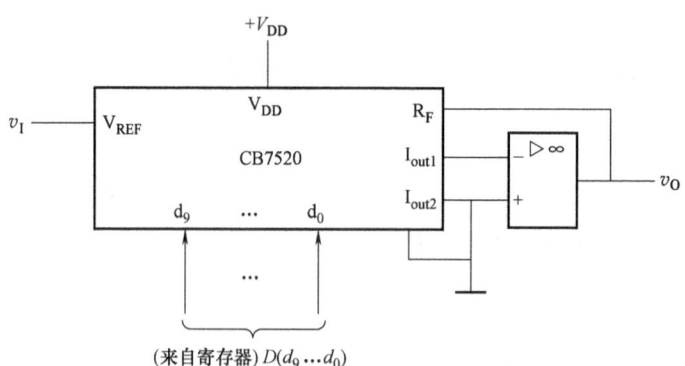

图 7-13 计算分析题 3 电路

第8章

电子技术基础实验

Multisim14 是一种专门用于电路仿真和设计的软件之一，是 NI 公司下属的 ElectroNIcs Workbench Group 推出的以 Windows 为基础的仿真工具，是目前最为流行的 EDA 软件之一。该软件基于 PC 平台，采用图形操作界面虚拟仿真了一个与实际情况非常相似的电子电路实验工作台，几乎可以完成在实验室进行的所有电子电路实验，已被广泛地应用于电子电路分析、设计、仿真等各项工作中。

8.1 晶体管共射极单管放大器

8.1.1 实验目的

1) 掌握分压式偏置共射放大电路的静态分析，静态工作点 I_B、I_C 和 U_{CE} 的计算和测量方法。

2) 掌握分压式偏置共射放大电路的动态分析，电压放大倍数 A_u、输入电阻 r_i、输出电阻 r_o 的计算和测量方法。

3) 掌握分压式偏置放大电路的输出电压与输入电压的相位关系。

8.1.2 实验内容

单管放大电路是由单个晶体管构成的放大电路，分为共射、共集和共基三种结构。每种电路都有自己的特点和用途。共射放大电路的电压放大倍数高，是常用的电压放大器；共集放大电路（也称为射极输出器）输入电阻高、输出电阻低、带负载能力强，常用于多级放大电路的输入级和输出级；共基放大电路频带宽、高频性能好，在高频放大器中十分常见。

本实验测量分压偏置共射放大电路静态值 I_B、I_C、I_E、V_B、V_C、V_E 和 U_{CE}，以及动态值 A_u、r_i、r_o。

8.1.3 实验步骤

1. 选择标准

Multisim 14 允许用户在电路窗口中使用美国标准或欧洲标准的符号（多数与我国国家标准的符号表示不一致）。选择"Options"→"Global Options"→"Components"命令，系统弹出"Global Options"对话框。在"Symbol standard"选项组内选择，其中 ANSI 为美国标准，IEC 为欧洲标准。本实验选取 IEC 60617，如图 8-1 所示。

2. 搭建单管共射放大器实验电路

在 Multisim 14 中搭建单管共射放大器实验电路，如图 8-2 所示。

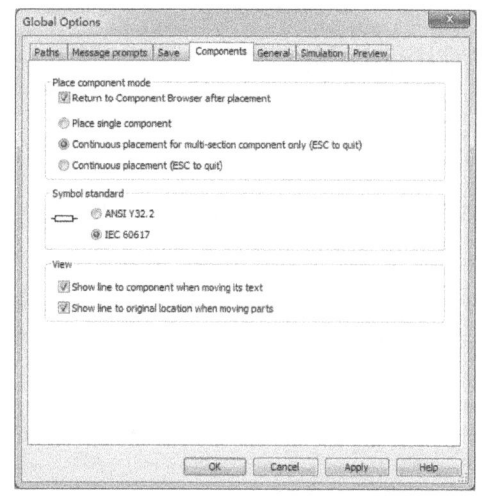

图 8-1 "Global Options" 对话框

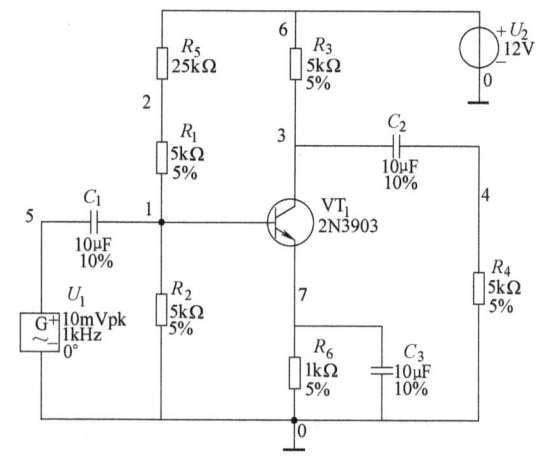

图 8-2 单管共射放大器实验电路

3. 单管共射放大电路的静态分析

静态是当放大电路没有输入信号时的工作状态。静态分析要确定放大电路的静态值（直流值）I_B、I_C 和 U_{CE}，放大电路的质量与其静态值的关系很大。

1) 计算图 8-2 单管共射放大器电路的静态工作点值 I_B、I_C、I_E、V_B、V_C、V_E 和 U_{CE}，其中晶体管 2N3903 的电流放大系数 $\beta=70$；将静态工作点理论计算值记录在表 8-1 中。

2) 在电路中，使用电流探针和数字万用表测量电路中的 I_B、I_C、I_E、V_B、V_C、V_E 和 U_{CE}，如图 8-3 所示，将静态工作点实际测量值记录在表 8-1 中。

4. 单管共射放大器实验电路的动态分析

动态分析是要确定放大电路的电压放大倍数 A_u、输入电阻 r_I、输出电阻 r_O 等。

1) 计算图 8-2 单管共射放大器电路的电压放大倍数 A_u、输入电阻 r_I、输出电阻 r_O，理论计算值记录在表 8-2 中。

2) 确定电压放大倍数 A_u。对实验电路的输出结点 4 做交流扫描分析（AC Sweep），得到图 8-4 所示的频率响应特性。按下图形显示窗口中的显示光标按钮，显示两个可移动的游标。并打开说明窗口，得到幅频特性的测量数据。其中，Magnitude 轴对应的最大值为电压放大倍数 A_u，将实测电压放大倍数 A_u 数据记录在表 8-2 中。

3) 确定输入电阻 r_I 和输出电阻 r_O。利用 Multisim 14 提供的传递函数（Transfer Function）分析功能，方便快速地确定输入和输出电阻。在本实验电路中，在将 C_1 用短路线替代后，选择输入信号源为 U_1、输出变量为 3 号结点电压，得到图 8-5 所示的传递函数分析结果。其中，第二行的值为电路的输入电阻，第三行的值为电路的输出电阻。Multisim 中的晶体管采用 SPICE 参数模型，与微变等效电路不同。本次实验电路的实际输入电阻 r_I 为 Multisim 中测得的输入电阻与 r_{be} 的并联值。将输入 r_I 和输出电阻 r_O 数据记录在表 8-2 中。

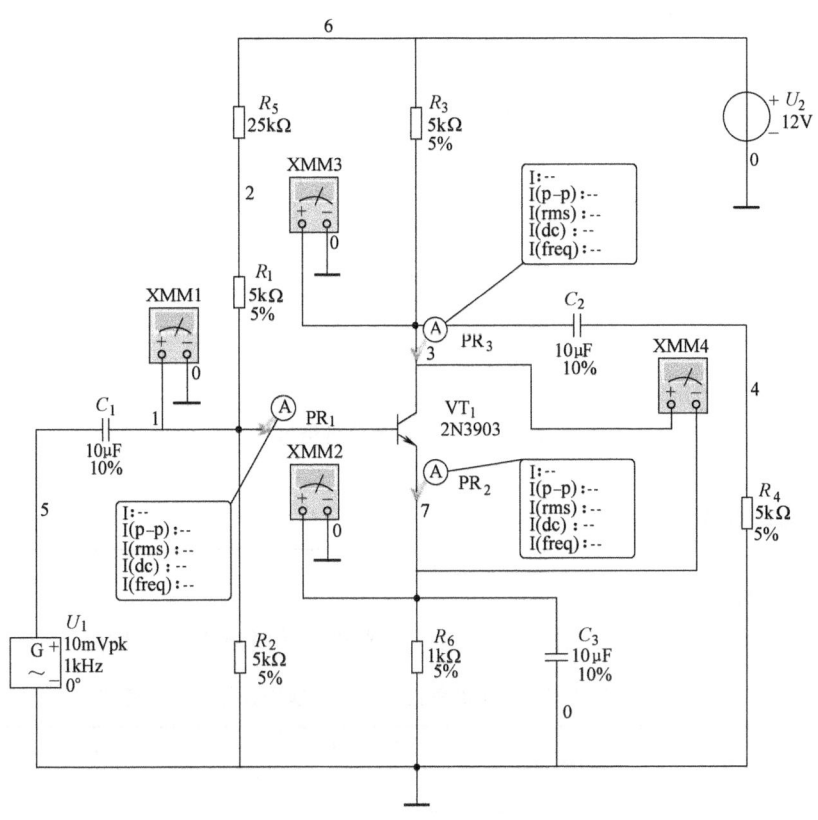

图 8-3 静态工作点的测量

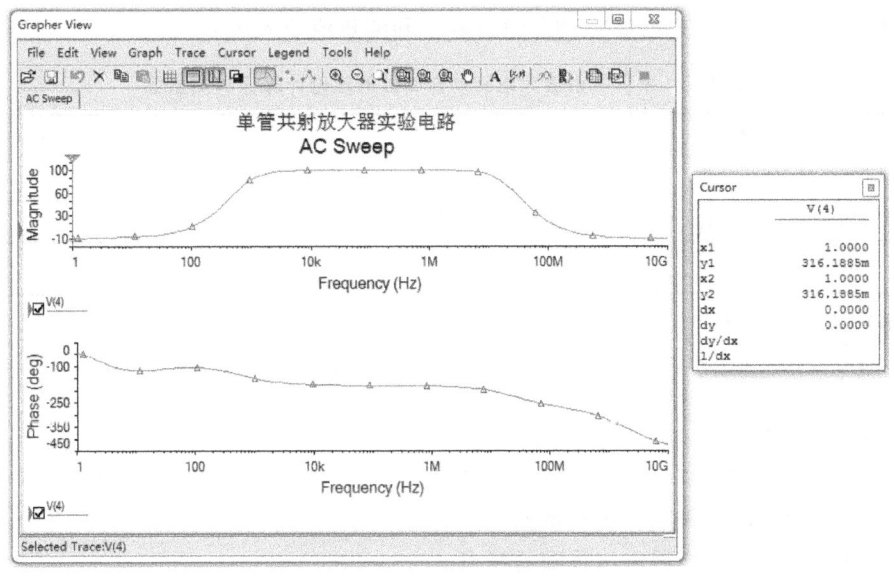

图 8-4 确定电压放大倍数

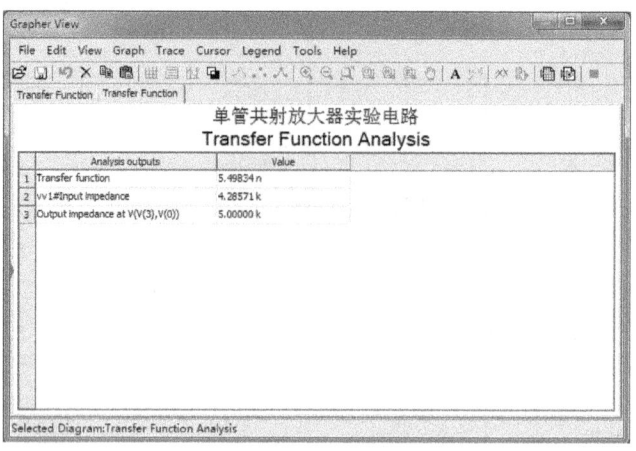

图 8-5 传递函数分析结果

8.1.4 实验结果记录

1. 静态分析数据记录

将单管共射放大电路静态工作点的理论计算值和测量值填入表 8-1 中。

表 8-1 单管共射放大电路静态工作点的理论计算值和测量值

名称	I_B	I_C	I_E	V_B	V_C	V_E	U_{CE}
理论计算值							
实际测量值							

2. 动态分析数据记录

将单管共射放大电路动态参数的理论计算值和测量值填入表 8-2 中。

表 8-2 单管共射放大电路动态参数的理论计算值和测量值

名称	A_u	r_I	r_O
理论计算值			
实际测量值			

8.2 射极输出器

8.2.1 实验目的

1) 掌握射极输出器的特性及测试方法。

2) 加深理解射极输出器电压跟随的特点。

3) 进一步学习放大器静态工作点、电压放大倍数、输入电阻、输出电阻的仿真和测试方法。

8.2.2 实验内容

共集电极放大电路（射极输出器）的特点：电压增益小于1，但接近1；输入电阻高，输出电阻低；输出电压与输入电压同相。利用其特点，可用于多级放大电路的输入级，减轻信号源的负担；作为输出级，提高带负载能力。

本实验测量射极输出器静态值 I_B、I_C、I_E、V_B、V_C、V_E 和 U_{CE}，以及动态值 A_u、r_I、r_O。

8.2.3 实验步骤

1. 选择标准

Multisim 14 允许用户在电路窗口中使用美国标准或欧洲标准的符号。选择 "Options" → "Global Options" → "Components" 命令，系统弹出 "Global Options" 对话框。在 "Symbol standard" 选项组内选择，其中 ANSI 为美国标准，IEC 为欧洲标准。本实验选取 ANSI Y32.2，如图 8-6 所示。

2. 在 Multisim 14 中搭建射极输出器实验电路

在 Multisim 14 中搭建射极输出器实验电路如图 8-7 所示。

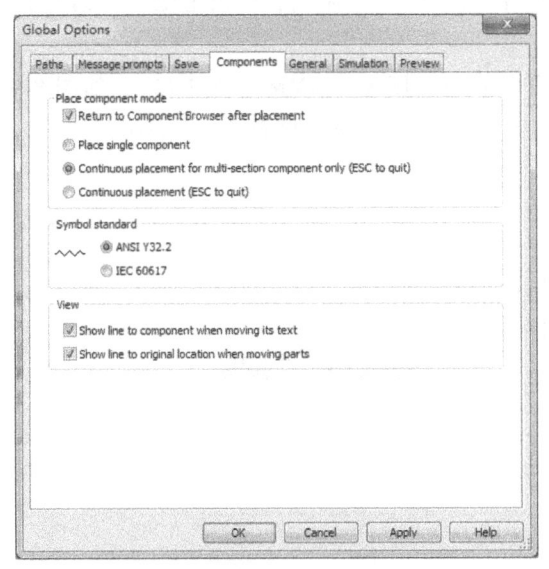

图 8-6 "Global Options" 对话框

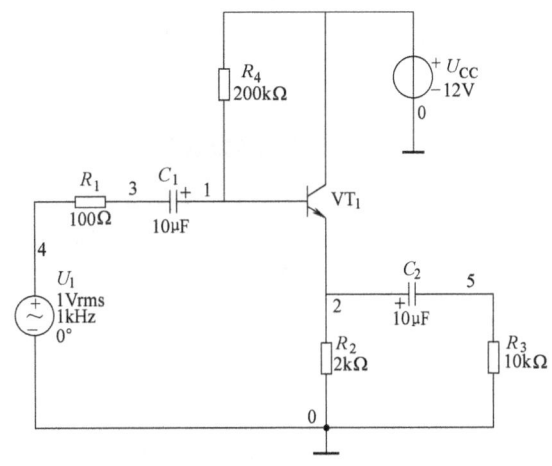

图 8-7 射极输出器实验电路

3. 射极输出器实验电路的静态分析

静态是当放大电路没有输入信号时的工作状态；静态分析要确定放大电路的静态值（直流值）I_B、I_C 和 U_{CE}。

1）理论计算图 8-7 射极输出器电路的静态工作点值 I_B、I_C、I_E、V_B、V_C、V_E 和 U_{CE}，其中晶体管 VT_1 的电流放大系数 $\beta=60$；将静态工作点理论计算值记录在表 8-3 中。

2）搭建静态测量电路，设置电流放大系数 $\beta=60$，如图 8-8 所示。测量晶体管三个极的

点位 V_B、V_C、V_E，以及各极电流 I_B、I_C、I_E，并得 $U_{BE}=V_B-V_E$、$U_{CE}=V_C-V_E$。将静态工作点实际测量值记录在表 8-3 中。

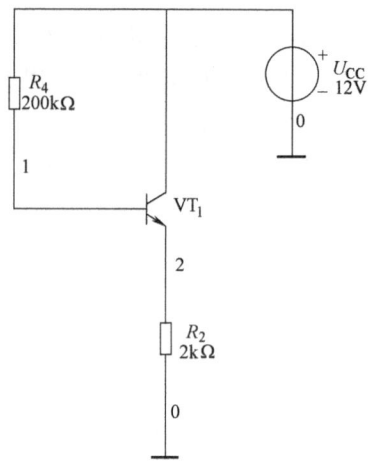

图 8-8 静态工作点的测量

4. 射极输出器实验电路的动态分析

动态分析是要确定放大电路的电压放大倍数 A_u、输入电阻 r_I、输出电阻 r_O 等。

1）理论计算图 8-7 射极输出器的电压放大倍数 A_u、输入电阻 r_I、输出电阻 r_O，理论计算值记录在表 8-4 中。

2）确定电压放大倍数 A_u。在电路中添加两个数字万用表（XMM1、XMM2），如图 8-9 所示。测量输入电压 U_I 和输出电压 U_O 有效值，即可得出电压放大倍数 $A_u=U_O/U_I$。

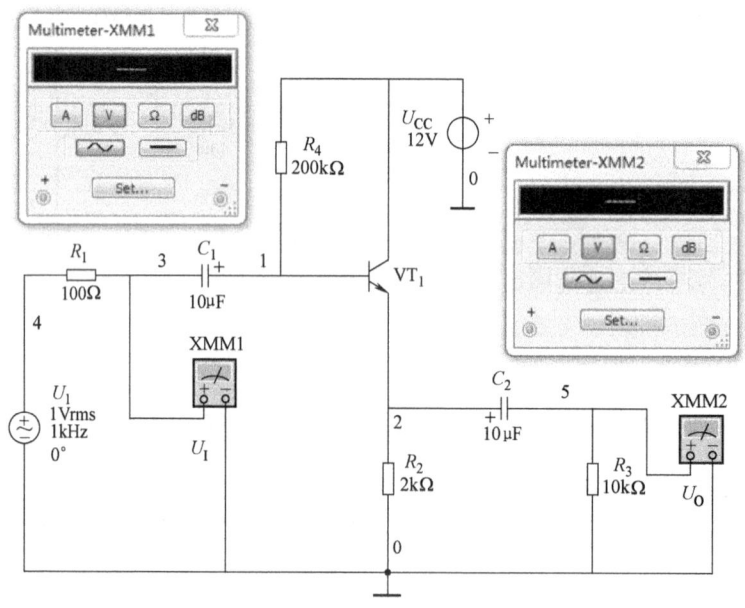

图 8-9 确定电压放大倍数 A_u

3）确定输入电阻 r_I 和输出电阻 r_O。

① 确定输入电阻 r_I。在电路中添加两个数字万用表（XMM1、XMM2），如图 8-10 所示。测量输入电压 U_I 和输入电流 I_I 有效值，即可得出输入电阻 $r_I = U_I/I_I$。

②确定输出电阻 r_O。在电路中用数字万用表先测出空载输出电压 U_O，如图 8-11 所示；再测出接入负载 R_3 后的输出电压 U_L，如图 8-12 所示。则可求出输出电阻

$$r_O = \frac{U_O - U_L}{U_L} R_L$$

③ 将输入电阻 r_I 和输出电阻 r_O 数据记录在表 8-4 中。

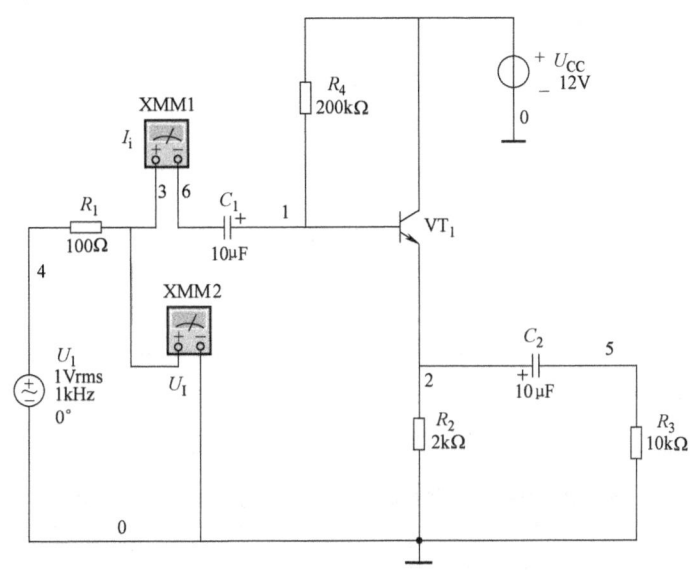

图 8-10　确定输入电阻 r_I

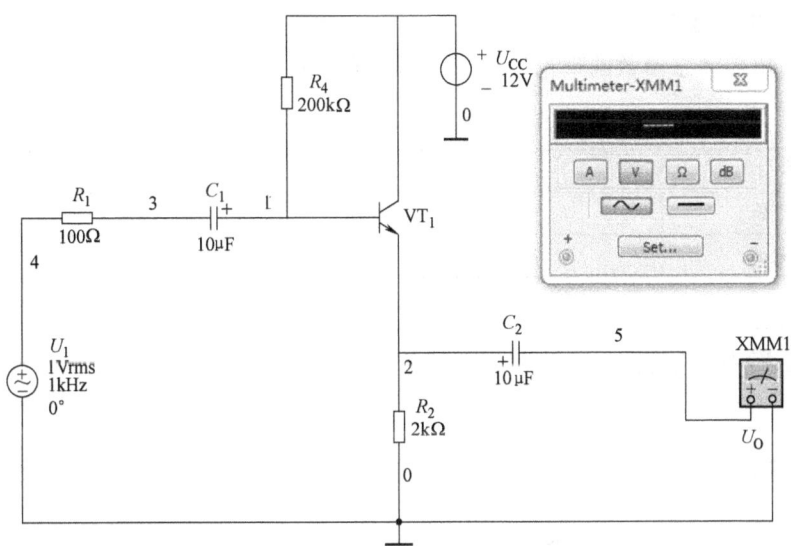

图 8-11　测量空载输出电压 U_O

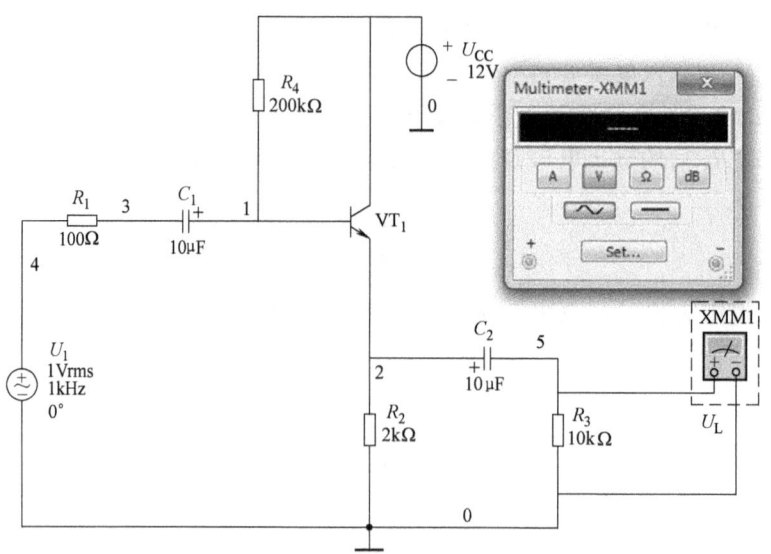

图 8-12 测量负载输出电压 U_L

8.2.4 实验结果记录

1. 静态分析数据记录

将射极输出器静态工作点的理论计算值和测量值填入表 8-3。

表 8-3 射极输出器静态工作点的理论计算值和测量值

名称	I_B	I_C	I_E	V_B	V_C	V_E	U_{CE}
理论计算值							
实际测量值							

2. 动态分析数据记录

将射极输出器动态参数的理论计算值和测量值填入表 8-4 中。

表 8-4 射极输出器动态参数的理论计算值和测量值

名称	A_u	r_i	r_o
理论计算值			
实际测量值			

8.3 直流稳压电源

8.3.1 实验目的

1）掌握直流稳压电源的构成。

2）掌握整流、滤波、稳压电路的原理和分析方法。

3) 进一步熟悉常用电子仪器的使用方法。

8.3.2 实验内容

直流稳压电源可以由干电池、蓄电池或直流发电机构成,但大部分情况下是将工频交流电转换成直流电压,其电路组成包括变压、整流、滤波和稳压四部分。其中,电源变压器将工频交流电变换成符合要求的交流电压;整流电路则将交流电压变换为单向脉动电压,通常由二极管或晶闸管构成,目前常用的是桥式整流电路;滤波电路可以减小整流电压的脉动程度,通常由电容或电感构成具有低通特性的滤波电路;稳压电路则进一步减小直流电压的脉动程度,并确保在交流电源电压波动或负载变化时,输出的直流电压稳定。

本实验搭建直流稳压电源,测量整流输出电压波形,电容滤波输出电压波形,稳压电路的输入、输出电压波形;并测量整流输出电压值、电容滤波输出电压值以及稳压电路输出电压值。

8.3.3 实验步骤

1. 整流电路实验

1) 在 Multisim 14 中搭建桥式整流电路,如图 8-13 所示。

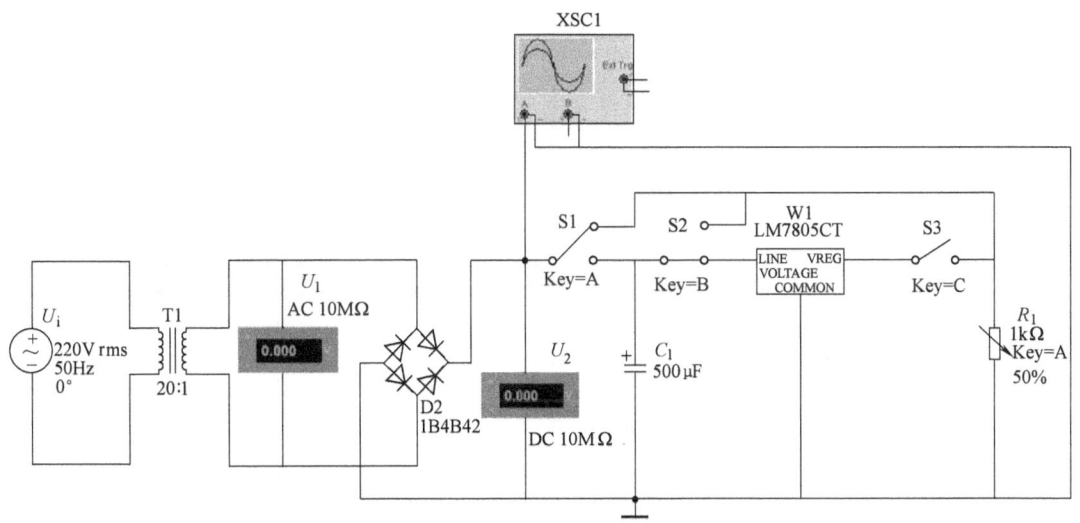

图 8-13 桥式整流电路

2) 将开关 S_1、S_2、S_3 打到图 8-13 所示位置,读取电压表 U_1、U_2 电压值,将测得电压值记录到表 8-5 中。

3) 双击示波器 XSC1,观察桥式整流输出电压波形。

2. 滤波电路实验

1) 在 Multisim 14 中搭建电容滤波电路,如图 8-14 所示。

2) 将开关 S1、S2、S3 打到图 8-14 所示位置。

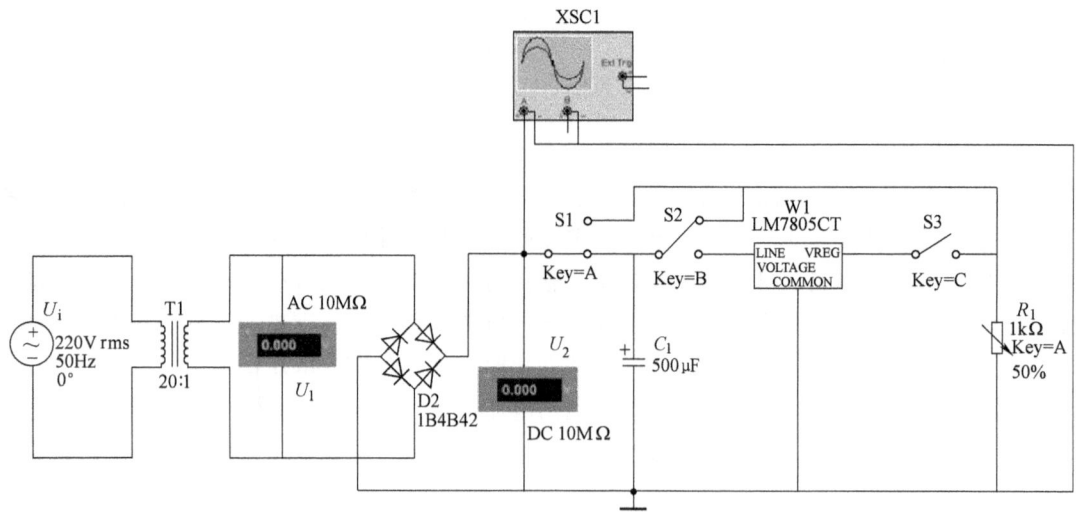

图 8-14 电容滤波电路

3) 双击示波器 XSC1，观察电容滤波输出电压波形。

3. 稳压电路实验

1) 在 Multisim 14 中搭建稳压电路，如图 8-15 所示。

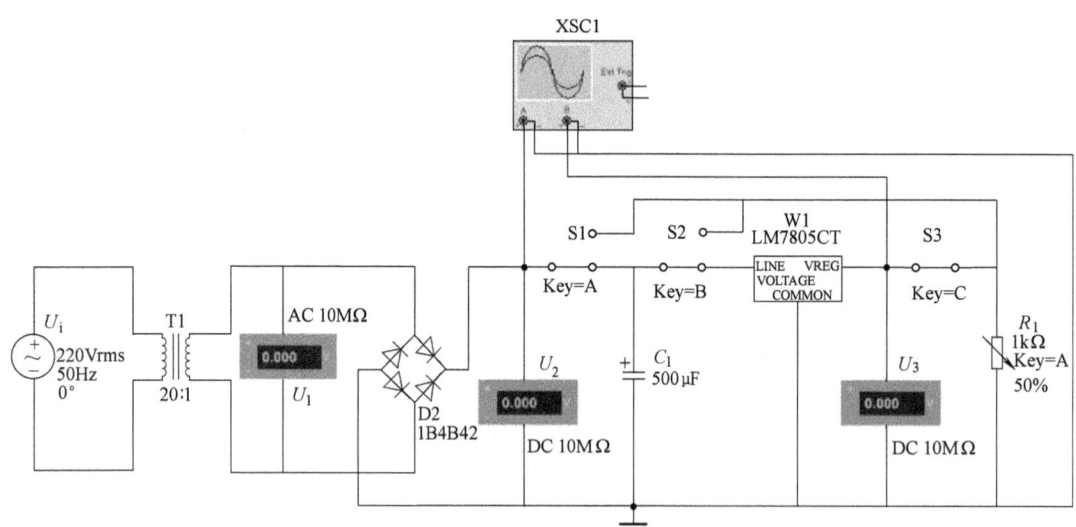

图 8-15 稳压电路

2) 将开关 S1、S2、S3 打到图 8-15 所示位置，读取电压表 U_1、U_2、U_3 电压值，将测得电压值记录到表 8-7 中。

3) 双击示波器 XSC1，观察稳压电路的输入输出电压波形。

8.3.4　实验结果记录

1) 将桥式整流输出电压波形，电容滤波输出电压波形，稳压电路的输入、输出电压波形，粘贴至实验报告中。

2）数据记录。将桥式整流电路、电容滤波电路、稳压电路的理论计算值和实际测量值分别填入表 8-5、表 8-6 和表 8-7 中。

表 8-5　桥式整流电路的理论计算值和实际测量值

名称	二次电压 U_1	整流电压 U_2
理论计算值		
实际测量值		

表 8-6　电容滤波电路的理论计算值和实际测量值

名称	二次电压 U_1	整流滤波电压 U_2
理论计算值		
实际测量值		

表 8-7　稳压电路的理论计算值和实际测量值

名称	二次电压 U_1	整流滤波电压 U_2	稳压输出电压 U_3
理论计算值			
实际测量值			

8.4　集成运算放大器的基本应用

8.4.1　实验目的

1）掌握由集成运算放大器组成的比例、加法、减法和积分等基本运算电路的功能。
2）掌握运算放大器在实际应用时应注意的问题。

8.4.2　实验内容

集成运算放大器是应用十分广泛的模拟集成器件，具有高增益、高输入阻抗、低输出阻抗、高共模抑制比等特点。

运算放大器在加负反馈时工作于线性放大状态，广泛应用于信号的放大、叠加、微分、积分和滤波等（负反馈会降低放大倍数，但可提高放大倍数的稳定性、展宽通频带、减少非线性失真、改变输入输出电阻等）；运算放大器在不加反馈或加正反馈时工作在非线性状态，主要用于比较器和振荡器。

本实验搭建同相比例运算、反相比例运算、加法运算、减法运算的实验电路，观察电路输入、输出波形的相位关系，并从波形上估算电压放大倍数是否符合理论计算值。

8.4.3　实验步骤

1. 同相比例放大器电路实验

1）在 Multisim 14 中搭建同相比例放大器电路，如图 8-16 所示。

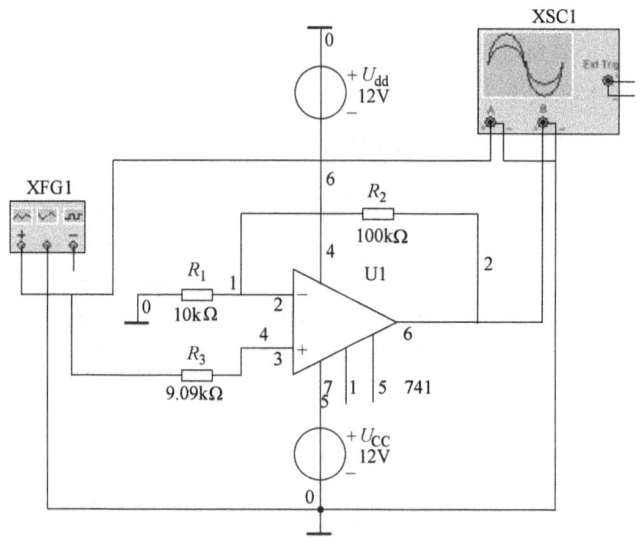

图 8-16 同相比例放大器电路

2）设置函数信号发生器，设置波形为正弦波，设置正弦波属性为幅值 1V、频率为 1kHz。其中，输入电压为 1V/1kHz，理论计算输出电压 U_O，将计算出的输出电压理论值记录到表 8-8 中。

3）双击示波器 XSC1，观察同相比例放大器电路输入输出波形，从波形上观察输出电压数值，记录到表 8-8 中。

2. 反相比例放大器电路实验

1）在 Multisim 14 中搭建反相比例放大器电路，如图 8-17 所示。

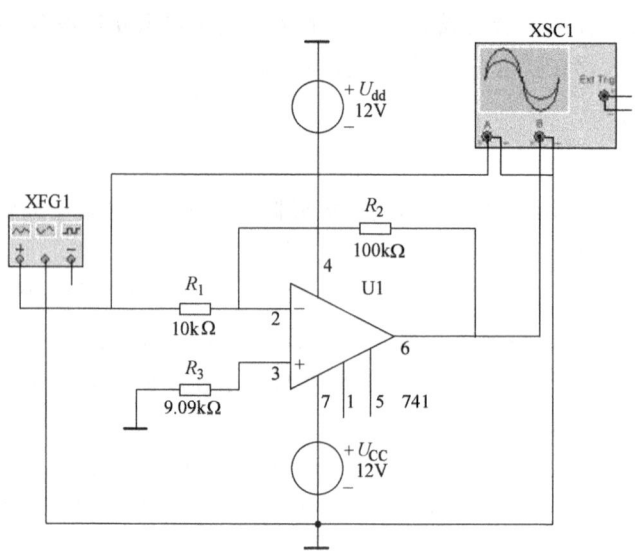

图 8-17 反相比例放大器电路

2）设置函数信号发生器，设置波形为正弦波，设置正弦波属性为幅值 1V、频率为 1kHz。其中，输入电压为 1V/1kHz，理论计算输出电压 U_O，将计算出的输出电压理论值记录到表 8-8 中。

3) 双击示波器 XSC1，观察反相比例放大器电路输入输出波形，从波形上观察输出电压数值，记录到表 8-8 中。

3. 加法运算电路实验

1) 在 Multisim 14 中搭建加法运算电路，如图 8-18 所示。

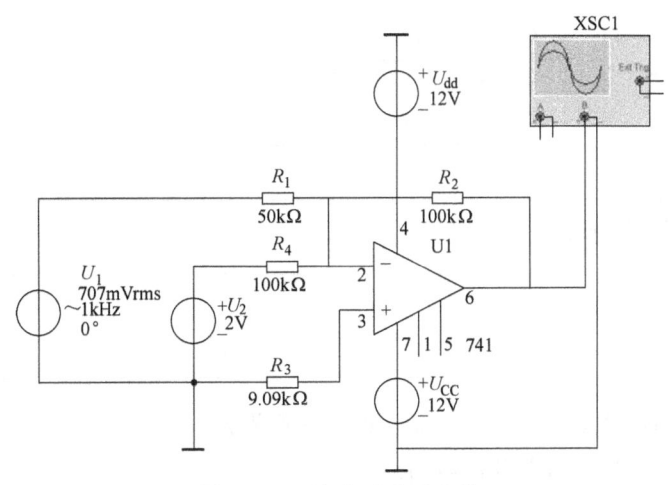

图 8-18　反相加法实验电路

2) 输入电压 U_1 为 0.707V/1kHz，U_2 为 2V，理论计算输出电压 U_0，将计算出的输出电压理论值记录到表 8-8 中。

3) 双击示波器 XSC1，观察反相加法实验电路输出波形，从波形上观察输出电压数值，记录到表 8-8 中。

4. 减法运算电路实验

1) 在 Multisim 14 中搭建减法运算电路，如图 8-19 所示。

2) 输入 U_1 从 2V 至 4V，理论计算输出电压 U_0，将计算出的输出电压值记录到表 8-8 中。

3) 对输出结点作直流扫描（DC SWEEP）分析，观察减法（差分）实验电路中 U_1 从 2V 至 4V 时电路的输出波形，并记录输出电压观测值 U_0。

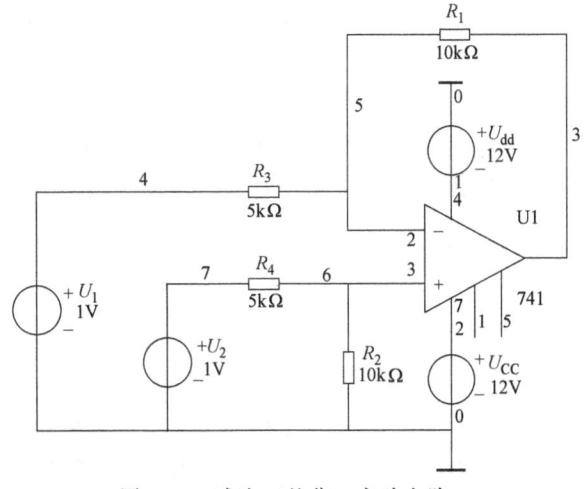

图 8-19　减法（差分）实验电路

8.4.4　实验结果记录

1) 将同相比例放大器电路输出波形、反相比例放大器电路输出波形、反相加法实验电路输出波形、减法（差分）实验电路输出波形，粘贴至实验报告中。

2) 数据记录。将输出电压理论计算值和输出电压观测值填入表 8-8 中。

表 8-8 集成运算放大器电路输出电压

实验名称	输入电压	输出电压理论计算值 U_O	输出电压观测值 U_O
同相比例放大器	$U_1 = 1V$		
反相比例放大器	$U_1 = 1V$		
反相加法实验电路	$U_1 = 0.707V, U_2 = 2V$		
减法(差分)实验电路	$U_1 = 2V, U_2 = 1V$		
	$U_1 = 3V, U_2 = 1V$		
	$U_1 = 4V, U_2 = 1V$		

8.5 基本门电路测试

8.5.1 实验目的

1) 通过逻辑电路测试与非门的功能，得到其真值表。
2) 学会使用与非门构成其他门电路。

8.5.2 实验内容

在数字电路中，门电路是最基本的逻辑元件，它的应用极为广泛。所谓"门"，就是一种开关，在一定条件下它能允许信号通过，条件不满足，信号就通不过。因此，门电路的输入信号与输出信号之间存在一定的逻辑关系，所以门电路又称为逻辑门电路。基本逻辑门电路有与门、或门和非门。

本实验搭建与非门、或门、异或门和同或门逻辑电路，并根据电路的测试结果，列出真值表，写出逻辑表达式。

8.5.3 实验步骤

1. 测与非门的逻辑功能实验

1) 选取 5V 电源、接地、2 个 SPDT（单刀双掷开关）、1 个与非门 74LS00N、1 个数字万用表，在 Multisim 14 中搭建与非门仿真电路，如图 8-20 所示。

2) 双击虚拟万用表图标 "XMM1"，将出现它的放大面板，按下放大面板上的 "电压" 和 "直流" 两个按钮，将它用来测量直流电压如图 8-21 所示。

3) 打开仿真开关，分别按动 "A" 和 "B" 键，使与非门的两个输入端为表 8-9 中四种情况，从虚拟万用表的放大面板上读出各种情况的直流电位，将它们填入表 8-9 内，并将电位转换成逻辑状态填入表 8-9 对应栏内，写出逻辑关系式。

2. 或门电路实验

1) 根据摩根定律，或门的逻辑函数表达式 $Y = A + B$ 可以写成：$Y = \overline{\overline{A} \cdot \overline{B}}$，因此，可以用

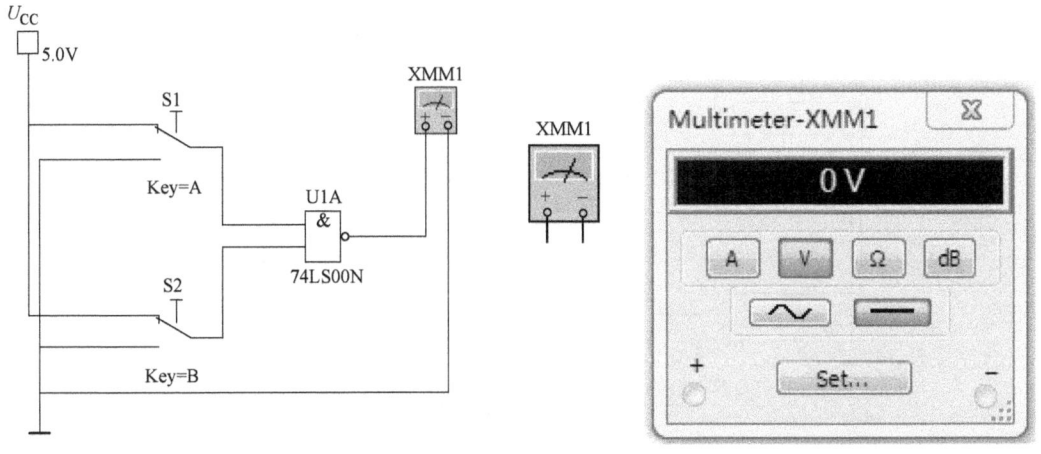

图 8-20 与非门电路　　　　　　　　图 8-21 设置万用表

三个与非门构成或门。

2）从真实元件工具条中调出三个与非门 74LS00N；从真实元件工具条的"Basic"按钮中调出两个单刀双掷开关，并分别将它们设置成 Key=A 和 Key=B；从真实元件工具条的"Source"按钮中调出电源和地线；红色指示灯从 Indicators（显示器件库）中的"Probe"调出。

3）搭建或门仿真电路，如图 8-22 所示。

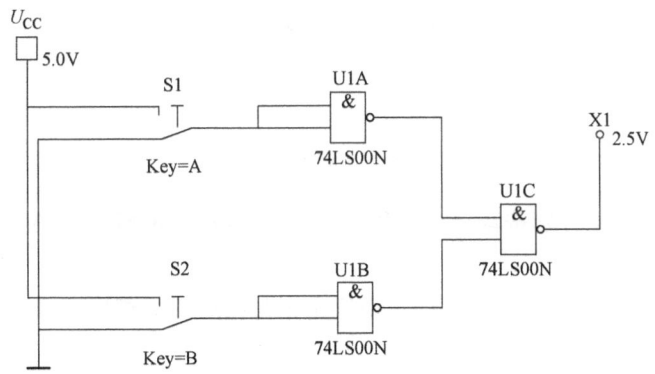

图 8-22 或门电路

4）打开仿真开关，分别按动"A"和"B"键，使或门的两个输入端为表 8-10 中 4 种情况，观察并记录指示灯的发光情况，将它们填入表 8-10 内，并将电位转换成逻辑状态填入表 8-10 内，写出逻辑关系式。

3. 异或门电路实验

1）调出元件，在 Multisim 14 中搭建异或门电路，如图 8-23 所示。

2）打开仿真开关，分别按动"A"和"B"，观察并记录指示灯的发光情况，将结果填入表 8-11 中。

3）写出图 8-23 的逻辑函数式，确定最终是否与异或门的逻辑函数式相符。

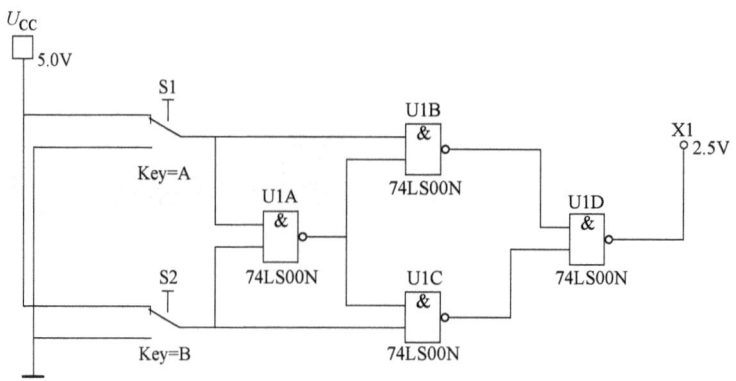

图 8-23 异或门电路

4. 同或门电路实验

1) 在 Multisim 14 中搭建同或门电路,如图 8-24 所示。

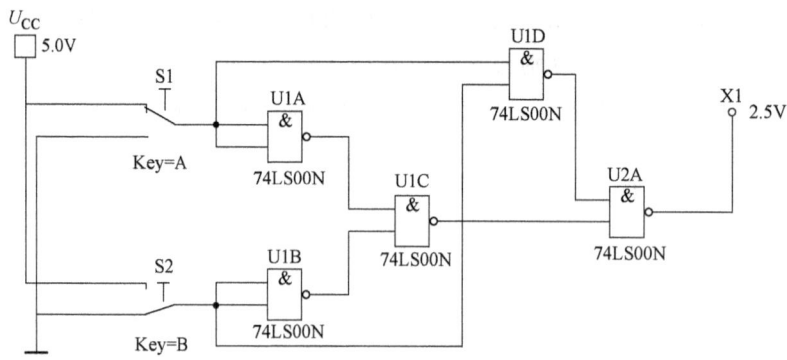

图 8-24 同或门电路

2) 打开仿真开关,分别按动"A"和"B",观察并记录指示灯的发光情况,将结果填入表 8-12 中。

3) 写出图 8-24 的逻辑函数式,确定最终是否与同或门的逻辑函数式相符。

8.5.4 实验结果记录

与非门电路数据记录、或门电路数据记录、异或门电路数据记录、同或门电路数据记录分别填入表 8-9、表 8-10、表 8-11 和表 8-12 中。

表 8-9 与非门电路数据记录

输入端		输出端	
A	B	电位/V	逻辑状态
0	0		
0	1		
1	0		
1	1		
逻辑表达式			

表 8-10 或门电路数据记录

输入端		输出端	
A	B	指示灯亮灭情况	逻辑状态
0	0		
0	1		
1	0		
1	1		
逻辑表达式			

表 8-11 异或门电路数据记录

输入端		输出端	
A	B	指示灯亮灭情况	逻辑状态
0	0		
0	1		
1	0		
1	1		
逻辑表达式			

表 8-12 同或门电路数据记录

输入端		输出端	
A	B	指示灯亮灭情况	逻辑状态
0	0		
0	1		
1	0		
1	1		
逻辑表达式			

8.6 多数表决电路和不一致电路

8.6.1 实验目的

1）掌握用门电路设计组合逻辑电路的方法。
2）掌握组合逻辑电路设计和功能测试的基本方法。

8.6.2 实验内容

组合逻辑电路的设计的特点就是任何时刻的输出信号（状态）仅取决于该时刻的输入信号（状态），而与信号作用前的电路状态无关。组合逻辑电路设计的一般步骤是：

1）根据设计要求，定义输入逻辑变量和输出逻辑变量，然后列出真值表。
2）利用卡诺图或公式法化简逻辑表达式，并根据设计要求所指定的门电路或选定的门电路，将最简逻辑表达式变换成与所指定门电路相应的形式。
3）画出逻辑图。
4）用逻辑门或组件构成实际电路，最后测试验证其逻辑功能。

本实验设计两个组合逻辑电路：多数表决电路和不一致电路。

1. 多数表决电路

实验要求：通过与非门实现四变量表决电路（A、B、C、D）。每人一个按键，如果同意则按下，不同意则不按。结果用指示灯表示，多数同意时指示灯亮，否则不亮。当有三人或四人按键（输入变量有三个或四个"1"）时，指示灯亮，表明表决通过（输出量为"1"），否则表明表决没通过（输出量为"0"）。

2. 不一致电路

实验要求：判一致电路，当 3 个输入变量 A、B、C 取值一致时，$Y=1$；否则输出 $Y=0$。

8.6.3 实验步骤

1. 多数表决电路实验

1）分析逻辑功能，确定输入、输出变量。

① 输入变量：A、B、C、D——四名评判员。
② 输出变量：F——灯。
③ 用正逻辑表示：

A＝1，表示同意；A＝0，表示不同意。
B＝1，表示同意；B＝0，表示不同意。
C＝1，表示同意；C＝0，表示不同意。
D＝1，表示同意；D＝0，表示不同意。
F＝1，表示灯亮；F＝0，表示灯不亮。

2）在 Multisim14.0 中添加四个单刀双掷开关，三个三输入与非门 4023BP，一个四输入与非门 4012BD，一个指示灯，搭建出多数表决电路，如图 8-25 所示。

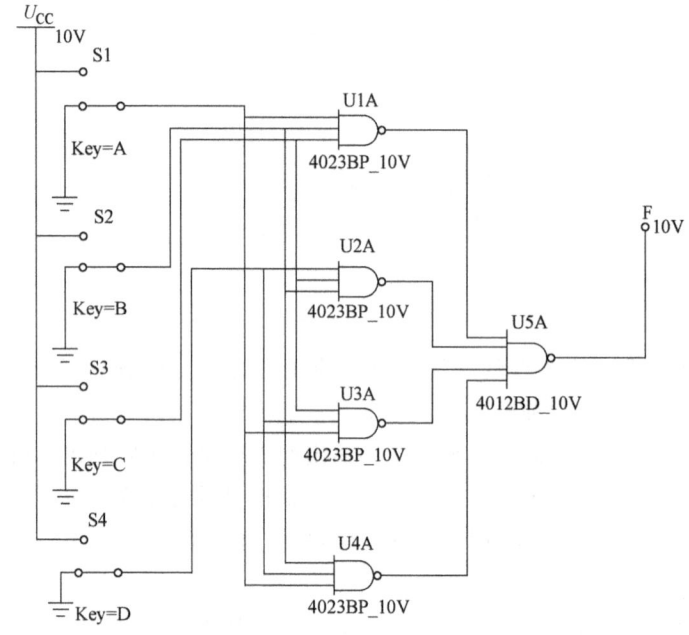

图 8-25 多数表决电路

3）根据实验要求，列出逻辑状态表，填入表 8-13。
4）对照逻辑状态表，按下相应开关，记录指示灯状态，填入表 8-13。
5）写出逻辑表达式，填入表 8-13。

2. 不一致电路实验

1）分析逻辑功能，确定输入、输出变量。
① 输入变量：A、B、C。
② 输出变量：Y——灯。
③ 用正逻辑表示。

A＝1，表示开关 S1 接 5V 电源；A＝0，表示开关 S1 接地。
B＝1，表示开关 S2 接 5V 电源；B＝0，表示开关 S2 接地。
C＝1，表示开关 S3 接 5V 电源；C＝0，表示开关 S3 接地。

Y=1，表示灯亮；Y=0，表示灯不亮。

2）从真实元件工具条中调出一个三输入与非门 74LS10D，三个二输入与门 74LS08D，一个三输入或非门 74AS27N；调出三个单刀双掷开关，并分别将它们设置成 Key=A、Key=B、Key=C；从真实元件工具条的"Source"按钮中调出电源和地线；红色指示灯从 Indicators（显示器件库）中的"Probe"调出。

3. 搭建仿真电路

搭建仿真电路，如图 8-26 所示。

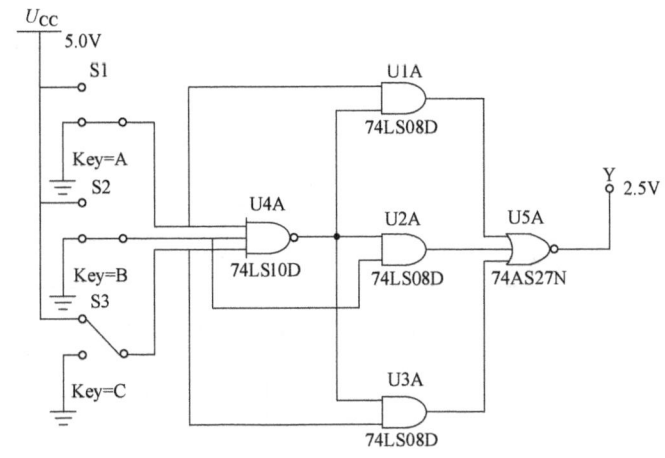

图 8-26 不一致电路

1）根据实验要求，列出逻辑状态表，填入表 8-14。
2）对照逻辑状态表，按下相应开关，记录指示灯状态，填入表 8-14。
3）写出逻辑表达式，填入表 8-14。

8.6.4 实验结果记录

1）搭建多数表决电路和不一致电路，粘贴至实验报告中。
2）数据记录。

将多路表决电路的输出变量和指示灯状态填入表 8-13 中。将不一致电路的输出变量和指示灯状态填入表 8-14 中。

表 8-13 逻辑状态表及逻辑式（多路表决电路）

输入变量				输出变量	指示灯状态
A	B	C	D	F	Indicator(亮或灭)
0	0	0	0		
0	0	0	1		
0	0	1	0		
0	0	1	1		
0	1	0	0		

(续)

输入变量				输出变量	指示灯状态
A	B	C	D	F	Indicator(亮或灭)
0	1	0	1		
0	1	1	0		
0	1	1	1		
1	0	0	0		
1	0	0	1		
1	0	1	0		
1	0	1	1		
1	1	0	0		
1	1	0	1		
1	1	1	0		
1	1	1	1		
逻辑表达式					

表 8-14 逻辑状态表及逻辑式（不一致电路）

输入变量			输出变量	指示灯状态
A	B	C	Y	Indicator(亮或灭)
0	0	0		
0	0	1		
0	1	0		
0	1	1		
1	0	0		
1	0	1		
1	1	0		
1	1	1		
逻辑表达式				

8.7 译码器及其应用

8.7.1 实验目的

1）掌握 74LS138 译码器的工作原理，熟悉 74LS138 的具体运用连接方法，了解 74LS138 是如何译码的。

2）掌握 74LS74D 七段显示译码器的工作原理。

8.7.2 实验内容

译码器的逻辑功能是将输入的二进制代码译成对应的高低电平信号输出，译码是编码的反操作，常用的译码器电路有二进制译码器、二-十进制译码器和显示译码器三类。

假设译码器有 n 位输入信号和 N 位输出信号，如果 $N=2^n$，就称该译码器为 n 变量全部最小项的译码器，或称二进制译码器，常见二进制译码器有 2 线-4 线译码器、3 线-8 线译码器、4 线-16 线译码器等。如果 $N<2^n$，则称为部分最小项译码器，或二-十进制译码器等。

本实验对 3 线-8 线译码器 74LS138 及七段显示译码器 74LS74D 进行逻辑功能测试。

8.7.3 实验步骤

1. 74LS138 仿真测试电路实验

1) 在 Multisim14.0 TTL 元器件库中选择译码器 74LS138D，三个单刀双掷开关，八个指示灯，还有电源及接地，将元器件连接成仿真测试电路，如图 8-27 所示。其中开关 A、B、C 为二进制输入端。

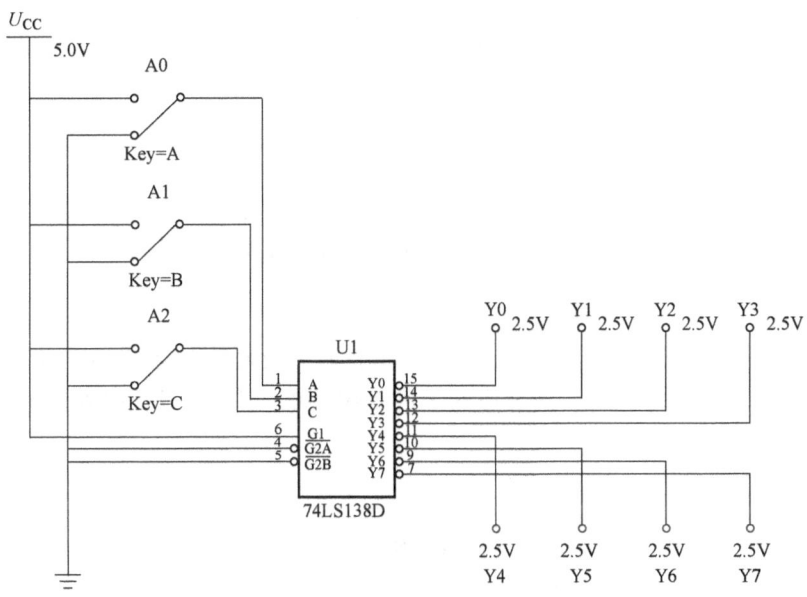

图 8-27　74LS138 仿真测试电路

2) 打开仿真开关，进入仿真状态，译码器 74LS138 的三个开关 A、B、C 接低电平，观察译码器译码状态。切换 A、B、C 三个开关，观察输出端状态，并将结果记录在表 8-15 中。

2. 74LS47D 逻辑功能测试电路实验

1) 在 Multisim14.0 TTL 元器件库中选择七段显示译码器 74LS47D，四个指示灯，一个七段数码管，还有电源及接地，将元器件连接成逻辑功能测试电路，如图 8-28 所示。

2) 打开仿真开关，进行 74LS47D 逻辑功能测试。单击函数发生器图标 XWG1，得到函数发生器图标 XWG1 对话框。在 Controls 选项区中按下 Cycle 按钮，在 Display 选项区中选中 Dec（十进制）单选按钮，在信号编辑区输入十进制的 10 个数 0~9。单击 Set 按钮，弹出 Settings 对话框，将 Buffer Size 的值设定为 000A。X1~X4 为输入探测针，观察 X1~X4 指示灯逻辑状态，记录在表 8-16 中，计算 X1~X4 指示灯所对应的十进制数，并与 7 段数码管值

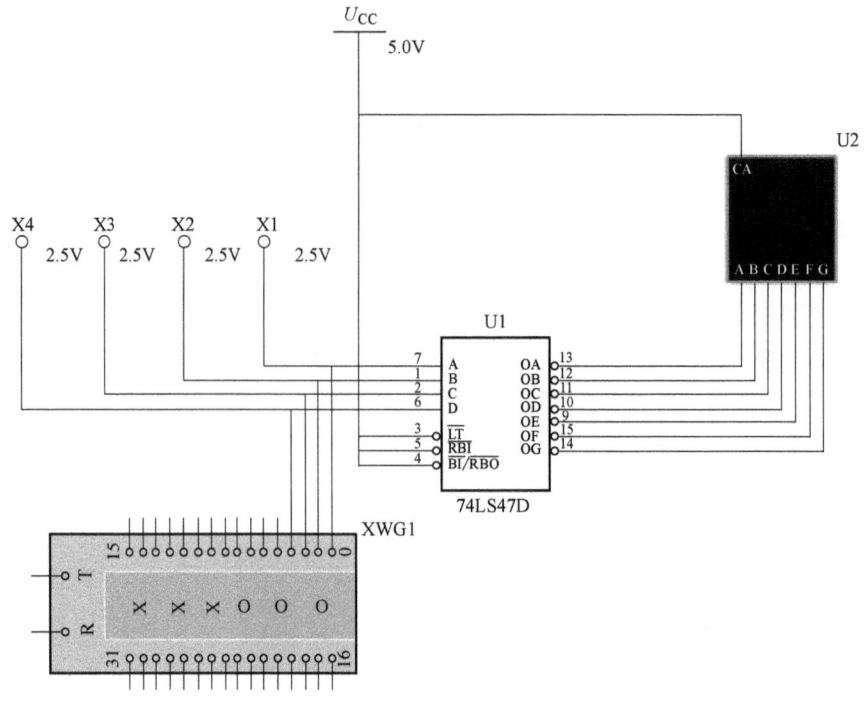

图 8-28 74LS47D 逻辑功能测试电路

进行比较，确定译码器译码是否正确。

例如：X4 灭时，所对应的逻辑值为 0；X4 亮时，所对应的逻辑值为 1；X4~X1 均灭时，所对应的输入代码为 0000，所对应的十进制数为 0，观察 7 段数码管显示是否为 0。

8.7.4 实验结果记录

1）将搭建的两个电路，粘贴至实验报告中。
2）数据记录。

将 74LS138 仿真测试电路的输出端状态填入表 8-15 中。将 74LS47 逻辑功能测试电路的十进制、数码管显示值、译码是否正确填入表 8-16 中。

表 8-15 74LS138 仿真功能测试表

输入(0 或 1)			输出(0 或 1)							
A2	A1	A0	Y0	Y1	Y2	Y3	Y4	Y5	Y6	Y7
0	0	0								
0	0	1								
0	1	0								
0	1	1								
1	0	0								
1	0	1								
1	1	0								
1	1	1								

表 8-16　74LS47D 逻辑功能测试表

输入(0 或 1)				十进制	输出	译码器
X4	X3	X2	X1	理论计算值	数码管显示值	译码是否正确
0	0	0	0			
0	0	0	1			
0	0	1	0			
0	0	1	1			
0	1	0	0			
0	1	0	1			
0	1	1	0			
0	1	1	1			
1	0	0	0			
1	0	0	1			

8.8　计数器及其应用

8.8.1　实验目的

1）掌握 74LS161D 十进制计数器的工作原理。
2）熟悉 74LS161D 的具体运用连接方法，了解 74LS161D 是如何计数的。

8.8.2　实验内容

在电子计算机和数字逻辑系统中，计数器是最基本的部件之一，它能累计输入脉冲的数目，就像人们数数一样，1，2，3，…，最后给出累计的总数。计数器可以进行加法计数，也可以进行减法计数，或者可以进行两者兼有的可逆计数。若从进制来分，有二进制计数器、十进制计数器（也称二-十进制计数器）等多种。

本实验搭建 74LS161D 十进制计数器仿真电路，并验证其工作原理。

8.8.3　实验步骤

1）在 Multisim14.0 TTL 元器件库中选择计数器 74LS161D，一个双路与非门，一个数码管，四个指示灯，还有电源及接地，将元器件连接成仿真测试电路，如图 8-29 所示。

2）打开仿真开关，进入仿真状态，双击信号发生器，将波形设为方波，频率设为"1Hz"，占空比设为"50%"，幅值设为"10V_P"。观察指示灯 A、B、C、D 输出端状态，理论计算十进制数，并将数码管显示结果一并记录在表 8-17 中。

8.8.4　实验结果记录

1）将搭建的电路，粘贴至实验报告中。

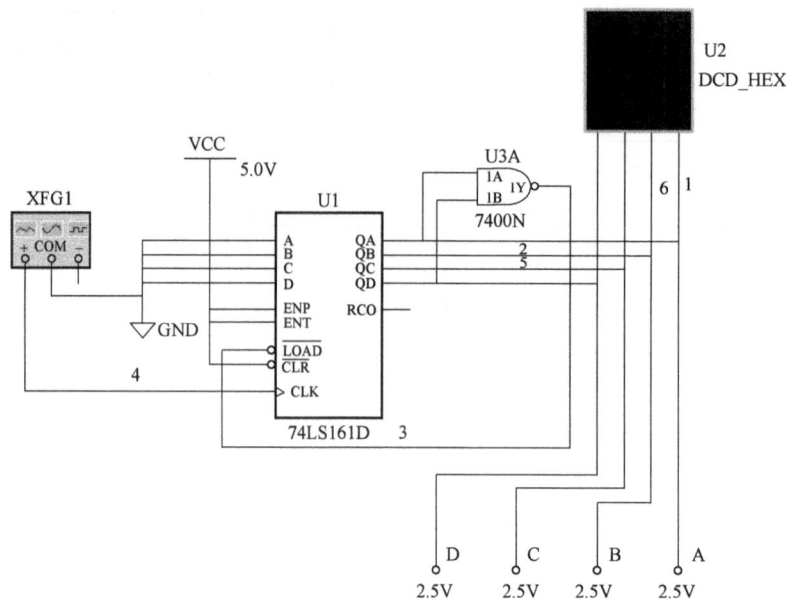

图 8-29 74LS161 构成十进制计数器

2) 数据记录。

将理论计算十进制数、数码管显示值、计数器计数正确与否填入表 8-17 中。

表 8-17 十进制加法计数器的状态表

计数脉冲数	二进制数				理论计算十进制数	数码管显示值	计数器计数正确与否
	D	C	B	A			
0							
1							
2							
3							
4							
5							
6							
7							
8							
9							
10	0	0	0	0	进位	进位	

参 考 文 献

[1] 秦曾煌. 电工学 [M]. 7版. 北京：高等教育出版社，2012.
[2] 秦曾煌. 电工学简明教程 [M]. 3版. 北京：高等教育出版社，2015.
[3] 华成英，童诗白. 模拟电子技术基础 [M]. 4版. 北京：高等教育出版社，2008.
[4] 阎石. 数字电子技术基础 [M]. 5版. 北京：高等教育出版社，2009.
[5] 侯丽春. 汽车电工电子技术 [M]. 北京：机械工业出版社，2016.
[6] 罗富坤，王彪. 汽车电工电子技术基础 [M]. 2版. 北京：机械工业出版社，2015.
[7] 代洪，周天沛，王平均. 汽车电工电子技术基础 [M]. 北京：国防工业出版社，2014.
[8] 江军，朱晶波，卢厚元. 汽车电工电子技术基础 [M]. 武汉：华中科技大学出版社，2015.
[9] 张军. 汽车电工电子基础 [M]. 北京：中国铁道出版社，2011.